图书在版编目(C I P)数据

全球学/孙国强著.—贵阳:贵州人民出版社,2007.12
（2012.5重印）
ISBN 978-7-221-07887-2

Ⅰ.全… Ⅱ.孙… Ⅲ.全球学 Ⅳ.C913

中国版本图书馆 CIP 数据核字(2007)第163376号

出品人
许 明

监 制
李立朴

项目统筹
曹维琼

责任编辑
谢丹华 曹维琼

封面设计
唐锡璋

全 球 学

孙国强 著

出版发行
贵州出版集团公司 贵州人民出版社

发行电话
0851-6828447（贵阳）

印 刷
贵阳海印印刷有限公司

开 本
787毫米×1092毫米 1/16 印张 28

印 数
68001-74000 册

版 次
2008年2月第一版 2012年5月第十七次印刷

书 号
ISBN 978-7-221-07887-2/C·140

定 价
58.00元

序　言

作者和我是老朋友。前段时间与他见面，他将《全球学》一书的文稿交给我，要求我给这本书作一个序。他长时间从事全球化课题的研究，我是了解的，因为我们曾经较深入地讨论过这一课题。所以，我欣然接受，完成了这篇序言。

纵览全书，我觉得《全球学》一书有以下三个特点：

第一，作者以对人类社会前途命运的强烈的忧患意识，从人的自由全面发展、以人为本、人人共享的新的理论高度，对全球化做了本质规定和方向判断，从而对解决什么是全球化这一重大历史课题做了有益的探索。作者指出："全球化是人类历史上出现的一种全新的、性质完全不同的历史状态和趋势。在新的多元化和全球问题的基础上，产生了全人类社会的共同利益。我们每一个人的利益也包含其中。我们必须以全球合作进步的全球治理为手段，正确处理和解决多元化与传统一元化之间的矛盾和全球问题，促进多元主体在相互竞争的基础上实现合作共赢、人人共享、民主平等、社会和谐，通过全球改革走向共同化，建立起公正合理的全球政治、经济新秩序，实现全人类社会的共同和平、共同发展、共同富裕、共同文明和每一个人的自由全面发展。这是一个充满了矛盾、斗争、曲折、风险和希望的历史转型过程，它仅仅是开始。"

第二，作者以解放思想、实事求是、与时俱进的开拓精神和创新意识，在人类社会共同利益的基础上，揭示了全球化发展的客观规律，提出了一系列的指导思想和原则规范，探索了指导全球化发展的科学理论。作者在分析了全球化理论流派、发展历史、科技、经济、文化、政治、问题、治理、价值、道路等各方面的内容之后，第一次创立了全球学这门新学科，提出了18个方面的新理论：新全球化观、新利益观、新人性（权）观、新矛盾观、新多元化观、新价值观、新发展观、新改革观、新合作观、新和平观、新安全观、新民主观、新目的观、新秩序观、新和谐观、新过程观、新生态观、新文明观。经过科学的理论分析，作者一针见血地指出，全球化绝对不是少数富国少数富人所独霸独享的全球化，而应该是人人共享、每一

1

个人自由全面发展的全球化。

第三，作者以强烈的责任意识，指出了在解决全球化问题中理想与现实严重脱节和背离的弊端。同时，详尽地阐述了中国和平发展道路与和谐世界发展道路的创新实践对其他国家的榜样作用。作者引用印度社会学家拉姆戈帕尔·阿加亚拉的话来证明了这一点，"中国的成功试验应该是人类历史上最令人钦佩的。其他国家应该尊重她并向她学习。中国有时似乎还相信西方的宣传，并将其成功归功于西方的模式。但实际上，中国有自己的道路，值得研究，更值得在全世界借鉴和推广"。沿着中国和平发展道路与和谐世界发展的道路，我们一定能够实现和平的发展、开放的发展、合作的发展、和谐的发展；我们一定能够实现人人共享、每一个人自由全面发展的全球化。

当然，全球化的重大课题和研究成果总会受到各方面的批评，因为全球化是一个动态的历史过程，在任何一个历史时点来观察、分析、证明它，总是有缺陷和不足的。这本书也不例外，特别是"无序、混乱的转型过渡时期"这一问题，作者虽然注意到并进行了一定程度的分析，但由于这一历史时期可能会是一个较长的历史阶段，作者的分析和研究显得还不够充分和有力。

欣然为这本书作序，还在于：作者是一名学习型的高级干部和业余理论家，他的业余时间几乎全部用于学习、研究和写作。几十年如一日，著述颇丰，文章甚多，奖项也有。"十年磨一剑"，这是对本书出版的一个真实写照！

我衷心地祝愿作者在业余理论研究领域不断取得新的成果，为大家奉献更多更好的精神食粮。

是为序。

2007 年冬于北京

目　录

3

绪　论

如今我们正处于昨日的世界与明日世界之间的一种过渡状态,不再能从过去继承下来的理论框架中得到哪怕大致的指导。

——[法]皮埃尔·德·塞纳克伦斯

困难与其说在于提出各种新思想,不如说在于摆脱旧思想的束缚。

——[英]约翰·梅纳德·凯恩斯

底层人民拥有获得成功的钥匙。

——[秘鲁]赫尔南多·德·索托

如果一个自由社会不能帮助大多数穷人,它就不能挽救少数富人。

——[美]约翰·肯尼迪

现代人类究竟在追求一种什么样的全球化?

——[英]阿兰·鲁格曼

当今时代,最为流行最频繁使用的概念莫过于"全球化",而争论最为激烈,认识最不一致的也莫过于"全球化";更有甚者,世界上一切的不平衡状态和不平等现象以及动荡不安似乎也都来自于"全球化"。真可谓是:成也萧何,败也萧何。到底什么是"全球化",正是本书要讨论的问题。

在讨论这个问题之前,我们已经看到,研究全球化的成果是汗牛充栋、数不胜数。但是,有多少成果是真正有价值而能够带给人类福音的呢?我们不能说没有,我们只能说,我们正在努力!

本书所研究的全球学,是立足于实现全人类共同利益,实现每一个人全面自由发展而人人共享的全球化的客观基础之上的。全球学的主题、本质及规律可以用 16 个字来概括:和平、合作、改革、发展、共享、进步、和谐、文明。具体说,在全球化的今天和未来趋势中,我们反对霸权主义论,反对均衡主义论,主张和谐进步论。因此,本书研究的目的,是试图以和平合作发展共享进步为主旨,以造福全人类为目的,建立起崭新的全球学体系,以完成对全球化的整体的初步研究。在这个总框架中:本书试图探讨性地回答了全球化的四个历史性问题:究竟什么是全球化;全球化究竟为什么;究竟怎样推动全球化的健康发展;全球化的未来究竟向何处去。

全球学是探索和揭示全球化发展的一般规律、总体趋势和未来方向的新理论。本书通过九章的内容分析和论证,以十八个方面的新理论框架来揭示全球化发展的客观规律、总体趋势和未来方向,从而创立一门崭新的全球学,为全球化的发展探索出一条科学而正确的全新道路。

一、新全球观

新全球观是着眼于全人类的发展进步的新理论。它所着眼的是作为"类"的全人类的生存发展,是全球化的全部图景,而不是全球化的某一个方面和某一个领域。

二、新利益观

新利益观是以承认全人类的共同利益的存在为前提,以追求全人类共同利益为目的的新理论。研究的基础是全人类社会的共同利益,这个利益既是各国人民的共同利益在集合中的产生(如消灭贫困),又是在全球化中产生出来的新的共同利益(如解决全球问题)。

三、新人权观

新人权观就是以人为本,促进每一个人全面自由发展的新理论。研究的目的是实现每一个人的全面自由发展,是以人为本、创造人本化的全球化。和平是基础,合作是手段,改革是动力,发展是硬道理,进步是趋势,和谐是方向。在此前提下,实现造福于全人类的全球化,绝不能出现少数人、少数国家独霸单享的全球化。

四、新矛盾观

新矛盾观是把全球化中的现实多元化和传统一元化的矛盾作为全球化的根本矛盾,并在此矛盾的基础上倡导以多边合作取代一元称霸的新理论。这个矛盾是全球化的根本矛盾。全球已经多元化,需要一个全新的共同化来适应它,而传统的一元化则成为多元化的对立冲突面。因此,人类社会必须学会在多元化和多种文明的共存中合作共事、共同生活,形成新的共同化。否则,全球化就会毁灭人类社会。

五、新多元观

新多元观就是主张多边主义,反对单边主义的新理论。它要求统筹兼顾现存的民族、种族、宗教和主权国家的利益与人类社会的共同利益(即全球化)的关系,公民社会、民族国家、国际组织、区域联盟的关系,使各种力量各得其所、相得益彰,坚决反对任何单边主义的思维和行动,特别反对任何形式的霸权主义和强权政治。

六、新价值观

新价值观是民主公正、合作进步的新理论。它在全球化中承认竞争与冲突,更承认合作与进步;只合作不进步是反动,只进步不合作是空想。合作进步应该是竞争冲突的结果、性质和走向,使整个全球化更加造福于全人类,对全人类更有价值和意义。

七、新发展观

新发展观就是要推进和实现平等互利、合作共赢的发展的新理论。它反对恶性竞争、无谓冲突与零和游戏,主张通过合理竞争、和平共处、合作互利、实现

3

共赢的发展让全人类都得到发展,都能享受到发展的成果。共同发展、均衡发展,实现共同繁荣的目的,彻底抛弃"成者为王、败者为寇"的历史恶行,认真实践以平等互利为核心的新发展观。各国在追求发展的进程中应努力实现互利共赢,鼓励彼此开放而不是相互封闭,公平竞争而不是损人利己,优势互补而不是以邻为壑。国际社会应加强协调,推动经济全球化朝着有利于共同繁荣的方向发展。保证发展中国家在国际经济事务中的平等参与。建立开放、公平的贸易体制,改革和完善国际金融体制。通过对话妥善解决经贸摩擦,反对动辄采取单方面制裁和报复措施。

八、新改革观

新改革观是主张对现行的国际政治经济旧秩序进行改革,创新和建立起一整套全新的全球政治经济新秩序的新理论。因为从总体上看,旧的体制和秩序已经不适合于全球化的发展,特别不适合创造人人共享的全球化,有的方面甚至成了全球化发展的阻力和障碍。所以,我们就是要对现有的全球旧体制和秩序进行改革创新。我们既不能完全否定和抛开这个旧体制和秩序,凭空创造出新体制和秩序;我们也不能让这个旧体制旧秩序继续阻碍全球化的健康发展;我们更不能造成一个无政府的全球化,使全人类陷入混乱和痛苦而不能自拔。唯一的办法是对旧的体制和秩序进行全面彻底的改革,在创新中催生和造就出新的体制和秩序。

九、新合作观

新合作观就是要求站在时代发展和人类进步的高度,以合作谋和平,以合作促发展,扩大汇合点,实现互利共赢的新理论。它的理由在于维护共同安全需要合作,实现共同发展需要合作,推动不同文明和谐共存需要合作。这已经成为全球化的时代潮流,合作兴、斗争亡已经成为人类的共同认识和共同行动。

十、新和平观

新和平观就是主张建立实现爱好和平、讲信修睦、协和万邦、共享持久和平的新理论。我们应该鼓励和支持以和平方式,通过协商、谈判解决国际争端或冲突,共同反对侵犯别国主权的行径,反对强行干涉一国内政,反对任意使用武力或以武力相威胁;应该加强反恐合作,坚持标本兼治,重在消除根源,坚决打击恐怖主义;应该按照公正、合理、全面、均衡的原则,实现有效裁军和军备控制,防止核扩散,积极推进国际核裁军进程,维护全球战略稳定。

十一、新安全观

新安全观是主张建立互信、互利、平等和协作的安全关系的新理论。非传统安全威胁增加并与传统安全威胁相互交织。各类安全问题的跨国性、相关性、突发性日益增强。一国的安全与地区和全球安全紧密相连。只有通过国际合作,才能有效地解决各国共同的安全问题。冷战思维、单边主义、武力至上行不通。历史和现实反复证明,武力不能缔造和平,强权不能确保安全。军事手段可以赢得一时的胜利,但不会带来持久的和平。以互信求安全,以对话促合作。只有增进互信,平等协商,广泛合作,才能实现普遍而持久的安全。

十二、新民主观

新民主观是主张促进国际关系民主化的新理论。国家不论大小、强弱、贫富,都是国际社会的平等一员,不仅有权自主地决定本国事务,而且有权平等地参与决定国际事务。在国际事务中,只有遵循平等协商、友好合作的民主精神,通过协商解决共同关注的国际问题,才能有效地扩大各国的共识,深化共同利益,应对共同挑战,实现世界的和平、稳定和繁荣。

十三、新目的观

新目的观是主张通过互利合作,努力在全球缩小南北差距,妥善解决贫富分化问题,努力创造和实现人人共享的全球化的新理论。在过去几十年里,人类社会在促进生产力快速发展、创造出巨大财富的同时,也产生了贫富愈加悬殊、南北差距拉大、生态环境恶化等突出问题。国际社会应该共同努力,趋利避害,推动世界经济朝着均衡、稳定和可持续的方向发展。这是各国共同发展的需要,也是维护世界和平与稳定的要求。

十四、新秩序观

新秩序观是积极主张和建设公正、合理的全球新的政治经济新秩序的新理论。应推进多边主义,促进国际关系民主化和法制化,推动建立公正合理的国际秩序。作为国际多边机制的核心和实践多边主义的重要舞台,联合国应进行必要、合理的改革,尤其要最大限度地照顾和关切发展中国家的合理要求。总之,.这种公正合理的国际政治经济新秩序应该以相互安全为前提,以均衡发展为基础,以公认法理为保障,以对话合作为手段,以共同繁荣为目标,实现世界的和平、发展、合作、进步。研究设计的是一整套崭新的公正平等、合作进步的全球体制和秩序。由多元化构成全新共同化的新秩序,全面实施全球治理,用以解决全球问题,保持全球化健康发展。

十五、新和谐观

新和谐观是努力建立持久和平、共同繁荣的和谐世界的新理论。和谐世界应该是民主的世界,和睦的世界,公正的世界,包容的世界。必须坚持以下核心原则:坚持民主平等,实现协调合作;坚持和睦互信,实现共同安全;坚持公正互利,实现共同发展;坚持包容开放,实现文明对话,从而真正建成和谐世界,让全球化真正造福于全人类。

十六、新过程观

新过程观是既提出理想目标,又努力实现,防治和克服乌托邦的幻想和无所作为的沉沦的新理论。它研究的结合点是过去的落后、现实的发展、未来的趋势的高度重叠的历史期,必须以未来为先导,改革现实,超越传统。本书所阐述的全球化榜样——中国道路证明,创造造福于全人类的全球化,这不只是一种新的理论,更是一种新的实践;这不只是一种乌托邦,更是人类社会历史发展的规律;这不只是竞争冲突的结果,更是合作进步的结果。这种创新的人人共享的全球化现实道路必将创造出新的人类文明。

十七、新生态观

新生态观是关于生态全球化的新理论。它研究以生态文明为最高引领,在全球化中建设生态文明,形成人与自然和谐统一的资源节约型社会和环境友好型社会。我们不仅仅是强调人类的全球化,更加强调的是人与自然的和谐统一的全球化。自人类社会产生以来,人们一直都在征服自然、掠夺自然,同时造成资源破坏、生态恶化,已经严重地威胁到整个人类的生存与发展。人类社会和全球化是绝不能离开自然世界的,在破坏了自然生态就是自毁人类。因此,我们强调要建设生态文明,实现人与自然的和谐,才能最终实现人人共享、每一个人的自由全面发展。

十八、新文明观

新文明观就是全球文明。全球文明是全球化的新文明，它是以生态文明为引领，由要素、人本、阶段等系列文明所构成的新理论。它的核心是在全人类和全地球和谐统一的基础上主张尊重多元化，开展文明对话，实现共同进步。世界文明的多元化是人类社会的共同遗产和走向昌盛的宝贵源泉，应努力加以维护。各国人民根据本国国情自主选择发展道路是不可剥夺的权利，必须予以尊重。各国要在平等的基础上，在文明对话中相互借鉴、取长补短，共同构建和谐的世界。

好了，本书要从哪里开始进入这十八个全球学的新理论，实现人人共享的全球化呢？我想，还是从全球化问题开始吧！

第一章　全球化问题

　　毫无疑问,全球化所带来的全球问题已经超出了民族政治国家治理能力的范围,任何政府都会感到难于对付全球化给安全、经济、稳定、社会正义与秩序以及生态环境的保护带来的种种问题。

——[日]星野昭吉

　　最终解决问题的不是来自市场的良好运行,也不是创新的科学技术,而是社会的价值取向。

——[美]麦克·米歇尔

　　全球问题是可能最大程度减少,并消除其潜在威胁的。这种可能性不仅体现在人们从民族或群体思想向全球人类思想的转变,而且也体现在军事对抗向稳定、和平与发展的转变,共同的责任使全球更加安全。

——[俄]K. Y. 柯达区也夫,L. 伽里道

　　如果我们希望在和平中生活,我们就需要规则,但谁将制定这些规则? 这又是什么样的规则?

——[美]罗伯特·辛伯

第一节　全球贫富分化问题

在全球化的进程中,给全球带来最大威胁的问题就是发展的极不平衡以及所带来的贫富极为悬殊,两极绝对分化、财富分配极不平等的问题。全球化是在一种分配极为不平等的过程中出现的,这种不平衡的后果是两极分化。极少数国家获利,而多数国家和社会集团受损失被挤到了边缘。所以,全球化、两极分化、财富集中化和穷人边缘化彼此联系在同一过程中。不仅如此,在应对债务与危机的结构调整中,更是出现了"新贫困者"。他们是由错误的经济政策以及随之而来的紧缩计划造成的破产和落伍的中产阶级。尤其妇女的边缘化更为严重。两极分化及新贫困化的问题是全球一切动乱、危机、暴动、冲突、战争等一切政治、社会、文化问题的总根源。几乎所有的研究机构、官方机构和数据实证都无可辩驳地证明了这一问题。根据联合国的统计和划分,最不发达国从1971年至2006年,已经由25个增加到50个,而走出最不发达国家行列的只有一个国家——博茨瓦纳。而穷国则达到105个,占联合国成员国的50%以上。同样的时期内,全世界每人每天生活费不足1美元的穷人从7.5亿人增加到9.5亿人,而每人每天生活费不足2美元的穷人则达到15亿人。因此,如果全球仍然是在以资本主义全球化的绝对方式,在剥削和以广大发展中国家的贫困为代价来增加财富的话,那么,这个世界是永远不会安宁的。因此如何用社会主义的价值观及制度来安排使全球财富得以公平分配,以缩小差距、减少分化,如何共同面对危机,坚持"能力原则"来承担责任,共渡难关,让全人类都能共同发展,共享发展的成果,这是全球化所必须面对和解决的头号全球问题。很明显,只有富国俱乐部的发达国家采取主动行动,履行自己援助和支持发展中国家的责任;只有发展中国家从自己的实际出发来加快发展,增加财富;只有建立起公正合理的全球经济新秩序才能逐步从根本上解决这一问题。因此全球化要解决的不仅是如何加快发展和增加财富的问题,而且更重要的是如何公平公正地获取和分配财富的问题。否则,贫富对立超过一定的限度,导致全球经济毁于一旦,那么,最后的结果是任何人都得不到任何东西。这是大家都不愿意看到的结局。

9

第二节　全球数字鸿沟和科技共享问题

　　我们先来看一组数据。联合国的一项调查表明:工业化国家人口只占世界人口的15%,却占了整个因特网用户的90%以上。在南亚,可以上网的人不足1%,尽管它占了世界人口的近1/5。超过80%的世界人口未曾拥有电话,纽约市拥有的电话用户超过了整个非洲的数量,曼哈顿的电脑拥有量比整个非洲的还要多。据国际电信联盟和联合国贸发会议联合发表的《2007年全球信息社会报告》指出,尽管到2007年这一情况有所改变,1997年全世界3/4的人口生活在发展中国家而网络用户只占5%,到2006年这一比例上升到30%。预计到2008年,全球半数以上的人将用上移动电话,但数字鸿沟并没有彻底解决。

　　数字鸿沟是指在所有的国家,总有一些人拥有社会提供的最好的信息技术,他们有最强大的计算机、最好的电话服务、最快的网络服务,也受到这方面的最好的教育。而另一些人则不然。经合组织(OECD)指出,数字鸿沟是不同社会经济水平的个人、家庭、企业和地区在接触信息通讯技术和利用因特网进行各种活动的机会的差距。这种差距既存在于不同国家之间,也存在于一国内部不同人群之间。数字鸿沟表面上是指信息富有者和信息贫困者之间的鸿沟。但实际上,数字鸿沟背后真正反映出全球南北差距,社会分化、地区分隔、贫富悬殊等问题更加严重、更为突出、更加难以解决。联合国进一步指出,通过信息技术和创新能力创造的新经济,仍然是一种富国现象。发达国家在知识集中的过程中,通过创造优势夺取全球市场份额,进行大规模产业重组,来获取先行者利益;同时大多数发展中国家处在信息贫困中,由此形成的差距就是数字鸿沟。数字鸿沟现象,进一步加剧了发展的不均衡,成为在信息时代凸显出来的全球问题,已经引起了共同关注。从全球化科技的角度上看,这也是一个科技成果共享问题。

　　今天的全球化完全是由科学技术的空前创新和飞速发展所推动的。可以说,没有信息技术的产生就没有今天这样真正意义上的全球化。更可以说,真正意义上的全球化是建立在知识社会的基础上的。恐怕全世界都会承认这一点。那么,问题出在哪里呢? 西方资本主义发达国家的独占和市场垄断这两股力量使发展中国家根本无法得到研究和开发以及创新的成果,使科学技术走向了封锁和垄断。我们前面提到全球化应当更公平地分配财富,在这里我们要说的是,在知识社会,发展中国家只有得到科技力量的支持,才能发挥后发优势,实现跨越式发展,实现后来居上。从发展中国家来说,要实现自己的根本发展,唯一的途径、根本的办法就是掌握科技力量。但要做到这一点谈何容易。这是知识社会全球化的一个新的重大问题,也是资本主义全球化的一个老的重大问题。两个问题重合在一起,形成了全球化科技共享问题。本质上看,知识是无国界的,是人类共同财富,是应当由人类社会共享的。但由于资本主义的本质所致,知识变成了资本主义的专有力量、封锁对象和垄断基础,使全球共同发展成为一句空话。

由于现有的互联网存在着安全问题、移动性问题和地址资源问题这三个致命伤,因此,从零开始,把现有的互联网推倒重来,设计出新的互联网已经成为全球科技革命的一个重要前沿。但商业和政治两种力量将扮演更加重要的角色。我们寄希望于新的互联网能够从根本上解决数字鸿沟和科技共享问题,因为这是一次重要的机会,我们必须把握住这个机会。

11

第三节 全球和平安全问题

和平安全与共同发展相比,可能只是第二号问题。因为和平安全没有保证,其总根源在于不能实现共同发展。但和平安全作为单独的一个问题,却更突出地表现其脆弱性。脆弱性是全球和平安全问题的重要特征。

第一,全球政治多极化进程中的单边主义威胁着和平安全。冷战结束以后,世界进入了一个多极化趋势的进程之中,从这个角度判断,世界大战打不起来,全球的和平安全有了一个较为稳定的保证。如果世界各国都承认并参与到多极化的进程中来的话,那么,和平安全的稳定性会大大增加,而脆弱性会大大减少。和平安全会有一个长期的保证。但是,唯一的超级大国既不承认,也不参与多极化的进程。它仍然以维持其单一强国的地位和作用作为自己的基本国策,在全世界推行霸权主义和强权政治,这就是超级大国的单边主义。这种单边主义把全球化当作资本主义化,把资本主义全球化当作超级大国化,把超级大国一国的利益当作全球共同利益强加于全世界,以资本主义一霸压资本主义多强,以西方一强压世界多极。单边主义成为全世界和平安全的最大威胁和破坏全球和平安全的总根源。这种威胁主要表现为两个方面。一方面是超级大国的霸权主义和强权政治直接作用或插手造成的,另一方面是超级大国的霸权主义和强权政治所激起的各种反抗造成的。

第二,极端主义、分裂主义、恐怖主义三大力量威胁着和平安全。这三种势力利用民族、宗教、领土、民主、独立等一系列的矛盾和借口,制造矛盾、加深仇恨、撕裂族群、破坏和平、屠杀平民,已经成为全球的一大公害。在这些力量的推动下,地区热点问题不仅将较长时期地存在,而且还有进一步爆发危机、失去控制的可能。同时,又因为反对国际恐怖主义的斗争呈现出战略僵持的态势,使情况更加复杂,平添了许多不确定因素。

第三,在此基础上,非传统安全因素不仅上升为主要的威胁力量,而且与传统安全因素交织在一起,使全球和平安全的形势更为严峻。由于非传统安全因素完全改变了传统的和平安全问题,使得过去一整套的传统安全防范和保障体系面临着防不胜防、打击不力、效果不佳、达不到预期目的的尴尬局面。重新建立一整套既能对付非传统安全因素,又能对付传统安全因素的新的防卫和保障体系也成为全球性的课题。

第四,大国之间的合作与竞争错综复杂,更是成为全球和平安全的重要影响力量。由于和平与安全形势的变化,大国之间进一步加强了合作,联手应对各方面的挑战,但在地缘政治、地区主导权、核心利益等方面仍然存在激烈的竞争,尤其是在美俄、欧美、美国及中国崛起等关系问题上更凸显出进一步深化的趋势。更为严重的是,大国的竞争已经造成了标准多元化、宽严利益化、冷战思维抬头、各自阵营明朗化,从而使核不扩散机制遭到了严重的打击,太空武器化进程加快,对全球的和平安全构成极大的威胁。

第四节　全球人权发展问题

人的全面发展恐怕是人类社会各种主义、各种力量共同追求的目标。从这一点上看,全世界是达成共识的,那么问题究竟出在哪里呢?

众所周知,人权问题原本是欧洲启蒙运动制造的资产阶级反对封建主义的一面旗帜和一场运动。时至今日,人权问题已经成为全球化中的国际问题和世界浪潮。从总的趋势看,人权问题的国际化呈现出国际保护的特点,不仅是有了国际组织、国际公约,由于各国的积极参加,而且表现出多样化、有限性、发展性、长期性、艰巨性。问题就出在对人权标准、人权国际保护标准和保护效果理解的分歧上。这些分歧是"全球化发展与人权发展的分歧"。全球化人权问题存在若干尖锐的矛盾:一是人权的国内法属性与人权国际法属性的二重性矛盾;二是个人权与集体权的二重性矛盾;三是人权的国内保护和国际保护的二重性矛盾;四是人权与主权的二重性矛盾;五是人权的对话与对抗的二重性矛盾。这些矛盾集中到一点,就在于全球化的发展与人权的发展究竟应当选择一条什么样的标准和道路的问题。西方发达国家及唯一超级大国普遍认为,在全球化的发展中,发展中国家必须按照西方的标准来对待人权,按西方的模式来进行政治体制改革,建成所谓的民主宪政。因为全球化就是资本主义化,资本主义化就是唯一超级大国化。所以,唯一超级大国和发达国家一方面打着"人权高于主权"的旗号,把人权的国际保护当成发动战争、侵犯别国主权、干涉别国内政的幌子,充当"国际人权卫士",企图用其资本主义制度来改造他国,实现其独霸世界的野心。另一方面这些国家又打着"西方例外论"的旗号,把自己标榜为"人权的天堂",不容别人讨论、评价和批评。正是因为上述原因,才把人权问题搞得如此混乱,才把人权当成了独霸世界的武器。这正是导致全球不安宁的根本原因。因此,必须防止全球人权问题西方化、独霸化。

第五节　全球民族主义问题

民族主义曾经是一面旗帜,它是本民族各分子对本民族特征的认同以及在对本民族历史、现实和未来共同认识的基础上而产生的一种共同的使命感。它的吸引力在于:一种文化、一个国家。争取民族独立、统一和发展,既是世界历史发展的动力之一,也是世界历史进步的标志之一,更是世界历史多样化的原因之一。冷战以后,民族主义成为世界的主要潮流之一,成为席卷全球的狂飙,也成为导致世界格局频繁变化、世界不安宁的现象之一。那么,问题究竟出在哪里?事实证明,全部问题的关键是全球化与民族化的矛盾。全球化究竟会不会消灭民族主义和主权国家。一般来说:全球化将导致共同化和共同体。但是这种共同化和共同体不会消灭民族主义和主权国家,它改变的只是民族主义和主权国家存在的方式。每一个民族和国家都会为全球化发展作出贡献。离开了多样化,就不会有共同化。所以,问题主要出在民族问题的国际化。首先,一个国家内部的民族纷争是一个国家的内政,也是一个国家变化发展的内部事务,各国人民都会以自己的理解、自己的方式去解决这一问题。其次,每个民族争端的解决必须以和平手段为根本,不能诉诸武力。任何和平手段都会有利于问题的解决和长远发展。鼓吹、支持用暴力手段解决民族问题是不可取的。尤其是保护少数民族更为重要。再次,要反对极端民族主义。极端民族主义主要包括两个方面:一是民族沙文主义,要把自己民族凌驾于别的民族之上。二是狭隘民族主义,要不择手段达到自己民族的目的。它造成由民族问题引起的内乱和地区冲突。最后,无论是由任何民族问题引出的事端,发达国家和国际社会必须以公正的立场、和平的手段,依靠本民族本国人民的力量来解决,而决不能以任何借口,甚至打着人权高于主权的旗号,支持一个民族去消灭另一个民族,用发动种族毁灭的战争来解决问题。一句话,不管民族问题怎么复杂,必须实现和平解决。

14

第六节　全球宗教问题

宗教的发展与早期全球化是同时进行的。因此,全球宗教问题既是一个传统的老问题,又是一个现在与未来的新问题。全球宗教主要有以下问题:第一,传统的世界性、民族性的宗教继续发展。2000 年全球总人口 60.55 亿,信仰宗教者为 51.37 亿人,占总人口的 84.8%,其中传统宗教信仰者占 88% 以上。第二,新兴宗教大量涌现,出现了极端的组织形式——邪教。第三,宗教日益世俗化,突破古典传统,与现代政治结下不解之缘,日益世俗化、大众化、多元化、现代化。第四,原教旨主义仍有一定的市场,而且相当顽固,相当活跃,并有极端势力的出现。第五,宗教徒普世化和全球化。由于合作交流的增加,在保持基础本色的前提下,各宗教之间的信仰、思想、文化交流的融合得到增强与发展,相互渗透到彼此的社会之中,出现了全球化的宗教和普世性的国际联合组织。第六,宗教和平合作继续推进。宗教的本意是主张和平的,但某些原因会扭曲成为仇恨和对抗的依据。因此,彼此尊重,相互承认,在多元化中寻找统一性成为一种需要。第七,宗教、民族、人权引发的冲突不断,日益激烈,前景堪忧。这不仅因为西方发达国家打着这些旗号干涉别国,实行霸权主义和强权政治,而且还因为一个主权国家如果不能正确处理这些问题,不仅造成一些自身的灾难,还特别容易遭受外国强权的各种干涉,带来更大的灾难。为什么这样讲呢? 我们知道,今天民族主义的全球问题从根源上寻找,仍是从 19 世纪开始由旧殖民主义、帝国主义、霸权主义的侵略和掠取所造成的历史后遗症。虽然两次世界大战和冷战的进程,产生了民族主义的三次全球高潮,形成许多独立的民族国家,也沉重地打击了帝国主义和霸权主义,结束了旧殖民主义,但仍然受到帝国主义、霸权主义和新殖民主义的国际干涉。

宗教是一种悠久的历史文化现象,是同一体的共同心愿,是同一民族的神圣之光。那么,问题究竟出在哪里? 全部问题的关键就在于,宗教问题与民族问题和人权问题是同一问题的不同方面,从而导致这些问题的复杂化和国际化,尤其是成为国际干涉的借口时。世界上许多民族的发展都与宗教的发展紧密相连,长期以来,各种宗教已经渗透到这些民族的日常生活中,并代代相传。两种生活的相互渗透形成了共同的宗教信仰和民族习惯,宗教感情与民族感情融为一体。宗教成为该民族的精神象征、民族之魂和希望所在,使民族主义在世俗的基础上获得了宗教的保障,而民族成员会以前所未有的宗教信仰和感情来维护、捍卫本民族的利益,使宗教也在共同信仰的基础上获得了民族的力量。坚定性、狂热性的本质特征又会使两种力量相互激励,共同壮大,难以阻挡。由于宗教的灵魂注入使人权、民族、宗教问题交织在一起,甚至与国际恐怖主义联系在一起,给以唯一的超级大国为首的霸权主义和强权政治——"新干涉主义"提供了借口,使情况更为复杂,局势更为动荡,问题更加难以解决,结果更加难以预料。原则上讲,由于宗教问题过于敏感,因此,国际社会一般不敢轻言为宗教而战,为宗教而进行国际干涉。因此,必须妥善地解决全球宗教共处的问题,绝不能造成所谓"文明的冲突"。

第七节　全球恐怖主义问题

　　全球恐怖主义也称国际恐怖主义。这是在国际上以特殊、残忍和极端的非理性的、非道德的、非人类的具有非正规战争性质的各种暴力手段,通过巨大伤害而震撼的恐惧效果直接或间接地制造恐怖气氛形成巨大威胁,来实现某种政治目的和社会要求的有严密组织的政治行为。它既不同于一般的国家严厉专政,也不同于反政府的非正规战争,却是当代最严重的全球性威胁和挑战的问题。尤其是"9.11"事件之后,这一问题不仅更加凸显出来,呈现愈演愈烈之势,而且对全球化的格局及各国战略均产生了不可估量的影响,还有待进一步观察和处理。从类型和根源上看,既有因阶级矛盾和革命而产生的极左极右两种倾向的国际恐怖主义,又有在民族主义基础上带有民族解放、民族分裂、民族压迫性质的国际恐怖主义;既有以宗教为灵魂的国际恐怖主义,也有因国内国际各种冲突引发的国际恐怖主义;既有在文明冲突的角度上立足于文明间的断线的国际恐怖主义,也有以无政府主义为依据建立无政府社会的国际恐怖主义。这六类国际恐怖主义交织在一起,情况变得更为复杂,更为敏感。反对恐怖主义,这是国际社会共同的立场。问题在于怎样反对? 究竟是治标还是治本? 究竟是反对国际恐怖主义还是借机实行霸权,填补真空,灭绝种族,消灭另类文明? 为了反对国际恐怖主义,全球主要采取以下措施:一是各国竞相出台了专门的反恐怖法律,组建了相应的机构和队伍,发展高科技,开展了相关的斗争,甚至发动了真正的打击国际恐怖主义的战争(阿富汗战争)。二是区域组织和多边组织加强了反恐怖的国际合作,召开了反恐怖主义的国际会议,签订双边、多边和国际性反恐怖的合作协议、协定和公约,组建区域性的反恐怖主义组织,采取联合的军事行动、警务合作、情报共享、个案配合。三是加强了以联合国为主导的反恐怖的全球合作,如 1994 年联合国大会通过《消除国际恐怖主义措施的宣言》,以及通过国际协议、国际公约设立专门委员会,举行专题公开辩论,对国际恐怖主义及涉及的财政、经济等各方面实施制裁,对恢复秩序的地区和国家派出维和部队等等。这些表明了国际社会反对国际恐怖主义不仅有共同的态度和行动,而且取得了相当的效果。但是问题并没有解决。首先,国际恐怖主义产生的全球经济社会条件依然存在。打击是治标不治本。要实现治本的目的，必须要建立合理公正的国际政治经济新秩序，坚决反对霸权主义和强权政治，反对单边主义，实现全人类的共同富裕、发展和繁荣。否则，全球愈演愈烈的贫富悬殊、两极分化和霸权主义与强权政治造成的极不平衡只能同步助长国际恐怖主义的存在、发展和威胁。正如卡尔·多伊奇所指出的，不镇压就要完蛋，镇压了更要完蛋，政府和特权阶级可以因为激怒而作出过头的反应，但是，恐怖主义的不得人心依然如故。其次，国际恐怖主义与大规模杀伤性武器相结合，与高科技相结合，与雇佣分子相结合，与非正规战争形式相结合，都对传统的安全观进行了彻底的改写！加之其高度的隐蔽性、瞬间的突发性、献身的自杀性、手段的简单性和巨大的破坏性，变得防不胜防。因此，国家和国际安全的敌人主要来自某些国家和国家集团的传统安全观似乎已不复存在；主要针对某个国家或国家集团传统设防的重点似乎已不复存在；主要依靠高投入高科技以对付大规模杀伤性武器的传统装备体系似乎已不复存在。目标分散了，敌人分散了，对抗多样了，手段复杂了，国际恐怖主义对国家安全、国际安全带来了巨大的难题，要调整到位恐怕需要很长的时间。复次，国际恐怖主义带来极为棘手的国际政治和外交难题。它可以任何目的对目标进行打击，又可以躲避在任何一个国家。而不同的国家面临不同的安全威胁，有不同的安全选择，加之对国际恐怖主义的判断标准不一致，利益态度各异，如何看待和解决国际恐怖主义和引起的事件及所涉的组织、国家、个人关系上，常常发生矛盾，引发外交问题。如果处置不当，必将酿成全球性的更为严重的后果。而在这个问题上达成完全一致是十分困难的。最后，世界最重要的，就是国际社会必须有一个绝大多数国家共同认可的"国际恐怖主义"的内涵、外延和标准，才会有共同的敌人、共同的行动和共同的胜利。否则，就会出现看法不一的"双重标准"，造成比国际恐怖主义本身还要复杂的混乱局面，出现干涉别国内政，推行各种霸权主义的借口和搞乱世界的口号等情况。一切都必须坚持《联合国宪章》的宗旨和原则才能正确解决问题。由此综述，对付国际恐怖主义要标本兼治，重在治本。但是，无论如何，都只能把国际恐怖主义及其破坏活动限制在一个最低限度，从根本上彻底解决问题恐怕只能等到全球共同富裕的那一天。

第八节　全球难民潮问题

　　难民潮是伴随着人类社会因各种因素造成的冲突而产生的全球问题。它的特点:一是伴随局部战乱的不断发生,全球难民数量有增无减,居高徘徊,还有进一步扩大的趋势。到 1999 年底,全球难民人数高达 1169.76 万人。二是处于难民境地的国内流离失所者(狭义难民)大量增加。联合国难民署关注的人口和救助范围扩大。联合国难民署负责的总人口为 2233.54 万人中国内流离失所者达 540.92 万人,占 1/4。三是民族、宗教冲突的灭绝性导致难民问题空前严重,境地悲惨,加之唯一超级大国等西方发达国家以"人道主义干涉"来干预别国的难民问题,使国家主权遭到侵犯,国际关系准则遭到破坏,难民境地极为惨烈,情况进一步复杂化。四是环境难民问题更为突出,因生存的自然环境日益恶化不得不离开家园的人在 5 年内达到了 5000 万人,到 21 世纪末预计要达到 4 亿人。五是产生难民的原因呈现多元化的趋势,缓和是暂时的,新冲突不断。难民潮不仅冲击周边国家而且成为多数国家不得不面对的问题。难民问题已经从一般人道主义救助事务,上升为影响国家、地区稳定和国际关系正常的焦点问题,成为全球不稳定的主要因素和五大难题之一。因为难民的认定庇护、接收安置等已经影响到国家主权、稳定与发展及国际承受能力,所以,解决难民问题变得非常困难:一是有增无减的难民潮对融入和进入的周边国家及"第三国"的冲击。他们不仅无力承担,还备受引发的自身矛盾等致命威胁。二是发达国家为保护本国利益,对难民的接收、安置和庇护政策日益紧缩,出现排外情绪,甚至拒难民于门外。三是联合国难民署和其他难民机构已人满为患,不堪重负。尽管 50 年救助安置了 5000 多万难民,但财力所限和情况复杂,自愿遣返、就地融入社会、第三国安置等三个办法都是治标不治本,使难民救助极为困难,使"永久解决"成为水中之月。要根本上解决难民潮问题,只能尽量发挥联合国的作用,让难民原籍国、庇护国、安置国、捐助国按照"国际团结和责任分担"的原则,以互谅互利的合作伙伴关系,各自承担好自己的义务,解决难民救助的治标问题。建立公正合理的全球政治经济新秩序,用和平的方式解决争端,用发展的方法解决贫困,用共同治理解决问题,才能逐步从源头上解决难民问题。

18

第九节　全球人口爆炸问题

　　所谓人口爆炸,是指人口自然增长率迅速上升,人口基数呈指数急剧增长,人口数量翻番的时间间隔缩短。这种压力首先引起粮食短缺和资金匮乏,造成自然资源的过度使用和生态环境的严重破坏;然后转化为贫困、素质低下、不平等等经济压力和社会压力;最后转化为政治压力,产生动乱、冲突甚至引起战争。据预测,在全球现有 60 亿人口的基础上,2050 年全球人口将达到 90 亿左右,而未来地球承载人口的极限也就达到了。爆炸的世界人口将对人类社会生存发展环境造成灾难性的后果,直接破坏可持续发展,这是众所周知的。发展中国家人口增长占 96%,越穷越生、越生越穷的困境以及国际社会对人口问题的立场分歧使人口问题更加复杂。首先是解决饥饿人口的粮食问题,全世界有 8 亿多饥饿人口,1996 年联合国粮食组织首次"世界粮食首脑会议"制订了 2015 年前使饥饿人口数量减半的目标之后,每年减少 600 万饥饿人口,离每年减少 2200 万饥饿人口的目标差距甚远。而粮食交易市场全球化的规则却进一步使发展中国家失去这方面的竞争力。其次是从根本上遏制人口过快增长的势头,必须采取各种必要的措施,实现人口与资源、环境的平衡。复次是优化人口结构,特别是对发展中国家的人口进行结构性的调整,特别注意全球人口老龄化问题。再次,是进一步提高人口素质,让人人享有受教育的权利,充分挖掘和发挥人力资源的作用。最后,解决人口爆炸问题的国际合作。发展中国家要致力于控制人口过快增长,优化人口结构,提高人口素质,发展经济。而国际社会,特别是西方发达国家有责任有义务支持发展中国家解决人口问题。彻底改变以人权为借口干涉发展中国家的计划生育,以不平等的粮食贸易索取高额利润,以各种要求为前提和条件才能给予支持和援助等等的霸权主义的强权政策。不然的话,人口爆炸问题非但不能解决,反而会成为全球最大的威胁之一。

　　上述问题不仅仅在于生态学上的忧虑,更重要的是将对全球化造成一系列的威胁和严重后果。第一,穷国向富国的移民形成潮流,汹涌澎湃,势不可挡,愈演愈烈,这样就会在富国产生人数众多的少数民族(因为富国本国人不肯生育、少生育,而移民则大生特生)。由此将会出现一个割裂的多元移民文化的社会,完全有可能导致极度的紧张和冲突,甚至会引起富国对外政策的变化。第二,这种情况还会直接、间接地影响输出人口的穷国的政策选择,导致穷国愈来愈穷,全球贫富更加悬殊。第三,移民还会将母国的问题与冲突同步带入富国,例如有组织的跨国犯罪,本国的民族宗教矛盾与冲突,甚至包括恐怖主义活动等等,将直接威胁富国的安全与政策。第四,移民问题严重起来的时候,输入移民的富国将采取关门驱赶政策限制或赶走移民,而输出国则可以大力输出或撤回移民。处理不当或条件变化,移民潮与难民潮两潮合流,将会出现政治难民和收容难民的双重问题。造成西方发达国家与广大发展中国家的新摩擦、新矛盾甚至是新冲突。第五,穷国人口将达到和超过全球人口的90%,这就意味着,穷人的数量越多,世界就越不安宁。这也同样意味着,解决人口问题将是全世界的共同任务,而不是一个国家所能办得到的。尤其是在解决财富的公平分配和消灭两极分化的问题上,更是如此。

因此,解决全球移民问题应当坚持以下四项原则:

原则之一,在观念上应认同移民对发展的促进作用。中国呼吁各国政府以更加开放、友善、公正、积极的态度看待移民问题,不要肆意夸大移民的负面影响,更不能戴有色眼镜看待某些移民族群;

原则之二,在政策上应促进移民正常、有序流动。各国要正确对待少数非法移民与合法移民的关系,在最大限度遏制非法移民活动的同时,努力促进移民正常、有序流动,鼓励合法移民为目的国和来源国的经济发展作出贡献;

原则之三,在行动上应切实保护移民合法权益。目的国应与来源国加强协调,从移民的实际需要出发,维护其合法权益,促使移民融入当地社会,为目的国经济发展作出更大贡献;

原则之四,在国际上应加强合作与对话。发达国家及相关国际和地区组织应提供必要的资金和技术援助,帮助发展中国家加强能力建设。针对移民可能产生的人才流失问题,移民目的国和来源国也应加强合作。

第十节　全球生态失衡问题

全球生态失衡问题是指伴随着工业化、城市化和现代化的进程而出现的因资源破坏和环境污染造成的生态失衡,已经接近甚至超过了人类社会生存和发展的生态阀值,已经构成了对人类社会的发展能否继续下去的巨大威胁。以气候变化为例:一是全球平均气温在未来50年内将升高2℃~3℃,但是如果温室气体排放继续增加,气温将再升高几度;如果不对温室效应采取适当措施,全球将出现20世纪30年代那样的经济大萧条,由气候变暖造成的洪水或干旱将使大约2亿人流离失所(数字来源:英国政府首席经济学家、前世界银行首席经济学家尼古拉斯·斯特恩)。二是与100年前相比,非洲大陆的气温上升了0.5℃(数字来源:英国乐施会、新经济基金会、气候变化与发展工作组)。三是气候变暖导致非洲最高峰乞力马扎罗山的冰盖在过去80多年里消失了82%;第二高峰肯尼亚山的冰盖在过去100年里消失了92%(数字来源:肯尼亚环保组织"绿带运动")。四是2005年地球大气中的二氧化碳(温室气体主要成分)的含量创下新高,达到379.1ppm(1ppm为百万分之一),比2004年的377.1ppm增加了0.53%(数字来源:世界气象组织)。五是全球变暖将导致世界上1/4也就是100多万个物种在未来50年里灭绝(数字来源:《自然》杂志)。当人们为自己征服大自然创造的成就欢欣鼓舞的时候,又不得不承受被破坏和污染的大自然的生态失衡带来的后果,承受着日益加剧的吃完祖宗饭、断掉子孙路的环境压力。生态危机日益严重、解决乏力主要表现在:各种破坏环境的行为有恃无恐,各种污染环境的恶习有增无减,各种治理的措施远远赶不上破坏和污染的速度,各种治理的效果也还达不到改善环境的目的,各种解决生态失衡的国际公约及其执行情况也达不到预期的效果,各种维护生态平衡的组织和行动(如绿色组织及运动)所起的作用十分有限,全球达成共识的可持续发展的理论、战略和实践还没有真正得到落实,各种生态失衡治理的技术和产业还不够成熟,各种因生态失衡带来的贫困问题日趋严重。如此等等,不一而足。更为严重的是唯一的超级大国以唯我独尊的霸权主义、强权政治来对待全球的生态失衡和执行国际公约问题,公然否认、拒绝执行《京都议定书》,使全球共同解决生态失衡、拯救人类、实现可持续发展的行动成为纸上谈兵,全面落空。如此下去,全球生态失衡问题除了进一步加剧之外,还有什么希望可言?

2007年,日本前首相安倍晋三提出了在《京都议定书》2012年到期之后新的削减二氧化碳排放的新计划,要求在2050年将排放量再削减50%。而八国集团峰会则把这一问题作为了会议的主题。在此之前,德国一直在为防止全球气候变暖进行不懈的努力,并且呼吁欧盟充当"环保先锋"。在2007年3月举行的欧盟峰会上,欧盟轮值主席国德国总理默克尔成功说服欧盟各国同意到2020

年欧盟单方面将温室气体排放量在 1990 年的基础上再削减 20%,并将可再生能源占总能源耗费的比例提高到 20%。在德国汉堡召开的亚欧外长会议上,来自包括中、日、韩等 45 个亚欧国家的外长发表联合声明,表示支持 2007 年底在印度尼西亚巴厘岛召开联合国气候变化大会,为在《京都议定书》2012 年失效前签订新的环保协议开启新一轮国际谈判。

2007 年 5 月 31 日,唯一超级大国提出了应对全球气候变化的"长期战略"。将邀请全球十几个主要温室气体排放国,从今年秋天开始举行一系列会议,争取在 2008 年底前共同设立温室气体减排的长期目标。并重申对《联合国气候变化框架公约》的承诺,力争在 2007 年 12 月召开的联合国气候变化大会上取得进展。这说明,我们只有一个地球已经逐步成为全球的共识,只要全球共同合作,特别是超级大国和发达国家承担更多的全球责任,解决问题还是有希望的。

2007 年 12 月 12 日,在印尼巴厘岛召开的联合国气候变化大会公布了会议决议草案,要求发达国家在 2020 年前将温室气体减排 25% ~ 40%。经过近两周的艰难谈判,在会议结束的最后一天即 12 月 15 日,大会经反复磋商后通过一项计划安排,决定在 2009 年前就应对气候变化问题及有关新的安排举行谈判,从而制定了举世关注的应对气候变化问题的"巴厘岛路线图"。其要点是:

序言注意到科学证据的"紧迫性",这些科学证据证明气候变暖是不争的事实,拖延减排会增加气候变化影响加剧的危险。

路线图确立谈判一项减排长期协议的框架,其中包括美国这个仍在联合国《京都议定书》之外的唯一工业大国。

谈判将于 2009 年年底在哥本哈根结束,让各方有时间批准该条约,以便该条约在 2012 年年底生效。

路线图不具体确定减排目标,也不建议哪些国家应当减排或应当减排多少。但是,在序言的注释中提到 2050 年全球排放量比 2000 年减少一半的目标。到 2020 年,富国必须减排 25% ~ 40%。

要求发展中国家采取"可衡量的、可报告的和可核查的"行动,在清洁能源技术、财政和技术积累的支持下减少他们的排放量。

路线图包括为制止滥伐森林和森林退化提供可能的财政支持。

第十一节　全球能源资源问题

全球能源资源问题的产生,主要是由于地球能源资源开发过度所造成的短缺和枯竭情况日益严重并引发的全球争夺问题。从枯竭的层面上分析,主要是四类:一是土壤的退化和耕地的锐减,所谓全球水土养活不了全球人口;二是水资源的极度短缺和可怕的争夺,尤其是严重缺水的地区,例如中东地区;三是森林大量砍伐不仅导致供给减少,造成严重的水土流失,而且带来全球的土地沙漠化、石漠化,干旱缺水,洪涝灾害,动植物种的空前灭绝和温室效应的加剧;四是石油危机,先是由于以石油为主导的能源结构和以鼓励石油消费为主导的能源政策造成石油的进一步枯竭,然后是由争夺石油所引起的冲突与战争。在争夺的层面上分析,主要是集中在水和石油的争夺上。唯一的超级大国维持在全球的霸主地位很大程度和意义上都是为了石油的争夺。争夺的主要原因是全球资源消耗的不平等性。以中东地区的石油资源为例,约旦河流域地区每年可以得到的新鲜水为 27 亿立方米,可是约旦人年均用水量为 173 立方米,西亚和加沙地区的巴勒斯坦人均为 85 立方米,而以色列人则高达 447 立方米。这三个地方的人均用水量仅 215 立方米,以色列的水资源占有量为平均水平的一倍以上。如此下去,10 ~ 15 年后,该地区几乎无新鲜水供应。在 1993 年,全球有 10 亿人缺水,而只有 2500 万人口的美国加州新建的游泳池就有 60 万个。

2006 年 7 月中旬召开的八国集团圣彼得堡峰会,在讨论了全球能源安全的核心议题,并发表了《关于加强全球能源安全的联合声明》之后,标志着全球能源秩序开始发生了深刻的变化,主要表现在以下十个方面。一是唯一的超级大国在全球能源关系上的独霸地位面临着严峻的挑战,大国的能源竞争和博弈已经白热化。二是欧佩克组织不仅要扩大,而且要进一步提高影响力,使其更强大,以增强抵抗工业化国家压力的能力。三是俄罗斯的能源战略牌越打越大、越打越好,影响力逐渐上升,边际效应更加增强。四是石油民族主义愈演愈烈,能源国有化成为新的历史浪潮,这使得跨国公司所拥有的石油资源不足全部资源的 7% ,已不是石油市场的唯一玩家。五是新的石油交易所纷纷成立,俄罗斯出口的石油有 1/3 到 1/2 都通过本国交易所交易,使西方一统天下的石油定价权已成为历史。六是西方巨型跨国公司对能源市场的垄断性进一步削弱,全球能源市场正在实现从跨国公司向产油国的权利和利益的转移。七是石油美元的地位遭到最严重的冲击,国际能源的金融市场完全有可能彻底再造,美国有可能因此而失去美元作为世界储备货币的优势。八是21世纪的天然气,可能像20世纪的石油一样成为竞争的焦点和冲突的祸根,并可能成为俄罗斯、伊朗等国家手中的政治战略武器。九是石油需求国似乎也在联手控制全球能源市场,保障全球能源安全。2006年12月,中印日韩美等五个需求国在北京的会议似乎放出了一个试探的气球。十是解决未来的全球能源问题已经成为人类社会面临的头等大事。一方面要发展节能技术,减少消耗和浪费,另一方面要寻找、开发、使用新的能源,例如:水能、风能、生物质能、潮汐能、地热能、太阳能、核能、氢能等,又如巴西等五国成立的"燃料乙醇论坛",欧盟生物能源大会制定的到2020年可再生能源占全部能源的20%,其中生物能源占到10%等等。而这一切,都有待于人类社会来共同解决。

第十二节　全球毒品泛滥问题

所谓毒品,是指鸦片、海洛因和其他麻醉品。所谓全球毒品泛滥,是指毒品原料种植、毒品生产贩运、吸毒和打击毒品斗争等一系列全球性的现象和发展问题。在生产经营方面,有著名的"金三角"、"金新月"和"银三角"等全球毒品生产基地;在吸毒方面,全球每年至少有500万以上的人群注射毒品,以吞、吸、饮、嚼等方式吸毒的人就更多,尤其是青少年占吸毒人数比例高达70%以上,美国与欧洲成为主要消费地;在贩毒方面,全球毒品年平均交易额至少在5000亿美元以上,仅次于全球军火交易,其生产、运输已在全球形成庞大的地区网络,并有现代化的武装力量实施保护,涉及近100个国家和地区;在毒品国际犯罪方面,毒品泛滥不仅产生以暴力为主的国际贩毒武装集团及活动,产生令人头痛的国际走私和社会犯罪,造成重大的经济损失,而且是传播艾滋病的主要渠道,直接威胁到人们的身心健康,造成人类的堕落;在禁毒斗争方面,联合国在1991年6月宣布20世纪90年代是"联合国禁毒10年",每年6月26日为"国际禁毒日",地区合作、全球合作的禁毒斗争虽然取得了很大的成绩,但毒品泛滥的问题至今尚未得到根本解决,成为国际社会的一大顽疾。

为什么全球毒品泛滥的问题解决起来如此困难呢?主要是在毒品的关键问题上存在着国际分歧,使禁毒的国际合作被限制在一定范围,而达不到预期的目的。这些重要的关键环节归结起来,一是毒品生产国与毒品消费国争执不休。究竟是毒品的生产决定了毒品消费,还是毒品消费刺激了毒品的生产。如墨西哥认为,美国人每年吸毒花掉的1300亿美元,相当于墨西哥的外债。而美国则认为,只有南美国家停止非法的毒品生产,才能解决毒品问题。美国人自己不能解决自己吸毒问题,反而教训别人应该怎么做。事实上毒品生产和消费是一个问题的两个方面,必须同步控制,才能遏制毒品泛滥的势头。二是"发展替代经济"的保障何在。用"发展替代经济"的办法来停止毒品生产是最好的治本之策。但是生产毒品的国家都是贫穷的发展中国家,在经济全球化不平等的贸易条件下,应当由发达国家给予资本的支持和市场的开放,才能创造出较为平等的条件。一方面解决替代的投资,另一方面解决替代产出的销售和收入。例如,南美三国(哥伦比亚、玻利维亚、秘鲁)向美国提出减负外债并让咖啡、棉花等替代作物在贸易中享受优惠待遇的要求均没有得到回应和承诺,致使治本之策落空,成为水中之月。三是毒品究竟应当继续认定为非法还是改认为合法。毒品是非法的,这似乎是国际共识,但情况并不这样简单,至今仍然有一部分人要求将毒品合法化,使国际共识受到挑战,也削弱了国际合作。如诺贝尔经济学奖获得者弗里德曼、哈佛法学院的德沙维尔教授就是主张毒品合法化的代表人物。四是究竟是先解决本国问题还是先进行国际合作,也是影响禁毒斗争成效的原因。毒品生产国与消费国基于上述分歧难以达成一致,这就成了国际毒品泛滥且难以解决的主要原因。

第十三节　全球的艾滋病问题

艾滋病(AIDS)即"获得性免疫缺损综合征"。从最早在中非的扎伊尔发现,到20世纪80年代在全球扩散。艾滋病毒侵入人体后,专门攻击和破坏人体免疫系统的卫士——T淋巴细胞,导致人体免疫系统失去了抵抗任何疾病的能力,最后以死亡而告结束。艾滋病几乎无药可治,通常不超过两年就结束生命。艾滋病传播性极强,而且传播的行为方式又是与人类最亲密的行为和狂热的情感相联系(通过性行为、吸毒、血液及血制品、母婴等四种方式传播),因而在人类社会引起了极度的恐惧与不安。全球艾滋病患者已达几百万之众,携带病毒者达几千万。专家们认为,全球每分钟就增加一名艾滋病患者,每两秒钟就产生一名艾滋病病毒的携带者。看来,要防止艾滋病,仅仅靠医学技术的突破还是比较遥远的。这是因为,艾滋病在本质上是一种社会病,一种社会问题,一种全球的社会问题。因此必须依靠国际合作、国际社会的共同行动。首先,国际社会应当注意加大艾滋病防治药物和防治技术突破的投入和支持,并尽量降低防治费用,早日把不治之症变为可治之症。在这方面,国际社会特别是发达国家要切实有所作为。其次,要在全球抵制和改变不健康的生活方式,战胜自身的堕落,用健康的性生活取代不健康的性生活,用充实的精神生活取代慢性自杀式的吸毒。再次,国际社会要加大对卖淫嫖娼、吸毒贩毒种毒的打击力度,还要加大力度改善发展中国家的医疗卫生条件,清洁血液和血制品,尽量减少艾滋病的传播渠道。复次,要在全球为艾滋病患者创造出更加宽容的社会环境,解决歧视和敌对情绪,防止部分患者走上非理性的、以有意识地传播艾滋病为方式的报复之路。最后,还必须促进全球共同发展和共同富裕问题,真正动手消灭失业、贫困、愚昧和落后,才能在社会的角度从根本上消除其根源。

第十四节　全球海洋利用和宇宙空间开发问题

　　我们只有一个地球,地球的生命是有限的而不是无限的,大陆是有限的而不是无限的。全球化时代要求人们第一步要离开大陆开发海洋,第二步要离开地球去寻找和开发宇宙空间。这与历史上人们离开一块大陆去寻找另一块大陆的历史有异曲同工之妙。

　　海洋问题可以从生态失衡和激烈争夺两个方面来认识。从生态失衡看,海洋占地球表面积的71%,占全球总水量的97%,是人类巨大的天然宝库和资源富集地、全球环境的天然调节器、人类新的生存空间、经济发展的内在动力和加速器、地区文化特色与蓝色文明的大舞台和总载体。但是,由于人类活动的不断加剧,使海洋正面临着灭顶之灾,海洋遭受严重污染,包括有机化学制剂、重金属、人工放射性物质、矿物燃料等,使蔚蓝色的海水正在褪色,从滨海延伸到深海,使海洋资源的再生能力大大减弱,海岸面积扩大与海洋面减少等等。如果说我们只有一个地球的话,那么,应当向世人发出的惊叹还应当是我们只有一个海洋。

海洋同时也是一个国家的战略资源,马汉曾经认为,任何一个国家要想成为强国,必须首先控制海洋。制海权是民族强盛和繁荣的纯物质因素中的重要因素。在当代,虽然制空权占了上风,但制空权仍是以制海权为基础的。无论是领海宽窄的争论和争夺,还是对公海和南北极的控制,都充分说明了海洋争夺的激烈程度。正如尼克松先生所认为,世界各国近数十年来面临人类开发世界海洋的重大课题。问题在于世界海洋是否将合理地、在平等的基础上为人类利益而使用,抑或将成为无限制的滥用和无休止的法律冲突的领域,而任何胜诉国家也未必获益。这一问题今天之所以具有尖锐性是因为各个国家日益清楚地意识到,海洋底部及众多水域的开发将预示着何等的财富,而滥用世界海洋及底部的资源将对海洋环境带来何等的危险。一句话,解决海洋问题必须贯彻两个原则,一个叫做共同保护,合理利用;一个叫做搁置主权,共同开发。总的来说叫和平解决争端。

27

宇宙太空的情况又如何呢?由于太空可能成为人类新的生存空间,具有十分重要的战略地位。因此,对太空的研究和探索也充满了竞争。制空权已经让位于制太空权,"星球大战"正在向我们一步步走来。这就是问题的全球性和严重性。首先是太空资源富集,而且能为不堪重负的地球和人类带来新的希望。太空开发前景十分诱人。其次是太空技术的发展日新月异。从1957年10月4日前苏联发射第一颗人造卫星,到宇宙飞船登月,宇宙空间站、航天飞机甚至天梯的技术设想已经成型,随着研究开发的进一步深入,外层空间的开发技术一定能达到预期的目的。最后是太空工业化和太空移民。太空将成为人类新的生存空间,"太空人"只是一个逼近的事实。问题的复杂性表现在两个方面。一方面是太空已经遭到严重的垃圾污染(说起来这可真是个悲剧),仅可以追踪到的尺寸较大的"太空垃圾"就有5030个,污染了太空固有环境,阻碍人类进一步科学地利用太空。同时,随时随地坠落的"天外来客"也威胁着地球的安全。另一方面是围绕着控制太空的全球争霸与竞争。具体地说,唯一的超级大国和少数几个国家垄断了太空的技术与开发,太空争霸已经更加激烈。肯尼迪先生就曾经说过,争夺宇宙霸权是未来的主要内容。哪一个国家能控制宇宙,它就能控制世界。唯一的超级大国建立的一个以天基定向式武器系统为主要攻击手段的多层次多手段的综合弹道防御系统,使其具有攻防兼备的"第一次打击能力"的"星球大战"计划虽然因技术、资金和敌手的消失而未能全部执行,转化为了"国家导弹防御系统"(NMD)。同时又退出了《反弹道导弹条约》,从另一个侧面证明了他们要垄断制太空权,研究和部署太空武器,造成太空军事化的野心和决心。他们的立场是:要防御更要进攻,达到攻防兼备;要本土更要太空,达到全空间;要白天更要夜晚,达到全天候;以便将地球上的绝对优势延伸和保持到太空。尽管目前 NMD 是本土优先的战略,但独霸外层空间才是最本质最真实的意图! 因此,霸权主义和强权政治将成为新的太空争夺的主要原因!

第十五节　全球风险与危机及失控问题

全球化似乎正在超越两个传统的对抗概念。一个是社会主义与资本主义在意识形态和社会制度之间对抗,另一个是国家之间的对抗。在这样的历史条件下,世界似乎应当更加容易控制,更加减少风险和危机,更加和平,更快发展。但事实正好相反。全球化却更明显地表现出超越后的两个趋势:一个是风险和危机愈来愈多,愈来愈国际化,其波及的范围、威胁的程度是前所未有的。另一个是整个世界处在越来越失控的状态,就像一只断了线的风筝,谁也抓不住它,也不知道它会飞到哪里去。我们只有一个地球的事实却变成了我们究竟向何处去的恐惧和惊骇。

全球没有敌人与对抗状态下的最大问题就是全球风险。全球风险一方面是由人类社会从自然生态破坏、经济不平等、社会不公正等角度自己制造出来的。例如,全球金融的高流动性和高冒险性制造出了波及全世界的金融风险。全球风险的另一个方面,又是指对未来的不确定性和不可测性。由于变化太快太猛,由于传统的思维、体制所限,这种不确定性和不可测性大大增强,突发性、非理性、非常规性、非传统性也大大增多。走一步、看一步成了最现实的选择。理想主义让位于现实主义,风险随时随地都可能转化为危机。

全球危机使全球风险成为现实,形成极大的破坏力状态。由于风险具有上述的特点,危机处理变得十分困难,因此全球失控现象也日趋严重。那么,全球风险是否是完全消极的呢？全球风险也有积极的因素，这不仅因为风险本身是对传统的突破和超越，成为特殊重要的方式——一个致力于变化的世界的推动力，成为正确确定未来的精神源泉，而且因为风险本身是一种控制将来和规范将来的能量，只有从风险中才能看到、预防和控制危险，实施有效控制，找到未来的方向。不冒险就失去未来。问题在于全球已进入风险和危机时代，而我们的思维方式、预测办法、控制体制仍然是老一套，这就进一步扩大了风险，加重了危机，失去了控制。真正要改变的是我们，是整个国际社会必须超越传统，走向创新。吉尔斯认为，风险总是要规避的，但是积极的冒险精神正是一个充满活力的经济和充满创新的社会中最积极的因素。生活在全球化的时代里意味着我们要面对更多的、各种各样的风险。我们在支持科学创新和其他种种变革中，可能应该表现得更为积极些，而不能过于谨慎。毕竟，风险一词的词根在古葡萄牙语中的意思是"敢于"。

第二章　全球化辨析

以前世界上发生的事情相互之间没有关系,从此,它们之间相互依赖。

——[希腊]波利比奥斯

全球化的概念是相互渗透的,包括经济、政治、文化、意识形态。

——[美]J·米特尔曼

全球化理论是社会科学领域的一次主要的模式转换。社会科学绝不可能再与从前一模一样。

——联合国教科文组织《世界社会科学报告(1999年)》

正在全球化的理论都是具有主导地位的特殊团体的自我表现。

——[英]安东尼·吉登斯

第一节　全球化理论的分类与辨析

全球化作为历史的潮流,浩浩荡荡,形成了今天史无前例的全球化现实、趋势和未来。这样的历史潮流,当然引来了众多仁人志士的兴趣、爱好、研究、探索,形成了史无前例的全球化理论的时代热潮。各种全球化理论百花齐放、层出不穷、百家争鸣、相互激荡、汗牛充栋、浩如烟海,使整个全球化及其理论呈现更加纷繁复杂的局面。

正因为如此,自从罗马俱乐部在 20 世纪 60 年代的研究报告中提出全球化概念,经济合作与发展组织的首席经济学家奥斯特雷于 1990 年正式确认了全球化,并把全球化定义为经济全球化之后,判定区分全球化理论也呈现出十分复杂的情况,有的从各种学科出发,如哲学、社会学、国际政治学等等的角度来看待区分;有的从对全球化的支持、怀疑、反对的角度来判定区分;有的则从相互依赖的角度来判定和区分,形成了多种流派和分支。

本书将全球化理论分为以下八种:

第一,全球化科技决定的科学主义;

第二,全球化以西方一元化为中心的极端主义。它本质上是新自由主义,包括了各种终结论和帝国论、文明冲突论等等;

第三,全球化改革及替代主义,它包括了西方左翼及现代性及后现代性、结构化的东方主义、全球主义等等;

第四,全球化反对主义。它包括了对全球化的怀疑、批判和反对;

第五,全球化问题与治理主义,它包括罗马俱乐部、里斯本小组及全球治理委员会;

第六,全球化指数体系的统计主义;

第七,全球化的历史主义(新的全球化历史观),它包括了布罗代尔的时段理论和斯塔夫里阿诺斯的全球历史观;

第八,全球化三种力量的分析理论;

第九,综合分析全球化前景的主要理论。

一、以信息技术为基础的"地球村"的主要理论

信息时代就是全球化,全球化就是信息时代。这个结论在今天已是不争的共识。但是以此为基础,提出"地球村"全球化理论的麦克卢汉则是在 20 世纪的 60 年代就已经提出来了。到了今天,历史证明,他是信息时代的"先驱"和"先知",他的"地球村"、"电子世界"、"网络世界"的全球化理论是完全正确的、先知先觉的。一句话,没有信息技术就没有信息时代的到来,也就没有今天意义上的全球化。

麦克卢汉的地球村是以计算机和网络技术(电子技术)建立起赛博空间的中枢神经系统的全球通信网络,造就了个人文化,使时空高度压缩,处处无中心,无处是边缘,使全世界成为一个村落,产生了一个人人参与的、新型的、整合的地球村。在这样一个崭新的地球村世界,除了相互依赖加深之外,全球成员无法避免一种人类社会整体性的意识,总体变迁已经是一切在此,一切无所不在,我们已无家可归。这个思想和理论是非常伟大的,它不仅指出了信息技术和信息时代是全球化的决定力量和原始动力,而且指出了信息技术在全球化中的核心作用——高度压缩时空、抹杀等级等等,更为重要的是从总趋势和未来观察,地球村 = 全球化的公式已经无懈可击,功不可没。从某种意义上讲,如果不懂得麦克卢汉以信息技术和信息时代为基础的地球村全球化理论,那真的就是无知或者偏见。

因此,可以肯定地说,人类在已经进入了"信息社会"、"后工业社会"的时候,才真正进入了全球化,信息技术对整个人类社会和全球社会产生了前所未有的、无与伦比的重大影响和巨大变化。还可以肯定地说,不研究信息技术,不以信息技术为先导研究全球化都是不可想象的。这样,有的学者研究《全球信息和社会沟通》(Moulana,1986 年),有的学者研究《信息技术和全球相互依存》(Jussawalla,1989 年)。在计算机网络技术的思维启迪下,相继出现了海纳兹的"网络分析方法的理论",罗伯特·基欧汉和约瑟夫·奈为代表的"复合相互依存的网络化全球权力结构"的全球主义理论。基欧汉和奈认为,相互依存是指一种条件和状态,既可以增强,也可以减弱,而全球化仅仅指出的是事物的增长和增强。因此,全球化是全球主义的一种特殊状态,自古以来即有的稀薄的全球主义就是全球主义,而只有日益浓厚的全球主义才能称为全球化。复合相互依存不是对世界的描述,而是一种从现实抽象出来理想式的概念。所谓全球主义则是一种反映全球相互依存于网络的世界状态,呈现多方位现象和各种要素的反比例提

高和降低。但是,直接使用网络的概念从政治学角度研究全球化,不能不说是计算机网络思维的直接影响和表现。

顺便指出,研究的重点不仅仅是计算机网络技术、信息技术本身,还在计算机网络技术和针对信息技术对全球化的形成和发展的影响,对整个人类社会及其未来的影响,对人的思维、行为、协调、控制的影响。这些影响将是革命性的。这种革命又是带有周期性的。它是本原、先导的,但又容易陷入纯技术主义。

二、以西方一元化为中心的极端主义的主要理论

这种极端主义就是新自由主义,就是西方发达资本主义和资产阶级利益的忠实代表。他们认为,全球化就是西方化,就是美国化。在他们眼中,对全球化起决定作用的,一是完全自由放任的市场经济,一切民主国家及其制度已经失去了存在的基础,根本不能干预市场,市场已经成为决定和解决所有问题的唯一力量,这就叫做市场原教旨主义。二是以西方为中心的全球一元化社会。全球化是一维的,就是纯西方化的。超越民族国家,国家主权有限,一切都要被西方的意识形态、社会制度、生活方式、文化文明所改造,造就西方一统天下的全球化。三是西方资本主义的全球化长命百岁、万寿无疆,是全球化最人道、最美好、最长久的制度,必须维护好西方的霸权、美国的霸权。

（一）各种终结理论是新自由主义基础的全球化理论

1."历史终结论"

随着东欧剧变,苏联解体,冷战正式结束,如何评价资本主义制度和社会主义制度及其命运已成为东西方理论界普遍关注的现实问题。认为自由民主制度是人类意识形态进化的终点,西方资本主义不仅是人类政治的最佳选择,而且是最后的形式,全球同质化为资本主义。这就是福山先生著名的"历史终结论"。

历史为什么会终结呢? 福山先生认为,首先是资本主义市场经济的胜利。这种承认以私有资产和市场为基础的自由经济活动和交易权利的自由主义,是人类社会的必然选择。现代经济的自由管理、自由市场已经普及,不管是什么国家、什么制度都毫无例外地选择了自由市场经济,连社会主义国家也几乎都承认了经济活动和市场经济。因此,这种力量透过全球市场的形成及不同的社会经济野心的提升和实践,把世界上纷乱的社会结合为一。这种世界市场经济的吸引力不断把人类社会吸向自己,要成功地参与这一世界,采用自由市场经济原理是不可或缺的,这是自由市场经济的最后胜利。

其次,自由市场经济的基础就必然地选择自由民主的政治制度,这也是最后

的政治制度。他认为,自由主义与民主主义是紧密相连的。因为民主主义是指所有市民分享政治权利的普遍权利,而这一权利又是自由主义所具有的基本权利。这种制度以美国为最稳定和最长寿,是典范和榜样。因为美国的立宪政体是人们普遍承认在阻止独裁者方面十分成功的制度。

最后,在全球范围内的后历史世界,是舒适的自我保存欲望比冒生命危险为纯粹声名展开战斗更高贵、普遍而合理的认知已取代追求支配的斗争,普遍均质的国内政治的建立自然也昭示着和平民主的国际关系的最后建立。尽管资本主义一统天下的全球化还会遇到民族主义等障碍,即围绕着石油、移民、世界秩序三大问题展开。而真正的国际组织必须以自由国家联盟为基础才是真正有效的国际组织,他们通过消费文化的全球化扩散,缩小了文化之间的价值差距;通过民主的全球扩散,使政府不发动战争;通过世界统一为单一的全球市场而减少攻击性。因此,不仅能有效地遏制威胁,而更重要的是能让这些非民主国家逐步地转变为资本主义国家,进入资本主义的体系,遍布全球,才能最终建立起自由合理的国际秩序。

2.“主权终结论”

哈贝马斯的“主权终结论”也是一种典型代表。他认为,全球化导致了主权终结。一是民族国家变得陈旧和过时,因为它包括了普遍主义和特殊主义的紧张关系。二是民主国家的主权不断地萎缩化和空洞化。因为全球经济已经非民族化、非国家化、非边界化。三是社会福利国家妥协已经意味着分化,从而丧失民主的基础。也就是说,社会福利的职能只能转让给跨国经济的共同体。四是由于国家对世界经济和世界社会的依赖性越来越大,国家就越来越丧失它的自主性和处理事务的能力。要解决这一问题,既不能是全盘支持全球化的新自由主义,也不能是全盘否定的反对主义,要走一条进取型态度的第三条道路,关键是要用政治来驯服横冲直撞的资本主义,具体的设想就是建立世界公民社会。

正是在这些终结思想的影响下,终结论已经成了一种潮流和学派。哲学的终结、隐私的终结、全球化终结等等,令人目不暇接、莫衷一是。如果大家有兴趣,不妨读一读,可以好好欣赏一下我们今天这个“已经终结了的世界”究竟是一个什么样的世界。

(二)以文化、文明冲突论为基础的新自由主义全球化理论

1.“文明冲突论”

大家都知道,新自由主义是市场原教旨主义,从来都是不谈文化、教育和文明的,是一种赤裸裸的金钱全球化。为了改变这种形象,于是西方出现了从文

化、教育、文明入手研究全球化的理论。其中,最为著名的就是亨廷顿的"文明冲突论"。

亨廷顿首先批判了冷战以后的四大范式,一是一个世界的欢欣而和谐,即历史终结论;二是两个世界,我们和他们;三是民族国家的国家主义范式;四是无政府状态的完全大混乱。他认为,文化和文明在全球化中具有根本性作用,应当从此来研究全球化。

亨廷顿所定义的人类文明:一种文明就是一种文化实体,是人类最高的文化集团和最广泛的文化实体,包括了价值、规则、制度、习俗和思维模式。在冷战结束之后,国家日益根据文明来确定自己的利益,而不是相反。它们同具有与自己共同根源和共同文化的国家合作和结盟,并常常同具有不同文化的国家发生冲突。因此,冲突的主要根源不再是经济因素或意识形态,文化差异将成为冲突的主导。国民之间的冲突将取代超级大国的对抗来主导全球政治。这些文明有八大文明,它们是:中华文明、日本文明、印度文明、伊斯兰文明、西方文明、东正教文明、拉丁美洲文明及有可能存在的非洲文明。这些文化和文化认同形成了当代和今后世界上结合、分裂和冲突的模式。

为什么会形成文明的冲突呢? 亨廷顿列举了五条理由:第一,冷战后的全球政治在历史上第一次成为既是多极的,又是多文明的。现代化不同于西方化,它既没有产生任何有意义的普世文明,也没有导致西方社会的西方化。第二,文明之间的均势正在发生变化,表现在四个方面:西方的影响相对下降;亚洲文明正在扩展其经济、军事、政治权力;世界正在出现人口爆炸,造成了不稳定;非西方文明正在重新界定和肯定自己的文化价值。第三,以文明为基础的世界秩序也正在出现,主要是文化类同的社会彼此合作;从一个文明转变为另一种文明的努力没有获得成功;国家围绕着它们文明的领导国家和核心国家来划分自己的归属。第四,西方国家的普世主义日益把它引向同其他文明的冲突,最严重的是西方文明同伊斯兰和同中华文明的冲突;而在区域层面的断层线上的战争,很大程度上是穆斯林同非穆斯林的战争,并产生了亲缘国家的集结和更广泛的逐步升级的威胁,并因此引起核心国家努力阻止这些战争。第五,西方的生存依赖于美国人重新肯定他们对西方的认同,以及西方人把自己的文明看作是独特而不是普遍的,并且团结起来更新和保护自己的文化,使它免受来自非西方社会的挑战。避免全球的文明战争要靠世界领导人愿意维持全球政治的多文明特征,并为此进行合作。

2."文明共存论"

6."全球化体系论"

1999 年,在西方学术界发生了一场关于全球化问题的颇有意思的争论。争论是由美国《纽约时报》外交事务专栏作家托马斯·弗里德曼的《凌志车与橄榄树——理解全球化》(中译本《世界是平的》)一书引起。凌志车是日本丰田汽车公司生产的一种高级轿车品牌,代表全球化体系,而橄榄树则意指古老的文化、地理、传统和社会的力量。凌志车与橄榄树表述的就是两者之间紧张的矛盾关系。

弗里德曼指出,当今世界已经进入了全球化时代,从这个意义说,"世界刚刚满十岁"。他认为,全球化并非一种选择,而是一种现实。全球化不仅仅是一个现象、一个潮流,更重要的是,它代表了取代冷战体系的一种新的国际体系。弗里德曼将全球化界定为"超越国界的资本、技术和信息的整合"。它正在创造一个单一的全球市场,从而在某种程度上,也在构建一个地球村。全球化也涉及"市场、技术和国家的共同化",它"使个人、公司和国家能更进一步、更快、更深入、更有效地接近世界"。在弗里德曼眼里,全球化就是自由化、市场化和资本主义化。他指出,不是你要不要全球化的问题,而是你如何全球化的问题。经济全球化的一个重要标志就是互联网,它将所有的人联系在一起。全球化的表现是技术民主化、资本民主化和信息民主化。电子商务是标志。全球化的主角是国家、超级市场、超级个人,他们的交叉碰撞是全球化的主旋律和平衡支点。全球化的核心在于民族国家、电子族金色紧身衣之间的相互作用和影响。而对这一过程,需要用金融、政治、国家安全、科技和环境保护来判断和指导。

该书的有趣部分是冷战与全球化的比较。弗里德曼认为:①如果冷战和全球化都是一种竞技,那么冷战可能就是一场柔道比赛,而全球化则可能是一场百米赛跑。②冷战的最大忧患是担心被你非常了解的敌人所消灭,而全球化的最大忧患是担心你看不见、摸不着的"敌人"的飞速变化——你的生活随时都可能被经济和技术力量所改变。③冷战体系的文本是条约,全球化的文本是交易。④冷战标志是一道墙,将人们分隔开来;全球化的标志是世界网页,将人们联系起来。⑤冷战期间,人们依靠白宫和克里姆林宫之间的热线联系。因为尽管当时世界被分裂为两大阵营,但至少两个超级大国在负责任;在全球化时代,人们依托因特网,每个人都彼此联系着,没有人专门在负责任。⑥在冷战时,提得最多的问题是"你的导弹有多大";而在全球化时代,提得最多的问题是"你的电脑调制解调器速度多快"。

当年,《外交政策》的秋季号以"全球化的双重性:托马斯·弗里德曼和伊格纳西奥·拉蒙内特之间的辩论"为题,分别发表了两人的争论文章。弗里德曼在

《重新定义冷战后时代:全球化辨析》一文中进一步阐明了他关于全球化的观点。他认为,"后冷战世界已经终结……一种新的国际体系现已明确地取代了冷战体系,这就是全球化……全球化不只是一种经济趋向,也不只是一种时尚。和所有旧的国际体系一样,它直接或间接地改变着差不多所有国家的国内政治、经济政策与外交政策"。他指出,全球化体系是建立在三个相互重叠、相互影响的平衡基础上的,即民族国家间的传统均衡、民族国家与全球市场间的关键均衡、个人与民族国家间的协调均衡。弗里德曼指出,世界应该学会与全球化"平衡共存"。他的结论是:"我视全球化为现实。意思是首先理解全球化,然后研究如何从全球化中获得好处,并趋利避害。这就是我的政治学。"

法国《世界外交》杂志的编辑伊格纳西奥·拉蒙内特认为,弗里德曼关于冷战体系与全球化的两分法是一种"令人厌烦的简化式",冷战与全球化成为时代的主导并不能说明它们是两种体系。他还指出,弗里德曼未能观察到全球化的负面,强化了世界上两个相互矛盾的动力源:融合与分裂。此外,弗里德曼也未能看到全球化会导致社会不公正现象的增加、贫富的悬殊和公共事物状况的恶化。他反对弗里德曼提出的"全球化即是美国化的扩展"观点,对弗里德曼的"政治是经济的结果,经济是金融,金融即是市场"的观点提出异议。他认为,以弗里德曼为代表的全球化支持者将"一切权力居于市场"变为一种教条式的主张,因此弗里德曼的全球化说教"便成了一种新的极权主义"。

7."全球化治理理论"

以结构现实主义蜚声于世的肯尼思·华尔兹也开始关注全球化问题。他在 1999 年 12 月的《政治科学与政治》杂志上发表了题为"全球化与治理"的文章。从理论上来说,治理(Governance)不同于政府(Government)。政府是一种组织机构,而治理是一种管理和协调的方式和过程,它可以是国家层次的治理,也可以是国际或全球层次的治理。全球治理一般指在全球范围内个人、公共机构以及私人机构用以指导、决定和管理他们共同事务的各种方法和规则的总和,是"对不同集团关心的共同事务作出集体选择"。这种治理不是世界政府。它不存在一个凌驾于所有行为者之上的、至高无上的权力机构。华尔兹的基本观点是:

①全球化是 20 世纪 90 年代涌动的趋势,它渊源于美国,"自由市场、透明度和创新性"成了主要口号。

②全球化不是一种选择,而是一种现实。

③全球化是由市场,而不是由政府造成的。

④全球化是指同质化,即价格、产品、工资、财富、利润趋于接近或一致。

⑤全球化也意指跨国发展条件的相近或一致。

⑥全球化不仅仅是一种现实的反映,而且也是一种未来的预测。

⑦全球化实际上并不是完全"地球的",它主要是指地球南北关系中的北方;可悲的是,南方与北方的差异依然很大。

⑧20世纪是民族国家的世纪,21世纪同样也是。这是全球化条件下治理的出发点。

⑨过去的时代里,是"强者消灭弱者",弱肉强食;在经济全球化时代里,"快者为王,慢者为败",败者遭殃。

⑩在全球化条件下进行治理,相互依存再次与和平联系在一起,而和平又日益与民主联系在一起。

8."全球化比较观"

1977年,基欧汉和奈合著出版《权力与相互依存》一书,成为政治现实主义与新自由主义承上启下的一本重要专著。10年后再版,加了"再论权力与相互依存"的序,产生了很大的影响。而2000年由朗门出版社出版的该书第三版中,作者又加了全球化的内容。《外交政策》2000年春季号刊登了第三版的部分章节,题为:"全球化:什么是新的? 什么不是新的?"对全球化与相互依存作了精彩的比较。

基欧汉和奈认为,全球化在如今年代成为热门话题,正如相互依存在20世纪70年代成为热门话题一样。但全球化所涉及的现象已完全不同。那么,相互依存和全球化是不是描述同一事物的两个概念呢? 有没有新的内容呢?

①他俩指出,这两个词不是同一概念。相互依存是指一种条件,一种状态,它可以增强,也可减弱。而全球化仅指事物的增长或增强。因此,在讨论定义时常常从"全球主义"(Globalism)开始,而不是从"全球化"(Globalization)开始,因为全球主义可指增强或减弱,而全球化只说明全球主义的增强。全球化是全球主义的一种特殊形态。自古以来即有的"稀薄"的全球主义就是全球主义,只有日益"浓厚"的全球主义才能称为"全球化"。

②相互依存适用于以不同国家之间互动为特征的种种情况,全球主义则是一种反映全球相互依存于网络的世界状态,因此,它实质上是一种相互依存。

③相互依存和全球主义均体现多方位的现象,与相互依存一样,全球主义或全球化呈现出不同的形式:经济全球主义、军事全球主义、环境全球主义、社会与文化全球主义。

④用全球化或全球主义的话来说,复合相互依存是指经济、环境和社会全球化或全球主义的水准提高了,军事全球化或全球主义的水准降低了。

⑤参与复合相互依存"并不意味着政治的结束",相反,权力依然重要。在全球化的条件下,政治反映了经济、社会、环境的非对称发展,这一情况不仅发生在国家之间,而且也发生在非国家行为者之间。复合相互依存"不是对世界的描述,而是一种从现实抽象出来的理想式的概念"。

9."全球化综合观"

詹姆斯·密特曼为美利坚大学国际事务学院教授。自1996年来,他先后出版了四本关于全球化的专著或编著:《全球化:批判的反思》(1996)、《全球化、和平与冲突》(1997)、《全球化的未来》(1999)和《全球化综合观——变革与阻挡》(2000)。

密特曼认为,如今,我们生活在全球化加速发展的时代,全球化已成了一个热门话题。这首先反映在各种不同的对全球化定义的综合表述上。典型的表述有:

其一,全球化代表一个历史阶段,它不断地排除人员及其观念自由流动的障碍,把许多不同的社会融入一个体系。

其二,全球化实际上是全球政治经济共同化的商品化形式的深化,是一种"市场乌托邦"。

其三,全球化是不同的跨国过程和国内结构的结合,导致一国的经济、政治、文化和思想向别国渗透。全球化是"一种市场导向、政策取向的过程"。

其四,全球化是减少国家间隔阂,增加经济、政治、社会互动的过程,反映为相互联系、相互依存的不断加强。

其五,全球化强调时间和空间的压缩,时间和空间的旧模型开始改变,直接推动世界范围内社会关系的强化。

最后,密特曼强调,他的全球化核心观点是,"全球化不是单一的综合现象,而是过程和活动的综合化"。"综合观"这个词意指全球化的多层面分析——经济、政治、社会和文化的综合分析。全球化是在全球政治经济框架内人类活动环境特征的最高模式。密特曼的独到之处,是他关于"全球化本体论"(the ontology of globalization)的分析。他认为,从根本上来说,全球化是"世界范围内的互动体系",本质是全球政治经济共同化的趋势。全球化涉宏观区域、次区域、微观区域,也涉及市民社会对这一趋势的积极的或消极的反应。同样地,全球化也反映了其对上述区域和社会的正面或负面的影响。密特曼还提示人们要注意全球化的"霸权思想意识"(the hegemonicideology of globalization)。

四、以怀疑和反对及替代为目的的主要理论

在上一节我们谈到的变革主义,是在现行全球化体系下的改革和激进的变革。本节所要讨论的则是怀疑、批判、反对和否定现行资本主义全球化的西方左翼社会主义者。反对全球化的人群众多、观点各异、情况复杂、方案纷纭。从本书确定的分类标准,我们选择左翼社会主义成系统的理论加以介绍。

1. 他们从后现代主义的立场来否定全球化必然论,从整体质疑来反对全球化。赫斯特和汤普森认为,现在的历史事实并没有表明全球化的出现,充其量只是高水平的国际化。现在的经济整合水平并没有超过 19 世纪末,因为国家还是经济的主要范围和管理者,整个世界经济仍然由发达国家主导。因此,必须把全球化和国际化区别开来。而杰姆逊和贝克则认为,资本主义是现代性的代名词,必须重新思考西方现代性的基础。

2. 他们认为,全球化的核心不过是资本主义在当代的新变化,根本谈不上全球化。德罗奈、马森、斯威齐登从金融垄断资本主义入手分析证明,资本的价值形成演变为货币资本和金融资本的二元结构,直接金融取代中介金融成为主要形式,实现了资本的短期和利润最大化。这样,绝对的自由化使金融已成为完全独立的领域,虚拟经济与实物经济已经分离,一方面大力促进发展,另一方面则造成新的混乱和危机。这种新变化并未改变其固有矛盾。奈德勒和拉凡尔则从资本社会化、股权分期化和资本自由化的角度证明,雇佣劳动者对资本的间接从属由于工人持股更加深了。这只是管理形式的变化,丝毫没有改变资本主义。

3. 他们坚决反对新自由主义的全球化意识形态霸权。哈维等人认为,全球化就是新自由主义的全球化,就是新自由主义帮助资本打破资本积累中的一切障碍的努力,就是资本把市场自由化的逻辑推向全世界,企图打破民族国家及其一切壁垒,建立起资本畅通无阻的全球市场。马丁和舒曼则认为,这样一来,实行非调控化、自由化和私有化就成了西方经济政策的战略工具,并上升为国家意识形态,成为支配全世界的强势话语。他们集中批判福山的"历史终结论"。"9.11"事件以后,又集中批判了"失败国家论"和"新帝国主义论"。同时,他们开始反思和反对以排外主义为特征的极端民族主义和伊斯兰原教旨主义为基础的极端民族主义。

4. 他们深刻地分析和揭露了全球化的三大基本矛盾:一是全球化的发展激化了资本主义国家内部的矛盾;二是全球化的发展加剧了西方资本主义国家之

间的矛盾；三是全球化的发展使南北不平等贫富悬殊的矛盾尖锐化，国际组织已成为全球化的工具。这些都是产生国际恐怖主义和极端主义的根源，仇恨的大火会把穷人和富人一起吞噬。因此，澳大利亚民主社会主义党认为，反全球化就是反资本主义。

5. 他们呼吁构成公民社会的社会主义全球化，为人类争取更好的未来。霍布斯鲍姆认为，我们所面临的重大问题不是增加生产，而是如何才能够公平地分配财富。全球化的社会主义走向的必然性，可以肯定的是一个由人民统治并以满足人民需要为目的的新社会的到来，但必然要经过激烈的斗争。人类所面临的不可能是一个平等的、可持续的资本主义。比岱认为，一定会有替代方式，这种替代型政党只有通过所有受剥削的大众联合才能产生。具有社会主义和共产主义传统的各种社会文化力量推动着反对全球化的斗争，一定能争取到社会主义的全球化。有些甚至提出了"全世界的世界主义者联合起来"的口号。

这方面的主要人物和著作有：德国马丁和舒曼的《全球化陷阱》、英国鲁格曼的《全球化的终结》、汤普森的《文化帝国主义》、英国罗森伯格的《质疑全球化理论》、德国博格斯贝塔和克里门塔的《全球化的十大谎言》、英国克莱斯的《结构冲突——第三世界对抗全球自由主义》等等。

五、分析全球问题及全球治理的主要理论

1. "罗马俱乐部"

第一个代表性的团体是罗马俱乐部。20 世纪 60 年代末，在奥莱里欧、佩切依的鼓动下，由 10 多个国家 30 多名专家在罗马山猫科学院成立了这个非正式组织。1972 年发表了关注和解决全球问题的著名报告《增长的极限》。他们研究了人类和所有国家造成不安的复杂问题，包括富裕中的贫困、环境的退化、对各种制度丧失信心、就业无保障、青年的异化、通货膨胀、杂乱的城市扩展、金融和经济的混乱等等。他们把这些问题称为"世界性问题"。而世界性问题有三个明显的基本特征：一是它们在某种程度上在一切社会里都出现了；二是它们包含了技术的、社会的、经济的、政治的多方面因素，每种因素之间都是相互影响的；更为重要的是，这些问题依靠传统的制度和政策是无法解决的。

因此，他们抓住了人口、工业发展、粮食、不可再生的资源、污染这样五个对人类命运具有决定意义的参数，提出了"零增长理论"以及自己的模型和报告。尽管报告有很大的悲观成分，但却开辟了全球化从全球问题入手进行治理的新

45

的理论体系和实践模式。1987年联合国环境与发展委员会提出了的《我们共同的前途》的报告,首次将其归纳为"可持续发展",提升了"我们只有一个地球"的理念。1992年联合国在巴西里约热内卢召开了著名的全球环境和发展大会,通过了全人类的可持续发展道路,开辟了全球治理的新道路,成为全人类和各个国家的重大发展战略。

2."风险社会论"

该理论代表性的人物是贝克教授和他的风险社会理论。1986年前苏联切尔诺贝利核电站发生重大事故,现代技术的巨大风险引起人们的关注。同年德国学者贝克教授的《风险社会——走向新的现代性》德文版问世。他在书中提出了后来产生广泛影响的两个概念:风险社会和再现代化。随着1992年《风险社会》和1994年《再现代化》英文版的出版,这两个概念迅速在国际学术界传播。人们注意到科学技术的两面性:一方面推动了现代社会的进步,一方面又产生了大量的不可预测的副作用——技术和生态风险,而且,风险已经超出现代社会的管理能力,成为一种普遍的社会特征。

贝克教授认为,我们的现代世界处于转变之中,即从工业社会向风险社会的转变。风险社会描绘了现代社会的一个发展阶段,在这个阶段,社会的、政治的、经济的和个人的风险日益趋向于逃脱工业社会建立的风险预防和监督机制。随着风险社会的来临,社会发生了许多变化。如果说工业社会是以财富生产和分配为特征的,社会目标是资本积累、技术进步和收入增加,那么,风险社会是以风险产生和分配为特征的,风险的分配和管理成为社会的日常议题。

风险社会的风险包括经济的、政治的、生态的和技术的,如核技术的、化学的、生物的风险。这些风险是现代化的产物,是人为的风险。这种风险与以前的自然风险明显不同:(1)它们是人类知觉系统感觉不到的。(2)它们能够传给下一代。(3)它们阻止风险原因的传播和受害者的赔偿。(4)它们超出了现代社会的控制能力,风险的排除不再是可能的。(5)它们是理性决策依赖的,今天的风险就是昨天的理性决策。(6)它们是广泛存在的,成为社会的基本特征。在风险社会里,理性和科学的第二次浪潮开始质疑工业社会的、没有受到挑战的工具理性和精英科学。"什么是理性"成为人们争论的问题。科学开始质疑自己的方法和过程,怀疑论者批评科学,科学和理性成为碎片,知识和权威成为问题。理性和技术的"副作用"及其风险成为社会关注的问题。

今天的再现代化正在分解工业社会,并产生另一种现代性。这种新出现的现代性就是"风险社会"。风险社会的出现代表一个新时代的到来。

46

再现代化理论的主要观点有：

（1）世界现代化包括两个阶段，即普通现代化（正统现代化）和再现代化。普通现代化是从传统社会向工业社会的转变，再现代化是从工业社会向风险社会的转变。

（2）普通现代化是建立现代工业社会，再现代化是消解现代工业社会。工业社会是不同现代化的结果，风险社会是再现代化的结果。

（3）在新时期，进步变成自我解构，一种现代化消除另一种现代化，这就是再现代化。

（4）再现代化可以理解为工业社会的必然性的解体，被迫去寻找和发明新的必然性；新的相互依赖，甚至是全球性相互依赖；个性化和全球化是再现代化的两个方面。

（5）从一个社会时代向另一个社会时代的转变，能够通过没有预先设计的、非政治的和各种论坛的促进来实现。新社会并不总是在痛苦中诞生。

（6）再现代化的发生，是工业社会的、悄悄的、没有计划的一种变化，它出现在正常的、自动的现代化的末尾，但是，政治和经济秩序是没有变的和完整的。现代性的激进化，打破了工业社会的结构和信念，打开了通向另一个现代性之门。

（7）现代社会正在消除它自己的阶级、阶层、职业、性角色、中性家庭、工业、商业部门的结构，也在解除自然的技术经济进步的持续状态和前提。现代社会的现代化程度越高，工业社会的基础就越多被消除、消耗、改变和冲击。

（8）从工业社会向风险社会的自动的、非预期的、不可见的转变就是反射（Reflexivity）。再现代化是对风险社会效果的自我对抗，这种效果是工业社会解决不了和吸收不了的。再现代化是现代化风险的自我监督。

（9）工业社会的现代性是普通现代性，风险社会的现代性是反射现代性。

3. "里斯本小组"

第二个代表性的团体是里斯本小组。和罗马俱乐部一样，里斯本小组也是由8个国家19名专家组成的非正式组织，在卡洛斯特—古尔本基安基金会的资助和里卡多·彼德雪拉的领导下，1994年出版了《竞争的极限》的报告，更是引起了全球的关注。他们客观地列举了全球化中资本主义占统治地位的残酷竞争所带来的各种不平等、两极分化、贫富悬殊、极端主义、分裂主义等等全球灾难和问题，严厉地批判了新自由主义竞争至上的自由化、私有化和放弃经济管制的一系列错误，透彻地分析了竞争作为无上命令及恶性过度竞争的弊端和后果，提出了如何管理地球的生存竞争、三足鼎立的和平和全球调控的三种选择，揭示了全球调控道路的共同协作的控制和非竞争取向制度的内容和意义,明确要求以团结互助来取代霸权,并具体安排了四个全球社会契约,包括:消除不平等的基本需求契约;宽容与国际文化对话的文化契约;全球调控的民主契约;可持续发展的地球契约,以此来对全球化问题进行全球管理和调控,争取更加美好的全球化未来。他们的著名口号是"放眼全球思考,着手本地区行动"。可以毫不夸张地说,里斯本小组开辟了解决全球问题进行全球治理的新纪元。

4."全球治理委员会"

第三个代表性团体就是全球治理委员会。"治理"一词首次使用是在1988年世界银行在对撒哈拉以南非洲的研究报告中,认为非洲急需的不是资金和技术援助,而是治理危机。所以,要有良好的治理(原解为善治)之后,治理一词开始应用于全球化的研究和实践中。1992年,在德国前总理威利·勃兰特的倡议下,成立了全球治理委员会。

1995年全球治理委员会发表了一份《我们的全球伙伴关系》的研究报告。该报告指出,治理是各种公共的或私人的、个人和机构共同管理其共同事物的诸多方式的总和,也包括人们同意或以为符合其利益的非正式的制度安排。全球治理包括四个特征:第一,治理不是一整套规则,也不是一种活动,而是一个过程;第二,治理的过程的基础不是控制,而是协调;第三,治理既涉及公共部门,也包括私人部门;第四,治理不是一种正式制度,而是持续的互动。在其创办的《全球治理》杂志的第一期上,他们把全球治理定义为:全球治理可设想为包括通过控制、追求目标以产生跨国影响各级人类活动——从家庭和国际组织的规则体系,甚至包括被卷入更加相互依赖、急剧增加的世界网络中的大量规则系统。

六、以统计衡量评价指标体系为基础的主要理论

说了半天的全球化,什么是全球化,怎样去统计衡量评价全球化,始终是大家关注的一个重要问题。一般来说,目前主要有四种统计衡量评价体系,甚至有人认为,没有统计指标体系的科学、实用、公正、有效,就不会有真正的全球化。

1. GDP标准,显示经济成功程度

实际上,决定怎样评价全球化主要取决于人们怎样定义全球化。达特茅斯学院塔克商学院的马修·斯特劳教授认为,从经济角度来说,全球化主要是跨国经济交往的增多。

根据这一定义,国内生产总值(GDP)毕竟还是一个有效指标。斯特劳教授认为:国内生产总值可以显示一个国家在既定年份生产的全部商品和提供的所有服务的价值。同时,国内生产总值,特别是人均国内生产总值,有助于显示国家经济的成功程度。这样,国家的生产与全球力量有很大的联系。按照这种测量标准,全球化能够帮助缩小发达国家和发展中国家之间的收入差距。因此,很多时候,经济学家们都认为,如果能够促使经济产生更大增长,就能够获得解决人类发展问题的资源。

但是其中的关系依然没有确定。GDP 并不是唯一的和决定一切的。比如,美国的国内生产总值全球排名第一,但是美国人口的预期寿命却不是世界上最长的。世界卫生组织 2000 年的数据显示,全球人口预期寿命最长的是日本,美国在这项排名中仅列第 24 位。

2. 格卡兰尼标准,是否实现人类安康

学者因杜·格卡兰尼认为,尽管全球化经常以国内生产总值和收入的多寡不均等金融术语来评价,但是将讨论限制在金融术语的框架之内实际上忽视了问题的重点。

格卡兰尼在为华盛顿凯托学会进行一项政策分析时写道,中心问题不是收入的多寡不均,而是全球化是否提升了人类的安康生活。

格卡兰尼认为,婴儿死亡率、识字率、预期寿命和能否享有安全的饮用水等评价标准,比国内生产总值更能说明一个国家的情况。尽管增加的财力通常能够促进这些指标的提高,但是格卡兰尼在分析报告中写道,人类安康并不等同于财富。财富的主要意义在于其提升人类安康生活的潜力。格卡兰尼指出,过去半个世纪的技术和经济进步意味着普通人现在的寿命更长、吃得更饱、更加健康、受教育程度更高、更愿意将子女送到学校而不是工厂。

尽管财富水平的差距仍然存在,但是穷国已经变得更加富裕,因为它们因富国研制开发的技术而受益。格卡兰尼认为,全球化帮助发展中国家是从与发达国家的交往中受益。

3. 更广泛的标准,考虑更多的互动因素

《全球强烈反应》的主编罗宾·布罗德认为,尽管国内生产总值并非总是全球化的可靠指标,但是其他经济指标仍然能够起到帮助作用。

布罗德认为一个国家的国内生产总值本身与该国经济的全球化毫无关系。恰恰相反,国内生产总值以另一个问题有关:全球化对经济和发展指标产生的冲击是什么?讨论的关键问题在于:全球经济加速整合的冲击——经济、社会和环境方面——到底是什么？

尽管人类安康指数会受到，而且事实上已经受到了经济因素的影响，但是还有更多因素对此产生影响，这扩大了全球化的定义。

华盛顿国际粮食政策研究所经济学家和贸易学家欧亨尼奥·迪亚斯指出，全球化意味着更多的互动，不仅仅是经济方面更多的贸易或者更多的资金流动，还包括总体的互动，旅行的人多了，政党之间联系多了。

定义如此广泛的全球化需要更广泛的评价标准，比如格卡兰尼的衡量标准就涉及非经济的人类安康生活指数，而不仅仅是国内生产总值。

迪亚斯·博尼利亚认为：人类安康生活指数通常可以显示过去40年的进步。

4. 全球化指数、三维衡量空间

最近，美国《外交政策》杂志和卡尼咨询公司合作创建了一个全球化指数（The A. T. Kearney and Foreign Policy Magazine Globalization Index），对全球化的性质、速度、范围提供了一种三维衡量标准，从而挖掘了全球化问题的另一量化层面。依照该标准，国家大并不意味着全球化程度高。全球化程度最高的国家一般是那些开放程度允许国民能获得他们在国内无法直接得到的货物、服务和资本的小国家。新加坡因此被评为世界上全球化程度最高的国家。紧随其后的是荷兰、瑞典和瑞士。此种衡量标准的合理性还有待进一步研究，比如说，各种不同侧面的权数如何确定等。由此可见，虽然"全球化"这个概念进入了各领域、各门学科，对"全球化"的真正全球性讨论，其实才刚开始。对这个充满了悖论的命题，还有待更多更深入的研究和探索。

七、以重建全球化历史观为分期的主要理论

全球化无论如何都有自己的历史，问题在于如何在全球化的意义上去解读它，不懂得全球化的历史，就不懂得全球化。这个问题主要是由布罗代尔的总体史学观念的时段理论和斯塔夫阿诺斯"站在月球上"的全球历史理论来解决的。布罗代尔提出了地理时间、社会时间和个体时间上的概念。其中，地理时间变化最缓慢，个人时间变化最快，而社会时间的变化介于两者之间，较之地理时间还要快得多，而较之个人时间又慢得多。这种快慢不同的变化节奏，形成了长时段、中时段和短时段，从而产生了对历史进程的不同影响，使历史时间呈现出不同的节奏和多元性。所谓短时段，就是事件。事件虽然发出了光亮，但这种光亮却不能穿透这深沉的黑夜，是最变化莫测的时间，对认识历史无济于事。所谓中时段就是局势。这种较长时间周期里的历史运动在一定程度上塑造了历史的面貌,但它还不是决定历史发展的根本因素。所谓长时段就是结构。地理结构、社会结构、经济结构和思想文化结构支撑和阻碍着历史,因此只有在长时段中才能把握和解释一切历史现象。从这里出发,他对资本主义与市场经济对立的不同事物和资本主义世界体系进行了深刻的剖析,为全球化理论提供了一种重要的研究视角和方法。

斯塔夫阿诺斯认为,全球化始于何时,与其说是一个史实问题,还不如说是一个理论问题。新的世界历史体系,必须打破西方中心论和欧洲中心论,抛弃传统的国别史,立足于全世界、全人类的文明演变进行综合考察才能建立起来。总的看,要分为 1 500 年以前的世界历史构架和 1 500 年以后的世界历史构架两个组成部分,重点是后一个组成部分。1 500 年以后的世界历史共分为三段:第一阶段是"新兴西方的世界"(1500 年 ~ 1763 年);第二阶段是"西方居优势地位时的世界"(1763 年 ~ 1914 年);第三阶段是"1914 年以来的西方衰落和成功的世界"(1914 年起)。从这里出发,他向我们提供了一种从全人类、全世界、长时段、长周期的角度来研究全人类文明发展的历史进程的新的全球化历史观。

在他们的影响下,这种全球化的历史观已经成为当代研究全球化的一种全新的理论,无论是 N. H. 麦克尼尔,还是德国学者 A. G. 弗兰克,无论是 I. 沃勒斯坦,还是国际历史科学大会,都已经确立起了全球化的历史观和全球史学的正式地位。

八、以分析全球化三种力量为对象的主要理论

戴维·赫尔德和安东尼·麦克格鲁在《全球大变革——全球化时代的政治经济和文化》一书中,不仅把整个全球化看作是全球的一场大变革,而且在区分了全球化的极端主义、怀疑论和变革论三种力量及其特征的基础上,对变革论者的全球化观作了论述。

根据他们的标准,现有的西方全球化理论被划分为三大类:极端全球主义者(hyperglobalizers)、怀疑论者以及变革论者(transformationalists)。他们之间在看待全球化的概念、动力、产生的社会经济后果、对于国家权力和治理的影响,以及历史轨迹等方面存在着鲜明的区别。

极端全球主义者指的是那些人,他们认为经济全球化已经带来了新的历史时期,包括民族国家在内的各种旧的制度在经济全球化面前或者完全过时或者正在失去存在的基础,市场成为决定和解决所有问题的唯一力量。通常,这类观

51

点被统称为全球主义。但实际上可以分为两大类:一类是在西方社会居主导地位的新自由主义,另一类是某些西方马克思主义者的观点。全球主义有两个基本特征:(1)用一维的观点看待全球化。全球化是由单一因素决定的,体现为一维的过程。在全球主义者眼中似乎只有经济全球化,其他层面的全球化或者被有意忽视或者被纳入经济全球化的从属;(2)潜在的市场决定论和经济主义。全球主义者相信,市场的扩展推动了全球化的出现和发展,而全球化体现了市场的至上地位以及民族国家的消亡。极端全球主义者对问题对象的简单化很容易获得现象学上的证明,并且成为普通认知的标准,因此有不断蔓延、趋于垄断的危险倾向。简要地说,这种垄断的危险体现在三个方面:(1)不利于对全球化的多元化讨论,容易沦为某些利益集团的意识形态工具,巩固它们的话语霸权优势;(2)容易忽视对全球化其他层面的分析,片面地认识全球化,用效率来代替对其他社会价值的维护和追求,导致行为上的经济化和短期化。1999 年 11 月,西雅图会议引发的大规模抗议不过是对这种经济主义的集中对抗;(3)由于全球主义实际上是以西方经验为基础的,所以如果把其得出的一些结论无条件地推广使用,容易误导非西方社会的认识和实践。在这方面,最突出的就是对民族国家与全球化关系的判断。全球主义夸大了国家在全球化中的失效,从而使一些发展中社会只强调解除管制,忽视了国家的必要调节,从而导致了在市场失效和政府失效的同时,使整个社会失去了必要的保护机制。

变革论的许多提倡者来自社会学领域,例如英国的吉登斯,德国的贝克,美国的罗伯逊等人。这些人把全球化看作是一个社会变革过程,因此强调多维度的全球化和全球化的多种动因。这种多元的视角直接导致了过程论内部的多样化。有人把全球化看作是现代性向全球扩展的过程(吉登斯、贝克),有人认为全球化先于现代性,直接推动了现代性的扩展(罗伯逊),有人把全球化看作是交往过程的扩展和深化。变革论者肯定了全球化作为现象的存在,同时强调了全球化的动态性和渐进性。尽管变革论者力图摆脱西方中心论的束缚,把非西方社会的地位和作用纳入研究的视野,但是无法走出自己制造的困境。因为变革论者的基本理论假设有两个:(1)全球化是一个缘起于西方的现象,非西方社会外于这个过程,处于被动地被吸纳的地位;(2)全球化是一个自然的过程,不可抗拒。这两个假设很容易把过程论引入全球主义的圈子中,在某种程度上"莱斯讲座"成为全球主义更合理的表述。变革论的主要代表吉登斯 1999 年在英国 BBC 广播电台的"Reith Lecture"上就全球化作了演讲。他把对全球化的判断分为两种:彻底变革(Radical)和怀疑论。他本人属于前者。这种分类显然把极端全球主义和变革论放到了一个阵营中,而且变革论似乎已经上升到发达国家的官方观点,以回避或者减弱新自由主义遇到的强烈批评,同时掩盖自己的既有特权和对现有地位维护的想法。

在一片全球化赞美声中,怀疑论和反对论者的声音似乎越来越弱,但是这并没有减弱其观点的应有价值。怀疑论者的主要代表有汤普森、赫斯特以及韦斯等人,他们力图通过历史比较的方法来证明全球主义在对全球化判断上犯了夸大事实和有意误导公众的错误。他们的基本观点有两个:(1)现在的所谓全球化实际上只是国际化。国家依然是经济的主要范围和管理者。汤普森和赫斯特提出要把全球化和国际化区分开来。经济国际化的根本特点依然是交换是在相对不同的国家经济体之间进行的,公司和部分的竞争过程在实质上是由国家层次上发生的过程决定的。而全球化意味着出现了新的经济结构,而不仅仅是在既有的经济关系中更大的贸易量以及投资这样的重大变化。他们通过对世界金融市场的特点、世界贸易和对外直接投资的模式、多国公司的数量与作用以及发展中世界的经济增长前景等因素的分析指出,所有这些事实表明,没有出现向全球化经济发展的强大趋势,现在的世界经济依然由主要的发达国家主导着;(2)全球主义宣扬的国家终结的观点不但夸大了事实,而且带有强烈的意识形态偏见。韦斯认为,信奉新自由主义经济哲学的英语国家的政治领导人在夸大全球化影响,强调民族国家失效的过程中起到了重要作用。为了赢得选民的支持,他们把自己采取的紧缩政策说成是"全球经济趋势"下的必然。韦斯认为,全球主义者不仅夸大了国家的乏力,而且过于简单化,对各个国家的情况不加区别。怀疑论者虽然指出了全球化的现有局限性,但是并没有否认国际化、跨国化这些经济发展趋势的存在,而且更重要的是,他们对现实更加低调的认识以及对现有制度的肯定,一定程度上有利于发展中国家认识目前的现实。

九、综合分析全球化前景的主要理论

综合分析全球化前景的主要内容是以美国国家情报委员会于 2003 年发表的《大趋势——2020 年的世界》的报告为代表。

(一)报告对全球化的影响及未来的前景做出了五个结论

1. 全球化不可逆转。全球化是一个占主导地位的"主导潮流",其力量无处不在以至于将显著地影响 2020 年世界其他主要潮流的形成。但全球化的归宿尚未确定。

2. 全球化所带来的利益并不会全球均分,全球化的受益者将逐渐集中到那

些能够接触和采用新技术的国家和集团。

3. 中国和印度完全能够成为技术领先者,并可能通过跳跃式的发展超越美国和欧洲。而即使是最贫穷的国家也能够通过利用多样化的便宜技术去推动自己的发展,尽管其速度相对缓慢些。

4. 全球化经济发展将增加对能源和原材料的需求,因此,由更大需求推动的激烈的资源竞争,加之有可能发生的石油供应的突然中断,将成为关键的不确定因素之一。

5. 全球化在一般人的脑子里可能等同于一个崛起的亚洲,取代现时的把全球化与美国化联系在一起的看法。但全球化能否把落后的经济纳入其轨道?亚洲国家能够在多大程度上决定新的游戏规则?

(二)报告用预景的方法取代了直线预测法,对全球化描绘了四种前景

1. 达沃斯世界:在今后的15年中,世界经济在中国和印度的带领下将如何蓬勃地发展以改变全球化的进程,它将具有一个更加非西方化的面孔并将改变全球化的政治游戏规则。

2. 美国统治下的和平。显示了如何让美国的主导地位能够在全球政治地平线发生激烈变化的情况下生存下来并帮助形成一个新的包容一切的秩序。

3. 一个新的哈里发体制。将向人们描述这样一种情景:一个在激进的宗教认同性政治的感召下形成的全球性运动将能够对现时全球体制基石的西方的规范价值构成挑战。

4. 周期性恐怖的世界。向人们说明对核扩散担忧的增加会达到这样一种地步,以至于要采取大规模的军事入侵的手段作为安全措施以防止爆发致命性的恐怖袭击。这可能会将我们引进一个(小说家)奥威尔(Orwellian)笔下的世界。

(三)报告所列出的影响全球化进程的特定内容

影响的四大特性。1. 全球化的各种矛盾;2. 崛起中的强国:地缘政治风貌的改变;3. 政治管理上面临的新挑战;4. 更加蔓延的不安全感。

影响的十大因素:1. 扩大中的全球经济;2. 加速中的科学发展变化和军民两用技术的传播;3. 持续存在的社会不平等现象;4. 新兴中的势力;5. 全球老龄化现象;6. 停滞的民主化进程;7. 激进伊斯兰意识形态的影响在扩张;8. 灾难式恐怖主义的潜在可能性;9. 大规模杀伤性武器的扩散;10. 国际机构所承受的压力增加。

(四)报告对大趋势及其影响因素的分析

相对确定的因素	不确定的关键因素
全球化大体上不可逆转,很可能变得不太西方化	全球化能否把落后的经济纳入其轨道;亚洲国家能在多大程度上决定新的"游戏规则"
世界经济规模会变得大得多	"富国"和"穷国"之间的差距程度如何;脆弱的民主制可能在政治上倒退;管理或遏制金融危机
全球性公司数量的增加将有助于新技术的传播	全球企业的连接性给政府带来多大的挑战
亚洲崛起和有可能出现新的中量级经济	中国、印度的崛起是否能平稳进行
现有强国的人口老龄化	欧盟和日本调整其劳动力,福利体系,和同化移民人口的能力如何;欧盟是否能成为一个超级强国
"地下"的能源资源供应量足以满足全球需求	能源生产国的政治不稳定性;供应中断的可能性
非政府行为者的影响力上升	国家政权与国际机构是否愿意顺应这些行为者的要求
政治化的伊斯兰主义将继续是一个强大的力量	宗教狂热性对国家统一的影响和引发冲突的潜在能力;圣战意识形态的增长
某些国家拥有大规模杀伤性武器的能力得到增强	有核子武器的国家的增加或减少;恐怖分子获得生物、化学、放射性或核武器的能力
不稳定的弧形地带将横亘中东、亚洲和非洲	突然事件会导致政权更迭
大国冲突升级为全面战争的可能性不大	对冲突热点和资源竞争的控制能力
环境和道德问题将变得更加突出	新技术在多大程度上引起或解决道德上的困境
美国将在经济、技术和军事上继续保持其单一的最强国地位	其他国家是否会更加公开地向华盛顿挑战;美国是否会失去其科技方面的领先地位

第二节 全球化概念的鉴别

一、为什么混乱

全球化概念的混乱，一方面是客观的全球化进程的复杂性所造成的，另一方面是主观上形成的全球化话语的复杂性所造成的。德国学者于尔根·费里德里希曾经尖锐地指出，因为全球化成了一种标签，用以描述任何一种方式的国际关系和市场的国际化。这样，全球化概念就有了多重的含义，没有统一的意义。

在如此众多标签的全球化话语中，更多的专家都从某一学科的角度来解读全球化，用不同学科的全球化来贴标签。本书曾经试图以学科分类的角度来区分全球化及其理论，但终因过于复杂改为现在第一节的分类方法。这也从反面证明，企图从不同学科得到研究全球化的综合成果的路子是走不通的。

正因为如此，企图对全球化定义分类也遇到了这样的困难和问题。由于学科的复杂性和专业性，任何分类似乎都没有说清问题，似乎都不是很科学。《全球化话语》和《全球化谱系》的作者所进行的分类，至多也只是一种列举。分类的混乱同时也从反面证明了概念的混乱！

全球化可以从不同的学科去解释，但真正科学的解释必须是建立起一门综合的全球学，全面综合系统科学地研究全球化，而不是从单一的学科进行研究。当然，这种研究是不排除各学科研究及其成果的，相反，还应当吸收其有用的部分。道理非常简单，全球化虽然有自己的历史沿革，但全球化毕竟是全人类的新事物，对新的事物必须有新的学科来研究，而不是沿袭传统的学科。从这个意义上讲，现在正是创立全球学的时候了，条件已经具备，本书就是创立这门新的全球学的一种尝试。

二、必须区别的几组概念

这几组概念的区分实际上暗含了全球化的历史和各个方面，也为以后研究全球化奠定坚实基础。

（一）世界性与全球化

现在许多专家以世界性来解读、诠释全球化，实际上是混淆了两个概念。客观地讲，第一个说明全球现象的是马克思的世界性的新概念。他鲜明地指出，资产阶级，由于开拓了世界市场，使一切国家的生产和消费都成为世界性的了。这样的世界性是资产阶级按照自己的面貌为自己创造出了一个世界；这样的世界性，特指当时的资产阶级曾经起到了历史上非常革命和文明的作用，以及资产阶级成为革命对象的历史两重性的历史时代。

因此，世界性的概念不只是特指的全球历史现象和历史阶段的资产阶级与资本主义的兴起、发展，而且它所包含的世界虽然有全球的意义，但毕竟还只是资产阶级和资本主义的一种历史现象，只是早期资本主义国家为寻找世界市场而创造和组织的一种体系，绝不能用于说明今日之全球化。换句话说，世界性是比较简单而陈旧的资本主义的全球现象，而不是今天非常复杂的全球现象。如果说到二者的联系的话，那么昨日世界性乃是今日全球化的历史基础，而今日全球化则是昨日世界性的历史发展的新兴事物。

（二）国际化与全球化

国际化是从过去的国际关系，即各主权国家之间的相互关系的地缘政治来定义的。众所周知，1618 年，拥护宗教改革、反对神圣罗马帝国和德意志哈布斯堡王室统治的新教联盟与无主教联盟之间因奥地利统治者压迫捷克新教徒、剥夺新教徒的政治权利而爆发战争。随后，当时的欧洲各大国先后卷入战争，使战争从德意志内部邦国之间的冲突上升为席卷欧洲的大规模的 30 年冲突。直到1648 年，战争的各方签署《威斯特伐利亚和约》后结束。由于国家主权原则第一次通过具有国际法性质的国际条约得到确认，并逐步在以后的国际关系中得到广泛的推广和认可，因此，真正意义上国家得以确认，扩展到全世界的民族国家体系得以形成，开始了地缘政治现代性的原始起点。这些世俗国家之间关系的不断调整而构成的国际秩序就是国际化。换句话说，国际化只是各个民族国家为界定国际关系而创造和组织的一个体系。而全球化则似乎有超越民族国家的含义。从这个意义上讲，国际化只能是全球化的基础，而绝不是全球化。二者之间无论如何不能画等号。

（三）一体化与全球化

一体化往往被当成了全球化的同义词，而且有的人认为两者就是一个词。因为这个词造成许多超越时代的想法和做法。一体化是一个宽泛用语，主要指在全球范围存在的各种行为体在各个方面、各个领域、各个层次的有组织的合作和共同的决策、行动；其本质在于，传统意义上的各种行为体逐步地形成一种新的共同行为体；虽然其程度、广度、层次不同，但这种本质和趋势就是一体化。这里的问题不在于，全球化是不是一体化，或者说一体化是不是全球化，而是在于这种一体化会不会最终使一切行为都消亡而形成一种新的行为实体。而全球化是否具有这样的规律、趋势和结局，这一问题是很深刻的，需要认真研究。因此，现在不能简单地用一体化定义全球化，反之亦然。

（四）经济一体化与全球化

经济一体化已经被用来定义经济全球化，这一点似乎大家都没有争论。然而，用经济一体化来定义全球化，似乎还有些问题。经济一体化是指两个或两个以上的国家或地区按协定在生产、贸易或货币金融等领域实行长期、稳定的经济联合、政策协调和共同调节，并逐步向统一的经济实体发展的过程。从本质上看，这就是针对着既要促进经济发展，又要防范和化解经济风险的国际经济现实，把国家层面对经济的干预和调节扩展到了国际范围。虽然，经济一体化的程度千差万别，但其本质是共同的。因此，全球化的最高形式和根本基础是经济全球化，而经济全球化就是经济一体化。这样看来，经济一体化就是全球化了。客观地说，我们还不能得出这样的完全结论。一是因为全球化不只是经济全球化，它涉及全球的各个方面；二是经济全球化的一体化是一种基础及构成；三是整个全球化的本质是否一体化还需论证。所以，不能简单地在经济一体化与全球化之间画上等号。

（五）区域一体化与全球化

类似于一体化等于全球化的定义似乎到今天还没有得到证明，而从经济一体化引出的区域一体化则成为现实。由于经济一体化的全球现象主要是在相关利害关系比较一致、文化背景大致相同、政治风格颇为相似的不同数量的国家之间进行的，因此，它一开始就表现为区域一体化。另一方面，由于区域一体化的起步、内容、程度都有一定的差别，因此，区域一体化一般分为五种情况。（1）贸易自由贸易区。成员国的商品在集团内部可以免除关税和限额。（2）关税同盟。实行自由贸易区和统一的对外关税率及外贸政策。（3）经济共同体。除达到关税同盟的全部要求之外，还有资本和劳动力的自由流动。（4）经济联盟。包括经济共同体的内容，以及货币、财政与某些其他政策在成员国之间的一定程度的协调。（5）完全的区域一体化。成员国不仅在经济方面完全一致，所有的人为障碍全部消除，而且在政治、文化、社会各个方面也开始一体化。其主要标志就是形成统一货币、统一宪法、统一议会、统一边界、统一安全。目前，欧盟居于最高形态的一体化,而且正在发展。问题在于,全球化是一体化和全球化是区域一体化的两种判断之间存在一个悖论。假定从一体化的意义出发来定义全球化,那么全球化只能是全球一体化,而不能是区域一体化。这样一来,不仅区域一体化不能直接定义全球化,而且两者的关系还需要研究和论证。

（六）泛全球化和全球化

由于全球化定义太多太杂,"全球化是个筐,什么都往里边装"已经成了一种全球化话语和现象,因此,泛全球化就出现了。无论什么事情,都要贴上全球化的标签,这就是泛全球化。实际上世界的任何事情并不都是全球化的,如果说世界上的任何事情都是全球化的,全球化早就终结了。问题的严重性在于,我们暂时还不知道全球化是什么、包含什么、怎么办、趋势如何。由于泛全球化,既搞得大家不知所措,又搞得遍地都是全球化专家。当然,人家贴标签,你也管不着。因此,必须有全新的全球学及其长期研究,恐怕才能解决问题。

第三节　全球化是全新的历史进程和趋势

要真正有一个科学的全球化概念,我们就必须真正认识到全球化是一个变化着的全新的历史进程和趋势。简言之,全球化完全是新兴事物。

一、变化及其原因

二战以来,尤其是冷战结束以来,整个人类社会的变化呈现出快速、复杂的总体规律和特征。因此,许多未来学家都鲜明地指出和论证了这一点。我们都知道,人类社会总是变化发展的,总是从简单到复杂、从低级向高级、螺旋式上升、波浪式前进的发展着,变化着。但在人类历史的长河中,无论是康德拉捷夫·曼什的长波周期,还是布罗代罗的长时段、中时段、短时段理论,或者是什么斯塔夫阿诺斯的1500年三时段理论,都有一个无法证明的现象,就是某些历史阶段的加速度是怎样形成的。现在我们就处在这种加速度的历史周期。因此,我的历史周期理论是分为平常变化发展周期、缓慢变化发展周期和快速变化发展周期的。这个快速的变化发展周期才创造了全球化这样的新兴事物。

所谓全球化的原因,归根到底是说,全球化到底是由什么来造成和推动的。

许多专家都从不同的角度找到了许多原因,比如因特网的科技基础、跨国公司的出现、冷战结束、西方发达资本主义国家主导等等,这些都是正确的或者是有道理的。我的立论是两条,一是全球化的原因是多重综合力量共同作用的结果;二是不能将全球化等同于西方化、美国化,再次陷入西方中心论的陷阱。

(一)多重综合力量的共同作用

造成和推动全球化的不是单一因素、单一作用,而是多重综合力量的共同作用。这些原因既包括了科技、经济、政治、文化等诸多方面,也包括了西方发达国家、社会主义国家、新兴工业化国家、发展中国家、各种国际组织等多种力量。这诸多因素和多重力量的综合共同作用,推动了全球化的发展,形成了系统集成的效果。客观地说,少了哪一方面,全球化都是不会产生和不可想象的。从这个意义上讲,任何把全球化归因于某一方面的认识都是肤浅的。

(二)以冷战作为分界线

这个变化应当以冷战结束作为分界线是完全正确的。但不正确的是,因为这一分界线,把全球化说成是西方资本主义的胜利和东方社会主义的失败,说成是资本主义造就了全球化,全球化就是西方化、美国化。我认为,全球化形成的原因不是"西方中心论"。"西方中心论"仅仅是一种现象。尽管世界性意义上的全球化是资本主义时代开始的,但这只有领先性的意义,而绝没有西方中心包揽、决定、推动一切的意义。相反,社会主义也是世界性的(失败的只是前苏联和东欧的社会主义具体模式),发展中国家也是世界性的,他们同样为全球化作出了贡献。尽管由于历史的不平衡性,形成了现在的西方垄断的全球化,"中心—外围"和"依附"理论要让发展中国家被动地让中心吸纳到全球化中去,但这不是全球化的本质和方向,而是对全球化的一种反动和亵渎。因为按照这种理论发展的话,全球化必然是灾难性的,必然造成严重的全球两极分化,必然导致霸权主义和强权政治,必然导致对立、战争和毁灭。全世界形成反对全球化的悲观主义思想和行动正是这种情况和担心的真实写照。所以,全球化的原因绝不是"西方中心论",而应当是多重综合力量的共同作用。

(三)全方位、多方面、深层次的变化

这些快速的变化是全方位、多方面、深层次的,正在逐步地从总体上改变着整个世界。从某种意义上讲,企图涉及所有变化并加以分析几乎是不可能,我们大家已经充分地看到了这一点。因此,只有把握住其带有规律性的本质变化,才能从根本上认清全球化是一种新兴事物,推动全球化健康发展。

二、变化的本质和规律

承认全球化是新兴事物的也大有人在。许多人也认为新兴事物是由新的变化带来的，但变化的本质和规律却有深有浅、有宽有窄。那么，究竟发生了什么根本性的变化？我认为，正在或已经开始变化的多元化基础形成了全人类社会真实的共同利益，全球人民正在为通过合作来实现全人类社会的共同利益而共同奋斗，正在通过进步创造一个人人共享的人性化的全球化，正在通过长期努力走向共同和平、共同发展、共同富裕、共同文明和每一个人自由全面发展的未来。这就是变化的本质和规律，也正是全球化的本质和规律。

需要特别强调指出，开始形成的这种变化是一个总的历史趋势和进程，它不是完成状态，也不是成熟状态，更不是平稳状态，仅仅是开始状态，而且是一种充满了矛盾和斗争，具有许多不确定因素的艰难过程。从某种意义上讲，它的未来能不能实现这样的本质和规律，完全取决于全球每个人的共同责任和努力。换句话说，选择就在我们每个人的手中。"我们只有一个地球"、"创造人人共享的全球化"就是它的真实写照。

三、变化的矛盾和统一

（一）多元化的形成与发展，开始粉碎一切意义上的"中心主义"

历史发展的铁的规律指出，一个社会的分工越发达，它的社会分化就越趋多元化；各种行为主体的不断增多，就能增添许多新的力量；这些力量结合在一起，就能够形成更多更大的共同利益；而其中每一个人的自由全面发展，就能更有条件更有可能逐步地实现。这一规律毫无例外地在经济、政治、文化、社会等各个领域震撼全世界。换句话说，多元化的主角们越来越多，相互竞争更为激烈，但恶性的过度竞争必然要毁掉大家的共同利益。因此，相互依赖又更为加深，迫使大家一起为实现和维护共同利益来进行合作。总之，全球时空旧模型开始改变，时空开始压缩，它不断地使多元主体之间流动的障碍被排除，使不同的跨国过程和国内结构更加结合，使不同的经济、思想、文化、政治和文明相互更加依存和相互渗透，使许多不同的社会更加融为一个体系，走向共同化。全球化不是一个单一的综合现象，而是过程和活动互动以及反映未来趋势的综合化。

（二）全球问题的形成和发展

全球问题已经成为世界上每一个行为体、每一个个人必须密切关注和关心，联合起来共同对付的恶魔。因为这些问题已经非常严重地破坏了全人类社会共同生活的环境、社会,非常严重地损害着全球各行为体人民生命财产的安全,非常严重地侵犯着我们大家的共同利益。所以,解决全球问题一方面从基础上已经形成全人类社会的共同利益,另一方面又从解决之道上显示着全人类社会的共同利益。如果这些问题不能逐步解决,那么,每一个人的自由全面发展就是白日做梦。反过来,因为全球问题关系着全人类社会的共同利益,所以,必须依靠全人类来加以解决,仅仅靠某一个国家、某一个组织、某一些人是根本无法解决的。更深入地说,全球化的性质就是由于全球的科技、生产、市场、金融、组织、生态、意识、问题的多元化,而加深了相互依存和相互竞争。这些都超越了民族、国家、地域和国际关系(国与国之间的关系),产生出非人类共同合作而不能解决的问题,产生出人类社会的共同利益。竞争基础上的合作,合作基础上的全球治理,使相互依存更加与和平联系在一起,而和平又更加与民主联系在一起,而民主又更加与平等联系在一起。这样,全球化就具有人性化的本质和未来。

(三)"四化一共同"的形成与发展

所谓"四化",就是科技创新化、经济全球化、世界多极化、文化多元化;所谓"一共同",就是指在"四化"的推动下,正在形成全人类实现共同富裕的全球性的共同利益。这"四化一共同"是一个辩证的统一体,相互依存,互为前提,相互促进,共同发展。科技创新化是核心、前提和动力,没有它,就没有真正意义上的全球化,一切现象将无法解释;经济全球化是基础和主导,没有它,就没有当代世界的生存和发展;世界多极化是条件与保证,没有它,就没有当代世界的协商和调和;文化多元化是催化剂和主心骨,没有它,就没有当代世界的多样和丰富。而全人类实现共同富裕的全球性共同利益则是内在动因和源泉,没有它,上述"四化"所造成的当代世界,就是毫无意义和毫无价值的。我们还可以把它概括为"四位一体",就是科技、经济、政治、文化四位共存于全人类实现共同富裕的全球性共同利益的母体之中。

(四)全球多元化与传统一元化(西方中心论)的矛盾及其斗争与发展

因为全球化的本质和方向是实现全人类共同发展和共同富裕,全球形成一个有机的整体和系统,共同解决存在的问题。所以,必须打破"西方中心论"。因为全球化的本质和方向是每个国家、民族变革与发展的多元化,不存在着什么优等种族、民族和世界性的唯一的社会模式。可以毫不夸张地说,在全球化的进程中,"西方中心论"本身就是典型的传统一元化,就是与全球多元化及其发展规律格格不入的,就是一种对全人类社会的反动。"西方中心论"不除,全球多元化与西方一元化的矛盾就不可能从根本上得到解决。全球化对全人类社会来说,除了空前的灾难和巨大的毁灭之外,我们什么也得不到。有关这方面的内容,我们可以谈一谈美国学者斯塔夫里阿诺斯的《全球通史》,可以有所收获。

更直截了当地说,全球化是一把双刃剑,一方面它可以维护世界和平,促进共同发展;另一方面它可以制造人类仇恨,毁灭人类社会。究竟向何处去,完全取决于"西方中心论"是否存在。如果仍然坚持"西方中心论",全球化将进入陷阱,走向灾难(德国学者汉斯·彼得·马丁和哈拉尔特·舒曼如是说)如果打破"西方中心论",全球必将带来希望,跨进光明。

四、变化的发展趋势

在历史与逻辑相统一的进程中,形成了多元化与传统一元化的矛盾,这个矛盾成为全球化的根本矛盾,成为推动全球化变化发展的原始动力。我们都很清楚,整个世界是统一的,也必然是统一的。而分化也是必然的。问题在于,新的不断分化造成的多元化,对过去或现有的传统一元化是一种非常严峻的挑战,它一定会寻找和创造出一个新的合作化,来达到世界的新的统一。这种新统一我们把它叫做共同化,而多元化与共同化本身又是一组矛盾。这一历史规律更是必然的,不可抗拒的。因此,全球变化带来的多元化与传统一元化的矛盾性和不相容性造成了我们这个时代的高风险性和不确定性,造成了一定程度的混乱和困惑。"世界怎么啦,我们怎么办"已经成为全球的共同的呼声。这说明,我们在多元化的变化发展中,正在寻找、创造出新的统一。这种趋势的前途应当是光明的,因为人类的智慧是一定能够自己解决自己的问题的。所以,我们常说,这个时代是一个创新的时代,要害在于,我们用什么方式去创造出这种新的统一。这个方式就是合作化,这个结局就是共同化。

为什么我们说冷战结束是一条分界线,因为多元化是冷战结束的产物。更深入地说,全球化作为新兴事物的多元化本质形成了总趋势,这个趋势具有必然性,是无人阻挡得了,也无法阻挡得了的。但全球化的现状却令人十分忧虑,这是因为新的多元化需要新的统一,而传统的一元化是西方资本主义为中心的。资本主义在全球实现了效率优先,但却在全球失去了社会公平、和平、安全和可持续发展,完全是失去理性的对短期利益的追求。因此,这些变化的每一方面的影响都是双重的,既积极又消极。消极影响的方面并不是全球化本身所固有和所带来的,而是传统一元化的西方中心论、世界观、方法论所带来的。要扶正压邪、强身固本,寻找到和谐世界发展的道路,必然是一个充满矛盾和斗争以及合作进步的漫长历史过程。

63

第四节　全球化的科学定义

一个概念的定义是否正确,关键是看它是否正确地反映了客观事物及其变化发展的规律。

里斯本小组的定义是,全球化涉及的是组成今天世界体系的众多国家和社会之间各种联系的多元化。它所描述的是这样一个过程,在这个世界部分地区所发生的事件、所作出的决策和行动,可以对遥远的世界其他地区的个人和团体产生具有巨大意义的后果。全球化包括了两种不同的现象,即作用范围(或者扩大)和强烈程度(或者深化)。一方面,这个概念被解释为席卷这个星球大部分地区乃至在世界范围内发生影响的一系列过程,所以这个概念具有一种空间范围的内容。另一方面,它又意味着组成世界共同体的各个国家、社会彼此之间的交往和交换关系、横向联系和彼此之间相互依赖性进一步加强。这个过程在不断深化的同时,又不断向外扩展。它远远不仅仅是一个抽象的概念。全球化说的是现代生活的一个众所周知的特征。他们强调,全球化并不意味着这个世界在政治上已经实现了统一,经济上已经完成了共同化,文化上已经实现了同质化。全球化是一个在很大程度上十分矛盾的过程。无论就它的影响范围,还是它多种多样的结果而言,从目前的全球化表现形式中,绝对无法作出结论说这是一个正确的过程,值得在政治上支持、文化上促进。它也包含这样的意思,即人们必须对全球化的前提条件和它所作出的种种限制表示承认和尊重。事实上,由于全球化所产生的众多问题以及带来的人们不希望看到的后果,全球化的多数特征已经引起了人们的严重忧虑。

戴维·赫尔德和安东尼·麦克格鲁的定义是:全球化能够被看作一个(或者一组)体现了社会关系和交易的空间组织变革的过程——可以根据他的广度、强度、速度以及影响加以衡量——产生了跨大陆或者区域间的流动以及活动、交往、权力实施的网络。它的要点是:(1)全球化最好被理解为一个进程或者一组进程,而不是单一的状态;(2)具有空间广度和密度的全球和跨国相互联系把共同体、国家、国际制度、非政府组织以及多国公司之间的关系编织成复杂的网络,从而形成了全球秩序;(3)社会生活的几乎所有领域都无法摆脱全球化进程的影响;(4)由于跨越了政治边界,全球化涉及社会——经济及政治空间的拜领土化和再领土化;(5)全球化涉及权力组织和实施规模的不断扩大,即网络和权力循环空间范围的扩大。实际上,权力是全球化的根本特征。

这就是说,狭义的全球化是指从孤立的地域国家走向国际社会的过程。广义的全球化则是指在全球经济、文化日益发展的情况下,世界各国之间的影响、合作、互助日益加强,使得其具有共性的政治、经济、文化样式逐渐普及推广成为全球通行标准的状态和趋势。

本书的全球化定义高度浓缩地包括了四个问题,即:什么是全球化、全球化为了什么,怎样推动全球化、全球化向何处去。其表述为:

全球化是人类历史上出现的一种全新的、性质完全不同的历史状态和趋势,在新的多元化和全球问题的基础上,产生出了全人类社会的共同利益。我们每一个人的利益也包含其中。我们必须以全球合作进步的全球治理为手段,正确处理和解决多元化与传统一元化之间的矛盾及全球问题,促进多元主体在相互竞争的基础上推进合作共赢、人人共享、民主平等、社会和谐。通过全球改革走向共同化,建立起公正合理的全球政治经济新秩序,实现全人类社会的共同和平、共同发展、共同富裕、共同文明和每一个人的自由全面发展。这是一个充满了斗争、曲折、复杂和风险以及希望的漫长的历史转型过程,它仅仅是开始。

全球化的内涵包括:全球化的科技创新是核心、前提和动力,没有它,就没有真正意义上的全球化,一切现象将无法解释;经济全球化是基础和主导,没有它,就没有当代世界的生存和发展;世界多极化是条件与保证,没有它,就没有当代世界的竞争和合作;文化多元化是灵魂和方向、催化剂和主心骨,没有它,就没有当代世界的多样和丰富。全球问题是挑战和风险,没有它,就没有当代世界人类共同利益和共同的利害关系;多元化与传统一元化的矛盾是机遇和考验,没有它,就没有当代世界的进步和发展;合作进步和全球治理是规避风险和实现人性化,没有它,就没有当代世界和平与发展以及光明的未来。

全球化不是一个自然、自动、自运行的过程,它的本质和规律是需要全人类的实践来选择和推动的。当然,违背其本质和规律的选择和推动是逆历史潮流而动的,最终必然会失败,但是它会造成历史的倒退和人类的痛苦。因此,我们必须沿着其本质和规律,去选择和推动人人共享的全球化,这才是最有意义的。尽管非常艰难,异常曲折,但前途一定是光明的,实现人类社会的共同利益是任何人任何力量都阻挡不住的。人类社会总是会遵循着客观规律,开辟全球化的健康道路,为自己赢得全球化的光明未来。一句话,尊重多元化、促进合作化、实

65

现人性化,就是全球化定义的全部真谛之所在。

2007年5月26日,德国总统克勒在上海出席同济大学70年校庆发表的演讲中指出,全球化使地球村的人们成为近邻,由此构成"经济共同体",同时也构成"命运共同体",最后则必然构成"学习共同体"。全世界的人们都需要重新思考如何寻找共同答案,以清醒的分析来代替情绪化的指责。这是因为"人类"的概念在新的形势下有了新的内涵,它已经不再是一个民族内部的共同归属感,而是民族之间的共同归属感。在这种情况下,一个国家的所谓对内对外政策其实就成了一副手套的里外两面,对外政策实际上也就成为所谓的"世界内外政策"。因此,各国政府都应当积极参加到为稳定与和平的国际努力之中去,这才是唯一的选择。

第五节　全球化的历史及分期

从全人类社会发展的历史看,应当说有人类产生,就有了全球化。德国学者西奥·估梅就认为,人类在岩石时代走出深山密林的洞穴,全球化就开始了。从人类社会一开始就是一个世界整体而区别于自然界的意义上讲,全球化应当开始于此。但是,真正形成全球问题,真正出现并追求实现全人类共同利益的全球化,还不能从这里开始,但不管怎样,从人类发展的历史看,全球化是一个历史范畴。

许多全球化专家都从历史范畴的角度对全球化进行了历史分期和分段。一是从最长最宽的历史划分看,主要有戴维·赫尔德和安东尼·麦克格鲁将全球化划分为四个历史阶段:前现代的全球化(大约开始于9 000年至11 000年前),标志是欧亚大陆、非洲以及美洲大陆出现了分散的定居农业文明中心;现代早期的全球化(大约在1500年至1850年之间);现代的全球化(大约在1850年至1945年之间);当代的全球化(1945年以后)。还有罗兰·罗伯森等五阶段论:萌芽阶段(从15世纪初期到18世纪中期);开始阶段(从18世纪中叶到19世纪70年代,以民族国家、国际关系、个人观念、人类意识为四个维度划分);起飞阶段(从19世纪70年代延续到20世纪20年代);争霸阶段(从20世纪20年代中期到60年代后期);不确定阶段(从60年代后期开始,并在90年代初显示出危机趋势)。二是较短较窄的划分,主要是詹姆逊,他把全球化与资本主义进程发展相重叠,划为三个历史阶段:一是市场资本主义阶段,包括民族国家内的市场整合;二是帝国资本主义阶段,资本主义国家建立殖民地,以攫取原料供应者和国际市场;三是跨国资本主义和消费资本主义阶段,为资本主义扩张建立一个新的整合的全球空间,通过扩张个体的欲求来扩张世界。这一阶段也称"晚期资本主义"。

以斯塔夫里阿诺斯的《全球通史》为代表,全球史学派正式登上了全球化历史研究创新前列的舞台,创立了一门新的学科——全球史。全球史的全部学术价值可以用一句话来概括,"把全球化历史化,把历史学全球化"。中国首都师范大学历史系学者刘新成认为,全球史在四个方面取得了令人瞩目的突破和进展:第一,否定了"国家本位",以"社会空间"而不是国家作为审视历史的基本单元;第二,关注大范围、长时段的整体运动,开拓了新的研究领域;第三,重新估价人类活动与社会结构之间的关系;第四,从学理上破除"欧洲中心论"。全球史还原了全球化的本来面目。

根据我们的定义,本书将全球化分为三个历史时期。

(一)全球化的史前期

这一时期应当是从人类走出洞穴起至资本主义产生之前。我们认为,人类走出洞穴应当就是人类社会的开始,也应当是全球化的开始。不过,由于种种历史条件的限制,到资本主义产生之前,人类的整个生活还不是世界性的,仍然处在原始野蛮的状态。虽然已经有了农业文明,但这种文明绝不是世界性的、全球化的。但是它毕竟是起点。所以,这一段应当作为全球化的史前期。

(二)全球化的历史期

全球化的历史期实际上就是资本主义的世界性历史时期。这一时期的划分应当从资本主义的产生到1991年的冷战结束。这一历史时期又可以分为两个历史阶段。

1.第一个历史阶段是从文艺复兴至第一次世界大战结束。这一历史阶段是单一格局的全球化的历史期。世界性是伴随着资本主义的兴起和发展而出现的。马克思、恩格斯在《共产党宣言》中判定,资本主义制度下的大工业开拓了世界市场,推动了产业和交通,使生产和消费都成了世界性的。资本主义从一开始就是国际化、世界性的。这是由资本主义的本性所决定的。可以说,从自由竞争到垄断,随着科学技术的进步和大机器生产的出现,资本主义不仅创造了新的生产方式,而且一步一步地将这种方式全球化。在资本主义的绝对主导下,资本主义社会的特征成了全球的特征,而作为人类共同财富的市场经济和民主政治等等也成了资本主义的专利品。

2. 第二个历史阶段是第一次世界大战结束到冷战结束。由于社会主义革命的胜利和社会主义阵营的建立,形成了与西方资本主义相对抗的强大力量。这一历史阶段是两极对立格局的世界性时期。同时,在社会主义阵营的支持下,第三世界的不发达国家真正参与到世界性的进程中来,与资本主义国家展开激烈的斗争。矛盾、冲突、冷战、对抗,使美国和前苏联成为两个超级大国并主导了世界性进程,这就是世界性由资本主义国家单一主导的格局让位于两个超级大国主导的两极格局,成了著名的冷战时期的全球化。当然,这一时期由于第三世界的崛起,多极化萌芽已经出现。

(三)全球化的现代及未来期

这个现代及未来期从 1991 年冷战结束一直到可以预见的历史未来,至今还在进一步地变化和发展。这个未来期专指作为新兴事物、作为新兴历史状态和趋势的全球化真正出现。正是由于真正意义上的全球化的出现,人类社会才进入了一个崭新的历史进程。但是,作为新兴事物的全球化并不是天上掉下来,更不是凭空出现的,它是整个人类历史发展演变的必然阶段和必然结果。没有从史前期、历史期发展过来的历史,就决不会有真正全新意义上的全球化。当然,我们的划分还有更深的一层意义,我们的历史划分不仅仅是过去,更包括了现在和未来。这是似乎有一点独特性,实际上这是全球化作为新兴事物的本质和规律所决定。我们着眼的不仅是过去的历史,而是总结历史经验,把握时代特征,勇于开辟未来。

从历史的事实和实践看,随着东欧剧变和前苏联解体带来的两极格局的打破,更由于信息革命的科技创新化推动了信息社会和知识经济的到来,使全球化进入了一个飞速变化发展的新的历史时期。其变化之大,发展之快,简直令人难以置信。这一历史时期是各个国家和国际社会共同解决人类社会共同面临的问题,维护世界和平,促进共同发展,实现全人类社会共同利益的本质意义上的全球化时期。它更昭示了全球化的未来与希望。尽管资本主义国家,特别是美国在全球化的格局中仍然起着主导作用,但两极格局已经被彻底打破。所有的发展中国家都在"地球村"的浪潮中参与到全球化的进程中来,而且地位也越来越巩固,作用越来越大,形成了多极的力量;加上区域联盟、中国力量的增强,使美国建立一霸压多极、阻止多极化的企图不能得逞。因此,这一时期的全球化出现了多极化的现状和趋势。

从人类社会更深层次的价值观和价值取向来看,所有的变化发展都集中地以特定的方式推动和促进了全人类社会的共同利益的形成和发展,集中地体现出人类全球共同利益的本体源泉的根基和作用。所谓人类全球共同利益,就是整个人类社会在全球化进程中对共同和平、发展、富裕、文明的渴望、需求和追求,必须由人类社会共同行动才能解决并得到满足,从而实现人类社会的共同进步与发展,实现每一个人的自由全面发展。我们所说的人类全球共同利益已经不是过去那种抽象的、原则的、理论的,而是当今世界和未来发展中具体的、现实的、活生生的。比如,全球环境问题等等。这不仅因为全球化的各种变化发展从客观上为人类全球共同利益的形成提供了现实条件,使其有了存在和发展的可能,而且因为全球化各种问题的解决都直接涉及人类社会每一分子的切身利益,谁也不能身在其外,共同解决问题所提供的动力因素使其成为人类社会必须面对的现实。通俗地说,因为我们只有一个地球,我们都是"地球村"的"村民",我们每个人都必须为实现人类全球共同利益承担责任,作出贡献。需要强调指出的是,我们每一个人的利益也包含其中。因此,实现人类社会的共同利益只有一个出发点和归宿,那就是每一个人的自由全面发展。

从人类社会更长远的发展趋势看,全球化一方面在当代世界已经是一种初步现实。虽然存在着许多矛盾,出现了许多问题,充满了尖锐复杂的斗争;另一方面,面对新世纪千年,它又只是一种趋势、一种进程、一种方向。这种趋势、进程和方向,就是要实现全人类社会的共同利益,实现每一个人自由全面发展。我们唯一的选择,就是遵循这一客观规律,不断地认识,不断地把握,不断地调整,不断地前进。

第六节　全球化的最终目的就是实现每一个人的自由全面发展

　全球化的最终目标就是实现每一个人的自由全面发展。全球化的出发点、中心和归宿就是以人为中心,一切为了人,实现人人共享,实现每一个人的自由全面发展。因为全球化作为新事物,新就新在它以人类社会的共同利益为基础,以多元化为前提,以合作化为手段,以人性化为目的,真正开辟了以人为中心、一切为了人、实现人人共享、实现每一个人自由全面发展的历史新时期。这并不是说过去没有这样的基础和追求,而是说在整个历史的进程中的今天才来到了一个最具有现实可能性的历史时期。

人既是全球化的主体,又是全球化的目的,这与人既是世界历史的主体,又是世界历史的目的观点是一致的。因此,人类的思想家对人的研究也是历史的、广泛的。

关于人的学说是由一系列的思想家所创立的。

从古代的普罗泰戈拉"人是万物的尺度",苏格拉底的"道德就是知识",柏拉图"善的理念",亚里士多德的"人在本性上是政治动物";到近代文艺复兴时代佩脱拉克、瓦拉等人的"享乐是人的真正幸福",莎士比亚的"人类是宇宙精华、万物的灵长",拉伯雷的"想做什么,便做什么",爱拉斯谟的"传播知识推广教育";再到霍布斯、洛克、斯宾诺沙的"自私是人的本性",孟德斯鸠、伏尔泰、爱尔维修、狄德罗的"平等自由博爱",康德、黑格尔等人的"自由是意志规律、至善是人的最高目的",费尔巴哈的"爱是人生命生存本质",又延续到现代的叔本华的"禁欲主义和悲观主义",克尔凯郭尔的"人性论",伯格森的"反理性主义",弗洛伊德的"性本能论",萨特的"存在主义的人学观",鲍恩、穆尼埃的"神学人本主义",马斯洛、罗杰斯的人本主义心理学,马克思的"人的自由全面发展"等等,都进行了大量的研究和实践,取得了丰富的成果。

关于人的学说和实践的发展,又是伴随着人权运动的产生和发展,相伴而生,相随而行。从万国法的普天下人都享有权利,到自然法学说主要是人的义务而不是人的权利,到天赋人权,再到普遍性原则的人权,最后到国际人权,都使人学理论和人权运动进入到了最新的历史阶段,都反映出全球化的历史轨迹。在这方面,法国法学家 K. 瓦萨克提出的"第三代人权"的理论,为我们做了一个历史的佐证。瓦萨克认为,第一代人权为公民和政治权利,也就是自由,它主要来源于 17~18 世纪与英国、法国、美国革命联系的改革主义理论;第二代人权为经济、社会和文化权利,也就是平等,来源于 19 世纪早期以来的社会主义传统;第三代人权为团结权,也就是和睦,来源于 20 世纪后半期民族国家的兴起与衰落,现在还在进行。最新一代的人权恰恰反映出全球化的人学和人权的核心和目的。本质上讲是国际人权、全球人权。按瓦萨克的说法,它包括了六项权利:(1)政治、经济、社会的自决权;(2)经济和社会发展权;(3)参与人类共同遗产的开发和收益权(分享地球和空间资源;分享科学、技术、信息和其他进步;分享文化传统、名胜、古迹);(4)享受和平权;(5)拥有日益健康和良好生态平衡的环境的权利;(6)获得人道主义灾害救济的权利。我们可以看到,这种权利实质上是全球化中形成和发展起来的集体权和个人权的全球化结合,它们都需要全球一切社会力量协调一致的努力,使所有人都会因一项以满足人们物质和非物质需要为基础的发展而获益。由于在人权的定义、性质、内容、合法性和有效性方面还存在极大的分歧,且人权是一个整体,全球不同地域的人民,是按照不同的程序和实践来主张和享有不同的人权的,因此,问题的最终解决取决于时间、地点、环境、背景、危机的程度及其他因素。人权的进步发展才是全球化的意义所在。

全球化和全球学的出发点、中心和归宿要求我们提出新的关于人的学说和人权的进步与发展,作为其灵魂和价值所在。

(一)关于全球化和全球学的出发点、中心和归宿的理论证明

其实,真正有意义的现实和有价值的理论都是承认这一点的。其中,马克思和恩格斯早就提出,我们的出发点是从事实际活动的人……这种观察方法并不是没有前提的。它从现实的前提出发,并且一刻也不离开这种前提。它的前提就是人,但不是处在某种幻想的与世隔绝、离群索居状态的人,而是处在一定条件的进行的现实的、可以通过经验观察到的发展过程中的人。我们现在所研究的人,正是在多元化和人类共同利益基础上全球化的现实的人。科学的有价值的或是相反的全球化,公平正义或相反的全球化的分水岭就在于此。

(二)关于全球化和全球学的人的本质的科学问题

人的本质是一切关系的总和运动和不断升华的全过程。这些关系包括了人与自然的关系(人的生物性与动物性的结合)、人与人的关系(个人与个人之间的主观性结合)、人与社会的关系(人是一切社会关系的总和)、人与自身的关系(人与人的心灵自我完善的心理素质)、人的主体性和客观性的关系(人是一切现实的基础和未来的创造者)、人的创造与人的目的的关系(人既是主观性的创造者,又是客观性目的者,是出发点,是中心,也是归属)、人的综合运行关系(从社会整体的人到个人,再从个人到社会整体的人)、人与社会的历史进程的关系(人的本质从存在到异化到解放,最终实现每个人的自由全面发展)。以上八个方面关系及其辩证运动的过程,使人一步步走向自由、解放和全面发展,使人性不断地得到升华。人们创造着全球化,又在全球化中实现自我。从而构成了全球化和全球学的科学全面系统的人的本质概念,形成了人的自由全面发展的客观历史规律。这也就是我们通常所说的科学人性。

在历史的角度,这些关系并不是一下子构成的,而是随着历史的进步,这些关系呈现出更加丰富多彩的形态,成为一切关系的全球化综和状态。所以,仅仅强调某一个方面都是片面的、单一的、有害的。

（三）关于国际人权向全球人权的进步与发展

1. 第二次世界大战是国内人权转向国际人权的分水岭。在第二次世界大战以前，人权的实践限于欧美的主要资本主义国家，人权的基本内容是生存权、自由权、平等权、财产权、追求幸福权等个人权利，并被作为法律原则和公民权利规定在民族国家的国内法律中。国际人权呈现出萌芽状态，特别是在第一次世界大战以后，某些国际条约中出现了有关保护人权的条款、内容和精神，如《国际禁奴公约》、国际红十字会的各种宣言和协定、国际劳工组织及协定、国际联盟的盟约等等。二战以后，国际上才真正开始了国际人权的实践，促进、保护、发展已经成为国际行动。其中，联合国人权理论和实践的发展尤为重要和突出。1945 年联合国从成立的第一天起，就把人权作为宗旨和目的之一列入《联合国宪章》，不仅如此，联合国大会和它领导下的经济及社会理事会及其附属机构——人权委员会承担起了促进人权的主要责任，特别是政府机构的人权委员会成为联合国在人权领域的决策机构。在实践中，起到了主要作用的国际权利法案包括：一是 1948 年 12 月 10 日联合国大会一致通过的《世界人权宣言》，第一次系统地提出了人权的基本内容，使人权成为国际法原则之一。它所列举的权力几乎归纳了各国宪法和法律，规定了一切传统的政治权利和公民权利。二是 1966 年 12 月 12 日开始签字，到 1976 年 3 月 23 日正式生效的《公民权利和政治权利国际公约》（又称《国际人权公约》），一方面用法律的义务的形式肯定了《世界人权宣言》所规定的全部内容，要求所有的缔约国都承担尊重和保障其国境内一切人的经公约承认的权利并就这些权力行使管辖权；另一方面，建立了人权委员会等工作机构，来促进公约的执行。三是 1976 年完成的《经济、社会、文化国际权利国际公约》，成为《公民权利和政治权利国际公约》的姊妹篇。一般来说，上述三篇构成了国际人权的主骨架。其他主要的内容还包括：1960 年联合国大会通过的《对于殖民地国家和人民独立的宣言》，宣布所有的人民都有自决权，从而推动了旧殖民主义的瓦解和民族解放、国家独立、人民发展的历史进程。1965 年的《消除一切形式种族歧视国际公约》、1977 年的《关于人权新概念的决议案》、1986 年的《发展权宣言》等等。

此外，国际性的促进、保护和发展人权的行动已经扩展到区域性的层面。一是以 1950 年 11 月 4 日欧洲委员会通过的欧洲的《保护人权和基本自由公约》为起点，形成了欧洲人权制度；二是在 1948 年美洲国家组织（OAS）建立的同时，以泛美会议通过的《美洲人权和义务宣言》为起点，形成的美洲国家人权制度；三是以 1986 年在各方敦促下，非洲统一组织（OAU）国家元首和政府首脑第 18 次

第三章　全球化科技

科学技术是第一生产力。

让地球转动的不是爱，而是创新。

—— [英] 约翰·德赖登

创新是创造价值的新想法。

—— [英] 理查德·莱昂斯

我们正在从读懂我们的基因代码时代走向有能力编写基因代码的时代。

—— [德] 克雷尔·文林尔

在我们这个时代，每一种事物好像都包含有自己的反面……技术的胜利，似乎是以道德的败坏为代价换来的……甚至科学的纯洁光辉仿佛也只能在愚昧无知的黑暗背景上闪耀。

—— [德] 马克思

第一节　科技创新的全球化及其表现

一、科技创新的含义

人类社会的变化的总根源和总动力,就是科学技术的不断创新,不断地提高人们改造世界的能力。这一点是众所周知、不争自明的。同理,全球化作为新兴事物的出现和发展的总根源和总动力,就是科技创新全球化。

科技创新主要有四项内容,一是基本概念的创新,如细胞、原子等等;二是基本原理的创新,如细胞学说,原子理论等等;三是理论体系的创新,如爱因斯坦的广义相对论;四是理论综合含义、融汇、互补的创新,产生了交叉学科、边缘学科、综合学科或学科前沿越分越细,而细分与综合成为一个事件的两个方面。

技术创新,英国萨塞克斯大学的经验性研究证明包括四类:一是增量创新,这类创新主要是提高已经使用的各种生产要素的生产率;二是基本创新,这类创新通常是由在企业、大学或政府实验室中深思熟虑的研究开发成果所体现;三是技术体系变革,这类创新的性质表现为增量创新与基本创新的组合;四是技术经济模式变革(也称技术革命)。

科技创新全球化,是整个创新体系的动力机制和主要形态的全球性表现。它是遵循以市场为导向,以提高国际竞争力为目的,以信息技术为突破,从新产品和新工艺设想的产生,经过研究和开发,工程化、商品化商业化生产,到国际化市场推广应用的整个过程的总和。它从根本上保证了科学技术与经济发展、社会进步的有机结合,实现了全球共同化的发展。科技创新主要特征表现在以下几个方面:一是综合性。它不仅是一种技术能力,而且是与经济、教育、文化相结合的综合创新能力。二是系统性。它不是某一种单项活动和某一环节,还包括了研究能力、决策能力、工程能力、生产能力、市场开发能力和全球化能力。三是创造性。这既是它的本质特征,又是它的生命力之所在。四是市场性。它是在市场根本需求的基础上产生,反过来又催发和开拓了新的市场需求。五是前沿性。现代科技的创新总是在人类面临的各种问题发端处和最前沿进行研究,率先突破,从而推动全人类在经济社会的大突破、大发展,推动全人类更加走向全球化。六是全球性。比如因特网就充分展示了科技创新的全球性。不难想象，如果没有因特网，就无法想象今天和未来的全球化。七是本原性。从根本的意义上说，科技创新决定了全球化的出现和未来。

二、科技创新的全球化

科学技术本身最根本的冲动性和最强烈的革命性，就是创新化。没有创新，不仅是它自身的生命结束，而且整个人类社会也因此而结束。我们所研究的科技创新，是特指第二次世界大战以来的科技创新。20世纪的后半期和开始的新千年以信息革命化为代表，以知识经济时代和信息与生物技术社会的到来为标志，人类社会出现了前所未有的科技创新的重大革命推动力量，使全球化进入了加速和升华的全新时代。其表现如下。

（一）科学技术创新带来的全球加速度发展和革命性变革以及创造的巨额财富

当代科学技术的发展是指数增长的现实和趋势。根据估算与分析，科技知识的总量在近30年取得的成果，比过去两千年的总和还要多；到1980年，人们获得的90%的科学知识是在二战后这30多年所获得的；到2000年，人们获得的知识又翻了一番。科技知识的更新速度同步加快。一个工程师的知识半衰期是5年，而到了近10年，它的知识的90%与计算机最新发展有关。科技知识的教育培训已经成为终身教育。仅美国各公司培训费在20世纪80年代达到800亿美元，而到了2000年则翻了一番，达到1 600亿美元。科技投入的增长更是令人瞠目结舌。全世界用于科研的经费，20世纪60年代比世纪初增长了400倍，而现在每年达到4 000亿美元，而发达国家的研究与发展经费通常占到本国国内生产总值的2.5%~3%。科学技术的人员队伍迅速壮大，美国每10年翻一番，现在全世界的科学家和工程师人数已达5 000多万人，预计在未来100年，从事科研工作的人数将占世界总人口的20%以上。这说明创新的知识劳动将在21世纪成为人类劳动普遍的形态。由于科学技术创新的根本动力作用，真正起始于资本主义时代的全球化，一下子就创造了人类社会几千年才得到财富的总和。而20世纪末所出现的新技术革命则使得这一世纪的后10年所创造的财富超过过去19个世纪的总和，从而推动了全球化的出现与发展。仅从各国的经验看，新发现和新发明在实践上加以应用后，所创造的价值和财富要超过科研费用的十几倍、几十倍，甚至上百倍。

今天的科学技术正在步步逼近自然界的宏观、微观的种种"极限"。目前在超高温、超低温、超真空、超导超强磁场、纳米、彻底失重上已取得进展,人类将超脱"尘寰世界",进入"超级世界"。

（二）科学技术创新的全球多角度化和高度综合化

科技创新的高度分化,宏观、微观更加深化,又高度综合,呈现出宏观、微观之间,多层次、多维度,科学与技术的综合化、整体化趋势。

现代的技术越来越依靠科学,完全建立在科学理论的基础之上,现代科学也必须装备复杂的技术设施。科学技术化和技术科学化已经成为一件事情的两个方面。此外,由于把一种新知识运用到产品和工艺中去的时间正在非常迅速地缩短,科学正在变成技术,现代科学各门学科交叉渗透的整体化促使现代各种技术融合出一系列的新技术,高技术群正是包含密集科学知识的技术。新的突破是线性的、多角度的,新的融合是互补、合炼、集成和系统的。从未来情况看,将是不同角度和领域科技创造性融合的时代,随着其发生的共振现象和共鸣作用,随时可能产生爆炸性及其波及的效果。具体地讲,一是不同学科和技术之间的横向联合、交叉渗透明显加强,出现了大批交叉学科;二是形成了以解决人类共同面临的全球性问题为目标的新兴综合学科;三是涌现出了超越学科门类的横断学科;四是"需求型"技术不断地出现,使"科学性"技术日趋减少;五是科学观念、科研方法和科技管理都发生了本质性的深刻变化。

（三）科学技术创新体现在学科领域的全球性集成化和超大集成化,形成了科学技术群和高组织化

所谓科学技术学科领域的集成化,是指现代科学技术研究中出现的将众多相关学科集于一个研究领域,采取团队、集团式的联合攻关,形成新的学科技术群的发展趋势。

由于现代科学技术越发展,人们在认识自然、改造自然、保护自然等方面遇到的问题日益复杂和综合,涉及范围之广、问题程度之深、解决难度之大都是前所未有的。可以说,解决这些复杂综合的问题绝不是过去一个单独学科或单项技术所能胜任的,只能依靠多个学科、多种技术所形成的综合合力和总体优势,这就从根本上推动着科学研究的组织化程度越来越提高,形成了人才荟萃、梯队合理、知识密集、优势互补、协调合作、合力攻关的高度集成化、高组织化的科技创新的新形势。

（四）科学技术的创新化表现为以数字化和计算机信息技术化为基础的信息化

首先是科学技术的数学化。各门学科日益把数学和数学方法,作为本学科

从量和质的方面解释其本质和规律的重要工具及表达方式。即使是生物学、心理学、社会学、生态学等领域也是如此。这不仅因为当代科学技术的研究日益精细和抽象化而更加需要数学,而且因为数学本身也在运用中得到发展。更为重要的是,以数学为基础的电子计算机的出现、发展和应用,使科学技术走向了数字化和信息化的创新时代。

信息同物质、能源一样重要,是人类社会生存和发展的三大基本资源之一。由于科学技术的发展和社会的进步,人类知识和信息量呈几何级数增长,从某种意义上讲,以计算机及网络为核心的信息技术,对信息进行数字化处理、存储和传递,用离散的数学量表示现实世界的模子的量,使信息数字化,成为信息的崭新载体,推动了信息化的产生,使信息在经济和社会活动中的作用开始超过资本,成为推动经济增长和社会进步的最活跃、最具潜力的推动力。而信息作为知识的符号,尤其是虚拟化的全球趋势,又推动了知识经济时代的到来,成为国家、全球实力的象征。现在,人类进入信息社会、知识社会、网络化社会、生物社会的各种说法遮天蔽日、层出不穷,就充分证明了科技创新在这方面的全球表现。我们在后面的章节中将会给予阐述和论证。

(五)科技创新还表现为全球范围内的科学、技术、生产、管理的共同化,从而导致了经济全球共同化

这里所指的共同化,主要是指在四者之间的渗透、交叉、融合中产生出来的组织形式的统一。一是四者的共同化在内在的性质上相互融通,不仅出现了"科学的技术化",而且出现了"技术的科学化";不仅深化了更高科技层面上的"生产管理",而且出现了与此相适应的"知识管理",四者之间出现了融为共同化的重大趋势。二是四者之间的相互融合使科研成果—技术—管理—直接生产力的周期大大缩短,管理作为其中的"中锋",有效地将规律上的周期缩短,转化为客观现实的周期缩短。这样的共同化才真正催生了科技创新的快速化。三是四者之间相互融合的共同化催生了新的组织形式,产生出科学、技术、生产、管理等多要素集成的新的组织形式,成为"科学工业综合体"、"学习型组织"等等。这种扁平化的组织形式彻底改变了历史上的传统形态,以崭新的面貌和独特的作用又反过来推动着共同化组织形式的创新。

(六)科技创新还表现为自然科学技术与人文社会科学的结合更加紧密,成为经济和社会的一体两翼

究其原因,一是因为当代全球社会出现的任何重大问题,都具有高度的综合性质,这种问题的高度综合性质,不仅要求各门学科进行多方面的广泛合作,综

合运用各学科的知识和方法,甚至要求自然科学技术和人文社会科学知识结合成为创造性的综合体。二是因为自然科学技术原则上很难解决社会方面的问题,而任何重大的综合问题,不仅具有自然科学、技术和经济的一方面,而且有社会心理、人的发展的另一方面。因此,没有人文社会科学的参与和融合,综合性解决综合问题几乎是不可想象的。三是因为从主体的行为能力而言,自然科学技术以及经济只能作为主体的硬能力、硬竞争力,而如果缺乏人文社会科学的参与和发展,主体便会缺乏软能力和软竞争力。历史证明,软能力和软竞争力有时候比硬能力和硬竞争力更为重要,有了它,就可能是"事半功倍";没有了它,就可能是"事倍功半"。四是因为人类文明的发展既离不开自然科学技术,又离不开社会背景和文化根基,要创造人类的现代文明,就必须有自然科学技术与人文社会科学的结合。五是因为我们的最终目的是人的自由全面发展,而人的发展除了自然科学技术推动的方面外,还有人文关怀的另一个重要方面。人要自由全面发展,就不可能只有自然科学技术,而没有人文社会科学。

总的看,科技创新全球化包括:四大基础理论、五大基本模型和十六大高技术领域。四大基础理论包括:相对论、量子论、信息论、基因理论;五大基本模型包括:宇宙演化的大爆炸模型、物质结构的夸克——轻子模型、遗传物质 DNA 双螺旋结构模型、智力活动的图灵计算机模型,地壳构造的板块模型;十六大高新技术领域包括:生物技术、空间技术、计算机技术、通信技术、自动化技术、微电子技术、光电子技术、信息获取与处理技术、能源技术、激光技术、新材料技术、超导技术、海洋技术、环境科学技术、管理科学技术、军事技术。

第二节　科技创新是决定全球化的革命性力量

一、科技创新创造出了全球意义上的先进生产力

我们都知道,区分不同的经济时代的标志,不是看社会生产什么产品,而是看该社会用什么样的生产工具与生产方式来生产各种产品。判定某个事物和时代是不是崭新的事物和时代,也应当首先以此来判断。

这个判断本质上就是我们通常所说的生产力。新时代之所以区别于旧时代,就正在于有了先进的生产力。先进生产力又正好是科技创新的过程和成果。因此,科技创新催生了先进生产力,从而催生了新的全球化。

全球化作为新兴事物,正是由于科技创新的作用,推动了一场新科技革命和新经济革命,从而形成了先进生产力,使社会生产力发生了本质性的历史变革。全球化的先进生产力,我们可以作如下的定义:在人类社会进入信息社会和知识社会的全球化时代,由知识要素作为动力,以信息技术作为技术基础,以因特网作为工具网络,以高新技术群作为科技系统,以人力资本的独特作用作为未来潜力,以人的自由全面发展为目的的全新的知识生产力。

也就是说,马克思所说的以机器大生产为先进生产力的时代早已被以知识经济的、智能化的先进生产力所代替,这样,世界性也就让位于全球化了。因此,我们可以毫不夸张地说,正是科技创新成为全球化的第一推动力和根本原因,否则,全球化是不可想象的。

(一)科技创新催生的先进生产力对经济全球化的产生和发展起决定作用

一是以信息技术、生物技术、纳米技术、空间技术为代表的科技创新出现了群体突破的态势,并且不断地通过人类的传统认识。科技创新已经成为全球常态和趋势。二是各种学科的交叉和融合,特别是科学技术、自然科学与人文科学的结合,使重大创新更多地出现在学科的交叉领域,科技创新越来越综合化。三是科技发展与经济、教育、社会、文化的联系日益紧密,相互渗透,互为促进,高度融合,成为一种全新的有机合成体,成为推动经济社会各方面突飞猛进的重要力量。四是经济全球化的形成是由科技创新决定的,这是因为科技创新大大催化了国际分工,使当代生产、交换、消费的规模、速度和结构都在全球范围内展开,形成了前所未有的生产全球化、贸易全球化、金融全球化和消费全球化的共同化趋势。五是全球经济快速增长是由科技创新决定的。如前所述,科技成果转化为生产力的速度空前加快,极大地提高了劳动生产率,促进了全球经济快速增长。在西方发达国家,20世纪70年代科技进步对经济增长的贡献率仅为50%左右,随着信息技术的产生,现在已达80%以上。近十年,美国有2/3的国内生产总值与电子信息技术有关,而OECD成员国的高新技术产业在制造业产值和出口中的份额翻了一番多,达到20%～25%,中国的国内生产总值则连续登上了8万亿、9万亿、10万亿人民币的三大台阶。六是全球经济结构是由科技创新决定的。科技创新使劳动力和资金在整个要素中的比例不断下降,技术和组织要素比例不断上升。同时,发达国家,制造业比例不断下降,服务业比例不断上升,工业化社会正在向后工业化社会转型,而发展中国家则在由农业经济向工业经济转型。七是全球经济的格局是由科技创新决定的。由于科技创新主要集中在西方发达国家,因此"三足鼎立"的全球经济格局便自然产生。从科技创新上讲,美国、欧盟、日本最领先;从全球经济实力上讲,美国、欧盟、日本最强,其中,尤以美国为最高。在可以预见的未来,这个格局不会有大的改变。其他国家的发展虽然也是由科技创新推动,但从本质上讲,还是资源动员型经济。八是科技创新领跑了全球范围的新经济,特别是美国的新经济和全球经济新一轮的发展。这场新经济使全球经济质量的两个指标走向新形态。九是原始性。自主性创新已经成为科技创新的主导力量,因此,各国和行为体都必须在此基础上形成自主创新能力,突破原始性创新,建立起国家创新能力和体系。

(二)科技创新对全球化革命性的决定作用更体现在一整套的传导机制和规律上

起源和发端自然是科技创新的第一推动力及其作用,由于科技创新成了经济增长和发展的内生变量,知识又难以让创新者隐瞒和保密,因此,投资的积极性内生地由技术溢出所决定。技术溢出使得后代的研究者比起前辈能用更少的资源实现技术上的突破。创新之实际成本的下降阻止了利润的下降趋势,于是知识积累的过程内生地带来生产率的提高。生产力的提高创造了长期持续的经济增长,技术溢出及效应是全球性的,科技创新日新月异,从根本上改变了全球交往的手段和方式,强化了各国互通贸易的动机和促成世界贸易共同化的成果,使各国经济互相日益开放,相互依赖程度日益加深,使全球经济向人性化方面发展,以跨国公司为载体,实现了生产、贸易、金融的全球化。这样的运动过程带来了全球人财物、信息资源能力的前所未有的大流动、大分化、大分层,从本质上讲却带来了文化的大交流、大碰撞、大融合,文化也开始走向全球化。在此基础上,全球政治、各种力量也同步发生了大震荡、大分裂、大重合,呈现出多极化的趋势。在这样的传导规律和趋势下,一方面人们正在创造全球化并享受着其成果,另一方面,飞速变化却带来了一系列人类过去从未像现在这样遇到过的全球问题。而这些问题根本上构成了人类社会过去从来没有过的共同利益以及人的自由全面发展之重要性、可能性。它不是传统意义上的一个国家、一个民族、一个组织所能解决的,必须依靠新的全球秩序来解决。这样,科技创新带来的全球的多元化与传统的一元化发生了尖锐的矛盾,于是,人们必须在全球范围内创新出新的共同性,以适应这些大变化带来的多元化。通过合作进步,克服过去残酷竞争的两败俱伤的局面,找到大家都能赢的游戏规则,以实现全人类社会的共同利益,实现人的自由全面发展,让人人共享全球化的成果,让全球化造福于全人类。

在经济领域指出上述传导发端和源泉的经济学家有:保罗·克鲁格曼、凯尔文·兰开斯特、阿维拉什·迪克西特、雅克托·诺曼、维尔弗雷德·埃瑟尔、保罗·罗默、菲利普·阿吉纳、彼得·豪维特、G. M. 格罗斯曼、E. 赫尔普曼等人。实际上,他们已经证明,全球化的第一推动力和根本原因就是全球的科技创新。

(三)科技创新主导着全球化的进程

一是科技创新是整个全球化的基础和根源,更是全球化进一步发展的根本动力。可以说,只有真正理解和把握了科技创新,才能真正理解和把握全球化的内在性质和发展趋势。二是科技创新还在加速发展,其速度令人惊叹,其变化令人怀疑,其发展令人无法预测,未来世界真正难以想象。我们必须高度重视,全程参与。三是科技创新已经成为各国提高综合国力,参与全球竞争的根本核心和战略重点。四是企业必须成为技术创新的主体力量,具有自我开发、自我创新动力机制和源泉力量。五是某些技术时代可以跨越,发展中国家完全有后发优势的可能。六是必须在此基础上形成国家创新能力和体系,才能在世界高科技领域中占有一席之地,尤其是发展中国家才能把后发优势转变为现实。

第三节　科技创新开创了全球社会的新形态和新纪元

科技创新不仅带来了全球化,更为重要的是,它为我们创造了一个新的社会形态——知识社会。我们认为,这是人类社会迄今为止最为重大的经济、社会、思想政治的历史性变革。

英国著名经济学家约翰·杜宁以生产组织形式的变化为依据,对社会形态进行了科学的分期。他认为,从 17 世纪初到 19 世纪是以土地为基础的农业经济,是工业社会的早期阶段,其管理体制是封建封闭式或个体组织经营型,经济活动的地域形式是一地化或一个局部区域。从 19 世纪到 20 世纪末,是以机器或金融为基础的工业或制造业经济,是典型的工业社会,其管理体制是经营型或等级制度,地域的形式表现为局部区域性或国家范围。到了 20 世纪末及未来,则过渡到了以金融和知识为基础的服务性经济,新的管理体制是一种联合式的非严格等级式的管理关系,其地域特征为全球化或一地簇群化。这就是说,人类社会从农业社会过渡到工业社会之后,现在过渡到了知识社会,也同步从一地化、局部区域化过渡到全球化,因此,知识社会才是全球化,全球化才是知识社会。当然,这仅仅是开始。

需要指出的是,在研究全球化的专家中,有美国的曼纽尔·卡斯特的信息时代三部曲《网络社会的崛起》、《认同的力量》、《千年终结》;有阿尔文·托夫勒的《第三次浪潮》、《财富的革命》;有美国著名知识及知识社会管理专家萨维奇《第五代管理》;维娜·苏利的《知识的进化》;达尔·尼夫的《知识经济》、《知识管理与组织设计》等等。他们为我们所描绘的正是知识社会到来的本质和发展的前景。

一、知识、知识革命、知识经济

《美国国家知识评估大纲》认为,近几年,由于科学技术的发展,世界运行方式发生了根本变化。长途电话价格下降、计算机的普及、全球网络的出现,以及生物技术、材料科学和电子工程领域的发展,创造出 10 年前根本不可想象的新产品、新服务系统、新兴行业和新的就业机会,这就是当今被人们称为的知识革命。

知识革命是由知识的创新化带来的。知识的新概念是什么呢? OECD 的专家们指出,当代人类全部知识创造性分为 4 类:第一类是关于事实和现象的知识;第二类是关于自然规律和原理方面的知识;第三类是关于技能和诀窍方面的知识;第四类是关于人力资源方面的知识。这就是科技创新所带来的整个人类知识及结构的创新,以及产生新的经济社会形态。

知识经济是建立在知识和信息生产、分配和使用之上的经济。其主要特征包括:第一,科学和技术的研究与开发日益成为知识经济的重要基础;第二,信息和通信技术在知识经济的发展过程中处于中心地位;第三,服务业在知识经济中扮演了主要角色;第四,人力的素质和技能成为知识经济实现的先决条件。从相互的驱动力看,正是知识经济催生了信息化、网络化和全球化。这种全新的变化早已被全球有识之士观察、认识和描述。1962 年,美国经济学家弗里茨·马克卢普提出知识产生积极发展的理论;1973 年,哈佛大学社会学家丹尼尔·贝尔提出的后工业社会;1980 年,未来学家阿尔温·托夫勒提出的信息时代;1982年,未来学家约翰·莱斯比特提出的信息社会;1994 年,美国管理学家彼德·德鲁克提出的知识是首要产业;1996 年美国经济学家保罗·罗默倡导的新增长理论等等,都进行了历史的预测和探索。直到 1996 年 10 月 8 日,OECD 正式提出知识经济的概念。

二、知识社会

在知识、知识革命和知识经济的基础上,知识社会已经初露端倪,知识社会 = 全球化社会成为一种新的社会形态,它的主要特征如下。

1. 以知识的数字化、边缘化、计算机化和网络化以及虚拟化及结构体系的深刻变化而产生全球性的资源和财富的知识社会的出现。知识已经成为经济发展中的最重要的生产要素,并且建构起持续增长的新经济模式。同时,今天的财富正在逐渐表现为对知识的占有程度。这种新的信息革命中的新的社会形式所带来的对知识的"赋值"是从来没有的。这是一种符号财富,正在从根本上改变资本占据核心的旧社会形态,产生社会资源、财富全球化的新形态。

2. 社会经济形态在加工转向服务的基础上产生了全球化。知识就是服务。以知识密集型企业为主体,以高技术产业为主导,以传统产业的知识化、高技术武装的服务业大发展为基础,以前所未有的时空压缩为核心,使新兴的服务业消除了地理距离和时间的界限,消除了国界,使共同化成为全球经济社会的基本格局和方向,成为无国界的全球化社会。

3. 知识既是生产要素,又是消费方式,形成新型的消费社会,推动着知识社会的出现。知识的双重因素、功能和作用的特殊形态,使知识社会主动地产生供给和需求,主动地产生出高知识含量的消费新方式。知识成为主要的消费品,如手机、计算机网络等等。特别是虚拟现实技术发展所产生的消费作用,正在一步一步地深入到社会的内核,彻底地改变着人们的消费方式、生活方式和思维方式。

4. 整个知识社会正在形成以创新为核心的全球性的学习型社会。知识经济的发展最终取决于人的素质,而人们除了通过学习之外根本无法掌握知识。同时,传统简单的劳动岗位急剧减少,高技术岗位迅速增多,全球竞争归根到底是人才的竞争、教育的竞争。这种趋势表明,在一个以知识为基础的社会里,没有知识的人将难以生存。因此,知识社会中教育是排在首位的,终身教育、素质教育、通才教育成为基础产业;学习成为人们生存的第一需要,要不断学习新知识;创新成为人们发展的核心,离开了创新,学习、教育都失去了根本性的意义。这样,以教育和学习为基础,以创新为根本,注重人力资源的开发,形成以创新为核心的学习型社会就成了今天的现实和未来的取向。

5. 知识带动了企业结构、资本结构、产业结构、社会文化结构的根本性变化,出现知识社会。

首先,以知识型、扁平型、科技型、创新型为主的跨国公司和企业成为主要的企业类型,也成为全球财富的主要创造者。其次,由于人的知识成为主要的资源,能够创造财富的一切智慧素材的智力资本(人力资本的高级形态)应运而生。只有这种量化的资本,才能实现产业资本与金融资本的结合,才能真正发挥知识的价值。复次,由于这些变化,由教育业、科研业、信息业等共同构成的智业(知识业)开始产生,并逐步成为主要产业。与此同时,非纯科技类的知识也开始成为知识经济的组成部分,咨询业等也成为知识扩散和创新的主要载体之一。最后,不仅使以智力资本为主来获取财富的人们形成更大的中产阶级,而且使机会平等更加深入到能力平等(教育平等)。发达国家预计在2010年蓝领工人将只占人口总数的1/8,而美国则会下降到2%,从事与现代知识有关工作的人将达到60%~70%。社会由大城市向小城镇化回归,向智力密集区回归,主流文化的价值观也由资本主义精神向生态文化转向。而知识产权的确立使人们走向了知识—权力社会。

6. 以现代管理理念和技术为依靠,使管理进入了高级的新形态,出现了知识社会。一是管理已经从仅仅追求公司狭隘的利润目标,加入了社会利益的价值目标。二是管理由传统的、现在的模式转变为权变管理模式,使之在急剧的变化中可以预见变化、应对变化、驾驭变化,创新制胜。三是管理由物流为基础到以知识流为主的转变,许多企业设立了"知识主管",一切围绕着对知识的生产、传播和应用来安排经营活动。四是管理特别是跨国公司的管理,已经是一种跨国多文化的管理,因为各个国家、各个民族的人已经成为智力运行的群体。五是管理也转向知识产权的保护与管理。知识已经成为不可替代、不可加、不可逆、可重复,不完全排他性的特殊商品和资本,需要保护知识就产生了知识产权及其法律化、系统化,只有保护这样的垄断作用,才能激起更多的人为创新而投入。这样一来,知识产权的保护和管理成为全球化的问题。六是管理的政府的经济职能也由投资激励型转向提高人力资本素质、促进知识生产与扩散为主的知识激励型转变。更为重要的是,以企业、政府和研究机构全面互动、创新为特征的国家科学系统——国家创新体系成为知识生产、传播、转让的主力。七是管理的整个统计体系,在经济学上则由"新古典"走向"后古典",知识已被纳入一个新的关于经济增长和组织管理的坐标—指标体系,有了全新的测度和管理的理论方法。

7. 在当代开放、合作、创新人文精神的指导和保障下,培育起新的产业生态系统也成为知识社会的动因之一。

知识经济大力呼唤开放,坚决打破封闭;积极倡导合作,开展合理竞争;淡化等级制度,推动网络结构;尊重人的主体地位和人对技术的自主选择权利,竭力摆脱人的被动客观地位;崇尚创新精神,反对墨守成规;要求合作共赢,反对零和博弈,等等。这些开放、合作、创新的人文精神,既为知识社会的催生和发展提供了条件,又反过来成为知识社会的独特之处,既摒弃了封闭利益用恶性竞争的过时手段,又推动着新的知识社会更加健康地发展。

8. 激荡、分化、断裂、风险,使社会在全球范围内呈现出两重性、极不平衡性和高风险性。

迄今为止,我们看到的都是知识经济、知识社会的有利一面,这些有利的方面被夸大、被扭曲,甚至被奉为神圣。但知识社会和其他社会一样,都具有两面性。当然,这些两面性更深刻地反映出社会的多元化与过去传统一元化之间深刻、尖锐的矛盾,只有寻求并创造出新的共同性才能逐渐解决。我们多次强调这是一个过程,由种种原因所决定,知识社会在刚刚开始的时间里,产生了一系列的逻辑混乱:竞争更加恶性而无人性;投资额度之大让人望尘莫及;科技前沿及走进部分已被西方发达国家所垄断;全球由短缺进入过剩,新经济泡沫消退、通货紧缩在所难免,浮躁使得人们失去良心、道德和真知,骗子横行天下;数字鸿沟为代表,加大两极分化,断裂特征明显;知识和智力资本还没有达到取代金融资本的力度,全球金融的疯狂,使全球处于高风险状态;动荡、混乱、战争、灾害,知识社会好像还不足以阻挡它们。因此,人们始终处于困惑不解的状态。

9. 人类对地球认识的新飞跃是以数字地球到大家庭地球的转变为标志,知识社会昭示着更加伟大的未来。

我们都知道,地理大发现和哥白尼、伽利略的日心说是人们对自己居住的地球的第一次认识大飞跃。这次飞跃不仅使我们认识到地球是一个椭圆的球体,而且还发现了地球只是九大行星系中的一颗行星,是不断围绕着太阳公转而又不停自转的星球。而正是以这种发现为基础,牛顿开辟了近代科学革命,从而也开始了资产阶级的工业革命和政治革命,把人类推进世界性的历史阶段。

20 世纪 60 年代以后,麦克卢汉认为"媒介即信息",他不仅提出了"地球村"的理论,而且直接成为电器巨头的高参。"地球村"这一理论充分反映计算机及网络发展的信息化、数字化进程及其对人类社会的影响,催生了信息高速公路、第三次浪潮、数字化生存等一系列的新认识,使人们对地球的认识产生了历史上的第二次飞跃,推动了建立在信息化技术上的全球化的新阶段。

1992 年,随从克林顿总统入主白宫的美国副总统戈尔出版了一本《濒临失衡的地球》一书,提出了"数字地球"的概念,不仅体现了全球化就是"我们只有一个地球"的真理,更体现了最新的数字技术手段与最一般人文精神的密切关联和渗透。"数字地球"是一个以虚拟技术为基础,以 3S(地理信息系统、遥感、全球定位系统)和 3C(计算机、通信、消息)结合为条件,以空间智能体为主体的地球数字生态系统,它能够把信息化的数字技术、可持续发展、生态环境保护和人类社会的未来结合起来,寻求平衡,促进发展。

1993 年 9 月,以"信息高速公路"为基础,美国提出了"国家信息基础设施"(简称 N11)计划,联通全国。到 1994 年 9 月,美国又提出"全球信息基础设施"(简称 G11)计划,联通各国的 N11,建立一个信息共享的全球信息市场。1995 年 2 月 25 日,欧洲联盟在比利时首都布鲁塞尔召开了西方七国集团信息技术部长级会议,正式提出了"全球信息社会"的总体目标。应当说,"数字地球"至此已正式登台,实现了人类社会对地球认识的第三次飞跃,是全球化进入到了崭新的高级阶段,是从"模拟"到"数字"的突变和升华。

在未来的知识社会中,我在本书正式提出"大家庭地球"的趋势可能是人类认识地球的第四次飞跃。

这是因为数字化、信息化只是一种工具,绝不是一种生物体,它可以使人类社会发展到任何一个高级的阶段,但却永远无法超越改造人类种群和全球物种的最高阶段。所以,在未来的全球化中,它充其量仅仅是一个工具,还不是真正意义上的全球化。正如美国经济学家奥利弗所认为的,信息社会的统治期至多还有 20 多年的历史了,未来的社会是生物技术时代,它将征服物质,使我们成为一个家庭。而过去的工业时代只是征服了空间,使我们成为一个地球,现在的信息社会也只是征服了时间,使我们成为一个村庄。

生物技术时代所带来的变化是不可估量的,它不仅可以实现性、爱和生育在时间、空间上的彻底分离,更为重要的是,它完全可以创造新的物种,改造旧的物种,甚至使民族、种族和原来意义上的家庭消失,从技术层面上创造出全人类是一个大家庭,大家实现共同发展和共同富裕的大同世界的客观基础和现实可能性。

这是因为,作为前沿交叉性质的新兴科学技术的纳米技术,不仅将产生真正意义上的新的工业革命,促使人类认知的革命,而且也是信息生命科学的革命,更是促使人类社会巨大变革的到来。这是因为,空间智能体和数字生态系统的"数字地球"的出现,正在从计算机和网络里创造出另一种新的生命系统并与宇宙相互协调、和谐共生,逐渐演变为"大家庭地球"。

"大家庭地球"就是在新的知识社会中,人类社会与自然宇宙相互协调、和谐共生,使人类与地球成为一个家庭。全球化的现在和未来都是建立在大家庭地球上的。而大家庭地球都是建立在科技创新和人类文明的两个基础之上的。也就是说,我们已经进入了人类进化的全球新阶段,每个人现在有两个国家,一个是自己的祖国,另一个是地球这颗行星。在更遥远的未来,新人类将形成"大家庭地球",走向更加广阔和深远的文明。问题的症结在于如何使生物学的事实与人的价值言归于好。

第四节　改变世界的十大定律

《福布斯》网站 2005 年 4 月 19 日发表的一篇文章指出:最近几十年中,摩尔定律等 10 条定律改变了我们的世界。

1. 摩尔定律:让我们一同来倾听一位亿万富翁对于摩尔定律的感悟。风险投资公司 Sequoia Capital 的缔造者唐·瓦伦丁将摩尔定律视为商务运作的关键所在。他的公司曾向苹果、EA、思科、雅虎以及 Google 等多家高科技公司进行投资。在谈到自己的成功秘诀的时候,他坦率地表示:"十分简单,我只是遵从摩尔定律,并且对随之而来的结果进行一些猜测而已。"

2005 年的 4 月份正好是摩尔定律的 40 周年纪念。1965 年,戈登·摩尔(3 年之后他亲自参与了英特尔公司的建立)首次提出:硅芯片上的晶体管数量将会以每年一倍的速度翻番。到了 1975 年,摩尔先生将一年的周期改为了两年,而摩尔定律从那以后一直延续到今天,成为芯片业发展的圣经。然而随着时间推移,摩尔定律适用的范围已经超越了单纯的芯片,从个人电脑到手机产品,再到音乐播放器,几乎任何与高科技沾边的产品都适用于摩尔定律,在保持售价不变的前提下,产品性能翻番的周期也逐渐演变成为 18~24 个月。正是通过对于摩尔定律的信任,唐·瓦伦丁在个人电脑、游戏以及搜索引擎等不同领域都取得了成功。

2. 摩尔定律边际定律:此条定律表示,在保持同等性能的前提下,数字产品的售价以每年 30%~40% 的幅度下滑。这条定律也可以解释为何 2005 年用户手中价值 299 美元的 Treo650 牌电脑在性能方面可以媲美 1988 年售价达到 3 500美元的康柏电脑产品。

3. 安迪比尔定律：在 20 世纪 90 年代的一次电脑大会上，有人表示："安迪提供什么，比尔拿走什么。"换句话说，英特尔公司总裁安迪·格罗夫一旦向市场推广了一种新型芯片产品，微软 CEO 比尔·盖茨就会及时地升级自己的软件产品，吸收新型芯片的高性能。摩尔定律的效能保证了新型软件不断出现在市场上，然而通常新软件只不过是表面的提升而已。不过随着硬件技术的提升，软件技术也会在某一时刻达到飞跃的效果，例如 20 世纪 80 年代的图形计算和 20 世纪 90 年代的网络浏览，今天的搜索引擎，下一个该是什么呢？毫无疑问它会让我们大吃一惊。

4. 梅特卡夫定律：这条定律是用以太网络的发明人罗伯特·梅特卡夫的名字命名的。定律表示，网络的有用性（价值）随着用户数量的平方数增加而增加。换句话说，某种网络，比如电话的价值随着使用用户数量的增加而增加。现在如日中天的电子商务网站 eBay 就是最好的例证。

5. 吉尔德定律：胜利者浪费定律。数字时代三大思想家之一的乔治·吉尔德在《福布斯》创刊之前的几年就曾经提出了著名的吉尔德定律。他说，最为成功的商业运作模式是价格最低的资源将会被尽可能地耗费，以此来保存最昂贵的资源。在蒸汽机出现的时代，因为蒸汽机的成本已经低于当时传统的运输工具马匹，因此聪明的商人开始了蒸汽机的使用。如今最为廉价的资源就是电脑以及网络带宽资源，并且随着摩尔定律的生效，两者的价格还呈现出飞速的下滑趋势。Google 公司就是一个很好的例子，公司服务器产品达到了大约 12 万台，支撑起了搜索引擎的整个网络架构，然而在成本相对较高的人力资源方面 Google 公司却显得十分吝啬，如今公司的员工总数还不到 3 500 人，但就是这样一个公司每年的销售额却达到了 50 亿美元。

6. 李嘉图定律：经济形势越明朗，19 世纪英国经济学家大卫·李嘉图提出的比较优势定律的作用就越明显。商务互联网的出现就是一个很好的例子，这也是自从比较优势定律被提出以来之后最大的一个"窗口"。当然这也意味着，如果该公司的表现实在糟糕的话，整个世界都会知道的。

7. 里斯顿定律：这条定律的名称来自已故的沃尔特·里斯顿，一位银行金融界的巨头。在 1992 年里斯顿一本名为《The Twilight of Sovereignty》的书中，他就曾经预言了电子网络的崛起以及随之而来的主要影响。里斯顿表示，如果被给予自由和光的速度，资本（包括金钱和构想）将去向它想去的地方，留在它被很好对待的地方。如果很好地理解了里斯顿定律,我们将可以很好地预测出未来国家和公司的兴衰大势。

8. 拉夫尔曲线定律:20世纪70年代,年轻的经济学家亚瑟·拉夫尔提出了这一创造性的定律。在某些情况下,随着收取税金比率的降低,您可以得到的税金总额却相反会增加。这条定律表明,税率的降低可以使得业务或者工作人员变得更有生产力,进而使商务规模进一步扩大。拉夫尔定律很好地解释了20世纪80年代到90年代美国经济的飞速增长,以及如今印度的繁荣,东欧表现超越西欧等现象。

9. 杜拉克定律:听起来也许十分奇怪,不过如果从你的字典中将"成就"这个字眼剔除,换以"贡献"的话,那么您最终可以在您的事业中取得真正的"成就"。这番话来自于管理奇才彼得·杜拉克先生。对于"贡献"的追求可以保证精力被投放在最需要的地方,比如您的用户、雇员或者股东。

10. 奥格威定律:如果进行评选的话,戴维·奥格威有可能成为20世纪最伟大的广告创意专家。奥格威是Ogilvy & Mather公司的创造者(如今WPP公司的一部分),他曾经撰写了一本名为《Ogilvy on Adertising》的著作。在书中,奥格威先生写到:在任何一位O&M公司任职的领导都会接到他送出的一个俄罗斯嵌套娃娃,在打开嵌套娃娃时他们会发现其中又是一个小一些的嵌套娃娃,就这样一层一层,在最后一个很小的娃娃里面是一张纸条,上边写着"如果我们只是雇佣那些不如我们的雇员,公司将逐渐成为侏儒,不过如果我们雇佣的员工总是要超越我们本身,有朝一日公司会成为巨人"。早在20世纪50年代的时候,奥格威先生就理解了商务以人为本的道理,而随着时间的推移,这条道理显得越来越正确。

第五节　未来科技创新的领域和趋势

知识社会才刚刚开始起步,但科技创新的原动力则展示出更加强劲的革命性、突破性、远景性的光明前景。研究这些远景,有助于我们更进一步地研究科技的创新化和知识社会的未来走向。

根据各方面资料的汇集,本书将提出知识社会未来科技创新的十大领域和十大趋势,并进行概括和分析。

一、未来科技创新的领域

(一)物质科学领域

新世纪里,大至宇宙,小至粒子,物质科学的进展,将使人类进一步认识微观世界和宇观世界,对世界复杂性和宇宙起源等问题的认识也将发生革命性的变化。

以研究物质结构及其相互作用和运动规律为基本任务的物质科学在21世纪将在三个方面继续深入发展并将获得新的认识:向微观领域深处探索的粒子物理学将继续致力于四种基本相互作用统一理论并期望有新的进展;向宏观领域原点追踪的宇宙学将继续致力于宇宙起源的理论并期望有新的突破;向宏观领域广度扩展的物性研究将继续致力于非线性和复杂性的理论并期望有根本性的突破。物质科学基础研究的上述进展对社会影响首先将提高人类的认识水平,即宇宙起源问题的进展将进一步加深人类在宇宙中地位的认识,粒子物理学的进展将进一步加深对人类对世界复杂性的认识。物质科学基础研究的进展也将衍生出一系列新的技术原理,物性研究方面的进展无疑会为新材料和新能源的开发提供科学基础,甚至可以渴望通过中微子和引力波研究的进展获得新的通信手段。

(二)生命科学领域

21世纪,生命科学将发展成为新一轮自然科学革命的中心,并将跨越物理世界和生命世界不可逾越的鸿沟,使之统一起来。

21世纪,生命科学仍将向最基本的、最复杂的微观和宏观两极发展:一方面,分子生物学和量子生物学将广泛地向其分支学科领域渗透;另一方面,生态学又向研究具有复杂功能的生态系统乃至生物圈方向发展。最后,必将把微观与宏观整体地联系起来,即把分子、细胞、个体、群体、群落等生命不同结构层次作为一个有机系统进行深入研究。

预计未来二三十年内,人类认识自身和生命起源与演化的知识将产生革命性的进步,脑与科学的进展将进一步揭示人类思维智慧的本质,并对人类文明进程产生巨大作用。

在人类获得基因组的全部序列后,人类遗传密码的破译将进入全新的信息提取阶段。重大疾病基因将被发现,一些危害生命的疾病会得到治疗,人类行为的生物学基础能得以解释,人的生理素质等能得到改善,以致引起生物技术发生革命性的变化。

同时,基因组学、生物信息学和整合生物学的发展将使人类从分子水平认识遗传、发育与进化、生长与衰老、代谢与免疫等重大生命现象的机制,以及生物多元化的演替规律,从而将宏观生物学与微观生物学连接和统一起来。极端环境条件下的生命形式和现象研究越来越受到关注。

生命信息的解读、生命奥秘的揭示有赖于数学理论、信息科学和技术科学等的进展,方法与技术的革命将发挥更加重要的作用。

（三）地球系统科学领域

21世纪,地球系统科学将以全球性、统一性的整体观、系统观和多时空尺度,研究地球系统的整体行为。地球系统科学的突破性发展,将使人类更好地认识所赖以生存的环境,更有效地防止和控制可能突发的灾变对人类造成的损害。

计算机、GPS等技术的飞速发展以及全球性环境问题的出现,使得我们在继续深化对地球科学各分支学科研究的同时,更加重视地球系统整体行为的集成研究,地球系统各圈层间相互作用的研究,以及人类活动诱发的重大全球环境变化研究。全球变化中最活跃的物质——碳和水与人类生存的物质基础——生物圈紧紧联系在一起,围绕全球碳循环、全球水资源与水循环、食物与纤维三大主题,在更高层次上开展综合集成研究,必将极大地推动地球科学及其新生长点——地球系统科学的发展。

近年来,对资源、环境、灾害的认识深度、广度和研究重点已发生了重大变化。对资源找寻的视野越来越大,逐步从地球表层走向深部,从陆地走向海洋,从单纯地注重矿产资源的找寻逐步转移到以可持续发展为目标的资源合理利用与环境保护并重上;对环境问题的关注已从局部走向全球;对自然灾害的研究也从单一灾害走向群发灾害的研究,从单纯的监测、预报走向集监测、预警、预报、灾情评估于一体的综合研究上。技术科学的进步为地球系统科学研究提供了强有力的手段,数学、化学、物质科学的发展为地球系统科学的研究主题提供了新的方法和理论基础,地球系统科学内部学科的交叉以及与其他科学的交叉为生命和人类的起源与进化,地球的形成与演化注入了新的活力,使得大陆动力学、短期气候预测、地球系统的非线性研究、可持续管理等成为新的研究热点。数字地球将成为新世纪地球科学的重要特征,推动地球系统科学从对自然现象定性描述向定量化方向发展。

（四）认知神经科学领域

揭示人脑奥秘,探索意识、思维活动的本质,这是人类多年以来孜孜以求的梦想。21世纪,人类将在脑科学和认知神经科学研究的几个重大问题上取得突破性进展。

了解脑的组织构造原理,通过实验来研究与分析,产生出意识的新的概念和新的思想,掌握认知和智力活动等机理,攻克脑的疾病,利用人脑原理研制智能计算机,制造脑型器件和结构以及仿脑的信息产生和处理系统,开发出能识别人的思想和行为的计算机以及能理解人的希望和意图、像人一样思维和动作的机器人。

认知神经科学是综合性多学科研究领域,不仅仅是神经生理学界的事,还需要具备数、理、化、计算机、信息科学方面的知识,能带动一大批学科和半导体产业、计算机产业、机器人产业、信息产业的发展,为解决信息社会和老龄化社会所面临的问题作出贡献。

(五)能源科学与技术领域

目前,人类所消耗能源的70%来自矿石燃料。21世纪,随着人们环保意识的觉醒和价值观的改变,人类将不断追求与自然更加协调的生活方式。生产可再生的清洁能源将是21世纪能源科学的主要发展方向之一,能源供给将呈多样化的发展趋势。

可以预见,核能的研究与利用将会取得突破性进展,可控核聚变能将成为现实;氢能和太阳能是最理想的取之不尽的能源,甚至可以设想仿造太阳,运用核聚变研究开发一种同环境兼容、持久、不含二氧化碳的能源形式;地球本身到处都存在着的温差,科学家称由此产生的能源为"自然冷能"并设法开发利用。从人类开发和利用太阳能、风能、地热能、海洋能和水能等再生能源的过程预测未来,21世纪,用可再生的清洁能源满足世界未来能源供给的50%。此外,储量超过已知的石油、煤、天然气总和的天然气水合物,具有广阔的开发前景。

(六)材料科学与技术领域

材料科学已从对成分、结构、性能关系的研究演变为对材料的成分、制备、结构、加工、性能等的综合系统研究,其显著特点是材料科学与材料技术密不可分。21世纪材料科学与技术发展的核心问题是新型先进材料的发现和发展。

21世纪材料科学与技术可能在以下几个方面有重大突破:超导机理的发现为超导体新材料带来真正的突破;利用DNA技术制备的高性能聚合物纤维具有钢材等金属材料无法比拟的优良机械性能;纳米材料及纳米技术将创造出最小的机器——分子机器,可解决目前无法解决的生物工程问题,它将开创生物学与技术的一个崭新时代;智能材料将会具有更强的仿生功能。可以预见,发现新材料的新方法与新技术在21世纪也将会有革命性的突破。

21 世纪材料科学技术的突破与发展，将为信息、通讯、医疗、制造技术、航空航天技术及军事等领域和产业提供更为广阔的发展空间。

（七）生物技术领域

生物技术未来的发展取决于技术平台的宽度和高度，预计未来将形成几个新的生物技术平台，这些平台的建立，将使生物技术的发展令人难以预料。

生物技术有三个平台，即 DNA 重组、细胞培养和 DNA 芯片，已经取得了相当成果，培育出了新的生物技术产业。预计在不久的将来还会形成几个新的平台。

第一个平台是基因组平台，目前已有数十种微生物和四种模式生物的基因组全序列已进入数据库，人类基因全序列草图也刚完成，这意味着有数十万计的基因及其编码的蛋白质可供基因工程和蛋白质工程的操作，从而大大扩张生物技术的产业范围。

第二个平台是生物芯片，它是分子生物学与化学和物理领域的多种高新技术的交叉和融合。从 DNA 芯片已延伸到含各种生物大分子的硅片最终将与纳米技术相结合，使离体操作的芯片发展成为可在活体内执行某种功能的组件。

第三个平台是干细胞生物学，它是克隆动物和克隆组织器官的基础。正在发展的技术关键是控制有全能性和多能性的干细胞的分化发育，如神经干细胞可发育成神经系统各种类型的细胞。这一平台的完善将为医学上的器官移植，农业上优良家畜的繁殖带来革命性的进展。

第四个平台是生物信息学，目前生物信息学已经广泛用于基因组和蛋白质组的研究，但是随着大多数基因和蛋白质功能的阐明，将会出现一个新的发展前景，这就是在计算机上模拟细胞内和机体内的生化代谢过程，甚至模拟进化的立场，这将使生物学真正进入理论生物学的新时期。用计算机设计生物圈类型的高技术也将会在不久的将来变成现实。

第五个平台是神经科学，目前国际上正在开展神经生物学的大科学计划。人类的高级神经活动如感觉、认知和思维终将在分子水平和细胞水平上被解析。在不太久的将来，就会在这个平台上出现新的生物技术，一方面为人类自身的精神疾患带来福音，另一方面也会由此产生高度智能化的计算机和机器人。除了可以预计的上述五个平台，还会有新的平台出现，生物技术的发展前景是难以估量的。

（八）信息技术领域

21 世纪，信息技术将会出现微电子向高集成度、高速度、低功耗、低成本方向发展，计算机将向超高速、小型化、并行处理、智能化方向发展，通信技术将向光纤化、数字化、综合化、网络化方向发展。

计算机存储器和处理器将集中在一个芯片内,使信息的采集、传输、存储、处理等功能集成在一起,利用大规模并行处理技术的超级计算机将被普遍使用;量子效应集成电路制造术的突破使量子计算机逐步进入实用阶段。DNA 计算机在下个世纪初将有所突破,其运行速度快、存储量大、能耗低,还可实现现有计算机所无法真正实现的模糊推理功能和神经网络运算功能,为人工智能的突破创造了条件。以光子技术为支撑的三维全息存储将成为 21 世纪最主要的存储技术。

未来的网络技术将向超高速和多功能发展,使信息的传输、处理和交换更加快捷、方便和经济。它将实现高速公共传输平台上的计算机网络、电信网络和电视网络的结合,将向宽带化、智能化、个人化和多媒体化方向发展。新一代通讯和网络的实现技术以及信息网应用支撑技术将飞速发展,使之具有极大的总体容量,可以适应新世纪信息流量的爆发式增长而不受时间、地点或媒体方式的任何限制,有线与无线将使任何地点的实时通讯得以实现。网络的管理将高度智能化,网络的安全也将有相应的智能化技术予以监管、处理和保证。

信息技术的发展,将从根本上改变人类从事商务活动、阅读、交流、娱乐、学习甚至是工作的基本方式,在为人类创造一个更加美好的生存环境的同时,也密切了人与人、人与社会之间的联系。对于 21 世纪的人们来说,信息革命为他们提供了无限的可能性,使得他们有机会抛开年龄、性别、地域、文化、种族的限制性因素,过一种与他们的祖辈完全不同的、依照自己的意愿和理想去开拓和创造的生活。

(九)太空科学技术领域

21 世纪,人类将继续大规模地、深入研究太阳系,将以新的目标重返月球、深入考察火星,并主要在火星、土卫六和木卫二等天体上探索地外生命现象,人类将到达太阳系的边缘进行探测和研究活动。同时也不断地把目光伸向宇宙的最深处,以探明活动星系核的能源机制、宇宙中的暗物质、反物质、黑洞的证认、宇宙结构的形成、星系起源、宇宙的起源等,并仍将继续艰难地探索地外文明。

20 世纪人类登月、火星探测等迈出了人类进入太空的步伐。随着科学技术进步,21 世纪人类对地球以外的世界的兴趣、认识以及利用太空技术为人类造福的步伐越来越快,也将持久地推动着太空科学技术的发展。

运载系统将发展新的动力源(核能等),耐久的、多发射方式的运载器将建立天体间可靠的往返运输系统;发展新的飞行器系统,包括卫星、行星探测器、恒星系探测器、太空站等;建立大型发射场、太空港、月球基地、火星基地等。太空科学技术的发展将使人类可以更为快捷、更为经济、更为充分地利用太空中无尽的资源和极端环境,进行特殊材料加工、生物育种、实现太空旅行等宏愿。

(十)环境保护技术领域

随着人类文明的进步,人类愈来愈关注自身及后代的生存环境。生态环境领域将从分子到生物个体、从种群到景观、从局部时空到区域,甚至到更大尺度的大陆板块和全球着重进行解决几大问题。

这些问题包括:长期和大尺度的定位研究,全球生态环境变化的预警系统建立,退化生态系统的修复和重建,生态系统的有效管理和持续生态系统的建立,复杂生态系统的结构和功能,外来物种的生态安全对策,环境污染整治和清洁水质管理。生态和环境问题的解决将越来越变得区域化和全球化。

二、未来科技创新的十大趋势

(一)科技创新成为世界规模的强大潮流

在全球范围内,科学技术在各领域中的巨大作用已被证实。科技创新成为一切文明、进步的源泉,人类为了更好地生存和发展,在现有的知识源泉和物质资源基础上,大力推进科技创新已形成世界性潮流。

(二)知识资源成为科技创新的第一要素

知识经济正在兴起,这时的创造和发展大大降低了人类社会对自然资源的依赖,传统的生产要素(劳力、土地、资本)已逐渐失去主导地位,知识资源成为科技创新的战略性首要因素。

(三)前沿科技成为创新竞争的主要焦点

高新技术群中的前沿科技是世界瞩目的制高点。在当前一代和未来几代之间的科技发展链中蕴含着大量的机遇,一批国家和跨国公司正把主攻方向瞄准微电子—光电子—生物电子,细胞工程—基因技术—生命科学,核能—氢能—太阳能,高磁材料—超导材料—纳米材料,空间提纯—微重力成型—太空基站,海水淡化—海洋油气开发—深海采掘,纳米技术—信息科学—生物和生命科学—认知和神经科学—社会科学等前沿领域,攻占这些科技高地的竞争已成为创新的主要焦点。

(四)科技集成成为创新的常用形式

现有科技成果和技术体系已相当丰富,当前面临的许多科技问题在很大程度上可以通过集成现有的技术加以解决。创新特点鲜明的计算机网络是当代计算机技术、微电子技术和通信技术的集成,困扰全球的 Y2K(2000 年)问题即通

97

过硬件技术和软件技术的创造性系统集成得以克服。

（五）研究—发展—生产成为完整的创新链的必需环节

长期以来,R&D(Research & Development 研究与发展)活动被公认为创新,其后的 P(Production,生产)即产业化过程往往被忽视。在日益讲求创新绩效的今天,创新的终端目标是市场回报,若不通过生产环节就无法实现全部创新目标,完整的创新过程一般包括研究、发展和生产三大环节,创新的完整表述是R&D&P。

（六）技术协调成为重大创新的必要前提

具有规模性应用的重大科技创新项目,在开发前期必须对技术体制、技术标准和规范进行广泛协调,避免形成多种制式、多种标准、多种规范之间的壁垒,防止因缺乏协调使创新开发和成果应用的成本大为增高。全球运行的 Internet(因特网)通信协议,在技术协调上堪称范例,而 HDTV(高清晰电视)开发前期未能充分协调技术体制和标准,导致一些国家和公司严重失误。

（七）可持续发展成为创新的基本使命

历史上许多创新成果是以牺牲生态环境和过度消耗自然资源为代价的。全球的人口剧增和自然资源枯竭,迫使新的创新活动及其成果应用必须以不损害人类和自然的可持续发展为原则。切实保证地球文明的高度发展和人类的可持续美好未来已成为一切科技创新的基本使命。

（八）公司并购成为重组创新能力的有效途径

众多的创新主体(公司或创新机构)在激烈的竞争中,对人才和技术的争夺特别重视。一些实力强大的公司为了保持和扩展其创新优势地位,不惜用重金收购相关公司的全部有形资产和无形资产。近几年中,产生世界影响的"超级并购"频频发生,公司并购已成为在一国范围内或国际范围内重组创新能力的有效途径。

（九）风险资金成为支撑创新的金融支柱

科技创新需要资金投入,这些投入要面对技术风险、经济风险、市场风险等等,特别是大型项目、高难度项目所承受的风险压力更大。与高风险相对称的是高回报。民间的风险投资和政府的风险基金获得了发展,它担负着风险投入的重要角色。在当代科技创新活动中,风险资金已成为不可或缺的因素,它支撑创新活动并通过风险资金管理和监控改善创新过程。

（十）创新战略成为引导国家发展的重要指针

一个企业、一个地区、一个国家的创新活动及其成果直接反映该企业、该地区、该国家的科技与经济能力及水平。注视全球科技进程,研究制定创新战略、策略及政策是不容忽视的大事,许多国家都在不断制定和完善国家创新战略,以创新战略作为引导国家发展的重要指针。

那么,更远的趋势是什么呢? 许多专家认为,信息时代再发展70年左右将会让位于后信息时代。由于计算机技术超过了大部分人的需求,对经济增长贡献的边际效益明显减少,人文资源将成为新主角。所以,后信息时代将是人文时代。美国科学家米奇欧·卡库在《远景》一书中,把物质、生命、思想作为现代科学的三大支柱,相应地提出了原子革命、分子生物革命和计算机革命这样的三大革命,划分了未来太空的三大文明:行星文明、恒星文明、星系文明。在未来的两百年至几万年间,由行星文明推动,时空将成为第四支柱,成为行星文明转向恒星、星系文明的主要基础。

第六节　知识社会初始阶段的时代风险及原因

应当说,人类社会已经开始从以物质资源的占用和消耗为特征的工业经济体系开始向以知识(智力)资源的占有、配置、生产、流通、分配、消费作为决定因素为特征的知识社会转型,这就从根本上使全球经济结构和体系,包括生产方式、交往方式、运作方式、经营方式、消费方式产生了革命性的变化。这是知识社会的初级阶段。

一、知识社会的时代风险

从全球角度出发,知识社会的初始阶段呈现出以下的时代风险:一是科技创新中的全球不平衡性,可以以"数字鸿沟"为代表。二是科技创新中的科技霸权主义,可以以"赢家通吃"为代表。三是科技创新中蕴藏着跨越技术时代的种种机会,可以以"跨越式发展"为代表。科技创新中本身就存在着"赢家通吃"和"后发优势"的本性。也就是说发达国家掌握了主要的科技就更加发达,而发展中国家掌握科技少就更加落后。发展中国家在全球化中有希望而不绝望的全部依据就在于此。四是科技创新中的价值取向存在着令人忧虑的倾向,可以以"科技无道德"为代表。如何还人性化于科技将是对国际社会的最大考验。五是科技创新中的浮躁和疯狂倾向也同样令人忧虑,可以以"我们发现可以重改历史"为代表,利用人们重视和渴望科技成果用于加快发展的迫切心情,把科技创新变成招摇过市的骗局,使伪科学的势力越来越大。六是科技创新中的投入已经超过了天文数字,可以以"投不起、用不起、还不起"为代表。这实际上已经把发展中国家排斥在外,而且产生了金钱垄断科技的可怕后果。七是科技创新中的人才国际流动和国际流失的情况相当严重,可以以"麻雀也西飞"为代表。人才流动是正确的,但流向却使发展中国家失去了竞争的根本条件,处在非常不利的地位。八是科技创新中的军事因素将导演出可怕后果,可以以"当代信息战"为代表。军事推动科技和科技首先发端于军事的格局不仅没有改变,而且大有愈演愈烈毁灭全人类之趋势。九是科技创新中的国际竞争更加激烈,可以以各个国家创新体系和"国际竞争力排名"为代表。发达国家高新技术对发展中国家的封锁仍是主要潮流。十是科技创新中的自由意象非常明显,可以以"没有科技联合国"为代表,这对全球科技发展是有影响的。"科技无国界"仅仅是一种抽象,科技无法为全人类服务却是现实和现实中的趋势。

也许还不止以上十个方面,但仅这十个方面已反映其时代风险是严重的、可怕的。因此,有的专家把当今时代称为风险时代、断裂时代等等。

二、知识社会风险的特征

实际上,最可怕的并不是风险和断裂,而是浮躁和疯狂。这种浮躁而疯狂的科技发展无人性化的方向将毁灭人类。

科技创新的变化是异常的快速。这种变化之快速,不仅是相对于人类有记载的过去而言,而且从趋势上看也无不如此。这种史无前例的快速变化,一方面推动着科技—经济—文化—社会的加速变化和发展,使人类社会当今的一天已经可以相当于过去的一个世纪甚至更多,对人类社会来说是福音和非常好的兆头;可另一方面,正是这种快速的变化,无论是对人们的心理、生理、世界观、人生观,还是对国家、国际、社会的体制、法律、决策、发展都可能产生极为可怕的影响和恶果——浮躁和疯狂。

(一)第一个浮躁和疯狂,就是失去了科学理性的科学绝美主义和科学至上主义,形成了科技拜物教

科学技术是生产力,是第一生产力,是自然界和人类社会发展、进步、和谐的最根本的动力。我们每一个人都应当为科学技术的每一个进步而感到欢欣鼓

舞,支持推动它的发展,这都是完全正确的。今天的浮躁和疯狂表现在,丧失了科学理性,把科学技术当成解决一切问题的最高法宝和最后手段,认为科学技术是尽善尽美的,鼓吹只要拥有了科学技术就拥有了一切。尤其骇人听闻的是,还没有被证明的发现,还没有基础理论支撑的试验,还没有充分根据的假设,还没有多少内容的幻想,还仅仅是刚刚开头的工作,统统都在一夜之间变成了现实,变成了可以创造无限可能的点金法术,变成了天上开天掉馅饼的摇钱树,变成了可以主宰自然和社会发展的上帝。以至于全球许多精英都认为,新经济已经从根本上消灭了经济周期,摆脱了经济规律,从此可以独步天下。财富滚滚而出只需动一下脑筋、出一个点子就可以办到。可怕的是,因特网的整个时代因网而浮躁,整个时代因网而疯狂,科技变成了让时代浮躁和疯狂的迷魂散。其结果是,一个个肥皂泡的破灭,但却又吹起了新的一个又一个肥皂泡。"智能的无限和无限的智能"、"粘网就发"、"新经济的周期和衰退"都是非常典型的例子。"科技高速发展变成了科技拜物教"正在使科技失去理性走向反面。

事实证明,科学技术不等于一切,不等于可以解决一切问题,不等于没有它的局限性,不等于是自然界和人类社会的唯一的动因,不等于不会造成灾难。因此,我们必须要有科学的理性,尤其是在科学技术突飞猛进、快速变化的时代,我们更应当保持一份清醒,既不要当科学绝美主义者,更不要去鼓吹科学至上主义。

(二)第二个浮躁和疯狂,就是失去了正确的价值取向和道德世界

科技正在从为人类造福的价值地位走向与人类社会为敌、为专制和霸权服务的另一个极端。众所周知,科学技术本身就没有任何价值取向和道德世界。正因为如此,它才可以无限地延伸到自然界、人类社会和人本身的各个领域去进行探索和研究。但另一个众所周知的是"科技无国界",科技的成果由谁掌握、由谁所用、为谁服务确实有价值取向和道德世界的。这便是最重要的,也是最令人担心的。

今天的浮躁和疯狂表现在,由谁资助科技研究及开发已经有了明显的垄断和霸权倾向;最新的科技成果首先被运用于军事目的,甚至是为了军事目的而展开研究;一项研究成果的负面作用和力量往往掌握在垄断和霸权力量的手中;全球科技成果及其效果分布极不平衡,形成了发达国家与发展中国家的"数字鸿沟",从而进一步加剧了全球经济社会的两极分化,富国越来越富,穷国越来越穷,富国更是依仗科技强势而越走越远;科技发展中未来的价值取向和判断令人越来越担心。其结果是,快速变化的科技成了垄断和霸权的武器,更成为导致全

球贫富悬殊,毁灭人类的可怕恶果。禁止高科技产品出口已经成为发达国家控制全球的最好手段,"基因工程克隆人"、"数字鸿沟"等等都是人们讨论得最多的价值问题,甚至出现了"发展中国家加快发展之路已经是一条毫无希望的绝路"的悲剧。

事实证明,依靠科技自身无法解决这一问题,需要人类社会的正确的价值取向和正常的道德世界来控制。更重要的是发达国家要坚持"为人类社会造福"的崇高目标,而不要去选择"给人类造成灾难"的可悲结局。"高科技战争"改写战争历史和人类历史的说法不正是其真实的写照吗?多一些人类社会的责任意识,少一份称王称霸的疯狂意志,恐怕才是最好的选择。

一句话,科技发展再怎么加速,再有多么大的作用,规律却是不能超越的。这个规律就是,受得住清贫,耐得住寂寞,抵得住诱惑,静得下心境,科技才能真正快速发展,才能适当地发挥作用,才能真正为人类社会造福。

(三)第三个浮躁和疯狂,就是"数字鸿沟"成为世界两极分化的最根本原因

在赢家通吃的规律下,使得技术占先的国家和社会,凭借着这种优势称霸世界,使科技落后的国家进一步扩大了差距,由于信息技术为主的时代到来,形成著名的"数字鸿沟",成为世界两极分化的最根本的原因。

"数字鸿沟"就是指在数字技术广泛应用的背景下,基于电脑和网络及其他数字平台上,因国家地域、教育水平和种族不同而产生对数字化技术掌握和运用的差距,导致不同群体在社会中面临的机遇不等的现象。

根据联合国的统计,占全球 1/5 人口的发达国家拥有全球生产总值的 80%,互联网用户的总数占全世界的 93%。而低收入的一些发展中国家只拥有全球生产总值的 1%,上网用户数仅占总用户的 0.2%。以信息化指数计算,美国已接近 80%,而中国仅有 6.17%。此外,发展中国家与发达国家在计算机的人均拥有方面相差 50 多倍,在互联网普及方面相差 150 倍。

联合国的一份报告指出,通过信息技术和创新能力创造的新经济,仍然是一种富国现象。数字鸿沟现象作为一个世界性的问题,是由信息化发展的水平不一致造成的。在社会发展过程中,发达国家在知识集中的过程中,通过创造优势夺取全球份额,进行大规模的产业重组,获得了先行者利益,而大多数发展中国家处在信息贫穷中,造成了二者之间的信息不对称(当然,在一国范围内也存在同类问题)。所以,数字鸿沟不仅仅是数字财富的差别,而且还是建立在物质财富鸿沟(经济鸿沟)的基础上的差别。一方面,经济鸿沟由于投入不足的影响造成近 10 倍的差距,另一方面,知识与信息鸿沟又由于教育、人才、技术缺乏而造

成无法弥补、难以计算的数字鸿沟,结果必然造成先进技术拥有者与未拥有者之间(国际间与地域间)不断加大的数字鸿沟,而且陷入了恶性循环。在20世纪90年代信息技术大发展的时期,有55个贫穷国家失去了发展基础。

三、知识社会风险的成因

这种浮躁和疯狂的根本原因就是科技创新还带来以下两个方面的影响:一方面是科技创新本身就有负面效应和负价值,另一方面是科技创新中的权力意志。

(一)科技创新的负价值和负面效应

科学技术本身与其他事物一样,都有自己的两面性,即科学技术在产生正面效应、正价值的同时也产生着负面效应和负价值,而且,科技水平越高,其负面效应和负价值则越大。虽然是非对称的,但一定的条件下负面的东西也会上升为主要的东西。于是,满载的风险和断裂就会显性而成为现实。依据各种资料推算,尽管各国有所不同,但负价值的系数一般都在 0.1 ~ 0.2 左右。它的客观必然性在于,科技本身的发展有一个过程,并不是一下子就能全部认识完结的;科技竞争中的垄断性;种种利益关系的制约性;权力意志的疯狂性;劳动者素质的差异性;管理工作的疏漏性,等等。美国学者詹姆斯·奇利斯认为,新技术的触角已经伸过了我们的警戒线,越来越多的灾难正在伺机吞噬我们的生命。

(二)科学技术创新中的权力意志

著名心理学家荣格认为,现代科技的发展有两大源泉,一是科技创新精神,一是权力意志。什么是权力意志呢?它是一种强势控制,本身就意味着失控,权力意志直接导致了人和自然和谐关系的破裂,使人凌驾于自然之上。那种控制自然的心理倾向本身就有自大狂的苗头。在人类留给地球表面的种种创伤中,无不显示出人类自身人格的缺陷。

权利意志的另一方面,就是直接导致了人与人(国家与国家、社会与社会)的和谐关系的破裂,使一些人凌驾于另一些人之上,或者说,少数富人(国家)凌驾于大多数穷人(国家)之上。这种控制他人(他国)的心理倾向和单边主义,给人类社会留下的灾难更显出了人类的幼稚和缺陷,它同样是一种"自大狂"。

在以科技创新为基础的全球化时代,这一点显得更为明显,在20世纪末和21世纪初,世界上权力与财富的游戏规则已经改变,权力不再以诸如某个办公室或某个组织的权威之类的传统标准为基础,财富的含义正在从诸如黄金、货币和土地之类有形的东西转移开去。一个比黄金、货币、土地更灵活的无形的财富和权力基础正在形成。这个新基础以思想、技术和通信为基础占据优势为标志，一句话，"以信息为标志"。在权力意志控制下的技术领先的国家凭借技术领先的优势，打着维护人权、民主、自由的旗号，以民族、宗教、人权问题为借口，不断地强化了科技本身的负面效应和负价值，不断把自己的意志强加于别人，搅得世界不安宁，这才是科技创新和全球化的最大隐患。所以，科技以人为本说起来容易，做起来难，也算是一个不大不小的讽刺吧！

总起来看，科技创新的两面刃主要是指，一方面，科技的创新化不断地推动着自然的发展和人类社会的进步；另一方面，由于人类中心论和西方中心论的存在，由于科技自身的负价值，又导致对人类生存环境的严重破坏和对人类社会进步的严重破坏。这不仅使科技创新推动进步的正面作用大打折扣，而且会使毁灭地球和人类社会的力量增至无穷大。因此，全人类面临着严峻的挑战和选择的智慧考验。

但是，科技创新的两面刃的问题似乎还没有引起人们的注意。简言之，科技创新有可能导致人类社会和地球毁灭的危险，还没有引起人们的重视，这正是全球化的悲剧所在。

104

第七节　知识社会的本质、规律及趋势

知识社会的出现，最有利于人类社会的方面正在逐步显示出来，发挥出规律和方向的作用。

一、多元化和合作化

科技创新的第一个规律就是全球化的多元化和合作化，具体地说，就是科技创新的主体的多元化及创新合作化。一是国家，几乎每一个国家都参加到科技创新的过程中来，以国家为主要行为体的加入，使得跨国公司、科研机构、大学等行为体的主体模式被彻底改造，更加多样化。二是国家作为行为主体加入之后，国家竞争力（包括硬软两个方面），特别是科技竞争力成为主要的内容和方面，似乎是一切行为主体都必须服从和服务于的最终目标。三是国家竞争力本质已经是国际竞争力，特别是国际的科技竞争力。国家进一步干预整个科技的发展，将其作为国家的长期发展战略,制订出宏伟的规划和可行的计划。四是跨国公司在全球的分工越来越细,研发机构适时进行调整,不断适应国家主体的变化,以保证跨国公司在多元化的战略中取胜。五是国际金融多元化流动,特别是风险资本继续跟进,优化了科技资源等在全球的配置,许多国家纷纷削减技术贸易的关税,以积极开放的姿态来壮大自己的科技力量。六是传统的研究机构和大学以及民间科研机构正在焕发青春,步入科技创新的行列。七是跨国公司作为后起之秀,一方面发挥了在科技创新中的带头作用并将科技成果带到了全世界,使知识社会开始出现,另一方面又垄断了大部分的科技创新成果,造成了科技上的两极分化和很多的社会问题。八是国际组织也在日益发挥出应有的作用,如联合国教科文组织以及设立的各种分支机构和工作队等等,都在全球知识社会的形成中起到了积极的作用。

二、知识创新

知识社会的第二规律就是全球化的创新化,具体地说,知识社会开辟了一个创新的时代。只有创新,人们才能生存和发展,才有知识社会,离开了创新,就只能失败或灭亡。

现代“创新”概念,首先产生于知识经济及社会之中,因为创新就是知识的创造、转换和运用的过程,就是知识作为社会基础和主导力量的本质与核心。到目前为止,研究“创新”的理论,都是国家(国家创新系统)和企业(作为创新的主体)把知识创新和实现跨越式发展结合起来作为评估系统和管理制度的理论。总的看,都还不是全球化意义上的研究。

从科学理论上讲,创新就是一种范式转换形成新范式。托马斯·库恩在《科技革命的结构》一书中指出了范式转换的四要素:一是对于新的问题的新的思考方式;二是它可以作为一个原则解决现存原则解决不了的问题;三是新的范式需要我们通过旧的范式才能把握;四是新的范式与历史吻合,并可以解释旧范式。

这已经具有全球化的创新意义。作为世界观和方法论的创新的本质意义在于:创新是超越常规和传统,不拘于既有的理论,以新颖、独特的方法卓有成效地解决新问题,开辟新境界,进入新过程的思维方式与实践活动的辩证统一的集合体。换句话说,创新就是一个不间断地实践的创造性过程。

由此本质意义所决定,知识社会的创新的基本范式包括十二个方面。

（一）常规中的突破性

不断地超越现有的、给定的视阈,在异常的、非凡的维度进行突破,在常规中通过创新在非常规方面实现突破,而且是快速的突破,这就是创新。因循守旧,囿于常规,就不可能是创新。而不以常规为基础,也不能有非常规的创造,因而也没有创新。但从主要方面看,是快速性的突破,是突破性的创造。

(二)传统中的原创性

创新强调原创,原创性是创新的根本属性和命根子,离开原创,就没有创新。反过来,创新的原创性是在传统的基础上的原创,离开了传统和积累,原创就成了无源之水、无本之木。而对待传统必须超越,只有超越才能创新。从主要方面说,是原创性的创新。因此,"超越传统,可能有新哲学;保持传统,只能有坏哲学",更不能把创新变成"与其去创造渺小的东西,不如去理解伟大的东西"的庸俗之物。

(三)现实中的未来性

创新是一种探求未来的基本要求。作为创新世界观和方法论,它必须具有前瞻性、超前性,必须站在时代的前列,把握历史的规律,顺应历史的潮流,才能成为时代的指导。这种分析过去、解剖当前、探索未来的特质正是创新的真实含义。一句话,创新总是着眼于未来的,否则也就不成其为创新了。

(四)变化中的价值性

一切皆变,一切永变,这就是创新的客观基础和哲学来源。但创新却不是一般意义上的变化。在哲学意义上,创新在于拯救思想。创新绝不是"一切都行",绝不是任意,绝不是无价值的。创新是"做了我们想做但做不到的事情",而这些事情无论是对科技进步,还是对人类社会发展都是有积极的进步的促进的意义的。一句话,是克服了负面影响并推动健康发展的科学理性。

(五)规律中的过程性

创新是揭示人类经济社会运动发展的各方面的客观规律的。一方面这些规律绝不是一成不变的,也没有被揭示完毕;另一方面,所有规律都是在过程性中开辟道路,通过大量的个性来表现的。从这个意义来讲,规律性也就是过程性,规律绝不是单纯、透明、直接描述和显现的。而创新的性质之一,就是在规律的基础上来研究过程性,或者更彻底地说,创新是以过程性为特质来不断揭示规律的。所以,创新是一个过程,是一个永不会停止,而且循环往复、无穷升级的过程。

(六)风险中的包容性

创新有风险恐怕是最没有争议的,但最能产生的争议是如何对待创新中的风险。由于创新所特有不可测因素和第一次的探索风险,几乎所有的人都只想要创新的好处,不想要创新的风险,更不想要创新风险带来的失败后果及其麻烦。但如果是这样,创新本身也就被窒息了。所以,创新的特质是包容性。所谓包容性,既包括了对风险及失败结果的容忍,更包括在承担和化解风险及其失败基础上的继续持之以恒地不懈创新。

（七）变革中的主体性

创新当然就是变革,但变革不等于创新。因而,变革中的主体性正好说明了创新的主体意识是否存在并积极主动。正如美国的戴布拉·艾米顿所认为的（试想你听到这样的话,将有什么感觉）:"你必须变革,你必须变革,你必须变革!"通常的反应是,感觉不舒服,面对变革的需求有抵触情绪。而当你听到:"你必须创新,你必须创新,你必须创新!"通常人们的反应是积极向上的。他们开始展望未来,并且构想如何把自己的能力运用到平时的工作中。变革和创新两个词的差异并不明显。但是如果是在寻找组织快速发展的结合力,你会做何选择? 这是重物击顶与轻风拂面之间的区别,是受到威胁与获得鼓励之间的区别。

（八）历史中的机遇性

创新就是把不可能转变为现实的可能。"非图有望于今日,而又将有望于后来也",凡是有价值的创新,历史都会给它合理的地位,都必定能给它提供机遇,甚至还能创造出非凡的机遇。即使一时被种种误导所蔽,也一定会解其蔽。凡是时代精神的创新,终究会被历史机遇所接纳和发扬;凡是对人的生存状态所作的创新,总会给人以智慧的启迪。一句话,创新就是机遇,机遇就是而且永远属于创新。

（九）环境中的融通性

以人们的交往实践为基础,创新是艺术,是真善美的通融和合;创新包括了理论创新、体制创新、科技创新和其他创新;综合了创新的价值导向、开放的创新评价体系、宽松的创新多元氛围、激励创新竞争的机制,凝练创新的目标。强化创新,抓住机遇的转化和跨越的一切。总之,创新是博采众家,通融和合。

（十）基础中的群众性

创新总是要由人去完成的,而人的现代化又是创新的根本。因此,能否调动起所有主体进行创新的积极性和创造性是十分重要的。创新也许是少数精英突破的,也许是各种主体实现的,但不管怎样,创新的根本基础还在各个层次、各个领域的社会活动主体普遍的观念创新,价值更新和素质提高。也就是说,创新必须有群众基础,必须具有群众性,必须是大多数人民群众的积极性、创造性的提高。创新必须着眼于人的全面发展,必须使我们的社会具有更多创新的条件和环境,必须教育培养出人具有创造性的综合素质和精神,唯有如此,才能实现人的现代化的根本创新。

（十一）发展中的多元化

整个世界从一个混沌的一元的物质世界，经过几千年人类主观能动性的发挥对其进行的改造，使整个世界的变化处在不断地快速突破之中，且变化越来越快，越来越迅速。特别是进入近代以来，几乎每一时段的发展都是前一个世纪的总和的数倍以上。更为重要的是，这种快速的突破性又带来了多元化，无论是在微观世界，还是在宏观世界；无论是客观世界，还是主观世界；无论是自然界，还是人类社会，都变得更加丰富多彩，呈现出前所未有的多元化。这些多元化又反过来推动快速的突破性，使我们的世界更加多样，更加新鲜，使我们的认识更加深刻，更加广阔。

（十二）成长中的学习性

正是由于上述特性，创新对人们的素质及提高的要求也越来越高，越来越快。这就使人们各种素质的构成的地位、作用发生了很大的变化。如果说过去人们的素质主要是在掌握一技之长，在自己生存发展的具体岗位上有相应的具体素质的话，那么，今天和未来的人们、家庭、组织和社会，必须具备并突出学习的素质。这种素质虽然还要有一个具体的学习对象，一个具体的本领和能力，但是它的主要特点是能够不断地通过学习，适应快速和多样的变化，不断通过创新迎接和掌握未来。从这个意义上讲，我们这个时代的人如果不具备学习素质，不是处在不断的学习之中，不能建立起学习型组织和社会，不要说发展提高自己，恐怕连最基本的生存也是做不到的！

三、人性化

知识社会之所以是人性化的社会，就是资本和劳动关系的本质性变化。如前所述，以信息技术取代机械技术，知识要素取代资本要素，因特网取代机器流水线而引起的社会生产力的革命性变化，对整个知识社会产生的本质性革命性的影响是什么呢？我们先来看看历史，封建社会向资本主义工业社会的转型，也是由科技创新和新的先进生产力所推动的，它的最本质最根本最革命的变化，就是驱动经济社会发展的根本要素由土地变成了资本，这一变化使得拥有土地资源的封建地主阶级完全变成了一个多余的阶级。这时候，土地已不再是财富的主要源泉，而绝对地租的存在又构成了资本主义经济社会发展的障碍。同样情况又发生在资本主义取代封建主义五百年后的今天，知识社会最本质最根本最革命的变化，就是知识成为财富和价值的主要而根本的驱动因素，而资本在经济社会发展中的作用却显著下降了。于是,资产阶级像过去的封建地主阶级一样,逐渐成为经济社会活动中的多余的食利者。从更深的角度来研究,最真实的本质更在于随着资本要素在经济社会发展中的作用逐渐下降,知识要素在上升,传统劳动要素同步在下降,而知识劳动的要素(一种新型的劳动)则在上升。这就是说,当知识成为驱动经济社会发展的主要而根本的要素时,不仅会发生知识要素对资本要素的替代,而且会发生人力资本对传统劳动要素的替代。换句话说,知识劳动要素(=人力资本)以一种崭新的内容和形式同时取代了传统的资本和劳动。

正由于知识劳动、人力资本上升为最主要最根本的经济社会发展要素,使以残酷剥削和压榨为本性的资本以及受剥削并且要取代资本的劳动都在下降为次要的辅助的要素,甚至在不久的将来,其传统的本性会被彻底地消灭。因此,人类社会第一次以人的能力,准确地说是人的知识能力成为全球知识社会的主宰和未来。于是人性化的全球化历史就正式拉开帷幕向我们走来,尽管进程可能很长、很艰巨,但毕竟已经开始。这是人类历史上一个更高起点的进步,它必将改写人类历史,名垂青史。

针对着上一节我们所指出的知识社会的弊端和问题以及负面效应,这些本质性革命性的变化正在从以下方面不断地去改变其弊端和问题及负面效应,推动着知识社会正常健康地发展,能够以更加人性化的基础促进人的自由全面发展。当代全球化及前景的主流正在于此。

(一)知识社会正在改变资本主义,知识正朝着取代资本的方向发展

尽管现在风险资本仍然有一定的作用,金融资本在全球化中仍然在形式上居于统治地位,似乎仍然在主宰着一切。但随着资本要素的统治地位被知识要素所取代,全球化的非资本主义肯定是必然的,因而非西方中心化也是必然的。以美国为例,过去被货币金融资本家所垄断的企业所有权正在越来越多地被拥有知识的"知本家"所分享,资本为知识服务已经成了主流趋势,占据了统治地位。一句话,最重要的所有权已不能为资本所独占,而是被其他要素的所有者分享,尤其是知识要素的分享,并且逐步由知识统占所有权。与此相适应,知识工作者、知识总管的人力资本、智力资本正在走向这种地位。

(二)知识社会正在改变着传统劳动价值的存在形态,朝着知识价值的方向发展

与资本要素及其价值作用的下降同步,传统劳动及其价值作用也在下降。在资本主义的工业化早期,当劳动在价值形成的过程中起着决定性作用的时候,

价值的形成、增值都主要是由劳动创造的,尤其是在抽象掉其他因素之后,在资本与劳动简单对立统一关系中尤其如此,要么是资本追逐劳动力,要么是劳动力追逐资本。从这个意义上讲,劳动者自然是应当通过掌握资本(公有制)来解放劳动,让劳动成为最重要的要素。但是,这一过程似乎正在改变。原因就在于,当科技创新形成到知识社会出现,技术、知识和人力资本既取代了传统资本又取代了传统劳动而成为价值形成、增值的主要和根本来源的时候,传统劳动及其价值作用也就同时丧失了。资本追逐的是知识,劳动力追逐知识。不管是劳动者,还是哪一个社会阶级和阶层,除了掌握运用知识之外恐怕还找不到任何改变当今历史的武器。

(三)知识社会在改变着全球化的社会结构,朝着人性化的方向发展

既然传统资本和劳动都已经让位于知识,那么,工人阶级和资产阶级也就同时让位于知识工作者。而知识工作者正是具备了自由工作者、家庭工作者、网络工作者、高收入工作者、全球工作者等等性质,因此,它是一个多元化的工作者社会。这些多元化工作者似乎在扩大和创造着新的中产社会。可以预见的是,阶级社会将会被知识工作者社会所代替,阶级斗争也将会被知识竞争所代替,整个知识社会似乎已经宣布在世界范围内结束了阶级。阶级对立和意识形态的对立消失,而新的对立是什么,似乎还在发展之中。

(四)知识社会正在给发展中国家一条新的起跑线和可以实现跨越式发展的一个新的机遇

这方面的意义非常之大,从根本上讲,这是解决全球化的两极分化、贫富悬殊和"数字鸿沟"的根本措施。当然,发展中国家与发达国家之间的落差巨大,"数字鸿沟"十分严重。但是,这种差别主要体现在一级信息部门与二级信息部门之间的产值比例、社会总体就业结构比例、信息部门内部信息人员比例三个方面。在知识社会全球化的条件下,由于存在着两条不同的发展道路,使发展中国家的机遇大于挑战,希望大于困难。既可以整体跟进,也可以在某些领域实现跨越。具体地说,西方发达国家从总体上发展本国的信息经济,既重视发展一级信息部门,也强调发展二级信息部门。而发展中国家则可以通过主要发展一级信息部门带动本国的发展,同时考虑发展二级信息部门,使二级信息部门差距保持在一位百分数的幅度内。在这条道路上不仅要搞好国家创新体系,而且需要更多的企业成为发展和竞争的主体。

(五)知识社会正在从根本上创造出全球平等的基础

众所周知,机会平等一般来说是最本质的平等,因为它所掩盖的不平等只是

人的能力上的不平等,而能力上的不平等是先天的,所以就显得最为平等。但由于知识社会是一个学习型的社会,教育和终身教育已经成为它的战略产业和主要支柱,因此,机会平等被推到了能力平等,只有教育才能提高能力,这样又从能力平等推到了教育平等,人人享有受教育的权利,人人都是学习社会的一员,就真正从根本上实现了平等。如果实现了教育平等,那么它所掩盖的不平等完全就是每一个人先天的差异和后天的自我选择,这种不平等就不是社会的、全球的,而是个人纯粹的和个人利益的事情。

第八节　深入推进科技创新的全球化进程

知识社会的本质和规律及其发展都证明它可以更充分地发挥科技创新的正面效应和增加值,也可以将科技创新的负面效应和负价值限制在最小的限度内,从而使科技全球化更好地为人类造福。最根本的措施,就是要深入推进科技创新的全球化进程,深化科技创新全球化。

一、在全球范围内,必须注意解决好信息技术革命由创新高频阶段转入成本竞争的整合阶段之后的调整优化问题

从科技创新的层面看,信息技术革命处在增量创新、基本创新、技术体系变革和技术经济模式变革四类创新的第四类。这类创新不仅包含了多组增量创新和基本创新,而且包含了若干新技术体系的创新。这种信息技术革命也有一个由低到高、由高到低的高频、整合阶段,不可能一直处于高峰平台而不会走向衰退和整合。美国带动全球的科技创新正好居于这样的技术革命,随着新的技术经济模式的确立,这种变革除了增量创新之外,其基本创新、技术体系变革乃至模式本身的变革都会自然地趋于衰减,终于在全球范围内导致信息技术领域的投资全面过剩。于是,它仍然不能创造出消灭了经济周期和经济危机的奇迹,也仍然不能创造消灭供求规律、永久高额利润、永不衰减、永远维持直线繁荣的神话。幸运的是,由美国引发的新经济衰退在全球范围内主要的作用还是挤掉泡沫,挤掉负面效应和负价值,完成这个整合之后相信新一轮的科技创新全球化还会更深化。

从技术层面分析,信息技术革命也好,知识社会也好,其核心的技术是虚拟化而不是网络化。因为网络化充其量还只是一个工具,而虚拟化则是改造自然、社会乃至人类本身的根本科技力量。把工具当成根本,也是造成进入整合阶段的原因。

从企业经营层面分析,高新技术,特别是信息技术革命肯定能给企业带来高额利润和超额利润。但是这些利润也只是一个高峰,而不是一个平台。特别是风险资本投资于一个理念,集中于一个思考,创造出一个故事的行为是一种烧钱的行为。它的后果是可以想象的,进入整合也是不奇怪的。

综上所述,全球化的整合实际上是科技创新全球化的深化,它可以挤掉泡沫,抑制疯狂,更加理性地人性化地在全球推进和深化知识社会的进程。

二、在全球范围,更加全面推进科技全球化,实现真正意义上的科技全球化,特别是科技创新和生产的全球化

"科技无国界","科技知识是全人类的财富",这些都是至理名言。但是,没有科技创新的全球化,终究不能变为现实。前面我们已经研究了科技创新的全球化及其八个表现,但从层次上看其全球化的深度和广度都有所不同,在科技使用上的全球化程度和广度最高。这是因为受科技推动和需求推动的驱使,世界上大多数发明已经在全球范围内使用,众多的科技和产品在全球日益普及,而且速度越来越快,范围越来越宽,程度越来越深。科技使用的全球化一方面通过技术密集型产品出口和进口来实现,另一方面是纯技术进口,以脱离产品方式使技术在国外市场上得到利用,如转让专利许可等等。但是,在科技创新、生产方面的全球化就明显地弱于科技使用的全球化。尤其是核心科技,绝大部分仍然是高度集中在少数发达国家和跨国公司的手中。众所周知,最能体现科技创新生产的是研究与开发。根据 OECD 公布的资料,仅工业研究与开发一项,跨国公司占 OECD 国家中的75%。另据 Patel 的考证,世界 500 家最大企业的专利发明都发生在其本国而不是在异国他乡。这是残酷竞争带来的现实,不过改变的趋势已经存在。真正的障碍还在于拥有核心科技的跨国公司受到其本国的非科技因素,如政治、经济、国家竞争力等等因素的影响,而这种障碍是难以克服的。唯一的办法就是深化这方面的全球化,用全球化的力量来减少国家和非科技因素的干扰和阻碍,使得核心科技能够尽快造福于全人类。

三、在全球范围，更加有力地推动科技的全球合作，避免恶性竞争，实现科技成果的全球共享

科技全球合作是在科技全球竞争的基础上形成的，而科技全球竞争必然要求科技的全球合作。现在的时代是高科技快速变化发展，产品和技术的生命周期越来越短，更新越来越快，研究和开发的投入和费用越来越昂贵，风险越来越大，"大鱼吃小鱼"，变成了"快鱼吃慢鱼"。在这种条件下，任何一家跨国公司，甚至于一个国家，都无法单独地应付快速的变化和残酷的竞争。以至于巨额资金要通过合作来保证，研究和开发需要通过合作来完成，新产品迅速推向市场并获利需要通过合作来实现，资源和要素及互补需要合作来优化，减少重复和节约成本、提高竞争力需要合作来达到。因此，各种各样的合作应运而生，甚至产生了战略同盟。就国家而言，更有全球时空压缩的地球村的推动，经济全球化和贸易自由化的拉力，国家竞争力的动力，各国降低门槛展开竞争的压力，跨国公司全球流动的张力，发达国家和跨国公司把转让技术作为争夺市场的手段的促进力，都促使国家之间展开合作。这样科技创新全球化就必然会更加深化，更加发展，形成合作共赢的新局面。

113

四、在全球范围内，将知识产权保护制度改革作为知识产权保护与合作制度，从根本上解决滥用知识产权的垄断行为问题，使科技创新及成果实现全球共享，建立起真正意义上的知识社会

知识产权保护是一把双刃剑，设计和运用得当会促进合作和科技进步，造福于人类社会；设计和运用不当则会导致垄断和阻碍科技进步，损害人类社会利益。因此，知识产权保护和合作制度可以表述为，保护知识产权的法律授予创新者和知识产权所有者合法使用创新技术的阶段性排他权利，同时又要求知识产权所有者公开其技术，在给予创新者经济补偿的前提下，使更多的人能够使用创新技术，在创新技术基础上进一步研究开发，从而通过促进技术合作来推动技术进步，让更多的人共享科技成果。

随着知识产权保护制度被纳入世界贸易组织体系，进入到国际法的体系之中。同时，知识产权又越来越成为全球各国竞争中的最根本的力量和最重要的手段，因此，我们必须注意解决好以下问题：一是在强化知识产权保护、扩大保护范围和提高保护水平的基础上，进一步增强合作与交流，促进知识产权的流动和扩散。在 WTO 的协议中扩大了保护范围、强化权利内容、延长保护

期限、严格权利限制条件等等,我们认为,它主要是针对知识产权的破坏侵权行为而言的,绝没有封锁知识产权的本意。更为重要的是,知识产权必须在利用中才会有用、有效、有发展,这就要求知识产权必须流动起来,加强合作。否则,知识产权的保护是没有任何意义的。二是知识产权保护以合作规范国际化,建立全球统一的专利体系。WTO 的《与贸易有关的知识产权协定》(简称"TRIPS"),本身就是知识产权制度全球化的产物,标志着全球知识产权规范国际化。因此,知识产权审批和保护方面的全球、地区合作正在加强,一些发达国家和地区正在推动专利审查国际化,建立全球统一的专利体系。实现全球统一的专利体系应当通过 WIPO 和 WTO 就各国专利制度及其运作进行协调,以达到降低获得这些专利的成本,取得同样内容的专利的自由。现在,国际专利合作条约(简称"PCT")的成员方已扩大到近 120 个国家和地区,而欧洲专利条约的缔结方已有 28 个国家。一些发达国家和地区的知识产权机构正在加强联合,共同打击对知识产权的侵权行为,维护其全球利益。而许多跨国公司则组成跨国研究开发战略同盟,利用联合许可和交叉许可等机制,共享技术支援。三是知识产权的保护与合作在全球贸易中的体现和实现。知识产权制度是市场经济的产物,科技创新是科技成果市场化的全过程,这个过程一方面体现和实现新技术在生产和服务领域的成功应用,另一方面则是通过全球贸易来体现和实现。可以说,没有全球贸易,就不可能有知识产权制度的体现和实现。因此,如何遵守 WTO 的 TRIRS 所确立的各成员方贸易活动中的知识产权保护的最低标准是至关重要的。现在的问题在于,知识产权保护在许多成员方,特别是发达国家和地区反而变成了继取消关税壁垒之后的一项贸易保护措施,甚至成为一种新的壁垒,是有害于全球科技创新和知识社会正常健康发展的。四是利用全球性的反垄断法制裁和减少滥用知识产权的非法垄断行为。除了各国运用国内反垄断法解决这方面的问题之外,重点是要落实 TRIPS 协议的两个目标,一是有效保护专利所有者的利益,鼓励创新;二是鼓励公众使用创新技术,促进创新技术的扩散,达到知识产权的保护和实施有助于技术创新及技术转让和传播,增进社会和经济福利,维护技术知识的创作者和使用者的共同利益,实现权利义务平衡的目的,在本协定规定的范围内,采取适当的措施限制滥用知识产权。但是 WTO 还没有就反垄断问题达成协议,各成员方利用国内反垄断法来处理全球知识产权保护中垄断问题,显然是有失公正的。因此,当务之急是各成员方尽快达成协议,实现在全球范围内利用国际反垄断法来制裁滥用知识产权问题。五是知识产权保护和合作制度要有利于解决发展中国家与发达国家的分歧和矛盾。这种分歧和矛盾主要是在不同的起跑线上,用在发达国家知识产权保护水平的基础上制定的 TRIPS 的保护标准和要求来统一衡量,对发展中国家来说是太过于苛刻且无法实现,而发展中国家的合理保护、传统知识保护、利用强制许可等要求却始终得不到解决。因此,如何改革知识产权保护和合作制度来平衡发达国家和发展中国家之间的矛盾及分歧,满足发展中国家的需要是至关重要的。

五、在全球范围内,建立和完善科技创新的矛盾制衡机制,通过全球合作行动,把科技创新的负价值和负面效应减少到最低限度,让知识社会最大限度地成为全人类的福音

科技创新的矛盾制衡机制是一项全球系统工作,它要达到减少、转化负价值和负面效应,使科技创新最大限度为人类造福的目的,就不仅要靠科技自身的力量来制衡,而且要靠全球社会的进一步合作与协调来制衡。原则上讲,全球制衡机制主要包括科技内生制衡、经济合作制衡、法律强制制衡、政治协调制衡、伦理自律制衡。

(一)科技内生制衡

所谓科技内生制衡,是指科技创新的正负价值、正负效应是相伴而成的,可以在其自身首先实现这种基础性、内生性制衡。重点是五项内容:一是注重强化科技自身及其同经济融合中特有的安全性能。由于科学技术成果是人们实践经验和智慧长期积累的产物,是在与负面效应斗争的制衡机制中发展起来的,都包含有以往防止负面影响的内容,在设计中要重视安全性指标。二是利用信息反馈推动科技研究开发的深化和制衡。人的认识不是一次完成而且永无终点,科技研究开发也是在与负面影响的斗争中展开并取得进步的。在这个过程中,快速的信息反馈可以及时发现负面效应,并在反馈中加以调控、制衡。三是兴办防御性"学科"和产业。基于某些负面作用的复杂性,对付这些负面作用的研究开发已形成许多独立性行当或产业。如各式各样防伪科技,开发出种种防伪产品,建立防伪公司,计算机和信息业中开发杀毒软件、防火墙、保密技术等。其中,环境保护、生态保持系统本身就包含几个大产业,特别迫切的是发展和提升垃圾处理产业。四是建立正常的健康有序的科学技术研究、开发和交易的秩序,强化质量监测监督和标准化系统。五是引导科技竞争,消除不必要的门户之见,从单项研究转向多种学科、多种技术的集成,避免片面性和畸形化;同时开展广泛的科普教育,提高劳动者的素质。

（二）经济合作制衡

所谓经济合作制衡,主要是把经济的竞争收益最大化改为合作共赢最大化,使制衡在经济领域得以实现。从负价值和负面效应的经济成因看,主要是经济收益最大化,也就是利润最大化所造成的。科技创新的确能带来高额利润,这是不争的事实,但将其最大化作为唯一的目的就会在竞争中扭曲甚至改变科技创新的人性化性质,从而将正价值和正面效应转化成负价值和负面效应。因此,全球经济必须彻底地改变利润最大化的追求目标,用新的发展观在竞争基础上实现合作,才能实现体制、机制、管理的创新,正确地处理微观经济与宏观经济的关系,科技创新与经济发展的关系,社会效益和经济效益及环境效益的关系,短期利益与长期利益的关系,国家经济、跨国公司与全球经济的关系,彻底地克服人为设置的各种障碍,建立起强有力的预警、控制、监督系统以及防范风险的保障体系,才能把科技创新中的全球风险降低到最低限度,实现经济领域的制衡。关于经济全球化的目的,我们将在下一章讨论。

（三）政治协调制衡

所谓政治协调制衡,主要是指在为政治服务的军事领域的科技的负价值和负面效应的处理问题,使科技创新走出毁灭人类的最大负面化。众所周知,科技创新的最大的负价值和负面效应就是军事领域的军备竞赛。在军事领域,科技创新的目的就是研制更大规模、更大能量、更新科技含量、更轻型化、轻量化的高精尖的各种武器装备。而这些武器装备只有一个令人不寒而栗的作用和目的,就是发动战争、毁灭人类。恐怕连三岁的小孩子都知道,军事领域是科技创新的负价值和负面效应表现最纯粹、最直接的领域。虽然军事上这些负价值和负面效应有些可以扩散和运用到其他事业,但只有取消战争,只有政治经济目的不再用战争的手段来获取,只有取消军事领域,科技创新在这方面的负价值和负面效应才能真正得以解决。否则,只要战争和军事领域存在一天,科技创新永远就是毁灭人类的最新工具。那么,我们何必去追求这样的科技创新和知识社会的?让科技创新远离军事和战争,才能真正为人类造福,而不是给人类带来灾难和毁灭。如果能够做到这一点,那么,对科技创新负价值和负面效应的制衡就达到了最优水平。

（四）法律强制制衡

所谓法律强制制衡,主要是指在全球范围内应当通过各种国际法来制衡科技创新的负价值和负面效应。这一套国际法的体系不仅能够保证科技本身能够更顺利地创新、转化、应用,而且能够对于各种人为制造的负价值和负面效应加以约束,更能够对一切利用科技创新来破坏安全、扰乱秩序、发动战争、污染环境、毁灭人类等犯罪行为进行制裁,使科技全球化能够健康发展。现在的关键问题是,这方面的国际法少得可怜,又不成体系,在许多方面,还在运用国内法来处理全球问题。这说明,如果在全球范围内,没有一个统一的标准、统一的规范、统一的办法就不会有共同的约束和制裁;如果没有全球共同行动的组织,就不会有最高层次的制衡机制和共同行动。如果人类社会在科技创新的全球化中,还没有一个相应的国际组织和体制来适应它的变化发展,来协调它的国际合作与运用,这就使科技创新的力量和作用大大打了折扣。不过,遗憾的事情应当得到弥补,国际社会一定会解决这个问题。问题只在于我们应当行动起来。

(五)伦理自律制衡

所谓伦理自律制衡,主要是指在全球范围内,运用道德伦理的自律力量,从造福全人类的高度,通过自我约束,来减少和消除科技的负价值和负面效应。科技创新的伦理问题为什么越来越突出,一是因为科技创新的自身发展过程中越来越突出地显示出科技伦理的重要性。比如,信息科学和生命科学在研究过程中就提出了涉及人自身尊严、健康、遗传、生态安全、环境保护的伦理问题,特别是基因工程和克隆技术更引起人们的高度关注。二是科学技术在运用于社会时遇到科技伦理问题越来越突出,如工业发展带来的污染,把人类投入战争和自我毁灭的深渊,因垄断造成科技资源无法共享,等等。三是伪科学、反科学、假科学、浮躁、疯狂等等。鱼目混珠、真假难辨,使科技成为骗术、巫术。以上这些问题依靠科学技术自身是难以解决的。这样,科技创新的伦理问题越来越突出,其核心问题在于,科技创新和进步应当服务于全人类,服务于世界和平、发展与进步的崇高事业,而不能危害人类自身。因此,应当在全球充分发挥科技伦理的规导作用,把科技界伦理自律提升到全球的伦理自律的高度,所有的科学家、政治家以至全人类,都必须具有真正的科学精神,为人类造福的本性,追求真理,淡泊名利,勇于创新,团结合作,反对任何负价值和负面效应的做法和行动等高尚的全球科技伦理,人人自律,使科技创新真正符合全人类社会的共同利益,让科技创新不断为人类开辟光明美好的未来,决不能让科技创新的负价值和负面效应控制并毁灭人类自身。

六、在全球范围内,必须建立以发展教育事业作为根本,以培养人才作为关键,以提高全人类的素质为基础的新型学习型社会,实现全球化的平等和公正

科技创新全球化说到底是人才全球化,科技创新的全球竞争与合作说到底还是人才的竞争与合作,这一点已经成为全球共识。除了解决好培养、使用、爱护人才,努力从学习、工作、体制、政策、环境等方面为人才创造条件,使一批又一批的优秀人才脱颖而出之外,最重要的莫过于是解决全球人才流动中发展中国家人才的流失问题了。人才的全球流动基本上是一件有利的事情。没有人才的全球流动,就没有科技的竞争和合作,也就没有科技创新和进步。但是流动中的不平衡性的矛盾十分突出,特别是发展中国家人才流失的现象十分严重和突出,已经从根本上影响到了发展中国家的科技创新、进步与发展。如果说科学无国界的话,那么,人才也是无国界的。如果说知识是全人类的共同财富的话,那么,人才也是全人类的共同财富。如果我们确认这是正确的话,那么,我们就必须在全球范围内解决人才共享共用的问题,而不能允许少数发达国家垄断人才资源,更不能允许少数发达国家阻止人才向发展中国家回流、流动、流出、流回。只有真正建立起自由而无限制的全球人才的共享共用机制,那么人才就既能为某一国的发展做贡献,又能为全人类作贡献。

人才的培养,全人类素质的提高,说到底还是离不开教育,尤其是最根本的平等就是通过教育的平等来实现的。因此,全球社会及每个国家都必须把教育摆在整个全球化的基础地位上来加以重视和落实。全球社会必须硬性规定,每个国家必须把自己 GDP 和财政收入的一个固定而又连续增长的比例全部用于教育事业,国际社会对发展中国家的援助、支持甚至投资都应当主要集中于他们的教育事业。全球社会必须硬性规定识字率、平均受教育年限等必达指标,保证教育的实现。同时全球社会和每个国家都必须以国际法和国内法绝对强制地保障每个人受教育的权利和义务,真正保证每个人都能受到教育。对不能履行义务的应受教育者,对不能保证应受教育者的权利的掌权者,统统都要给予最严厉的制裁。同时,终身教育等学习型社会的全球建立,任务已经提出,关键在于全球必须落实。

只有落实了教育,搞活了人才,知识社会才能从源泉和动力上获得最终的支持,才能克服各种弊端,成为一个人人共享的社会。

七、在全球范围内,通过合作、援助、贸易等各种手段,把对科技创新的扶持重点转向发展中国家,从根本上改变发展中国家科技落后的问题,实现全球社会较为均衡的发展

对发展中国家而言,必须紧紧抓住全球新技术革命共同起跑线和可能的跨越式发展的机遇,必须紧紧地同时抓住对自己国家经济和社会发展具有战略性、基础性、关键性的重大科技课题，坚持有所为有所不为的方针，瞄准世界科技发展的前沿，组织攻关，自主创新，力争在有条件的领域有所突破，在基础科学上有所发现，在技术上有所发明，在某些领域实现跨越式发展。

从全球社会来说，关键是缩小发展中国家与发达国家的科技差异问题，重点是解决"数字鸿沟"问题。"数字鸿沟"问题已经成为世界性的问题。信息通讯技术的发展应当对全球经济的发展起到促进作用，但是由于全球贫富差距日益加剧，一方面，发达国家在信息技术的推动下不断提高经济竞争力，而另一方面，发展中国家尤其是最不发达国家由于经济和教育发展水平低下，很少和根本无缘利用信息技术。据联合国秘书处统计，目前，全球收入最高国家的 1/5 人口，拥有全球 GNP 的 86% 和因特网用户的 93%，而全球收入最低的国家的 1/5 人口只拥有全球 GNP 的 1% 和因特网用户的 0.2%，全世界大量的贫困人口还没有享受到信息技术发展的实惠。

消灭"数字鸿沟"是一个全球问题。在 2000 年 7 月日本冲绳召开的八国峰会上，世界经济论坛组织(WEF)八国集团首脑递交了《从全球数字鸿沟到全球数字机遇》的报告。现在，全球正在行动，以消除这一鸿沟。一般而言，主要是两方面：一是发达国家如何主动消灭数字鸿沟，使先行者的技术、人才与利益的财富能够全球共享。另一方面是发展中国家如何发挥后发优势，变数字鸿沟为数字机遇的，实现某些方面的跨越式发展。

具体地看，全球共同行动正在展开。2001 年 11 月 20 日，联合国宣布设立信息与通信工作队，为缩小全球存在的"数字鸿沟"展开共同行动。这个工作队被简称为"ICT"。ICT 最主要的作用是动员成员国政府、非政府机构、企业家和科学家等共同努力，通过协调、互通信息、推广和推动一些项目的形式缩小"数字鸿沟"。目前，全球已有一些组织开始重视"数字鸿沟"问题，如八国集团开展的数字机会工作队等，还有许多科学家、非政府组织也在积极开展行动。联合国工作队的作用不是要取代他们，而由于联合国具有更广泛的代表性，ICT 可以将这些行动加以总结、提高和推广。工作队首次会议明确了 6 个分工作组，包括政策和信息社会管理、国家和地区的"E—战略"、ICT 业务和开发应用、资源动员、降低信息资源访问成本、各种组织和企业的作用。从这些分工作组也可以看出将来ICT 所起的作用。

我们期待着工作队的共同行动能够达到预期的目的，得到更大的收获。

但不管如何，数字鸿沟是可以消灭的，数字差异却是可能消灭不了的，"人人享用因特网"的目标是能够实现的。

经济全球化的意义必须是一种反映其本质规律和未来趋势的抽象,因此,我对经济全球化的定义是:经济全球化是相对于国际经济而言全球经济的一种全新的事物及其运动过程和发展趋势。它以科技创新、信息化、知识化为动力,以全球大分工、大分化、大流动和相互依存复合深化,日趋同步为关键,以资源要素配置的市场全球化为基础,以生产全球化为核心,以贸易全球化为主渠道,以金融全球化为血液,以市场主体多元化和跨国公司及区域化为主导力量,以竞争基础上的合作及全球市场经济体系为纽带,以建立新的全球经济新秩序为保证,以走向全球经济共同化和一体化为趋势,以实现人人共享的人性化发展为目的,为全人类创造出实现共同利益并让每一个人自由全面发展的物质基础和经济秩序。

对这个定义,我们还将进行逐项的深入分析,现在我们先来从几个概念的区别中,体现经济全球化的定义之义。

二、经济的国际化、全球化和一体化

(一)经济的国际化

在20世纪80年代以前,世界经济应当叫做经济的国际化。马克思恩格斯曾经在《共产党宣言》中指明:资产阶级由于开拓了世界市场,使一切国家的生产和消费都成为世界性的了。这种世界性就是国际化。所谓国际化的立足点是"国",行动的主体是民族国家。它是在资本主义条件下,一国经济主动跨越国界,以掠夺的贸易、生产投资等形式在国际上规模与范围地拓展和延伸。在被扩国被迫接受或主动开放的基础上,在各国形成了国际分工、生产、交换、消费和分配。

需要注意的是,经济国际化是以国家经济,确切地说,是以资本主义发达国家经济的扩张为主要发起人并以国家名义实施的宏观经济活动及趋势,并以占有他国领土或主权为代价。

经济国际化的形成有三个重要的推动因素和特征:一是以前苏联为首的"东方"社会主义阵营和以美国为首的"西方"资本主义阵营的形成及两极世界的竞争。二是在两大阵营之间形成了"第三世界"。三是联合国、国际货币基金组织(IMF)、国际复兴和开发银行(IROB,后发展为世界银行)、关税及贸易总协定(CATT,后改为世界贸易组织WTO)的成立及更大作用的发挥。

(二)经济全球化

经济全球化萌芽于20世纪70年代美国经济的衰退和社会主义的改革,形成于90年代美国经济的高涨和东欧剧变、苏联解体。

经济全球化既不是由民族国家及其领导人所提出和创造出来的，也不是某一个国际组织设计和推动出来的，它是由经济主体带动、从下至上、从内到外的一种微观到宏观的经济行为。所以，有人把经济全球化称为一种对于民族国家政府的离心运动。而这种微观到宏观经济的运动之所以发展成为经济全球化，既有各国政府组织自20世纪80年代以来采取开放市场、鼓励竞争、放松管制的宏观政策的变化有关，也与社会主义国家实行社会主义市场经济体制的改革和对外主动开放的政策有关，更与世界各种国际经济组织的发展促进有关。这种经济主体除了国家之外，最大量的是出现了跨国公司和全球企业，使得经济主体多元化；这种经济交往使世界各国在主动开放、平等相待、互利互惠、实现双赢的共同原则的基础上更大范围、更深程度地交往；这种经济全球化的趋势将导出一体化。因此，无论是质，还是量，都是经济国际化所不可比拟的。尤其是它导出的一体化趋势，更是其作为新兴事物的重要标志而称之于世。

经济全球化也有三个重要的促进因素和标志。一是科学技术的创新化，不仅是信息革命、计算机技术和知识经济时代的到来，使我们成为地球村，而且科学技术的创新化直接引导了全球性的技术体系的整个创新和技术—经济范式的特别变化和改革。二是市场经济和经济主体已经在国家的基础上，又产生出跨国公司和全球企业，市场主体已多元化，资源配置已经由贸易投资变为金融证券、各国开放、社会改革、对外并购及争取双赢且成为全球经济的主旋律。三是解决全球经济争端的国际组织在改革完善中为实现双赢发挥了越来越大的作用，经济活动越来越具有全球性，从而减弱了传统的民族性、国家性和地方性，出现了全新的民族性、国家性和地方性。

（三）经济一体化

首先来看一体化的概念。字面上的解释是：将部分结合为整体，或，成为一个社会的平等的成员。

其次，从经济一体化的角度，经济学家平德从静态和动态两个角度解释了一体化。他认为：一体化是将各个部分合并为一个整体，但联盟是指各个部分或成员联合起来形成的一个整体。因此，一体化是达到一种联盟状态的过程。

复次，更深入的说法则是卡尔·多伊索，他指出，实现一体化通常意味着由部分组成整体，即将原为独立的单位变为某一粘合系统的组成部分。一体化乃是诸单位之间的一种关系，它们相互依存并共同产生了它们独立时所不具有的系统特征。但有时一体化这个词还用来描写原生独立的各单位达到这种关系和状态的过程。

再次,厄因斯特·哈斯认为一体化是一个过程,不过,不同的政治行为主体国家将其忠诚、期待与政治活动转向新的中心。该中心的机构拥有或要求对原先这些民族国家的管辖权。因此,这是一个不断地、逐渐让渡和移交有关权力给新的中央机构的过程。

最后,利普西则根据一体化程度的不同将经济一体化分为六个类型:特惠关税区、自由贸易区、关税同盟、共同市场、货币与经济联盟及完全的经济一体化。

无论从什么角度看,一体化的含义主要包括了五个方面。第一,是以共同利益为基础,以部分和整体间利益交换为手段,从相互独立的部分或整体整合为一个新系统或新个体的过程和结果。第二,这个新系统或新个体不是原有的各个独立部分的扁平相加,它具有其各个组成部分所不具有的新特征。第三,一体化从动态角度可以表现为部分到整体转变,也可以表现为从整体到部分的转变。第四,一体化存在程度上的差别。第五,一体化可以特指不同的事物和范围。但它必然是经济全球化的深化、后果和结局。

（四）区域一体化

经济全球化表现为区域一体化,即跨国家跨地区的经济共同体或经济协作组织大规模迅速发展。全球范围内形成欧盟（EU）、北美自由贸易区（NAFTA）、亚太经济合作组织（APEC）、独联体等许多区域组织。在这些区域组织中,欧盟一体化程度最高。欧盟自20世纪中叶起经过40多年发展形成了超国家合作组织,它建立了关税同盟和欧洲货币体系,实行共同的农业政策和加强科技合作等,并在20世纪80年代开始进行防务合作（如从1983年起西欧12国实行国防部长定期会晤制度）,在20世纪90年代逐步走上政治联合的道路并力求实行统一的对外政策（如欧盟成员国1992年签订了包括《欧洲政治联盟条约》在内的《欧洲联盟条约》,1997年签署了《阿姆斯特丹条约》）。

超国家范围的区域化组织不仅内部一体化进程在加速,其规模更呈不断扩大趋势。例如欧盟1997年的首脑会议决定与波兰等6国开始入盟谈判,这表明了它东扩南下的主张。亚太经合组织温哥华会议接纳了我国等3个新成员,这使它差不多成为一个跨三大洲的组织。东盟正式接纳缅甸和老挝为成员,基本上实现了大东盟计划。同时北美自由贸易区也有扩大趋势,如美国前总统克林顿在访问拉美期间就曾表示欢迎各国加入该组织。此外,还有一些新的区域性组织不断涌现,如环印度洋地区合作联盟在1997年成立,伊斯兰八国组织首脑会议决定成立一个经济合作组织,中国与东盟的"10+1"模式等。

经济全球化表现为区域一体化是当代世界一个明显的特征。

区域一体化是如何出现和运行的呢？我认为有以下五个方面:第一,是世界贸易形势的变化促进了区域一体化的形成和发展。从早期的互补性贸易变成了竞争性贸易,从竞争性贸易转化为对抗性贸易。因为对抗性贸易造成绝对的输赢对手,如果某一方走向自由贸易或搞闭关锁国,都可能被挤出市场。与其被挤出,不如搞区域一体化和贸易集团。所以,区域一体化造就了一种能够实行有效贸易政策的新单元,推动对抗性贸易走向互利互惠的贸易。第二,区域政治、安全的利益驱动了经济一体化的出现。欧盟的出现就是欧洲在二次世界大战之后,对欧洲历史进行了深刻的反思,为了避免欧洲再度陷入不可解决的矛盾和战争,实现持久和平,欧洲必须联合起来,从而设计出了欧洲联合的方案。而联合首先是经济联合,没有经济的联合,政治、安全等的联合没有基础,是联合不起来的。所以,出于政治安全需要而设计联合的欧洲,却首先成了经济一体化的组织。第三,发展中国家在参与全球化中,自己和自己联合起来,避免更大的损失,争取更大的利益,也推动了区域一体化(如拉美国家成立了南方共同市场)。在32个地区组织中有28个是发展中国家建立的。第四,发达国家联合起来信奉新自由主义政策,建立经济区、自由贸易区来经营和扩大自己的实力。第五,发达国家与发展中国家相互联合,共同设计和参与区域一体化和贸易集团是当前和今后的主要形式。也就是说,经济全球化的两极,也看到必须走到一起、协作合作、互利互惠,才能促进共同发展。因此,不管是由谁发起,发达国家与发展中国家共同参与区域一体化已经成为不可抗拒的主要潮流。

　　在全球化与区域化的关系问题上,争论最大的就是多边主义和地区主义。多边主义认为,多边谈判和协议是最重要的,应当在全球化中占主导地位。地区主义认为,地区化有利于促进多边贸易,而且还有示范效益,应当肯定。这场争论肯定还要持续下去,但更应当肯定的是,把多边主义与地区主义绝对地对立起来,让二者处于非此即彼的状态是不可取的。历史和现实证明,全球化和区域一体化是同步发生、互相促进的。二者的关系能否实现相互促进的健康发展,关键是区域一体化不能蜕变为地区保护主义,蜕变为封闭型的区域一体化。因为只有开放型的区域一体化才会促进经济全球化,反之则是祸害,会引起新的更加严重的冲突和紧张。要做到这一点,世界各国,特别是发达国家中的大国,必须防止和克服利用地区化来牵制全球化或用全球化来摧毁地区化两种极端情况的发生。同时,我主张"开放地区主义"并成为区域一体化的方向。有一种现象可以证明二者关系的前途是光明的,即所有国家一方面加入区域一体化,另一方面又加入了世界贸易组织。

三、全球经济的新趋势和新特点

1. 全球经济增长持续强劲,在美欧日向好的同时,新兴市场国家仍然快速增长。据国际货币基金组织预测,2007 年世界经济增长率为 4.7%。这样,世界经济增长率已经连续 6 年超过 4%,从 2001 年世界经济复苏算起,这是前所未有的。经济持续增长,带动了投资贸易的活跃,就业形势改善,金融市场总体平稳等一系列好的趋势。

2. 同时全球经济发展失衡状态进一步加剧,经济风险及失控形势也十分严峻。一是美国贸易逆差不断扩大,美元持续贬值,加剧全球经济失衡。二是石油期货价格居高不下,仅从 2002 年至 2004 年的两年间,纽约原油期货价格就从每桶 24 美元上升到每桶 55.67 美元。2006 年以来,曾创下每桶 75 美元的新高。三是通货膨胀的压力依然存在,由于石油、农产品、原材料涨风强劲,各国纷纷收紧货币政策,新一轮全球加息周期逐步形成。四是贸易保护主义抬头,各种壁垒激增,贸易摩擦加剧。五是金融风险长期酝酿,随时随地都可能爆发。

3. 全球财富的增加与全球分配不公已经成为最为重要的全球矛盾和最为严重的全球问题。虽然全球蛋糕不断做大,但分配不公却愈来愈严重。南北差距不断扩大,贫富两极分化越来越严重,全球人均每天生活费不足 2 美元的人已近 30 亿人。从 1980 年至 2003 年,发达国家的国内生产总值占世界的比重从 65% 上升到 80%,而占世界人口 80% 的发展中国家的国内生产总值仅占世界的 20%,两极分化进一步加剧。即使在发达国家内,最富和最穷的群体之间的分配不均也在扩大。到 2002 年,1/5 的美国上层人占有 60% 以上的收入,而 1/5 的底层人则只有 2% 的收入。如果经济全球化不能解决这个问题,那么结果必然是灾难性的。

4. 在国家经济主权和经济共同治理权相分离的情况下,如何处理好全球各国干预与市场经济的关系,如何处理好竞争加剧和加强合作的关系,都需要一个公正合理的新的全球经济新秩序。而这个新秩序还在斗争和建设中。这样,旧的国际经济秩序就成为经济全球化发展的障碍和桎梏。我们可以看到,以世界贸易组织、世界银行、国际货币基金组织三大机构构成的旧秩序,尽管也起到了一定的作用,但由于主客观条件的限制,这些组织也遭到了严厉的批判,也需要调整完善,更需要改革创新,真正建立起公正合理的全球经济新秩序。

5. 以人为本,人人共享的全球化,已经成为经济全球化的总趋势。无论是各国内部重视解决分配问题,不断改善穷人的生活状况,不断地改进财富的分配,还是在全球范围内联合国的千年目标、扶贫计划以及各种国际组织的援助计划都说明,全球财富公正合理的分配已经提上议事日程,进入实际行动的阶段。随着这个总趋势的逐步加强,随着公正合理的全球经济新秩序的建立,人人共享的全球化的目标一定能够实现。

第二节　经济全球化的三个特定内容

一、贸易全球化

(一)贸易全球化的定义与事实

我们先来看一组数据:第二次世界大战以后,国际贸易的增长大大超过了国际产出,在 1950 年~1973 年之间,全球贸易额以年均 5.8% 的速度增长。而1990 年~1999 年,全球国内生产总值年平均增长率为 1%,但同期全球贸易额年均增长率却达到了 6%。据世界贸易组织报告,2005 年全球货物贸易额首次突破 10 万亿美元,达到 10.12 万亿美元,增长 6%。2006 年又提高了 1.9 个百分点。十大出口国的出口额占世界出口总额的比重达 53.2%。同时,贸易结构发生了很大的变化,服务贸易异军突起,年均增长速度达到 9.3%,在全球贸易中的比重已达到 20%。总的说,与 1950 年比,当今世界全球贸易额增长了 15%,而全球总产出增长了 5.5倍,全球出口总值与国民生产总值的比率从 7% 提高到 15%。这个事实证明,全球贸易的增长已经高于全球产出的增长,贸易全球化已经形成。

那么,什么是贸易全球化呢? 贸易全球化是指不同的国家和经济之间相互交换商品和服务的全球运作,由此深化了世界市场和国际贸易机制的形成和发展。无论其广度、深度和依存度都成为直接影响全球经济和一国经济发展状态和质量的主要力量,成为全球资源优化配置的主要手段,成为所有国家国民经济结构中不可分割的重要组成部分,成为金融全球化和生产全球化独有的先行官和调节器。

(二)贸易全球化的历史比较

美国学者戴维·赫尔德等撰写的《全球大变革——全球化时代的政治、经济和文化》一书对这一问题有一个很有见地的简表,转录在这里,以说明这一问题。

贸易全球化的历史形式

	工业革命前	古典金本位时代	两次世界大战之间	布雷顿森林体系时代	当代
广度	适中：亚洲、欧洲和非洲的长期持续的联系，扩展到美洲，继而是澳洲。	广：到19世纪早期，多数地区都被纳入到国际贸易中。	许多国家参与贸易活动，但早期封闭的贸易集团中的联系瓦解了。	共产主义国家被排除在世界贸易之外，其余的则普遍参与了世界贸易。	国家间联系密切，参与普遍。世界贸易组织成员国1997年达132个。
强度	各经济体一般来说都低，但对特定工业来说则是重要的。	适中：对有些国家来说程度高，而对多数国家来说程度低。	起初比第一次世界大战前低。20世纪30年代迅速下降到最低水平。	起初低，但上升到古典金本位水平。	高：贸易占产出的比例前所未有；与以前相比，私人产出比贸易更多。
速度	低	中—高	低	低	高：快速的技术变化和全球竞争。
影响	对多数经济体影响弱，但对一些特定产业和更广泛的社会变革影响是重要的。	高：是初级品出口国发展的核心。而且对工业化国家的收入分配影响越来越大。	贸易下降的影响由高变低。	随着贸易增长影响增大，对工业增长是重要的。	高：经济体的关键部分用来贸易。在决定收入和产业结构上日益重要。
基础设施	简陋的运输体系，因船舶和航海技术进步而有所改善。	使用蒸汽动力运输实现工业化；运输成本大幅度下降；新的通信技术出现。	持续的运输进步，但被其他发展所掩盖。	空运和海运成本下降。	早期成本下降得到巩固，通信技术的迅猛发展促进了服务贸易。
制度化	贸易公司和商业组织。贸易保护起初低，但随着民主国家形成而上升。最低水平的国际调节。	日增的国际市场，标准的双边协议。不同的保护程度有时高，但普遍接受了贸易最惠国原则。	国际安排的瓦解。20世纪30年代贸易保护主义上升，出现区域主义。	在关贸总协定下从事贸易。贸易多边协议。自由化的开端。	世贸组织作为全球性组织而行动，确保共同规则在全世界采用，并加强了贸易自由化。

	工业革命前	古典金本位时代	两次世界大战之间	布雷顿森林体系时代	当　代
分层登记不平衡	开始时低,但至17世纪时,贸易日益通过帝国组织。高度不平衡,少许贸易地区,其他地方未受影响。	多数贸易通过帝国组织,贸易受主要的出口国控制。贸易对主导国和初级品出口国是重要的,但其他国家则边缘化了。	随着世界贸易崩溃,主要国家已能组织区域性安排。下降的贸易打击了初级品出口国,一些国家只能通过国内生产恢复起来。	贸易在工业化国家间进行,美国是主要的贸易国。一些国家的市场缓慢增长,但市场在世界上普遍的扩展在一定程度上起到了补偿作用。	贸易仍集中在经合发国家,但集中的程度下降。其他国家作用凸显,开始是石油输出国,后来是新兴工业化经济体。贸易造成的差别增加,其他的国家则被边缘化。

(三)贸易全球化的本质是它所发挥的互入式的先导调节作用

如前所述,经济全球化实质上就是资源在全球范围的优化配置。这种配置由贸易全球化、金融全球化和生产全球化所构成。我们可以看到,经济全球化有一把开门的钥匙,这就是各个国家的对外贸易。因为各个国家的经济联系在一起,就必须有世界市场,就必须形成世界市场。世界市场从本质意义上讲,是每一个国家国内市场的联系(很明显,主要消费也主要集中在国内)。而要把每一个国家的国内市场联系在一起,就必须打开每一个国家的国内市场,而每一个国家国内市场的打开都必须是对等的、有条件的、互利互惠的,而这种互利互惠是每一个国家处理不了的,必须有一个国际贸易规则制定与执行的机构与机制。这就是贸易全球化的本质。

贸易全球化的主要矛盾和问题是什么呢?说到底,就是世界市场的占有份额与本国经济发展的关系。换句话说,就是本国市场向全球开放的程度、范围和水平的确定问题。这种确定,既要有本国的意志和主张,又要有国际机制协调的格局和结果。二者缺一不可。这些问题集中到一点,就是贸易争端和解决的全球机制。目前看,就是世界贸易组织及其全部工作。而最突出矛盾的又影响着一国政府确保国内繁荣和发展的能力。

(四)贸易全球化的新形态和新趋势

1. 国际服务贸易

GATS《服务贸易总协定》认为,国际服务贸易是居民与居民、居民与非居民之间服务的跨境输出和输入,包括四种形式:跨境交付、境外消费、商业存在、自然人移动。在世界经济继续稳定增长、全球产业结构升级、货物贸易保持增长、国际投资倾斜增多、全球信息技术革命五大动力的推动下,全球服务贸易强劲增长,从1980年~2005年的25年间,全球服务贸易出口额从3 650亿美元扩大到24 147亿美元,增长了5.7倍,占全球贸易总量的比重从1/7提高到近1/5。特别是新兴服务贸易强劲增长,从1990年~2005年,以知识技术密集型为基础的新兴服务贸易占全部服务贸易的比重由37.6%提高到47.8%,服务贸易结构得到了进一步优化。

2. 服务外包

服务外包是指企业按照"扬己之长,避己之短"的市场化理念,把非核心服务业务发包给本企业之外的服务提供者的经济活动。按照业务内容的不同,服务外包一般可分为业务流程外包(BPO)和信息技术外包(ITO)两种。据联合国贸发会议估计,2007年全球服务外包总值将达1.2亿美元。数据表明,发达国家是服务外包的主要输出地。在全球外包支出中,美国约占2/3,欧盟和日本占近1/3。发展中国家是外包服务的主要承接地,亚洲约占全球外包业务的45%。印度是亚洲外包中心,爱尔兰是欧洲的外包中心,墨西哥是北美的外包中心。从趋势上看,跨国公司的经营理念将进一步发生变革,非核心业务离岸外包将成为大的趋势,其市场潜力巨大。

3. 发展中国家的国际贸易地位上升,比重加大

根据WTO统计资料显示,1990年,发展中国家在全球贸易总额中只占23.8%,到2005年,已上升到接近40%。服务贸易的情况也开始发生变化,发展中国家的地位也呈现日趋上升的趋势。

4. 贸易摩擦加剧,贸易保护主义有所抬头

一是贸易摩擦从微观层面向宏观层面延伸;二是反倾销案件数量总体下降,但中国等国却大幅上升,比重从13%上升到37%;三是补贴成为贸易摩擦的新焦点;四是WTO的多哈回合谈判在艰难中进行;五是区域贸易协定增多不仅导致贸易摩擦进一步蔓延,而且促使保护主义抬头;六是技术、环境贸易壁垒已经成为引发贸易摩擦和保护主义的重要因素。

5. 知识产权保护已经成为一个世界性的难题

知识产权,是指公民或法人对其在科学、技术、文化、艺术等领域的发明、成果和作品依法享有的专有权。世界贸易组织《与贸易有关的知识产权协定》保

护了七项权利,涉及七个方面类型知识产权保护的国际主要公约已有近20项之多,但保护却一直未能很好地解决,也使其成为世界性的难题。

6. WTO的困境与全球贸易的秩序

WTO的困境是由上述多个因素造成的,它不仅深陷多哈回合谈判不能自拔,更严重的是它想在150个成员中达成共识是极其复杂和异常艰难的。正是在这种情况下,2007年4月美国召开的与欧盟的华盛顿峰会,达成了一份旨在促进跨大西洋经济融合的框架协议,历时10年的欧美单一市场的构想再度浮出水面。不管是TPA(贸易促进授权)即将到期,WTO陷入困境,还是美欧要联手对付新兴市场国家,特别是"金砖四国",美欧单一市场意味着经济全球化已经进入到一个制定新规则的历史新阶段。正如罗伯特·辛伯所指出的,如果我们希望在和平中生活,我们就需要规则,但谁将制定规则?这又是什么样的规则?这些都是重大问题,需要全球各国来回答!

二、金融全球化

(一)金融全球化的事实和意义

我们也是先看一个事实:全球金融交易急剧增长,1980年全球资本交易量仅为5万亿美元,1992年急剧上升到30万亿美元,2000年达到了创纪录的80万亿美元。据美国摩根士丹利国际投资公司的最新估计,截至1999年底,全球48个最大股票市场的市场资本总额达到31.7万亿美元,首次超过世界商品和服务贸易总值。国际投资也迅速增长,其增长速度几乎比同期世界经济增长率高出一个数量级。每天世界交易的金融资产已超过15万亿美元以上。此外,期货市场的出现,新的金融工具的层出不穷,国际国内的金融市场和金融机构的发展,汇率和利率的日趋重要等等,都证明了金融全球化的存在与发展。

那么,什么是金融全球化呢?金融全球化是指金融全球市场形成的过程中,跨国界的投资、证券、股票、信贷、债券、援助、货币及衍生工具期权、掉期等的交易和流动。这种市场是由金融的开放度(国内金融市场对国际金融交易法律限制的程度)、金融准入程度(国内金融参与国际金融活动的程度)和金融整合(即不同国家金融市场资产价格和利润的均衡)等机制为核心,以全球金融的广度、长度、速度、分层等为条件,以经纪人和利举人为两个最核心的关键变量,通过一国国内经济条件和国际金融机制发挥配置金融资产、推动全球经济发展的作用。

(二)金融全球化的历史和比较

英国学者戴维·赫尔德等撰写的《全球大变革——全球化时代的政治、经济与文化》一书对金融全球化的历史和比较有一份简明实用的表格,现转录在这里,供大家参考。

金融全球化的历史形态

	工业革命前	古典金本位时代	布雷顿森林体系时代	当代
广度	适中。亚欧之间长期存在的贵金属流动,16世纪扩展到美洲。	国家纳入贸易体制后,货币流量高。20世纪前古典金本位制局限在先进国家。	共产主义国家被排除在国际货币体制以外。实际上到处适用	真正地、普遍地参与国际金融和货币秩序。
强度	普遍较低,但定期的货币流量对国内货币状况有关键影响。国内经济有限货币化。	多样。主要投资国和债权国的投资占其收入非常高的比例。国际货币状况对国内状况的影响逐渐增加。	受规定的限制。中等水平流量。	高。空前的资本总流量。资本流量的多样型。
速度	非常有限:日和周交易。	中等程度。有限的	逐渐增长:24小时交易的开始。	高:同步的24小时交易。
影响	低:有限的国际交易和经济货币化。	金融流量常常是债权国发展的核心。金本位对参与国最初有限的影响,但是对于20世纪30年代大萧条至关重要。	按规定对工业化国家影响程度低。对信用限制的发展中国家有较大影响。国内资本控制,复合自由主义。	高:利率由国际市场决定,金融政策也受其影响,对于经济体内所有集团都有重大影响。
基础设施	基本的通信。最少的管制。	国际电报为全球市场提供基础。有些国际管制。	通信技术进一步发展。广泛的国际管制。	发达的通信和计算机技术为高水平的交易和私人金融基础设施提供基础。广泛的国际监督和管制。

	工业革命前	古典金本位时代	布雷顿森林 体系时代	当代
制度化	金融中心数量少,商人和银行网络从其中发展起来。	跨国银行网络出现。政府协议构建金本位。	国际货币基金组织管理国际金融。随着欧洲货币交易发展,跨国银行重新出现。	跨国银行业不断发展。国际货币基金组织对穷国的影响不断增强。通过国际清算银行和其他国际协议实行管制。广泛的监督。
分层	高度集中:通过一些小的中心组织国际金融。欧洲中心。	高:通过有限的交易组织私人金融。英镑控制国际交易。欧洲中心。	高:通过有限的交易组织私人金融。美元作为布雷顿森林体系的储备货币控制国际交易。	高:但仅比布雷顿森林体系更分散一点。私人金融集中在伦敦、纽约和东京,但日增的贸易各处都有。
互动的主导形式	竞争性的。	帝国性的。	国家主导的、合作性的。	私人金融和国家的权力平衡正在变动。合作与竞争。

133

(三)金融全球化的本质就是怎样发挥好金融权力平衡和变化的作用

金融为何物?我们都知道,金融是市场经济的血液。如果这个比喻是确切的话,那么,金融全球化正是在贸易全球化打开血管大门之后注入的运行润滑剂和助推器。它的最大好处就是能够把资源配置到效率和收益最高的地方,从而增加世界财富,促进世界发展。

在实际运作中我们可以清楚地看到,金融权力的平衡与变化是金融全球化的重要作用,它不断地适应变化,维持平衡,但它又往往是力不从心,造成全球胆战心惊的风险及事实,这是为什么呢?

因为金融全球化一直是呈指数地增长。第一,金融交易的网络之绝对规模、复杂性和速度,更多、更复杂的金融和更快的交易在历史上空前,而且易变性还在深化。第二,金融全球化有着自己的独立、独特的市场和规律,完全可以脱离国际产出与贸易的实物经济基础,实现自己一整套的运行机制和得到完全不同的后果。第三,任何一国的国内金融市场与世界主要的金融中心均是植根于同一全球金融体系中,它正在改变着决定世界和各国人民眼前和未来繁荣的各种条件。第四,发达国家已允许市场组织的私人金融机构控制着谁有权利获得的以及以什么方式获得的信用的决定。国际信用组织已经从一个半官方的机构转变为近乎不完全私有的机构。

所以,我们应当清醒地认识到,金融全球化在发挥的这种作用而产生的最主要矛盾和问题就是全球金融风险。在当代,这种风险明显地呈现以下特征:一是发生的频率高,二是发展的速度快,三是造成的伤害深,四是影响的范围大,五是可干预和可控度小,六是体制机制仍然不适应这种变化。

这种风险令人不寒而栗,更为令人痛苦的是,金融全球化正在改变全球政治经济结构中现代国家的形式和功能,尤其对一国政府控制金融风险的能力提出了空前严峻的挑战和日益严重的考验。一句话,要么使血液正常流动,要么造成心肌梗塞死于非命。

(四)金融全球化的新形态和新趋势

1. 金融全球化在金融自由化、金融信息技术、融资证券化、金融创新等的推动下,呈现五位一体的新的发展格局和新的发展业态:一是资本流动全球化,不仅其速度和范围不断加速和扩大,更重要的是发展中国家也开始了资本输出的历史。二是货币体系全球化,并经历了从金本位到布雷顿森林体系再到牙买加体系的历史进程,出现了区域货币一体化的新趋势。三是金融市场全球化。20世纪90年代以来,外汇市场已成为全球最富流动性的市场,据国际清算银行统计,全球外汇市场日平均交易量从1989年的5 900亿美元上升到2004年的1.9万亿美元。四是金融机构全球化,出现了全球性的银行业合并、兼并的浪潮,使得巨无霸的全球投资银行、商业银行不断涌现,处于更加有力的竞争位置。五是金融协调和监管全球化。国际货币基金组织、国际清算银行及其原则、协议已被越来越多的国家所接受。同时,各国也在不断地扩大自己的利益和影响,形成了一种新型全球金融政治。

2. 全球金融双刃剑的影响越来越明显,越来越突出。一方面,金融全球化带来了多元化和更有效率的资本流动,有利于提高资源在全球的优化配置,促进全球和各国的发展。另一方面,金融全球化日益升高的风险和随时随地都可能爆发的危机,使全球金融的动荡和不确定性、周期性逆转、高风险性、突发性成为常态,这些不利影响还出现巨大的传染和放大效应,对全球和各国经济造成了毁灭性的打击。

3. 金融风险进一步加剧主要成因的变化。一是货币可自由兑换可能带来的风险,特别是发展中国家资本账户过早开放,更容易受到国际资本的冲击,从而引发危机。二是私人资本成为主导力量,而私人资本很难控制和调节。目前,私人资本的流动已占全球资本流动的3/4,占了直接投资的全部。三是融资证券化,债券市场迅速发展,难以控制。到2005年底,美国资产支持债券(ABS)和按揭支持债券(MBS)的余额已分别达到1.96万亿美元和5.90万亿美元,比1989年分别增长37.1倍和5.4倍。四是虚拟经济和资本的过度膨胀成为风险的主导因素。全球经济中的虚拟经济越来越脱离实物经济而独立存在,成为完全独立的虚拟经济全球景象。从而导致全球金融交易中只有2%与全球生产、贸易等直接投资有关,其余部分都在进行着自我循环、以钱生钱的游戏,使全球金融风险陡然升高并长期维持。五是全球金融监管乏力的风险。一方面,金融衍生产品通过借贷杠杆使金融风险成倍放大,掉期、期货、衍生交易又是"黑箱操作",大量资金处于监管之外,另一方面,现行的全球金融监管的体制和技术都明显滞后,显得苍白无力。

4. 应对全球金融风险监管体系和传导机制及其变化。当前的体制和传导机制是两条路线,第一条路线是资本输入(短期)→形成外债→贸易逆差→绝对自由化→利率上升→抑制投资→资本外逃→各方逼债→对冲基金冲击→货币贬值→金融危机→国家破产→历史倒退。第二条路线是相关国家国际收支逆差→相关国家国际收支顺差→高额外汇储备→储备回流美国金融市场→弥补美国国际收支逆差→美国继续从相关国家进口并对外投资→关国家国际收支顺差进一步扩大,循环往复,不断运行。但是,这两条路线必须有两个前提:一是美国拥有强势货币和强势金融市场,二是国际金融市场能够成为最终实现再平衡的重要环节。从更长远的角度看,这两个前提都是有问题的。因此,一是要改革国际货币基金组织及政策协调,在决策和工作机制上,要解决主要反映美欧强国利益的问题;在对金融危机的处置上,解决"亡羊补牢"的"马后炮"政策;在对发展中国家的援助上,解决附加不合理条件的问题。二是布雷顿森林体系解体后,美国霸主地位的不复存在,金融全球化已呈现出多极化的趋势。特别是七大国和G8(八国首脑)应当发挥更好的作用。三是新兴市场国家也应当更有力地争取自己的利益,发挥自己的作用,特别是G20(20国集团)应当在国际金融格局中扮演更有力的角色。四是区域一体化的监管协调机制的建立完善更有利于金融应对风险、保持平衡。如欧盟、北美自由贸易区、法郎区、中美洲共同市场、东盟 10＋3、海湾国家货币合作等等。总之,只有不断改革创新监管和协调的全球金融体系和机制,才能更好地解决金融全球化的双刃剑问题,使其造福于全人类。

5. 美元的衰落和全球金融体系与秩序的重建。美元的衰落不仅是不争的事实,更是一个不争的历史趋势。由于欧元的发行,"金砖四国"的冲击,金融的技术进步及美国国内的原因,美元正在不断的衰落。美元面临的巨大贬值风险和全球金融市场的不稳定,直接威胁到各国的经济安全。因此,新兴国家纷纷成立国家外汇投资公司,成立主权财富基金。同时,全球正朝着多种货币共享的方向迈进。这对于全球来说是好事而非灾难。正是在这些因素的共同作用下,国际旧的金融体系已经不能适应今天全球化的发展。换句话说,国际货币基金组织和世界银行正在经历代表性危机及对其使命的质疑,改革和重建已迫在眉睫。

三、生产全球化

(一)生产全球化的事实和含义

贸易全球化和金融全球化的基础就是生产全球化,也就是我们通常说的全球生产一体化。我们可以非常明显地看到,第一,跨国公司全球投资并在全球展开了生产和经营活动。1997 年,跨国公司在海外直接投资及其他活动的发展,超过了世界 GDP 及贸易的增长速度,其海外投资子公司销售额的增长速度高于世界商品与服务贸易的出口速度。到 1998 年,遍布全球的 5.3 万家跨国公司拥有 45 万家附属公司,其销售收入已达 9.5 万亿美元,创造的 GDP 占世界的40%,贸易占世界的 60%,对外直接投资占世界的 90%。少数跨国公司支配着石油、矿产、食品和其他农产品的世界市场。第二,由此形成和发展起来了全球性的生产系统和销售网络,生产已从国内区域分工走向国际分工,销售已从国内市场走向国际市场,形成了全球资源配置、跨国协调生产与经营销售的网络和格局。这就从根本上加深了全球市场竞争和激烈程度,从根本上加强了全球相互依存的程度,其影响已远远超过了国际贸易,从根本上改写了全球联系以国际贸易为主的历史。今天,跨国公司作为服务外国市场的主导模式,其重要性已经超过了出口。第三,由于跨国公司跨国投资、生产、销售的系统作用,一方面催发了新的科技革命,带来了信息与运输工具的革命、管理机制的革命,形成了生产全球化的基础结构。另一方面,催发了贸易全球化和金融全球化,使之为其资源的全球化配置服务,使之真正变成了全球化,使三者共同构成了经济全球化。所以我们说,生产全球化是本质,金融全球化是条件,贸易全球化是基础,跨国公司是主体,世界金融组织是血液,WTO 是闸门。

（二）生产全球化的历史和比较

英国学者戴维·赫尔德等撰写的《全球大变革——全球化时代的政治、经济与文化》一书对生产全球化的历史和比较有一份简明实用的表格,现转录在这里,供大家参考。

全球生产的历史形态

	1600～1800 年	1870～1939 年	1950～1973 年	1970 年以后
广度	贸易公司活跃于亚洲和北美。商品链。	跨国公司出现。并在欧洲、北美和主要的初级产品出口的领域活动。商品链。	跨国公司活跃于工业化国家,逐渐进入发展中国家,但被排斥在共产主义国家之外。	随着20世纪90年代新兴市场经济国家融入世界经济,跨国公司几乎涉及世界上所有国家和地区及全球性生产/销售网络的增长。
深度	贸易公司集中经营奢侈品,但它们只占经济中很小比例。	跨国公司主导着特定初级产品生产国的发展和特定制造业的投资。	制造业飞速发展;跨国公司开始控制一系列工业部门。	高:跨国公司控制世界贸易,占有世界产出的大约1/4。国际生产超过出口。
速度	低。	相对高:生产加速。	中速。	高:生产过程和全球竞争加速。
影响	即使对特定的生产是重要的,但一般来说影响小。	对特定初级商品有重要影响。在一些制造业,跨国公司引进了一些新的产品和过程。	在为许多初级商品和制成品营造全球竞争环境和加速技术扩展上有重大影响。	影响加深:1973年以前趋势持续;世界范围内转移生产的能力增强;因缺乏完善的流动性降低影响。
基础设施	借助于运输体系的基本通信。	国际电报推动了通信改革。独立生产。	电信业的革新和进步有助于集中协调完全整合的组织。虚拟整合的组织。	现有技术的完善和重要革新——传真、E - mail 等,使大规模连续通信和更加多样化的组织国际生产的形式成为可能。

	1600～1800 年	1870～1939 年	1950～1973 年	1970 年以后
制度化	帝国保护的贸易公司;并行使着自己的权力。	第一次世界大战前,比较开放的国际贸易制度。后来实行某些限制,特别是在20世纪30年代。	制度更加开放但有重要的例外。在对外资流量和跨国公司活动的控制和限制上各国差别很大。发展中国家的国有化。	更加开放的制度趋势伴随跨国公司和外国投资流量控制的自由化。走向更和谐的状况,所以,对外贸易同样面临着管制。
分层化	强:贸易公司在帝国范围内依靠帝国权力而经营。	强:主要公司的运作来自主要的国家,特别是英、美。大部分投资集中在初级生产商和其他主要的国家。	制造业跨国公司起初由美国公司控制。其他国家既有的跨国公司继续运作,其他国家的公司开始出现。	跨国公司和外国直接投资流量来自最富裕的国家,但范围更广。以发展中国家为基地的大量的欧洲和日本的公司以及跨国公司的增长。生产的扩散和东亚跨国公司的增长。
等级结构不平衡	高:投资局限在特定的关键领域。	高:虽然对初级产品投资大,但在其他国家和主要国家投资低。南北劳动分工。	投资主要是在非社会主义国家,但增长的国际贸易集中在工业化国家。对低收入国家的投资一般很小。	投资仍集中在工业化国家。流入/流出发展中国家的资金增长,但集中在有限的工业化国家和转轨国家。新的全球劳动分工。

（三）生产全球化的本质就是怎样正确处理跨国公司的主导作用和国家收益的关系

跨国公司作为生产全球化的主体,彻底地说,作为经济全球化的主体,必然会在经济全球化中发挥主导作用,这一点是不证自明的。但是,与贸易和金融不同,全世界至今并没有管理、协调跨国公司及其生产、销售的国际组织和国际体制。因此,怎样正确地发挥跨国公司的主导作用就成了最根本的问题。

这个问题说到底,就是各国政府因为无法依靠或者通过参加某一国际组织和体制来正确发挥跨国公司的主导作用,就不得不直接与跨国公司打交道。但由于这种交道没有任何直接的指挥权、制约权,甚至是"投鼠忌器",因此,如何正确处理各国政府与跨国公司的关系就成了全部问题的关键之所在。

由于跨国公司的全球生产、销售、流动和竞争,更由于出现了投资服务业、增大科技创新的能力、控制能力越来越强等新的时代特征,已经昭示着将产生一种全新的体制和机制。由于跨国公司不是政府和政府行为(虽然一定程度上受政府影响),甚至在某种意义上还影响政府和政府行为,要求产生一种处理政府间行为的国际组织和体制来处理跨国公司与政府的关系纯属幻想,至少在可以看得见的将来不会出现这样的东西。

但是,任何一国政府都面临着两难的选择。一方面,由于跨国公司会对本国经济的发展、税收、管理、就业等起到促进作用,因此各国政府都以积极主动的姿态、优惠的政策等大力吸引跨国公司的投资,这已经成为世界的潮流。另一方面,由于跨国公司是分散生产和集中控制的,因此,各国政府又十分担心下列问题:(1)公司优先权;(2)深度榨取;(3)转移收益;(4)形成垄断;(5)控制经济命脉;(6)压抑民族工业和服务业;(7)转嫁经济危机;(8)削弱政府的宏观调控和经济管理能力。有趣的是,现在前者仍然占据统治地位。为了吸引跨国公司的投资,各国政府实际执行了一套自己压制自己本国公司,把优惠政策和条件集中于跨国公司的政策和运行体制,如"自由贸易区"、"保税区"、"跨国公司投资独享优惠政策"等等。更有趣的是,吸引跨国公司到本国投资,居然已成了一种国际竞争的现象。我们正看到它更深入到了国内竞争的地步。这种现状和趋势使担心成为多余,使引资成为主流,使国际组织和体制更难产生,使未来更多了一份不可测性。

问题的产生和问题的解决是一件事情的两个方面。我们认为,跨国公司虽然处于主导地位,发挥了主导作用,但它既不是发达国家"国内公司的国际运作",也不是各国政府拿它没有办法的"无约束公司",它是一种全新的公司和体制。随着创造财富和分配财富的历史条件的逐渐变化,跨国公司对各国政府的管理能力是提出了严峻的挑战,但各国政府也一定能够适应这种变化,以一种新模式来管理跨国公司。国际上也会有一种办法来帮助解决这一问题。

(四)生产全球化的新形态和新趋势

1. 全球跨国直接投资的发展推动了新领域中全球生产要素的跨境转移,服务外包、高科技、高附加值制造环节转移成为新一轮全球生产转移的重要特征和直接投资恢复增长的引擎。据国际货币基金组织预测,未来几年内全球将进入一个黄金发展周期,年均增长率将达到4.3%。

2. 跨国公司迅速发展,其地区总部和区域营运中心的设立,使跨国公司无论在数量上,还是在质量上都呈现出前所未有的好形势。其新战略主要表现在:一是职能与资源配置的全球战略,纵向到底、横向到边;二是经营业务核心化,最具竞争优势的成为核心和中心,一切都服从于核心竞争力;三是投资与服务迅速向服务行业倾斜,并把服务环节作为增加附加值和利润的主要领域;四是跨国并购更加激烈,迅速膨胀。在 FDI(对外直接投资)总量中比重都在 50% 以上,特别是 2000 年竟达到 82%,2005 年达到 80%;五是跨国战略联盟在竞争中加强了跨国公司的合作,进一步增强了竞争力。目前,大约有 60% 的跨国公司建立了战略联盟;六是跨国公司的组织结构进一步呈现出扁平化、信息化、网络化格局和趋势。据美国《财富》杂志估计,从 1990 年至 1995 年,全球最大的 500 强平均有三个以上的组织层次;七是产品和服务更加市场化、柔性化、个性化。特别是大规模定制服务这种新的经营模式的发展,更好地满足了多种个性化的需要。

3. 全球投资已经成为全球资源优化配置的重要手段,而且出现了更为强劲的新势头。一是全球直接投资迅速增长。从 20 世纪 90 年代以来,全球直接投资已超过全球 GDP 和全球贸易的速度快速增长,已成为相当长一段时期全球经济的火车头。2000 年达到 1.4 万亿美元,2006 年达到 1.2 万亿美元,逼近历史最高点。二是全球化投资的影响范围迅速扩大,主体投资者开始了多元化的趋势。发达国家、发展中国家、新兴市场国家都成为全球投资的参与者,吸收直接投资在 100 亿美元以上的国家 2005 年达到了 21 个。联合国《2006 年世界投资报告》显示,全球 100 家跨国公司中有 5 个来自发展中经济体。在这些经济体的 100 个跨国公司中,中国内地已占 50%。而世界 500 强中已有 60 家企业来自发展中国家。三是在投资领域更加多样化的基础上,服务业正在成为投资的热点领域。全球投资的 50% 已投向服务业。四是投资形式不仅更加多样化,而且跨国并购已成为主要方式。在直接投资与间接投资、长期投资与短期投资、缘地资与并购投资、实业投资与金融投资、公共投资与私人投资的基础上,新兴的全球投资方式——灵活投资也开始兴起。

4. 政府管理对外和外来投资及国家经济安全的新问题。全球投资无论在发展、就业、竞争力的任何一个方面都促进了被投资国的迅速崛起,好处是巨大的。但在全球化的这种冲击下,国家经济安全日益被提上了全球化课题的议事日程。这个命题的直接成因,就是在全球投资中跨国公司逐渐地会掌握被投资国的经济命脉和经济主权,同时,一国若干经济事务的处理已经不是主权和本国内政可以处理的问题,部分"经济主权"似乎被让渡,从而使一个国家最根本的经济主权和利益不能得到基本的保护。一般来说,应当在合作共赢的根本原则下,一方面,要对外资的投入进行规制,如审批制度、外汇管理、信息披露、优惠政策、合作协定、适当的限制措施等等。另一方面,要加大支持本国企业对外投资的力度,如:财政补贴、信贷支持、融资担保、税收减免、避免双重征税、准备金制度、信息、技术支持、产业政策引导。总之,通过对外投资的规制和促进自己的对外投资这样的合作双赢,就能实现既加快自身发展,又保护国家经济安全的双重目的。

5. 全球投资与经济全球化相互促进、相互推动、相互支持、相互融合的新发展。一方面,全球投资直接推动了经济全球化的深化,并且成为经济全球化的主要动力。另一方面,经济全球化又因此促进了全球分工体系的深化,产业内贸易地位的提升,双边、多边、一体化发展,使发展中国家在全球投资中的地位提升,直接投资与间接投资融合。这两方面的力量结合在一起,使经济全球化进入了全球化的新阶段。

6. 全球经济将由廉价资源时代向高价资源时代转变,资源经济的特征明显加强。从原油价格高涨的冲击分析,一是产油国手中掌握的巨额石油资金是一个极大的冲击力量,无论是供给上的控制,还是资源民族主义高涨,都会造成巨大冲击。二是石油价格的高涨带动各种各样的资源价格全面上涨,全面飙升。资源枯竭和生产极限已经直接冲击到全球生产和经济。三是原油价格高涨带动其他各种新资源的全面启动,而新能源的启动又带动生产新能源的原料价格的全面上涨,全面飙升。四是全面伤害各个经济体。不管是美国等发达国家,还是新兴市场国家、发展中国家都无一幸免。全球如何应对高价资源时代已经成为各经济体的共同课题。

第三节　经济全球化的基本特征和两重性

一、经济全球化的基本特征

一般来说,经济全球化有以下几个主要的特征:一是以知识经济为主导,以信息技术为核心,形成了以高新技术为主体的新的生产力。以美国代表的一些主要资本主义国家已经开始步入信息社会。这是经济全球化的根本原因、核心力量和主导作用。没有它,就根本谈不上经济全球化。二是以国际分工无中心化和分散化为基础,而且这种分工不断地扩展和深化,正在由垂直向水平方向发展成型。全球生产体系已经形成,国际间的专业化、协作化、社会化又有了新的进步,这是经济全球化的基础。三是国际贸易和资源的全球性优化配置表现为流动范围扩大,流动速度加快,流动容量更宽,流动自由化程度更高,流动的竞争愈加残酷,流动方式多样化,特别是国际金融自由化的急剧发展,更加速了全球化步伐。这是经济全球化的条件。四是跨国公司已经成为国际经济的活动主体,主要资本主义国家,特别是美国的跨国公司开始新一轮的强强联合,更加强了这一趋势。同时,国家利益也成为强大主体。这是经济全球化的多元化主体。五是各国经济不仅加强相互开放,相互依存,相互融合,相互影响,而且更加受到整个世界经济的影响和制约,同时又可以影响和制约全球经济的发展,带动全球的发展和繁荣。特别是发达国家的影响日益加大。这是经济全球化的主导。六是在经济全球化的趋势中,各种区域性的经济联盟不断产生、发展,作用也越来越明显。区域经济一体化既使经济全球化具体成型,又推动了经济全球化的发展,如欧盟、亚太经合组织、北美自由贸易区等等。这是经济全球化的方式。七是经济全球化不断产生磨擦和矛盾,相互协调已经成为处理国际间事务的主要途径和主要方式。通过各种国际组织,特别是世界贸易组织以及谈判和相互让步取得"双赢"的结果,越来越成为各国的主要选择,这使得经济全球化中的争端有了一种解决办法和机制,它同时表明,逐步建立起国际经济关系新秩序是完全可能的。这是经济全球化的载体。八是"双赢"、"共赢"的结局是经济全球化的普遍现象和趋势。"谁也吃不掉谁"、"谁也不能取得单赢、独霸"的结局充分表明,经济全球化改变了过去非此即彼、你死我活的斗争哲学,而以和平共处、亦此亦彼、共同分享、相互促进的"双赢"、"共赢"哲学取而代之。这是经济全球化的灵魂。九是经济全球化一方面在极力避免全球的两极分化和贫富悬殊,另一方面又在加剧着全球的两极分化和贫富悬殊。更加严重的是,由于发达国家和跨国公司成为经济全球化的主导力量,使得发展中国家遭遇到的这种两重性更为严重。"西方中心论"、"中心—外围论"、"依附理论"等等都充分说明了这一特征。这是经济全球化的弊端。十是经济全球化依然按照经济周期的规律在运行。不管吹得如何天花乱坠,以信息技术为核心的新经济带来的新一轮经济全球化,也无法改写经济规律,也无法熨平经济周期。尤其是金融的全球化更是经济周期破坏性的根基和导火索,谁也无法幸免于难,全球性的经济危机依然存在,问题只在于爆发的条件和时间。更为严重的是,在经济全球化的条件下,经济危机一旦爆发,其程度更深、范围更广、影响更持久、形式更爆裂。最近开始的新经济泡沫的破灭和随之而来的世界性经济衰退就是明证。这是经济全球化的风险。

二、经济全球化的两重性

我们所说的两重性,一方面是说经济全球化是全世界各国人民的历史机遇和未来希望。因为经济全球化带来的科技、经济的创新发展,是全球化经济发展的新动力。它不仅将世界从贸易一体化带入了生产一体化、市场一体化和金融一体化,形成了全球多元化市场主体的大分工,催化了超越国界的统一大市场,促进了资本、技术、信息、知识、商品、服务的大流动以及资源和要素在全球领域的优化组合,推动着世界经济结构、产业结构、资源组织方式和经济增长方式的急剧变化,带动了各个国家和区域不同程度的发展和繁荣,在一定程度上解决了一些贫困问题和平等问题,而且影响到人类生活方式和交往方式深刻变化,涉及全球经济秩序的性质、政策以及文明之间的关系,而最根本的定义在于,经济全球化内含着合作共享的人性化的本质,为人类造福成为全球化不可抗拒和更改的内存目的,它必将带来人人共享的全球化,推动全人类走向共同发展和共同富裕。

任何一个国家都可以在经济全球化中获得发展的机遇和条件。一是经济全球化能够为我们带来了更加广阔的国际市场空间,有利于促进我们的对外开放和经济发展。目前,我国投资、出口和消费三大有效需求分别占国内生产总值20%、20%、60%,利用全球化挤占国际市场,可以扩大出口需求,启动有效需求。二是经济全球化能够为我们带来高新技术,提升我国经济的科技含量,提高我国的科技水平、综合国力和国际竞争能力。三是经济全球化可以促进我国经济结构的战略性调整,实现资源的优化配置,依照和参与国际分工合作,可以优化经济结构,改变企业组织形式,提升产业水平,实现技术产品换代,提高经济效益和规模水平。四是经济全球化将推动我们实现两个根本性转变。只有从计划体制转向社会主义市场体制,我们才能适应全球市场化的要求;只有从粗放经营转向集约经营,我们才能适应全球市场竞争的需求。五是经济全球化的规则和秩序正在制定之中,我们既有权利和条件参加多边谈判,更有机会以发展中国家的地位加入WTO,参与全球竞争,使我们获得有利的地位。这是权利和义务的统一。六是运用信息高速公路、综合信息网络的好处,促进我国信息产业发展,步入信息社会。

143

另一方面,经济全球化带来的严峻挑战和巨大风险主要表现在以下八个方面。

1. 西方中心化导致世界各国各地区参与全球化的严重不对称性。由于经济全球化在当代具有明显的资本主义化、西方化、美国化的特征,全球化流动基本上是在发达国家之间的区域一体化中进行的,发展中国家不仅得到的份额少,而且相当一部分发展中国家完全没有机会参与到经济全球化中来。有资料表明,仅1998年,除中国和印度之外,低收入国家仅获得国际投资份额的3%,而非洲撒哈拉以南地区几乎没有任何经济全球化的启动机会。已经有接近60个国家被完全边缘化。因此,从整体上看发展中国家仍然相对地处于全球主流经济的边缘地带。

2. 西方发达国家掌握国际规则的制订权和国际经济组织的控制权,导致世界各国各区域参与的不平等性。无论是双边协议,还是多边协议,无论是国际合作协议,还是区域性合作协议;无论是国家实力,还是国际经济组织,西方国家总是组织的控制者和规则的制定者,总是决定着国际组织的行动内容和发展方向,总是决定着国际规则的主要原则和内容。发展中国家的某些意见虽然能够得到一定程度的表达和实现(例如在世界贸易组织规则的制定),但在整体上仍然处于不能完全表达和实现的不平等地位,因而也就无法实现权利与义务的统一,不能参与规则的制定,却又必须要遵守规则,或者说,在制定规则时处于被动地位,在遵守规则时又要处于主动地位,这就是当前经济全球化的奇怪逻辑。

3. 西方发达国家操纵和控制经济全球化进程,采用多种手段使全球经济渗入各国国内政治、文化领域,迫使各国各区域处于不对称而被渗透的地位。西方国家既有经济武器,又有政治武器,同时向发展中国家施压。经济上要你开放市场,政治上要你接受他的价值观和政治制度,动不动就是人权、民主、宗教的"新干涉主义"出台。因此,发展中国家既没有解决纯粹的经济问题的实力,又要在政治上受制于西方国家,这种渗透性使得全球化进程充满了激烈、复杂的斗争和较量。发展中国家稍不留意,就会遭到经济政治的双重失败,这已经成为当代全球的主要矛盾。

4. 西方发达国家对全球问题采取两重或多重标准,使有些问题被强化并转嫁到广大发展中国家,造成一方获利、一方受损的不公正现象。

全球问题不仅日趋突出、大范围加速,而且日趋增多,出现了许多新问题,直接地影响着全球的健康发展,直接损害全人类的共同利益。这些问题本来可以通过各国的平等协商、合作共事、共同努力逐步解决的。但是,西方国家出于自私的目的,不仅拒不接受、执行有关的国际协议,尽到自己应尽的义务,而且还不断地将问题转移到发展中国家,迫使发展中国家接受与其人、财、物和义务权利不对等的现象。穷国付费、富国享受已经成为全球问题的真实写照。尤其是在人类环境资源的保护问题上更是如此。2002 年在南非召开的世界环境与发展首脑会议就是一个最好的证明。这一系列的文化、政治、生态、安全等全球问题,作为经济全球化的副产品和毁灭之力已经越来越严重,直接威胁到人类的现实生活和未来之路,有可能达到毁灭地球的惨烈程度。

5. 西方发达国家,特别是其跨国公司高度垄断和主宰经济全球化,并渗透到政治、文化全球化,导致了主权、民族、国家一定程度的混乱,甚至出现了对主权国家的否定。跨国公司又称为 MNC,这个概念是 1960 年由美国人戴维·利林塔尔创造的。它的意义是,这些公司,它们的家在一个国家,但同时也在其他国家经营,并生活在别的国家的法律和习惯之中。全世界现有 6.3 万家跨国公司,控制了私营资产的 1/3,全球 1/3 的生产总值、1/2 的国际贸易。对外的投资给各国带来资金、技术、管理经验、就业机会、经济发展等等,仅 2000 年,以跨国公司为主的全球对外直接投资总额达 1.1 万亿美元,其中有 1/4 流入发展中国家。跨国公司一是主导着全球经济的发展及走向,二是推动着生产要素在全球范围内的流动和配置,三是全球对外直接投资增长的支柱,四是全球贸易发展的主导,五是全球科技进步和发展的主力,六是全球分工模式和管理模式变革的先导,七是全球经济秩序的制定者,八是全球经济两重性的制造者,九是全球生产布局和发展的主宰。跨国公司是经济全球化的主要推动者和载体,它融资本、技术、管理为一体,形成了全球投资、金融贸易的生产、交换、分配和消费体系。跨国公司既是经济全球化的原因,又是经济全球化的结果。

但是,跨国公司又被称为独立于社会和政府的强大权力集团。这是因为跨国公司不仅控制了经济全球化,而且还通过壮大其母国——西方发达国家——的实力,使其控制并强化了旧的国际经济秩序。其一,跨国公司使西方发达国家进一步壮大了实力,使世界经济力量的对比进一步向发达国家倾斜。其二,跨国公司强化了西方发达国家对全球经济的主导权,控制了许多发展中国家的经济命脉。其三,尤其跨国公司的进一步的巨型化、巨无霸,出现了经济航母,更把垄断和控制推向了极端。其四,跨国公司直接或间接地渗透并影响发展中国家的政治、文化、社会等等。其五,西方发达国家与跨国公司相互利用,谋求其全球利益,使发展中国家不断西化、分化、边缘化,挑战着发展中国家的经济安全,使实力悬殊达到了无法改变的地步。正如美国哈佛大学教授米歇尔·波特所指出的那样,市场竞争实际上不是国与国之间,而是在公司与公司之间进行的。迄今为

145

止,我还不曾看到哪个国家不拥有强大的公司,就能在全球经济中占先的。

6. 西方发达国家与发展中国家之间的贫富越来越悬殊,两极分化越来越严重,差距越来越拉大,实力的不平衡使发展中国家处于极端不利的情况之下。据联合国有关资料显示,全球最富的国家和最穷的国家相比,20 世纪 60 年代的贫富差距为 1∶30,到 2000 年,这个差距扩大到 1∶74。以 1997 年全球国民生产总值近 3 万亿美元的结构为例,占世界人口 35% 以上的低收入国家仅占了总数的2.4%,而占世界人口不到 16% 的西方发达国家却占了总数的 79.5%。再从人均国民生产总值看,全球人均国民生产总值 6000 美元(以购买力平均计算),发达国家人均达到 2.9 万美元,而最不发达国家的人均仅为 500 美元,其悬殊竟高达 58 倍,少数人享受着经济全球化的幸福,多数人则备受经济全球化痛苦的煎熬。这样的经济全球化对全人类来说,是没有任何价值和意义的。说到底,就是西方发达国家利用经济全球化对全世界进行的有组织的剥削。

7. 金融全球化作为虚拟经济,不仅严重地脱离了实物经济,而且完全被西方发达国家垄断成为控制经济全球化的根本武器,造成全球经济的巨大风险和断裂危机,将发展中国家逼上绝路。以西方跨国公司构成的全球生产和销售网络体系与以西方金融中心构成的全球金融体系,同时主宰着全球化进程,但全球金融体系所起的作用更为关键和独特。它在推动经济全球化的同时带来了经济全球化的极度动荡和风险。因此金融全球化是资本全球化的支柱和核心,也是理解经济全球化的关键。

金融全球化不仅是指各国货币体系和金融市场之间的紧密联系,也不仅是指脱离了实物经济而追逐短期高额利润的虚拟经济,更重要的是指西方发达国家特别是美国主宰了金融全球化,加之国际经济组织的作用,使全世界服从于这一体系,并造成了债务经济,直接损害发展中国家的利益,直接造成了全球经济巨大的动荡和风险及危机,直接破坏了经济全球化的正常健康发展,直接在不断地毁灭着全人类。由于发展中国家金融体系先天不足,后天失调,在竞争中处于不利位置;由于美国不允许出现第二个强势货币与美元抗衡,美国的对冲基金搅得世界不安宁;由于国际经济组织推波助澜,全球或区域性金融危机频频发生,发展中国家频频受害,造成了全球灾难性的后果,经济全球化的进程经常被打断,出现停滞、后退的状态,发展中国家辛辛苦苦的发展成果一夜之间毁于一旦,造成历史性的至少 10 年以上的倒退。特别是危机发生以后,国际经济组织的所谓治理危机的贷款带有明显的"殖民色彩",发展中国家从"接受贷款"走向"出让主权",企业破产让位于国家破产,这样不公平不平等的国际经济旧秩序带有明显的"后殖民主义"色彩。更为可怕的是,这种力量完全是一种蒸发式的窃取手段,您的财富和您的一切就在不知不觉中被西方发达国家和国际经济组织窃走,还不知道为什么和怎么办,1994年墨西哥金融危机、1997年亚洲金融危机及21世纪初的拉美金融危机都是证明。

8. 新自由主义(市场单教旨主义)的市场至上,自由至上,追逐短期暴利至上的陈旧的国际经济秩序,带来了"暴利拜物教"和"奶头经济"(就是由布热泽斯基证明的20%的人养活了80%的人的理论)。从根本上泯灭了经济全球化的人性化本质,扭曲了经济全球化为全人类造福和人人共享的目的,改变了经济全球化的性质、目的和方向。

为了暴利,他们就竟敢冒天下之大不韪,残酷竞争,无情打击,你死我活,独占独霸;为了少数人的暴利,他们就可以践踏人类的一切法律和一切道德规范,剥削多数,两极分化,横扫一切,泯灭人性。因此,他们实质上是经济领域的反科学、反人性、反人类的败类,在他们的手中,经济全球化成为全球最大的剥削者和变态狂。这正是私有化、市场化、自由化所带来的全球化恶果。

进一步观察,我们可以发现,这些弊端和反动性的存在,并不是经济全球化本身所具有的性质,因为经济全球化是新兴事物,它的本质、目的和趋势应是人人共享的一体化,而不是别的。问题在于,经济全球化作为人人共享的新兴事物,是一个漫长的历史演进过程,现在仅仅是开始和起步,仅仅是万里长征刚刚迈出第一步。这样,经济全球化的人性化本性就与其过去历史演进所形成的陈旧的国际经济秩序形成尖锐的矛盾和冲突。换句话说,陈旧的国际经济秩序无法适应更无法推动人人共享的经济全球化,反而日益成为经济全球化的巨大障碍和强大阻力。这些弊端和反动性就是这个旧秩序所造成的,在本质上与经济全球化是格格不入、背道而驰的。于是,我们也只有一条正确的道路,那就是革除弊端,建立崭新的人人共享的全球经济新秩序去符合经济全球化的人性化本性,让经济全球化为全人类造福。我们之所以相信经济全球化的前途是光明的,未来是美好的,就是建立在这样的基础上。我们不仅要讨论经济全球化的现状,更要讨论经济全球化自身的本质、目的和未来。因此,把经济全球化看作是世界经济发展的灵丹妙药,或者看作是差距与不平衡的罪恶之源,都是不客观的。我们既不能在表面上简单地用好与坏来加以肯定和否定,也不能在表面上轻易用支持和反对的态度来对待。正确选择是:参与、竞争、合作、改革、控制、共享。

一句话,这是一个全人类经济的历史性根本转型。现在,我们逐项来研究这种历史性转型,探讨建立全球公正合理的新经济秩序。

第四节 恢复和重建新经济

经济全球化的出现有一个最重要的科学技术创新的基础,这就是信息技术和信息化;还有一个最重要的经济运行模式,这就是新经济。讨论这一组关系,将有助于我们更好地研究和把握经济全球化。

一、新经济泡沫破坏及成因

以信息技术和信息化为基础的新经济,它首要的作用是拉近了世界各国的空间距离,压缩了世界各国的时间差异,全球成为一个相互依存更深,24小时连续不断运行的"地球村"。因为信息革命和新经济主要发生在美国,美国作为先行者,不仅占尽了"先行者利益"和赢家通吃便利,而且成为新经济的领导者,引导着全球的信息化、新经济和经济全球化。

我们在前面已经谈到,浮躁和疯狂的存在是当今时代的一个重要特征,新经济及其说法就是一个典型的案例。"新经济永恒发展,无限超越,已经熨平了经济周期,消灭了经济危机,今后世界经济将进入一个没有周期、没有危机的高速无限无障碍增长的新时期。"仅仅10年,这个由空想家吹出的牛皮就吹破了。任何一个国家的经济和经济全球化似乎仍然没有能够摆脱周期,消灭危机;似乎没有能够改变经济规律的任何一个部分,哪怕是小小的一部分。这是为什么呢?

1. 这是全世界对信息技术的本质和未来发展所作判断的错误和盲目的炒作造成的。第一,网络的出现的确是信息技术发展的新事物。但是,网络从本质上讲还是一种工具性质的东西,仅仅吸引注意力是不够的。如果我们把网络作为信息技术的本质,那肯定是南辕北辙了。这一点现在大家都明白了。"网络神话"、"沾网就发"已经一去不复返了。第二,信息技术的本质是虚拟,它的主要作用就是可以加快科学研究成果向现实生产力的转化,可以大大缩短技术进步的周期,可以大大地节约转化成本,大大降低转化风险。但迄今为止,这一本质作用的发挥仍然没有引起高度的重视。第三,前瞻性地看,信息技术时代即将结束,来到以信息技术为基础的生物技术时代。仅仅停留在信息技术自身的发展上已经远远不够,必须围绕着生物技术时代的需要研究和发展信息技术才有希望。第四,任何一种新的科学技术本身就有自己的周期,换句话说,科学技术的创新和发展也有自己的周期规律。它绝不会从此决定人类社会的一切和未来,绝不会做到空前绝后! 特别是技术的"S"形理论更加证明了这一点。"S"形理论认为,任何一项技术的产生都犹如"S"形,在应用一段时间后,会进入技术平稳期,再经过一段时间的沉淀和市场消化,才会呈现新的发展态势。正如美国经济学家约瑟夫·桑培特证明的,技术革新本身就具有不规则的周期,它导致市场经济不规则地运行。科学技术本身有周期,以它为基础的新经济没有周期,岂非咄咄怪事。

2. 这是全世界对新经济的性质、现状与前景的主观臆断和对暴利的疯狂炒作所造成的。一是新经济造成美国长达 10 年的高速增长和快速繁荣完全是事实,这是不能否定的。但是,10 年的历史只能说明当代信息技术所带来的增长期和繁荣期比过去有延长,从这一点来讲,周期及阶段的时间有所改变。但 10 年的时间相对仍然太短,所以它并不能说明未来,并不能说明此后无周期,这也是事实。从这一点上看,并没有改变周期。二是过去经济周期各阶段之间的波形(波峰与波谷)是极端的"V"字形,或者说是大起大落的,十分陡峭十分猛烈的。现在的和未来的经济周期及各阶段之间的波形(波峰与波谷)很可能是"U"形或"L"形,或者说起伏不大,落差缩小,比较平缓比较温和。但仍然没有改变周期。三是经济周期不仅仅受技术、经济自身发展规律的影响,更重要的是要受到其他因素的影响,特别是战争的影响。"9.11"事件加剧了美国和全球经济衰退就是明证。四是全球和各国经济的不平衡也是新经济避免不了经济周期的原因。全球的"数字鸿沟"、美国国内的差异,都使信息技术为基础的新经济成为普及全国、全球的新技术、新经济,这就为新经济的经济周期埋下了祸根。五是新经济的经济周期的影响面和波及面比过去更加全球化,因为经济全球化是建立在信息技术和新经济的基础上的。所以,如果发生周期和危机,可以肯定地说,没有哪一个国家可以幸免。因此,全球联手对付危机已经成为解决经济全球化问题的最好办法之一。六是由于虚拟资本的运动形成了独立于实物经济之外自成体系、自有规律、自我独立、自求平衡的体系,使周期中的危机更具有不可测性、不可逆性和难以治理性。根据资料显示,在 1998 年底的全球贸易总量中,全球金融资本的贸易量占到近 97.5%,而产品贸易量仅占到 2.5%。虚拟资本本身就是危机的根源——风险。我们应当看到,金融全球化已经使金融从为经济服务的工具变成经济发展的主导,到今天却发展成为经济发展命运的主宰。而科学技术带来的新经济并没有成为主宰,因为没有风险资本的创新,也就没有科学技术创新转化为现实生产力的创新。而这种主宰,人类社会似乎还没有找到更好的解决办法。因此,周期照样存在,危机照样出现,这是不以人的意志为转移的。

3. 这是全世界无限夸大知识、信息、虚拟的作用,否认物质、实物、现实经济的作用造成的恶果。不可否认,在当代和未来的世界里,知识、信息、虚拟的作用无疑会越来越大,越来越强,越来越成为主导、领先的力量。但是,不管怎么样,物质、实物、现实总是不会消灭的,不管它的比例、作用降到什么程度,也不会被消灭,即使是"克隆人"的时代、"虚拟"的世界,也不会消灭! 一句话,离开了物质世界、实物生产、现实经济,知识、信息、虚拟信息是没有用的东西。这是新经济泡沫产生的根本原因,也是新经济泡沫破灭的根本原因,更是我们应当重审世界,更加清醒地面对一切新变化的根本原因。

二、新经济的再生之道

传统的守旧派认为,新经济是一个神话,已经彻底完蛋了。绝对不是,因为从根本上讲,新经济是人类经济的历史性的根本转型,它将把人类带入一个全新的知识社会和新的文明。

1. 新经济是一个全新的科技革命和全新文明的过程,在这个过程中,不可能不出现问题、产生周期、形成风险、造成危机。但是,首先,它的本质是革命性的,它正在更大、更快的规模和速度上,使几乎每一件事情都发生脱胎换骨的根本变化,形成一个新的经济和社会制度的全球化。这种本质和未来就是它的生命力基本依据。其次,新经济有着自己发展的规律,从已知的角度上讲,新经济发展的基本规律和基本态势展示着其无穷无尽的发展前景。摩尔定理告诉我们,集成电路上可容纳的晶体管数目,每隔 18 个月就会增加一倍,性能也同时提升一倍,而价格则会下降一半。梅特卡定律告诉我们,网络的价值与互联网用户数平方成正比,网络的价值随着用户数量的平方数的增加而增加。第三代互联网告诉我们,这将是网络、通信、电子三大技术结合体的又一次革命。在技术上,将使网络从离散走向统一,从一维走向三维,从窄带走向宽带,从固定走向无线,从 COM 时代走向 NET 时代,网络的拓扑结构伸展的同时,巨大的潜能将得到释放;在生活上,从学习时代走向消费时代,从读网时代走向用网时代,网络将从进入生活开始变成生活的一部分;在商业上,以鼠标 + 水泥道网络辛迪加再到网络巴扎,企业将从信息化建设走向网络化协作;在经济上,网络将从边缘走向核心,从表层进入深层,网络经济与传统经济的关系从带动时代走向融合时代。在这些规律和趋势的作用下,新经济本身从根本上存在一个无穷无尽的自我扩展的内在动力,它将会不断地创造出新的需求,不断地创造出新的供给,不断地解决供求矛盾引发的问题。缩短周期、减少风险,把危机伤害的程度减少到最低限度。复次,新经济的内在科技创新的上述规律会不断地扩展到其他领域。也就是说,新经济将以信息技术,特别是虚拟技术对现阶段的经济社会进行全面改造,既可以改造提升传统产业,也可以进入生物技术时代;既可以作为工具使用,又可以作为动因使用。应当肯定地说,新经济仅仅是这场以数字革命为代表的新科技革命的开始和第一阶段,好戏确实在后头。最后,新经济需要新的规则、新的制度。因此,建立新机制(包括全新的全球新秩序)就能不断解决新经济的问题,使新经济更快更好地发展。一定要注意新经济的供求规律,避免供大于求,造成科技泡沫;一定要注意风险资本的跟进和二板市场要避免人为炒作、沾网就发;一定要注意期股期权等新激励因素带来的负面影响,因为被夸大了的利润根本拿不到,期望不如现货。所以,造假账,造假利润,骗子多,就成为新经济的产物;一定要注意解决鼓励企业发展和提供创新能力的关系,既要保护知识产权,又要确保科技创新在更大范围内的推广进步,同时确保边际成本的价格定位和科学研究的积累过程;一定既要保护新经济的健康发展,又要采取降息、减税等手段消除泡沫,重振雄风。

2. 建立起适应和推动新经济健康发展的新机制是最为重要的,因为问题的根本原因就是新经济和旧体制的矛盾。经过暴风洗礼的大海是最美丽大海,经过了新经济泡沫破灭,进入衰退期后的痛心调整的经济全球化才会是多一分清醒、少一分糊涂的经济全球化,才会更加健康、平稳地发展。所以我们说,经济全球化的发展趋势既不是新自由主义的,也不是后凯恩斯主义的,而是高风险与高收益辩证统一的长期持续的经济增长。正如美国经济学家 G. M. 格罗斯曼和 E. 赫尔普曼在《全球经济中的创新与增长》一书中所建立的模型表明的那样,投资积极性内生地由技术溢出所决定。技术溢出使得后代的研究者比其前辈能用更少的资源实现条件实现技术上的突破。创新之实际成本的下降阻止了理论的下降趋势。简言之,知识积累过程内生地带来了生产率的提高,而生产率的提高创造了长期持续的经济增长。

3. 长尾理论的指导。美国的专家克里斯·安德森最近在其新著《长尾理论》中指出了新经济的美好前景。他提出了丰饶经济学的概念。在丰饶经济学下,丰饶的是用户的选择权,稀缺的是选择的有效性。这种所谓的"选择悖论"(选择一多,用户就头昏眼花,无所适从)只是缺乏完善的选择助理服务的结果,它给信息的选择服务业的发展带来了无限的商机。长尾理论的解决办法是"给顾客丰富的选择，但也帮助他们便捷地搜索"。这种新的差异化、个性化的需求就是利用软件方式，按照消费者提出的定制要求，自助、一对一地提供服务，满足消费者。一句话，注意力经济理论只谈到信息的过剩导致注意力的稀缺，而长尾理论却把注意力的重点转到了信息增值服务上来。这样，以产品差异化、选择多样化为标志的个性化，终于摆脱了人类几百年来用大规模的制造压制个性化的工业化传统，走向了彻底的解放，成为个性化经济学。

安德森指出，我们可以把长尾理论浓缩为简单的一句话：我们的文化和经济重心正在加速转移，从需求曲线头部的少数大热门（主流产品和市场）转向需求曲线尾部的大量利基产品和市场。在一个没有货架空间的限制和其他供应瓶颈的时代，面向特定小群体的产品和服务可以和主流热点具有同样的经济吸引力。长尾理论的六个主要方面是：

（1）在任何市场中，利基产品都远远多于热门产品。而且，随着生产技术变得越来越廉价、越来越普及，利基产品的比重仍在以指数级的速度提高。

（2）获得这些利基产品的成本正在显著下降。数字传播、强大的搜索技术和宽带的渗透力组合成了一种力量，凭借它，在线市场正在改写零售经济学。现在许多市场已经有能力供应空前丰富的产品。

（3）但仅仅供应更多的品种并不能改变需求，消费者必须有办法找到适合他们的特殊需求和兴趣的利基产品。从自动推荐到产品排名，一系列的工具和技术都能有效地做到这一点。这些"过滤器"可以把需求推倒长尾的后端。

（4）一旦有了空前丰富的品种和用来做出选择的过滤器，需求曲线就会扁平化。热门产品和利基产品仍然存在，但热门产品的流行度会相对下降，利基产品的流行度则会相对上升。

（5）尽管没有一个利基产品能实现大的销量，但由于利基产品数不胜数，它们聚合起来，将共同形成一个可与大热门市场相抗衡的大市场。

（6）当以上几点全部实现，需求曲线的天然形状将会显现出来，不受供给瓶颈、信息匮乏和有限货架空间的扭曲。而且，这种形状受少数大热门的支配程度，远不像我们想的那么大。相反，它的分布就像人口一样分散。

安德森的长尾理论特别值得我们注意的是，它没有通过贬低和否定传统经济来宣言新经济，而是简简单单地用"数量"和"品种"两个维度构成坐标，通过"短头—长尾"一个图形，就把大规模生产的短头与小规模市场的长尾放在同一个象限之中，通过冷静的算账，比较优势短长，力求取长补短。长尾理论就是没有被经济匮乏滤去真面目的文化。它在大规模生产和小规模市场分别依存的生产力、社会经济条件的基础上,最终指出了新经济的出路和未来,让人耳目一新。

第五节　新兴经济体与全球经济
均衡、普惠、共赢地发展

美国《经济学家》周刊 2006 年 9～10 期对新兴经济体的发展及对全球经济的影响进行了深入的分析。1994 年,《经济学家》周刊曾以专门的篇幅介绍新兴市场经济指标,以说明世界经济对比中出现的一种根本的、显著的快速变化。我们综合各方面的素材,对全球经济实现均衡、普惠、共赢地发展再作如下 8 个方面的分析。

一、快速与均衡

过去,在某些经济体快速发展的同时,其他经济体却停滞不前。而今,高增长的分布更加均衡。32 个最大的新兴市场到今年均已连续三年实现积极增长。而此前,自 20 世纪 70 年代以来,每年至少有一个(经常是几个)新兴经济体不是出现严重的经济危机,就是出现经济衰退。

就连非洲的前景看上去也比多年以来更加光明。截至目前,非洲经济突飞猛进,GDP 增长连续三年超过 5%,这主要得益于初级产品价格的上涨。

有利的外部因素在新兴经济体的复兴中仅起了部分作用。更重要的是,结构改革和良好的宏观经济政策使它们维持强劲增长和承受不利冲击的能力增强了。

新兴经济体对外资的依赖也比十年前大大降低了,这使它们在投资者的反复无常面前不再那么脆弱。作为一个整体,它们连续 8 年实现国际收支经常项目顺差,而此前的 20 年中多为逆差。

过去几年中,所有地区的 GDP 都出现快速增长,但其中一些国家的表现比其他国家更好。欧洲新兴经济体的国际收支状况最差。匈牙利和土耳其的国际收支经常项目逆差占了 GDP 的 7%～8%。2006 年五六月份投资者大量抛售新兴市场股票时,这些国家遭受的打击是最大的。

2005 年,新兴经济体达到了一个重要里程碑:占据世界 GDP 总和的一半以上(按购买力平价计算)。这意味着,富国不再主宰世界经济。新兴经济体正在推动全球经济增长,对发达国家的通货膨胀、利率、工资和利润产生重大影响。由于这些新来者进一步融入全球经济,它们将为世界经济提供自工业革命以来最大的推动力。

二、地位明显提高

与工业革命相比,这场新的革命覆盖了世界的绝大部分国家。国际货币基金组织预测,到 2011 年,新兴经济体的增长率将达到 6.8%,而发达经济体的增长率则为 2.7%。照此下去,在 20 年时间里,新兴经济体将占全球产值的 2/3(按购买力平价计算)。从 2000 年以来,由于新兴经济体增长的加速,世界人均 GDP 每年递增 3.2%。这超过了 1950~1973 年的黄金时代,也超过了工业革命期间。

三、实力影响大增

更重要的是,10 年来,新兴经济与全球生产体系进一步实现了一体化,相对于 GDP 而言,贸易和资本流动的速度加快了。中国 2001 年才加入世界贸易组织,但它的全球影响超过其他新兴经济体,因为它的经济规模很大,在与世界其余国家的贸易和投资往来方面也非常开放。2006 年,中国进出口总额占 GDP 的 70% 左右,而在印度或美国,却仅占 25%~30%。到 2007 年,中国很可能会占世界贸易的 10%,而 2000 年仅占 4%。另外,由于有了互联网,现在完全有可能跨越国界重新组织生产。由于有了信息技术,会计等许多曾经无法进行交易的服务可以从远处提供,从而使发达国家的更多经济部门受到来自印度等国的竞争。经济增长的加速使穷国数亿人的生活水平提高,因而值得庆贺。但由于生产和就业机会向亚洲或东欧低工资经济体转移,富国的许多老板、工人和政客吓得发抖。尽管如此,总的来说,富国仍然由于穷国富裕起来而受益。新兴经济体的成功将使全球的供给和需求都得到提升。不断增加的出口使发展中国家获得了更多的钱,可以用于从富国进口。虽然它们的平均收入还很低,但是中产阶级正在迅速成长,从而创造出一个巨大的新市场。到 2015 年,有近 10 亿新的消费者将进入全球市场。新兴经济体已经成为富国公司的重要市场,即美国、欧元区和日本总出口的一半以上都是出口到这些穷国。在长期内,更重要的将是经济学家所认为的"供给的积极冲击"刺激世界经济。由于印度和前苏联等国家积极接受资本主义,全球劳动力大军实际上扩充了一倍,发展中国家生产率迅速提高。

四、应对潜在风险

新兴经济体仍然面临很多潜在风险:从金融危机到收入差距扩大所引发的动荡。如果美国或中国的需求暴跌,并随即造成初级产品价格下降,有一些国家可能会受到严重打击。摩根士丹利公司的斯蒂芬·罗奇认为,与20世纪90年代不同的是,新兴经济体的软肋不再是对外资的依赖,而是对外国需求的依赖。

就像美国在19世纪后期经济腾飞时一样,新兴经济体也往往受到经济起伏的影响。它们需要利用当前的强劲增长期,推进改革。

发达国家只有通过发明新技术和新管理方法才得以发展。从理论上说,不发达国家实现较快增长要容易得多,因为它们可以采用发达国家的创新技术来促进生产力发展。过去,不力的政策往往使这些机遇白白浪费。但如果能进行结构改革,未来还将有巨大的发展潜力。

今天,批评中国的人士认为,中国的经济增长主要是受浪费性的投资推动,并不能持久。事实上,中国的全要素生产率增长比亚洲其他地区都快。在过去25年中,这个数字的年平均值为3%,在GDP增长中所占比例与资本投入大体相等(同期,美国的全要素生产率年均增长仅为1%)。随着中国的资本产出率不断提高并趋向于发达国家的水平,随着它的过剩劳动力不断减少,其经济增长速度将会放缓。

155

五、富国政策调整

新兴经济体的强劲增长将使发达国家的整体境况得到改善。但并非所有国家都是赢家。中国等发展中国家融入世界贸易体系,正在带来至少一个世纪之内相对物价和收入的最大变化,并正在导致收入的大规模再分配。这些新兴经济体新近的崛起尤其改变了劳动力与资本的相对报酬率。发达国家的工人在国民收入中所占的份额已经下降到几十年来的最低水平,而利润所占份额却猛增。美国的经常项目赤字处于创纪录的高点,但美元仍然坚挺。从2002年以来,油价上涨了两倍,但全球经济增长依然强劲有力,通货膨胀虽然不断上升却依然处于相对低位。所有这些谜都可以通过新兴经济体不断增强的影响力来解释。例如,债券的低收益率和美元迟迟没有大幅贬值,部分是由于这些国家一直在囤积外汇。一旦发展中国家不准备继续长期资助美国巨额的经常项目赤字,美国将面临猛烈的金融冲击和经济衰退,或长期的缓慢增长。这将使世界经济其余部分的增长放慢。但作为全球经济增长的火车头,美国现在的重要性已经下降,因为新兴经济体焕发出了勃勃生机。世界经济所面临的更大风险,是经济衰退和房价不断下跌会加重美国人目前对实际工资停滞的忧虑,从而唤起人们进一步支持保护主义。这对旧的富裕国家和新兴经济体来说,都会很不利。

六、一场共赢的比赛

人们热衷于争论中国和印度谁将赢得这场经济赛跑,然而这两个国家可以共同繁荣。中国在经济增长的许多关键要素上得分超过印度。在经济改革上,中国可能要领先印度 10～15 年。但是,从长远来看,印度可能会赶超中国,原因在于,在中国人口增长稳定下来之后的很长时间,印度人口还会继续增长。有人预测,到 2030 年,印度人口很可能超过中国。

巴西、俄罗斯、印度和中国是四个最大的新兴经济体,它们被称为"金砖四国"。这一名称是高盛公司在 2001 年提出来的。这四个经济体占了所有新兴经济体 GDP 的 2/3。

高盛公司的经济学家预测,如果中国政府继续支持增长的政策,到 2040 年,中国将成为按市场汇率计算的世界第一大经济体。到那时,排名前十位的经济体中将有五个是新兴经济体,即金砖四国加上墨西哥。如果按美元计算,这些国家的经济总量将大于七国集团。

这些预测激动人心,但金砖四国的人均收入仍将远低于发达国家。到 2040 年,美国人的平均收入仍将比中国人高 3～4 倍。较快的增长速度并不会自动改变第三世界的贫穷面貌。它取决于经济增长的成果如何分配。但是,较快的增长速度会使这个目标更容易实现。

更为重要的是,在某种程度上说,关于全球化是否压低了通货膨胀的争论没有抓住问题的实质。真正的问题在于,新兴经济体的开放是否使富国的央行能在保持很低利率的同时达到其通货膨胀目标。回答是肯定的。

七、合作推动新的进程

世界银行发表的题为《2007 年全球经济展望:驾驭下一波全球化浪潮》的年度世界经济报告。报告说,到 2030 年,全球经济规模将从 2005 年的 35 万亿美元扩大到 72 万亿美元,届时,发展中国家占全球产出的份额将从目前的 1/5 增加到近 1/3,占全球购买力份额将超过 1/2。报告总体上强调了这样一个基本趋势,即在未来 20 多年时间里,发展中国家将成为推动全球经济增长的主要力量。报告指出,从 1980 年到 2005 年,经济全球化主要依靠交通和电信行业成本的下降,而在未来 20 多年,互联网等新技术的传播以及中国和印度的推动,将是经济全球化的新动力。

世界银行报告所指出的这一趋势是无可置疑的。在今后几十年里,发展中国家必将成为世界经济的主角,这是现代世界经济体系将展现的一个历史性变化。

自世界经济体系形成以来,直至 20 世纪五六十年代,整个世界经济体系中居主导地位的一直是少数发达国家。它们对亚洲、非洲和拉丁美洲广大的殖民地和附属国实施经济上的剥削和政治上的压迫,把剥夺落后地区人民的政治独立,压制落后地区的经济发展,视为其自身物质进步的必要条件。第二次世界大战结束后,世界范围内的民族解放运动蓬勃兴起,越来越多的殖民地取得了政治独立,从而宣告了帝国主义殖民体系的彻底瓦解。

从社会发展总的历史趋势上看,世界经济的范畴超过资本主义的范畴,它是人类社会活动的共同成果。所有国家、民族最终都会进入世界市场,并参与世界经济活动。广大发展中国家虽然获得了政治上的独立,但如果不能成功地发展经济,实质上仍无法摆脱从属地位。在过去几十年里,广大发展中国家都努力在现有世界经济体系的框架内,寻求适合自己的历史、社会和文化特点的发展道路,这是现代世界历史中的一个长期、永久性的进程;在冷战时期,这一进程在很大程度上被意识形态斗争所掩盖。冷战结束后,随着中国和印度等几个最重要的发展中国家经济迅速崛起,这一进程又逐渐清晰地展现出来,并被很多人视为经济全球化的新进程、新阶段、新浪潮。

除了技术进步和市场经济等因素外,决定世界经济力量转向发展中国家的另一个重要因素,是世界人口结构的变化。实践证明,发展中国家和地区人口占世界总人口比重的增加,引起其对全球经济增长贡献率的提高。在今后几十年中,这种趋势将会继续。

未来几十年,经济全球化的新一轮发展,也将伴随着日益严峻的环境和资源挑战。迎接新一轮经济全球化浪潮,共同应对时代的挑战,是历史的必然。

八、推动全球经济均衡、普惠、共赢发展的政策主张

推动经济全球化朝着均衡、普惠、共赢方向发展,必须尊重各国发展模式的多样性,推动各种发展模式的优势互补和发展经验的交流互鉴;必须在借鉴人类已有文明成果的基础上,进一步创新发展模式,实现人与自然的和谐相处,走全面协调可持续发展之路。

推动经济全球化朝着均衡、普惠、共赢方向发展,必须加强各国在宏观经济政策和涉及世界经济发展全局以及各国共同利益问题上的对话与协调,加强国际合作,提高国际社会预防和应对危机、维护全球经济稳定和促进发展的能力。

推动经济全球化朝着均衡、普惠、共赢方向发展,必须坚持以平等互利为基础,深化国际经济体制改革,建立国际经济新秩序。不论是发达国家,还是发展中国家,都应该对建立健全公正、公开、合理、透明、开放、非歧视的国际多边贸易体制,采取积极推进态度,防止形形色色贸易保护主义抬头,积极消除贸易壁垒,推进贸易和投资自由化便利化,推动多哈回合谈判早日取得全面、平衡的成果。在进一步完善国际金融体制时,有必要增加发展中国家在国际金融机构中的发言权,为逐步改变严重失调的金融生态创造条件。

推动经济全球化朝着均衡、普惠、共赢方向发展,必须加强南北对话,逐步建立长期、全面的新型南北合作伙伴关系;必须完善发展援助机制,鼓励更多的发展资源向发展中国家转移,采取切实措施,落实联合国千年发展目标,为发展中国家摆脱困境、加快发展注入更多动力。为此,发达国家应该承担更多责任,进一步对发展中国家、特别是重债穷国和最不发达国家开放市场,转让技术,增加援助,减免债务。

158

第六节　市场经济的模式选择与特色经济

世界各个国家、地区和经济体纷纷走上了市场经济的道路,市场化已经成为他们参与经济全球化的唯一选择,已经成为经济全球化的基础条件和先导,已经成为全球经济和各国经济转型的最根本的内容和标志。

市场经济为何物?究竟为什么大家都要去转型?市场经济有两层含义,一层是指社会资源配置方式,另一层是指经济运行的体制。因此,我们可以说,所谓市场经济,是适应社会化大生产和经济全球化的要求,以市场作为配置资源和经济运行的形式、方法和体制。具体地说,市场经济是一个由价格、市场、盈亏、刺激和奖励的制度来调节和配置资源的优化和使用,从而决定生产什么、如何生产和为谁生产的问题的经济体制。在此基础上,资源配置和经济运行体制被区别为自然经济、计划经济和市场经济。针对着市场经济的主要争论集中在三个方面:一方面是社会主义的计划经济和资本主义市场经济的本质属性之争。第二方面是市场经济是单一模式还是多元模式的争论。第三方面是自由市场经济与政府宏观调控(包括国际的宏观调控)的关系之争。

一、计划经济与市场经济之争

从第一个争论看,过去的观念一致认为计划经济和市场经济分别是社会主义和资本主义制度之间的本质区别,二者之间水火不容。社会主义制度绝无商品货币关系和市场经济,是一种纯粹的计划经济。但是,随着时间的推移,人们发现这个对立是虚构的,这个观点是错误的。大家一致的看法是可以形成混合经济。如经济学家埃克隆德就认为,计划经济和市场经济仅仅是经济的调节方式,所以,计划经济和市场经济可以与不同的经济制度相结合。特别在资本主义和社会主义之间以及在计划经济和市场经济之间有许多结合方式。资本主义并非等于市场经济。因此,人们可以坚决地反对资本主义,但却不必因此而不要市场经济。同样,计划经济和社会主义也绝非是等同的。因此,为社会主义奋斗,绝非等于争取更多的调节和计划经济。资本主义和社会主义的概念并非取决于市场经济的程度。这样,就可以把计划和市场混合起来,形成现代混合经济。邓小平先生也指出,计划多一点还是市场多一点,不是社会主义与资本主义的本质区别。计划经济不等于社会主义,资本主义也有计划;市场经济不等于资本主义,社会主义也有市场。计划和市场都是手段。

由于这一问题在理论上的突破,从而带来了全球所有国家和地区,特别是社会主义国家纷纷走上了市场经济的道路,开始了经济全球化中最根本的转轨变型。

二、单一模式与多元模式之争

从第二个争论来看,过去总认为市场经济是资本主义的。资本主义就是资本主义,统统都是单一的模式。但是随着认识和实践的深入,人们普遍认识到社会主义好,资本主义也好,计划经济好,市场经济也好,不仅都可以与不同的社会制度相结合,而且可以与各个国家、各个地区的不同情况相结合,产生出多元化的经济模式。多元化在这里不仅表现为市场主体的多元化更表现为市场经济的多元化模式。一般来说,重点分为以下 10 类:美国是典型的现代资本主义市场经济,又称为建立在混合经济基础上的盎格鲁—撒克逊模式;德国的社会市场经

159

济,又称为莱茵资本主义模式;英国的传统市场经济,又称为自由市场经济模式;法国的有计划调节的市场经济,又称为双重调节的市场经济模式;日本的法人资本主义市场经济,又称为日本模式;瑞典的民主社会主义市场经济,又称为瑞典福利社会主义模式;韩国及亚洲四小龙的政府主导型市场经济又称为裙带资本主义模式;俄罗斯和东欧各国直接由社会主义体制彻底走向资本主义体制的市场经济,又称为激进性转型模式;中国直接由社会主义计划经济体制转向社会主义市场经济体制的市场经济,又称为渐进性转型模式;拉美各国的不稳定的资本主义市场经济,又称为拉美模式;等等。还可以细分一些,但主要的模式还是上述 10 类。

在经济全球化日益深化的推动下,这些模式究竟会演化到何方也是大家所关心的。加尔布雷恩和丁伯根分别从不同的假设角度提出了资本主义与社会主义的"趋同论"。应当说,趋同是客观存在的,因为不同的市场经济体制必然有着共性的一面,否则不能叫做市场经济体制;但区别的多元化也是客观存在的,因为任何市场经济体制在不同国家和地区必然有着个性的一面,否则也不能叫做市场经济体制。因此,多元化通过合作化达到共同化是完全可行的。比如,现在欧盟已经实现了初步的一体化,但各国市场经济模式之间的差异仍然存在,而且运行得很好。这就证明,经济全球化导致的一体化完全是以多元化为基础和前提的,离开了不同模式的市场经济多元化,也就不会有经济全球化和一体化。

三、市场经济与国家调控之争

过去的观点一致认为,市场经济越自由越好,必须是一个完全的市场经济。不需要宏观调控和国际机制,政府的干预越少越好,否则就会扭曲市场经济,成为市场经济的障碍。

诺贝尔经济学奖的获得者,美国经济学家约瑟夫·斯蒂格利茨发表了《全球化及其不满》等一系列著作和文章,对这一问题提出自己的论点和主张。一是经济全球化必然带来消极一面,因为经济全球化过程是一个自由市场经济理念的扩展过程,而所谓完全的市场经济在理论与实践上都存在缺陷;二是现存世界经济体系中的弊病已在经济全球化的过程中进一步暴露,即我们缺乏一个能真正为全球公共利益服务的国际机制。

斯蒂格利茨以他的"市场信息不对称理论"作为依据来证明完全的市场经济在理论和实践上都是有缺陷的,是不可存在的。他认为,传统经济学的理论前提是一种理想化的市场环境,与市场竞争相关的信息对每个参与者都是完全而充分的。实际上,市场上的信息从来都是因时、因地、因人而不断变化的。在信息化时代,这种变化更为迅速,并常常表现为不对称、不充分和不完全。在经济全球化过程中,发达国家拥有足够资金、知识和管理经验来掌握本国全球化进程,而缺乏上述条件的发展中国家为获得资金,只有被迫按发达国家、跨国公司或者国际金融机构所开的药方抓药,未免像"未经培训、从未出过海的船长驾着一叶扁舟出入风高浪涌的大海一样",面临极大风险。

在对国际货币组织的批评中,斯蒂格利茨证明了必须改革旧的国际体制,建立起新的国际体制来适应和推动经济全球化的健康发展。他认为,20 世纪 80 ~ 90 年代国际货币基金组织等国际金融机构依据与美国财政部达成的"华盛顿共识",像许多南方国家及经济转轨国家硬性推出"财政紧缩、私有化、自由市场和自由贸易"三大政策建议,由此导致一些国家的经济崩溃和社会动荡。他认为,"华盛顿共识"倡导的是一个"各国政府被跨国公司和金融集团的决定压倒"的经济全球化进程。因此,应当建立一个可以为全球公共利益服务的国际机制而非国际官僚机构。

究竟应当如何解决这一问题呢?斯蒂格利茨认为,无论是一国政府,还是国际机制,都应制定一条介于政府完全单一模式与正式的完全自由市场经济模式之间的中间路线,寻找一条第三条道路,才能解决问题。这一观点得到了绝大多数人的赞成。阿玛蒂亚·森更是鲜明地指出,既要肯定完全自由市场的优点,也要否定完全自由市场的缺陷;既要肯定政府干预的优点,又要否定政府干预的缺陷;我们必须审视并决定两种观点各自有哪些部分是合理的,寻找中间道路,在非极端主义中学到一些东西。他甚至把中间道路的理念归功于释迦牟尼。

约翰·威廉姆斯先生的"华盛顿共识"给发展中国家全球化开出了以私有化、市场化、自由化为根本的十条改革建议,作为新自由主义的"华盛顿共识"带来了"拉美陷阱"等一系列的错误和结果。历史证明,在全球化的进程中,新自由主义的道路是走不通的,是死路一条。因此,必须对新自由主义进行批判和反思,必须不搞市场化及相应的市场经济体制,坚决不搞新自由主义的自由化;坚决不搞全面私有化和极端私有制;坚决不要打着市场化的旗号行自由化之实的新自由主义的极端主义;必须走一条科学的中间道路,必须搞混合经济,必须坚持在全球竞争基础上的协调合作,坚决不搞过渡的失去控制的竞争和零和博弈。在这方面,"九享共识"为我们开辟了新的道路。社会主义的重新崛起正是对新自由主义的批判与反思的最新成果。

第七节　全球经济的改革、发展与稳定

经济全球化对全球和各国各区域经济最大的冲击和破坏,就是高风险、高危机,甚至是断裂和后退,它不仅直接冲击和破坏经济全球化的健康发展,而且直接把经济全球化拉向后退,造成整个经济的大衰退、大倒退、大破坏。对此,我们必须认真加以解决,绝不能任其为所欲为、公害天下。

一、生产全球化的风险在于正确处理跨国公司的主导作用和接受国收益的关系问题

跨国公司作为生产全球化的主体,彻底地说,作为经济全球化的主体,必然会在经济全球化中发挥主导作用,这一点是不证自明的。但是,与贸易和金融不同,全世界至今并没有管理、协调跨国公司及其生产、销售的国际组织和国际体制。因此,怎样正确地发挥跨国公司的主导作用就成了最根本的问题。

这个问题说到底,就是各国政府因为无法依靠或者通过参加某一国际组织和体制来正确发挥跨国公司的主导作用,就不得不直接与跨国公司打交道。但由于这种交道没有任何直接的指挥权、制约权,甚至是"投鼠忌器",因此,如何正确处理各国政府与跨国公司的关系就成了全部问题的关键之所在。

由于跨国公司的全球生产、销售、流动和竞争,更由于出现了投资服务业、增大科技创新的能力、控制能力越来越强等新的时代特征,已经昭示着将产生一种全新的体制和机制。由于跨国公司不是政府和政府行为(虽然一定程度上受政府影响),甚至在某种意义上还影响政府和政府行为,要求产生一种处理政府间行为的国际组织和体制来处理跨国公司与政府的关系并不纯属幻想,至少在可以看得见的将来也许会出现这样的东西。

但是,任何一国政府都面临着两难的选择:一方面,由于跨国公司的直接投资会对本国经济的科技创新发展、税收、管理、就业等带来促进作用,因此各国政府都以积极主动的姿态、优惠政策等大力吸引跨国公司的投资,这已经成为世界的潮流。另一方面,由于跨国公司是分散生产和集中控制的,因此,各国政府又十分担心下列风险:(1)公司优先权;(2)深度榨取;(3)转移收益;(4)形成垄

断;(5)控制经济命脉;(6)压抑民族工业和服务业;(7)转嫁经济危机;(8)削弱政府的宏观调控和经济管理能力;(9)劳动者工资被降低,社会保障被忽略,失业问题日趋严重;(10)丧失了社会事业进步和社会公正公平。有趣的是,现在前者仍然占据统治地位。为了吸引跨国公司的投资,各国政府实际执行了一套自己压制自己本国公司,把优惠政策和条件集中于跨国公司的政策和运行体制,如"自由贸易区"、"保税区"、"跨国公司投资独享优惠政策"等等。更有趣的是,吸引跨国公司到本国投资,居然已成了一种国际竞争的现象。我们正看到它更深入到了国内竞争的地步,进一步强化了上述 10 个方面的风险和危机。克利夫·克鲁克认为,这种外国资本的直接投资虽然短期看是比较安全的,但从长远看,它很可能代价更大。原因很简单,作为承担额外风险的回报,投资者们要求更高的收入。

因此风险的产生和风险的解决是一件事情的两个方面。因此,跨国公司虽然处于主导地位,发挥了主导作用,但它既不是发达国家"国内公司的国际运作",也不是各国政府拿它没有办法的"无约束公司",它是一种全新的公司和体制。随着创造财富和分配财富的历史条件的逐渐变化,跨国公司对各国政府的管理能力是提出了严峻的挑战,但各国政府也一定能够适应这种变化,以一种新模式来管理跨国公司。国际上应当会有一种办法来帮助解决这一问题。

二、贸易全球化的风险在于各国打开国门促进开放的不对等性需要逐步解决

我们可以看到,经济全球化有一把开门的钥匙,这就是各个国家的对外贸易。因为各个国家的经济联系在一起,就必须有世界市场,就必须形成世界市场。世界市场从本质意义上讲,是每一个国家国内市场的联系(很明显,主要消费也主要集中在国内)。而要把每一个国家的国内市场联系在一起,就必须打开每一个国家的国内市场,而每一个国家国内市场的打开都必须是对等的、有条件的、互利互惠的,而这种互利互惠是每一个国家处理不了的,因为各国的情况不一样,条件不对等,起跑线不一致,因而必须有一个国际贸易规则制定与执行的机构与机制。这就是贸易全球化的本质。

贸易全球化的主要矛盾和风险是什么呢?说到底,就是世界市场的占有份额与本国经济发展的关系。换句话说,就是本国市场向全球开放的程度、范围和水平不同的确定问题。这种确定,既要有本国的意志和主张,又要有国际机制协调的格局和结果。二者缺一不可,集中到一点就是要形成解决贸易争端的全球新机制和新秩序。世界贸易组织从关贸总协定走过来,恰恰反映了两个最本质的解决风险的全球机制,一是多边平等协商的机制,可以说,世界贸易组织是唯一一个没有被西方发达国家和跨国公司垄断的国际经济组织;二是不对等的进入条件,把支持发展中国家作为宗旨,允许发展中国家保留一些权利,在时间期限和各种条件中给予了发展中国家许多宽限,实现了不平等条件下的平等贸易。这似乎意味着全新的全球经济新秩序已经有了好的样板和光明的前途。但是,经济泡沫引发了贸易的大幅缩减,"9.11"事件催发了全球贸易的骤减。在这样的条件下,虽然有恢复,但仍有的许多迹象表明,新贸易保护主义有所抬头,措施层出不穷,力度有所加大,贸易纠纷和矛盾又有新的发展。坎昆会议失败就是典型,特别是自由贸易的双边和地区机制 FTA(自由贸易协定)的出现值得注意。仅 2002 年,向 WTO 通报的自由贸易安排 250 个,其中有 135 个来自自由贸易区。

三、关于最大风险和危机是来自于金融全球化的研究

(一)虚拟经济是金融全球化的主导

金融全球化是指各国货币体系和金融市场之间日益紧密的联系,这种联系是金融自由化和放宽管制的结果,是经济全球化的血液和关键。金融全球化的本质就是虚拟资本在全球占据了主导地位。全球每天自由流动的短期资本高达1.5 万亿 ~2 万亿美元,全球的资本流动总量已超过全球 GNP 总量的 15 ~ 20倍。所谓虚拟资本,就是不直接进入生产过程,也不与活劳动相结合,以追逐短期高额利润为目的,直接从钱生钱的资本运动。它是从实体中独立出来的形式意义和观念意义上的资本,是资本的第二重和多重存在。它包括了银行的借贷信用、有价证券、名义存款准备金、投机票据等形式的资本总和。虚拟资本内涵的深化和发展就形成了虚拟经济。它对实体经济是有促进作用的。一是国际资本市场自由化,实现了资本在全世界范围内充分而优化的配置,提高了实体经济的效益。二是国际金融服务自由化,推动着任一消费者在全球可以得到充分而优化配置的金融服务。三是虚拟经济有助于提高整个经济运行的效率。四是虚拟经济不仅推动了经济增长与发展,而且也带动了自身的增长和发展。五是虚拟经济也有一套分散经营风险、降低贸易成本的运行机制。这样,全部生产要素和全部资源条件都在全球获得了充分而优化的配置,从而迅速、广泛地推动了各国和各地区的发展,其正面的作用和意义是不可低估的。

然而,虚拟经济、金融全球化是一把"双刃剑",它的负面影响也是巨大的。由于全球尚未形成应对金融全球化和虚拟经济的合作机制,问题就显得更加严重。因为虚拟经济的发展增加了实体经济运行的不确定性和投机风险;因为虚

拟经济的扩张引发泡沫经济,造成宏观经济衰退;因为虚拟经济的膨胀大大降低了资金的有效利用率;因为虚拟经济的巨大落差使全球经济陷入动荡和危机之中,因为虚拟经济的调控难度越来越大。总之,全球金融高风险和高危机也恰恰来自于金融全球化。全球金融危机是金融业运行中的无序、混乱、动荡的风险状态,是金融风险负面效应高强度、大范围的爆发,最终引发全球的通货紧缩、经济衰退、历史倒退,导致崩溃,从而直接威胁到发生国及全球的经济安全,成为全球经济不安全的一种极端状态。其表现形式为四种,即银行危机、货币危机、证券市场危机、债务危机。这些危机在金融、贸易、服务、心理预期等渠道的扩散中形成一条独特的扩散强化路线,即资本的输入(短期)—形成外债—贸易逆差—参加自由化—利率上升—抑制投资—泡沫破灭—资本外逃—各方逼债—货币贬值—国家破产—历史倒退(发生国经济水平一个周期基本上倒退 5~10 年)。

许多专家进行了这方面的分析,比如有克鲁格曼的"国际收支模型"和罗伯特·蒙代尔的"宏观经济三元(即资本流动、汇率制度和货币政策)不可能同时得到满足的悖论",奥伯斯特菲尔德的"理性预期自致模型",斯蒂格利茨的"道德风险模型"以及"金融脆弱性分析"、"体系风险分析"、"金融深化分析"等等,都从一定程度上揭示了金融全球化风险和危机的原因及对策。但却始终不能解释其投机性(全球资本追逐短期高额利润,虚拟经济已经大大超越了实体经济,各种投机力量在全球兴风作浪、制造危机,却还受到了保护)、假象性(危机爆发前一切评估良好,无任何爆发危机的迹象)、突发性(没有任何前兆和预警,爆发具瞬时性)、紧缩性(资产迅速蒸发瞬间消失,既没有人偷,也没有人抢)、衰退性(导致发生国经济迅速衰退,历史发生逆转,至少倒退 10 年)、转嫁性(危机及后果都由新兴国家和发展中国家被迫承受,没有伤害到西方发达国家,特别是美国)、两极性(金融资本在北—北之间流动,资本已经疏远穷国,穷国还债务缠身。到 2001 年末,跨国银行存款的世界总量为 9 万亿美元,其中只有 7000 亿美元供给了发展中国家;证券方面的跨国投资总量为 12 万亿美元,发展中国家仅占 6000 亿美元,平均不到 0.08% 和 0.05%;发展中国家的总债务已超过 2 万亿美元,而且还在利上加利)等根源,显得苍白无力。

(二)全球金融资本主义是全球风险的祸首

经济评论员马丁·沃尔夫在 2007 年 6 月 19 日的《英国金融时报》上发表了题为《新资本主义》的文章,揭示了 20 世纪管理资本主义正在向 21 世纪的全球金融资本主义的历史性转变。20 年前的经济体制(卓越的民族商业精英阶层、管理层对企业的稳固控制以及商界与金融机构的长期关系)在很大程度上正在成为历史。如今我们看见全球化击败了地方主义,投机商战胜了企业管理者,金融家征服了生产者。我们正目睹 20 世纪中期的管理资本主义向全球金融资本主义转变。

1. 五大特征

最重要的是,在 20 世纪 30 年代的大萧条之后一度受到束缚的金融业挣脱了桎梏。许多新进展来自美国。不过,这些进展越来越全球化。随之而来的不仅是新的经济活动和新的财富,还有新的社会和政治格局。

首先,金融规模迅速扩大。据麦肯锡全球研究所的数字显示,全球金融资产与全球年产出的比率由 1980 年的 109% 飙升至 2005 年的 316%。

其次,金融更多地以交易为目的。1980 年,银行存款占各类金融资产的 42%。截至 2005 年,这个比例降至 27%。资本市场越来越多地发挥着媒介作用。银行体系则由商业银行业务转向投资银行业务。

第三,从传统的债券、股票、商品和外汇派生出一大批复杂的新金融产品。由此产生了"衍生金融工具",其中众所周知的有期权、期货和掉期。这些衍生工具的出现改善了风险管理。

第四,出现了新的市场参与者,尤其是对冲基金和私募股权投资基金。据估计,对冲基金的数量已经由 1990 年的 610 家增至 2007 年第一季度的 9 575 家,所管理的资产总额达 1.6 万亿美元。私募股权投资基金的募资规模在 2006 年达到前所未有的水平,684 家基金共筹集了 4 320 亿美元的资金。

第五,新资本主义越来越趋于全球化。高收入国家居民拥有的国际金融资产和债务与总的国内生产总值之比,由 1970 年的 50% 升至 20 世纪 80 年代中期的 100%,2004 年又升至 330%。

金融资本主义的全球化不仅体现在资产的性质上,也体现在市场参与者身上。大银行在全球各地开展业务。对冲基金和私募股权投资基金也日益朝这个方向发展。

2. 推动因素

如何解释金融中介作用的增强和金融业活动的增多?答案与经济活动全球化的答案大体一致,即自由化和技术进步。

到 20 世纪中叶,世界各地对金融业的管制都很严格。在美国,格拉斯·斯蒂高尔法将商业银行业务与投资银行业务分离开来。几乎所有国家都对本国居民持有的外汇以及海外资产实行严格管制。

然而,20 多年来,上述管制几乎全都烟消云散。商业银行业务和投资银行业务之间的界限消失了。高收入国家取消了对外汇的管制，许多新兴市场经济国家也在很大程度上甚或有时完全放宽了外汇管制。如今，全球金融业在很大程度上与一个世纪前尚未爆发一战时一样自由。

计算与通信技术革命也至关重要。这场革命使许多复杂交易，尤其是衍生金融工具的产生和定价成为可能，也使得大量金融资产的全天候交易成为可能。

然而，最近金融活动的急剧增加也有一个较为短期的解释。当今世界存款和流通性过剩，低利率和流动资产的积累，尤其是各国央行流动资产的积累，促进了金融产品和投机活动的增长。

3. 直接后果

金融活动的大规模扩张大多是跨国现象，其影响都有哪些呢？结果之一是家家户户可以持有更多种类的资产，借贷也更加方便。例如，1994 年 ~2005 年间，英国家庭债务与国内生产总值之比由 108% 激增至 159%。同期，美国的这一数字由 92% 飙升至 135%。

同样地，企业并购更加容易了。2006 年，全球并购交易总额达 3.861 万亿美元，创下有史以来的最高纪录，共有 33 414 笔交易。相比之下，在 1995 年，全球并购交易总额仅为 8 500 亿美元，仅有 9 251 笔交易。

由于新的私募股权投资基金规模庞大，各大银行运作的债券融资也规模巨大，甚至那些最大的、地位最稳固的企业也面临出售和解体的危险，除非它们享有特殊保护。金融市场大大提升了股东相对于企业管理人员的权力。

另外，股票登记簿上出现大批外国人，他们做好了行权的充分准备。这些外国人改变了企业运作的方式，股东们成功阻止德国证券交易所管理层收购伦敦证券交易所的计划便是最好的例子。全球金融资本就是这样削弱民族资本的自主权的。

另一个影响是诞生了两个主要国际金融中心，伦敦和纽约。这两个中心都位于有着悠久金融资本主义历史的英语国家并非偶然。尽管日本是世界头号债权国，但人们普遍认为香港是亚洲最主要的国际金融中心，英语国家的法律传统和态度看法似乎是形成金融中心的重要有利条件。

4. 巨大挑战

那么，该如何评价资本主义最近的这种转变呢？这种转变"值得庆幸"吗？

人们有充分的理由赞成这种转变，活跃的金融投资家迅速识别并着手处理效率低下现象，如此一来，他们提高了世界各地的资本效率：他们要求企业现任管理层遵守市场行为准则；他们为新的经营活动提供资金，而将效率低下的旧的经营活动交到更有才能的人手中;他们提高了全球的危机应对能力;他们把资金投入到最能发挥其作用的地方,无论是在世界哪个角落;而且,在这个过程中,他们使得普通人能够更好地处理个人财务问题。

然而,同样显而易见的是,新金融资本主义的出现带来了大量新的监管、社会和政治难题。对各国监管人员而言,管理如此复杂,如此全球性的体系是一项新任务。同样重要的是政治本身所面临的难题。世界各地都出现了收入由劳动者向资本的大规模转移。新兴的管理人员认为自己有资格得到比雇员工资高出许多倍的薪酬。而金融投机商在短短一年内就将数十亿美元收入囊中。赋予大众权力的民主政治势必要反对新的财富和收入的集中。

新的资本主义世界与 20 世纪初的资本主义世界有许多相似之处。但从许多方面来看,前者又大大超越了后者。不过,新资本主义在很大程度上还未经检验。它正在创造新的精英阶层。新资本主义既有忠实的朋友,也有凶狠的敌人。不过,他们都会认为,新资本主义的出现是当代最重要的大事之一。

(三)全球金融资本主义批判

1. 资本主义的金融全球化已经进入到了"全球金融资本高度垄断的资本主义阶段"。弗朗索瓦·沙奈把它称为"金融占统治地位的全球化积累制度"。苏珊·斯特兰奇将其称为"赌博资本主义"和"疯狂的金钱"等等。这就是说,资本主义金融全球化的总格局已经形成,使资本主义既不投资于生产又可以靠瓜分生产的剩余价值,追逐短期高额利润,靠钱直接生出更多的钱的食利性、寄生性本质和体制成为主流,而一切国家又被迫和必须进入这种主流格局,又使经济全球化成为资本主义的金融全球化及其高度垄断的格局。这个格局有三个特征:一是明显而不可逾越的等级制。美国支配着全球各国,强势美元特权将其双赤字(公共财政和国际决算赤字)转嫁给其他国家而独享其好处。二是整个格局成为各个监管机构、国际经济组织是不负责任和看美国眼色行事的附庸。三是各个市场(外汇、债券、股票)的统一是在这个总格局中。资本主义发达国家控制了全球经济命脉,控制所有权,夺取高额利润,让所有的其他所有者俯首称臣;它使实体经济的规律屈从于金融规律,"飞燕式"投资等短期资本的疯狂形成了虚拟资本与实体经济的严重分离和更大悬殊,内在而无限地提高了风险和危机的程度与频率;食利性金融资本和国际经济组织使投机盛行,大大提高了劳动弹性,投入虚拟资本的比重大大高于实体经济,就业水平成了调节变量,劳动更加被压缩,致使就业飘摇不定,再生产不能扩大,丧失了更多的就业机会,造成了今天严重的全球贫困问题和两极分化;同时,在这个格局下,风险和危机常常被转嫁和锁定在发展中国家,从企业破产发展到国家破产,丧失了自主权,更加被控制,造成他们的历史倒退。而西方发达国家和国际经济组织不仅毫发未损,甚至还乘机大捞一笔。更为严重的是,全球财富的性质逐渐演变到币值财富、投机为主的市场,使经济周期由通货膨胀转为通货紧缩,呈现出全球性的经济衰退。具体看,一是投资过剩导致供过于求;二是资本价格被高估而形成泡沫;三是降息等货币政策失灵;四是资产缩水,币值被贬,财富蒸发;五是牵制消费,降低了购买力;六是转入衰退。据统计,这种投机性是非常严重的。每天资本外汇交易量1.5亿~2亿美元,与贸易、长期经济相关的不过只占15%,大部分是投机资本。因此,"全球金融资本高度垄断资本主义阶段"就是一个把传统的剥削方式与现代被扭曲的剥削方式结合起来,更深刻更广泛地剥削、剥夺全世界的一种新方式。

这里我们要揭开资本主义一场骗人的历史变革,即所谓形成了社会资本,资本主义与社会主义趋同及资本主义变成社会主义的神话。金融市场似乎给了红利所有权和生息债券一种特有的生命和独立的价值。股票持有者似乎也拥有了某一企业的部分资产所有权,这就使他产生了一种错觉,他似乎已经拥有某种独立的资本,拥有某企业的所有权,拥有某国的部分所有权,资本已经社会化,资本主义的生产关系已经社会化、大众化了,而且没有什么风险,一旦有问题,卖掉股票抽身走人。是的,一切似乎太美好了。但是金融市场的资本性质和增值的虚拟性,最多是对可支配流动资金的总额的一种折射图像,是由金融市场的控制者和运作者们组成的虚幻世界。一旦它们立足的资本主义的生产和交换关系发生微小变化,他们所有权和全部价值顷刻之间就会灰飞烟灭,全部丧失,而且绝不可能得到任何一点补偿。此外,这个虚幻世界表面上是内外相互紧密依赖的,而实质上都是高度的内部封闭,经不起任何风吹草动,没有任何土匪、强盗、小偷,一个坏消息就足以使它成为草木皆兵的牺牲品,使你的财产瞬间蒸发,从而摧毁一切。但这不是什么市场价值,也不是什么泡沫,更不是什么新的虚拟经济,它彻头彻尾的就是全球金融资本高度垄断的资本主义全球化的全部生产关系的本质和表现。因为一切所有权、社会价值、个人财富统统都是被它剥削和剥夺了,绝对不是什么资本社会化,通通不过是梦想。更可怕的是,你作为牺牲者,还告状无门,有冤无处申,打掉牙齿你还只好吞到肚子里去。这似乎是一场丝毫没有改变什么的人们心甘情愿参加的一场游戏。这种损失表面上是"社会化"、"私人化"的普遍受损,实质上损失是公共化、弱国化、等级化的多方受损一方得利。

2. 在这个总格局中,最根本的矛盾,就是金融全球化的本性是一种公共财产,而金融市场的全球所有制却是资本主义的私人所有制性质,这就构成了最根本的矛盾,即公共财产的本性与私人占有的矛盾。说到底,还是资本主义的根本矛盾!

实际上这一根本矛盾早已引起世人的注意,怎样建立一个国际公共机构及货币来解决问题使公共财产有一个公共的所有权,成为二战以后的争论焦点。1944 年在布雷顿森林会议上,凯恩斯曾提出建立"世界货币"的设想,但被美国否决。金本位制让位于固定汇率制。20 世纪 70 年代的石油危机和石油美元的冲击,美元丧失了与黄金等价的地位,变成了浮动汇率。但美元仍然是强势货币,于是所有的好设想和建议全部流产。

在新自由主义的理论和改革占据统治地位之后,五个富裕国家的东京会议决定,放弃在充分就业和物价稳定之间进行选择的凯恩斯主义,稳定货币成为优先的政策目标,使货币政策成为全球宏观经济的主要政策工具,工资增长与生产发展和物价稳定之间的联系被切断,放弃监管,全面实行自由化。这样,财政政策和福特主义最终被放弃,全世界被抛入了金融全面自由化的狂潮之中。这就是因为发达国家的公共债务加重,公共财政赤字和高利率压得他们喘不过气。所以,不能只靠本国投资者,而必须求助于国际投资购买本国债券解决问题。这一目的达到了,但主要是在美国达到的。

20 世纪 60～70 年代,美国不仅成功地利用了石油危机和石油美元保持了浮动汇率,而且在 80 年代成功地用《广场协定》迫使日本与西方七国答应日元升值,迫使日元升值 3 倍多而阻止了日元的挑战,使资本流动转为北—北流动,把发展中国家的空间挤压到了最小。为了打击"石油欧元",美国又不惜发动伊拉克战争,作出了美元适当贬值和减税计划的内部政策,迫使欧元升值降低竞争力。一句话,美元独霸全球的强势地位是不容许任何一个货币来挑战的,这个强势占有就形成了与公共财产性质的根本矛盾。美元的强势地位主要是通过美国国债的发动机和对冲基金的全球投机活动以及控制国际经济组织三大武器来实现的。以美国国债为基础的公共债务已经成为各国的抢手货,变成了各国的外汇储备,致使美国国债限额由 2002 年 6 月的 5.95 万亿美元提升到 2003 年 6 月的 7.38 万亿美元,短短一年的时间就净增了 1.43 万亿美元,将别国公共财产霸为己有。同时,美国的养老基金的投机活动等,都使美国在金融全球化的公共财产中,成为最大的私人占有者。这样,从 1970 年起,美国的周期性货币战略一直没有改变。首先是抬高美元比价——通过介入让美元贬值,然后通过国际政策协调等实现美元稳定。

这种私人占有还突出地表现为,以美国仅有的对冲基金在全世界大肆进行投机活动,在全球资本流动中,既打击搞垮别的货币、股市和证券市场,又不断地受到美国政府的保护。无论是当年打击英镑不让其成为抢手货币,还是亚洲金融危机的始作俑者,都进行了淋漓尽致的表演。运用"飞燕式投资"不仅大肆掠夺发展中国家和另外国家的财富,而且还制造出了全球的高风险和高危机,导致全球经济的衰退。在这样的矛盾中,大亨们已经完完全全地成了金融危机的制造者、发动机和推动器。就连索罗斯这样的国际大炒家对这一点也是公开承认的。有趣的是,他本人连续著书立说,对金融全球化资本主义的根本矛盾表示了极大的担忧,并认为不改变这样的资本主义全球金融体系,最后只能是自己毁灭自己。

有人认为,国际货币基金组织和世界银行等国际经济组织应当是公有财产的代表者,可以解决这一矛盾。但事实恰恰相反,1997 年的亚洲金融危机发生后,国际货币基金组织和世界银行变外部救援为对内补贴,将风险推给国际贷款人,使新兴市场和发展中国家的投资出现了真正的金融风险,大量的资金不再流向发展中国家而是流向了发达国家。国际经济组织越帮越忙,资本越来越疏远穷国,全球风险就越来越导致两极分化和贫富悬殊。据统计,到 2001 年末,跨国银行贷款和存款的世界总量为 9 万亿美元,其中大约只有 7 000 亿美元借给了发展中国家的借款人;证券方面的跨国投资总量为 12 万亿美元,而发展中国家仅占 6 000 亿美元。可见,国际经济组织似乎仍是私人占有的代表,不仅于事无补,而且还可能恶化局面。所以,斯蒂格利茨等专家都给予了严厉的批评,认为资本主义全球体系的各个国际监管机构是新自由主义的忠实信徒,是不负责任和无能为力的,是在不断地将危机转嫁给发展中国家和新兴市场,本质上是一种"债权人专政"。实际上,发达国家已经允许市场组织的私人金融机构控制信用权利获得以及以什么方式获得信用的决定权力,国际信用组织已经从一个半官方的机构转变为近乎私有的机构。因此,邓肯先生认为,现行的国际货币体系有三个致命的弱点:一是允许某个国家长期维持高额的经常项目和资本项目的盈余,但导致这些国家出现异常的经济盛衰周期,出现财政恶化;二是国际经济繁荣与否都要取决于美国负债的稳步增加;三是导致通货紧缩和金融危机。因此,我们必须明确,货币不仅仅是商品,更是一种全球制度及安排。金融全球化的管理不能留给私人经济主体或某个发达国家,也不能只服从和服务于他们的短期暴利动机。它的公共财产性质的本质属性需要新的体制和秩序,不能再继续"任其发展"的不公正不合理的旧体制和旧秩序了。

总起来说,私人占有主要表现在以下几个方面,一是少数银行家通过私有化把持了中央银行的控制权,使本该属于公有权的中央银行变成了私有的中央银的现象发生。通过这样的彻底改革和转型,从根本上建立起全新的全球货币体系。当然,作为过渡,可以考虑先安排美元 + 欧元的双极体制,此后可演化为美元 + 欧元 + 日元 + 人民币的多极体制,最后过渡到世界货币体系。

3. 在全球范围内进一步修改、完善和执行好巴塞尔协议及其他规则,为金融全球化创造出新的良好的规则和信用基础以及预警、合作机制。1988 年的巴塞尔协议主要针对的是信用风险,旨在通过实施资本充足率标准来强化国际银行系统的稳定性,消除因各国资本要求不同而产生的不公平竞争。过去 10 多年来,巴塞尔协议已经成为国际银行业竞争规则和国际惯例。

随着科技和商业活动的发展,金融创新一日千里,资本市场之间的联系更加紧密,银行风险管理水平大大提高。尤其是大型综合性银行可以不断调整资产组合,使其既不违反现行的资本标准,又能在金融市场进行套利。这些变化导致该协议在部分发达国家已名存实亡。巴林银行倒闭事件表明,仅仅依靠资本充足率标准不足以保障银行系统的稳定。

针对国际金融领域的变化,1999 年 6 月,巴塞尔委员会决定对巴塞尔协议进行修订。新协议提出了一个能对风险计量更敏感、并与当前市场状况相一致的新资本标准,明确将市场风险和经营风险拉入风险资本的计算和监管框架,并要求银行对风险资料进行更多的公开披露,从而使市场约束机制成为监管的有益补充。此外,在计算信用风险的标准法中,新协议采用评级公司的评级结果确定风险权重,废除以往以经合组织成员确定风险权重的做法,同时允许风险管理水平较高的银行使用自己的内部评级体系计算资本充足率。而且新巴塞尔协议在制订过程中第一次征求了发展中国家的意见,并几次推迟准备实施的时间。

新巴塞尔协议公布后,国际上褒贬不一。在总体上肯定的同时,国际货币基金组织认为,协议应当设定一个适用于全球各类银行的最低标准,从而使新协议仍在信息市场和发展中国家中得以推广应用。世界银行认为新协议中包含了许多极为复杂的风险管理技术,对监管当局的监管水平也提出非常高的要求,因此,世行极力主张进一步简化新体系。国际货币基金组织在对各国执行巴塞尔核心原则的情况进行评估后指出,发展中国家实施巴塞尔协议有自己的规则,根据自己的国情量力而行,绝不是实行就好,不实行就不好。

4. 在现行的全球金融体系中,下最大的决心实行托宾税,不仅可以抑制投机,减少风险,还可以为平衡运行提供比较可靠的补偿金。1978 年,J. 托宾就主张所有国家应当同时采取一种政策措施,即通过对短期资本流动征收少量税的办法往国际投机机器中掺沙子,使那些只为获取套汇利润的活动有所收敛。如果按 6.5% 收取税收,每年三次套利活动会增加成本 10%,每月一次的套利活动会增加成本 12%,这样,投机活动就会因为成本太高而减少或停止。当然,为了避免各国之间依靠减少税收来从事竞争,就需要所有国家达成一致协议,采取共同行动。这种设想尽管有空想的成分,但却是现实的,因为靠课税来限制国际货币的不稳定性是一种全新的措施。当然,被触犯了利益的人要坚决反对,而被保护了利益的人则是大力支持的。关键在于力量对比的结果如何。

5. 各新兴国家建立主权财富基金,建立国家外汇投资公司,不仅可以针对过多的财政盈余和外汇储备盈余进行市场运作,促进发展,而且更可以规避风险,确保国家的经济安全和全球金融的稳定。1999 年以来,主权财富基金逐步兴起,到 2007 年全球已有 22 个国家和地区设立了主权财富基金。其中最引人注目的是新加坡的政府投资公司(GIC)和淡马锡公司,还有在 2007 年通过 1.55 万亿人民币特别国债发行后,以 2000 亿美金的外汇储备组建的中国国家外汇投资公司。尽管还颇有争议,但主权财富基金发展势头迅猛,已逐步成为全球金融市场不可忽视的力量,正在显示出在金融全球化中发展与稳定的巨大潜力。

但是,完全消除金融危机所需的监管远远超出可取甚或可能的范围。偶尔的金融危机,甚至大危机,对开放而便利的贷款和全球的迅速增长起着有利的平衡作用。问题在于,我们如何使金融危机的打击面和打击力度尽可能地限定在一定的范围和限度,尽可能使金融危机更多更好地发挥全球经济稳定的自动调节器。

第八节 经济全球化成果人人共享

和平与发展是全球化的主题,而发展尤其是经济全球化的灵魂和宗旨。甚至可以说,全球化中的一切问题都要靠发展才能解决。因此,发展就是实现人类社会共同发展和共同富裕,实现人人共享的全球化的主题。这一定义应当说已经广泛地为人类社会所接受。特别是第二次世界大战以后,不仅发达国家进一步发展起来,而且广大的贫穷国家也逐步发展起来,整个发展推动了全球各个国家的深刻变化,也推动了作为新兴事物的全球化的出现。从历史的角度看,在帝国主义和无产阶级革命以及民族解放运动的时代,形成了以美苏为第一世界,发达国家为第二世界,广大贫穷国家为第三世界的三个世界的格局。这个格局因为发展而被打破,进入了今天的多极世界。第三世界国家分化为新兴市场经济国家、转型国家、发展中国家、不发达国家和最不发达国家。而苏联解体、东欧剧变使得美国成为唯一的超级大国。从理论的角度看,专门针对发展中国家如何推动经济发展的发展经济学应运而生,形成独特理论体系和流派,指导和促进发展中国家的发展。全球 1950 年的 GNP 仅 6 万亿美元,而到 20 世纪结束的 1999 年已达到 41 万亿美元,人均 GDP 从 1950 年的 2 500 美元跃升到 1999 年的 6 750 美元。全球的贫困现象也得到了相当程度的缓解。因此,可以说,因为发展,才有了今天的全球化。

但是,全球至今还没有很好地解决发展是为了什么的问题。这不仅造成了无人性的发展,而且造成了今天极其严重的全球两极分化和贫富悬殊,已经引起了全人类的不满和忧虑。换句话说,发展一是为了人的自由,二是为了共同富裕,三是为了可持续发展。

一、发展是为了人的自由

1. 发展为了人的自由的命题是由阿玛蒂亚·森所奠定的。他指出,自由是发展的首要目的,发展可以看作是扩展人们享有的真实自由的一个过程。聚焦于人类自由的发展观与更狭隘的发展观形成了鲜明的对照。狭隘的发展观包括发展就是国民生产总值增长、或个人收入提高、或工业化、或技术进步、或社会现代化等等的观点。当然,国民生产总值或个人收入的增长,作为扩展社会成员享有的自由手段,可以是非常重要的。但是自由同时还依赖于其他决定因素。发展的目的是促进自由,这是主导性目的,而不是特定的手段。发展要求消除那些限制人的自由的主要因素,发展特别要消除那些限制穷人自由的主要因素,真正提高穷人的发展能力,但这一点在全球化中远远没有达到。从这个意义上讲,自由也是促进发展的不可缺少的主要手段。

阿玛蒂来·森分析了促进自由的五种最重要的工具性自由,包括政治自由、经济条件、社会集会、透明性担保和防护性保障,排除严重的不自由对发展是有建构性意义的,个人应当被看作是参与变化的能动的主体,而不是分配给他的利益的被动的接收者。更多的机构和社会安排,都应当为增强和保障个人的实质自由做出所能做出的贡献。对于人的可行能力的最基础的价值标准是在自由和民主基础上的一种社会选择,它超越了人力资本,一是对于人们的福利和自由来说,它们的最直接关联性;二是通过影响社会变化,它们的间接作用;三是通过影响经济生产,它们的间接作用,达到以自由看待发展的目的。

2.联合国于2000年制订了千年发展目标,要求在2015年之前,通过全球化的合作努力,实现:①消灭极端贫穷;②普及小学教育;③促进两性平等并赋予妇女权力;④降低儿童死亡率;⑤改善产妇保健;⑥与艾滋病毒/艾滋病、疟疾和其他疾病作斗争;⑦确保环境的可持续能力;⑧全球合作促进发展等八项目标。前联合国秘书长安南指出,我们必须打破一切照旧、泰然处之的做法,今后几年我们必须将全球发展援助增加一倍以上,否则我们就无法实现千年发展目标。

联合国于2007年7月2日在日内瓦发表的《2007年千年发展目标报告》认为,千年发展目标进展情况喜忧参半。在2015年实现千年目标期限过半之际,全世界为脱贫采取的行动取得了明显进展,但远不能确保完全实现预定目标。

这份报告是根据世界银行和经合组织等联合国系统内外20多个机构提供的数据编写的,该报告称,在2015年前将贫困人口减少一半的目标取得了明显成果,全世界每天生活费不足1美元的人口比例从32%降至19%。报告认为,如果这一趋势保持下去,"千年发展目标中关于减少贫困的目标将在世界大部分地区实现"。

报告也提到其他方面的进展情况:发展中国家儿童入学率从1991年的80%上升到2005年的88%;世界儿童死亡率下降;防疟疾取得重大进展;结核病正在得到控制;可持续能源技术开发取得进展,但造成温室效应的气体排放继续增加,引起气候变化影响人类福利。

报告指出,南亚、东南亚和东亚贫困人口大幅下降,西亚贫困人口增长超过一倍。撒哈拉以南的非洲虽有改善,但贫困状况依然是全世界最严重的。报告还提到其他严重问题:每年因妊娠、分娩以及可以预防或治疗的产后疾病死亡的妇女达50多万;将体重不足儿童数量减少一半的行动收效甚微;2005年艾滋病/艾滋病毒致死人数达290万(2001年为220万)等。

报告说,2005年八国首脑会议承诺在2010年之前将对非援助增加一倍,但是2005年~2006年,来自发达国家的官方援助比上一年减少了5.1%,只有5个援助国达到或超过了联合国确定的将国内生产总值的0.7%用于援助的目标。

因此,联合国秘书长潘基文在日内瓦召开的联合国经济及社会理事会2007年实质性会议上说,报告传递的重要信息是令人鼓舞的,在大多数国家实现千年发展目标是可能的,但需要各国政治领导人紧急采取协调措施。他特别指出大多数发达国家没有履行自己的承诺,发达国家应该在世界伙伴范围内,提供适当的发展援助。

潘基文说,发展援助资金主要通过加强世界发展伙伴关系获得,没有适当的发展援助资金,实现千年发展目标将是一句空话。他强调,发达国家遵守承诺至关重要,发达国家用于发展的公共援助应该达到国内生产总值的 0.7%。他敦促援助国确定增加援助的日程表,在 2010 年和 2015 年前兑现各自作出的承诺。

二、发展是为了共同富裕,实现人人共享的全球化

实际上,全球发展的不平等不公正的问题,也就是两极分化贫富悬殊的问题,是不可能在分配领域彻底解决的。新自由主义老是告诉我们,蛋糕做得更大了才能更公平地分配。但是,情况恰恰相反,蛋糕做大之后,不公平的分配不仅没有解决,而且还在加剧。原因就在于解决不公平分配的问题不能仅仅依靠二次分配,必须首先在一次分配中来加以解决。从主观方面来说,就是要以自由看待发展,让每个人都提高自己的可行能力,实现充分就业和分配的公平;从客观上看,整个社会的一次分配必须尊重和保障每一个人的权益,并且为他们提供自由的条件。否则,公平、公正的分配永远都只能是一个梦想。特别是为了新自由主义的经济全球化,以伤害和损失劳动者和发展中国家的权益为前提和代价,发展就更加无人性!因此,必须在一次分配中首先解决不公平分配等问题,发展才能实现人的自由的目的。

确定了上述原则之后,最主要的是如何使全球二次分配做到公平和公正,以减少贫富悬殊和两极分化,实现人人共享的经济全球化。

数据表明,发达国家与发展中国家人均 GDP 的差距从 1983 年的 43 倍扩大到目前的 70 倍;贫困国家的债务已超过本国国民生产总值的 80%,总额已达到 2 万亿美元左右;经济全球化造成了 60 多个国家经济比过去倒退,除少数新兴市场国家有了新的发展之外,最不发达国家 10 年之内从 36 个扩大到 48 个,基尼系数从 1988 年的 0.625 上升到 1993 年的 0.659。发展中国家面临着边缘化和极大的不确定性。在个人层面,世界上每 5 个人中就有 1 个人每天生活在不足 1 美元生活费的贫困之中,世界上 1% 最富有人群的收入相当于 57% 的最贫穷人群的收入总和。经济全球化带来了严重的两极分化和贫富悬殊。更为严重的是,全球贫困人口不仅数量在增加,情况也更加恶化,联合国解决贫困问题的计划无法按期完成。

最关键的就是改革现行不合理不公正的国际经济旧秩序,建立起崭新的公正合理的全球经济新秩序,以确保在全球范围内真正实现效率与公平的兼顾,走出新的"第三条道路"。因此,必须采取以下措施。

1. 在全球范围内逐步实现产权（资本要素）、经营权（管理要素）、劳权（劳动要素）三权的平等地位，共同参与一次分配。根据以上的分析，由于进入全球金融垄断资本主义阶段，经济全球化只有一种主宰生产、分配的力量，那就是资本。更有甚者，世界上以牺牲劳工利益来追求经济发展、资本增值，导致了全球各国政府在劳资关系中失去了公正立场，导致世界劳工地位的不断下降，导致工人阶级在与资本的抗衡中陷入特别不利的无后方、无中心状态。这充分证明，不尊重劳权，不把劳权平等于产权和经营权，一次分配中的两极分化和贫富悬殊就无法解决。劳动作为一种生产要素，不仅应当得到法定的全球权利保障，而且应当参与利润的分配。从取得法定的全球保障看，《国际劳动宪章》规定了9条原则，《费城宣言》重新规定了10条原则，SA-8000劳工标准的9条规定，都必须在各国得到切实的遵守和执行。试想，如果没有劳动作为生产要素的存在，资本才是真正的废物。因此，只有资本、管理、技术、劳动多种生产要素的整体存在，才会有真正意义上的生产、流通、分配、消费，才会有真正意义上的经济全球化。解决的方案是，将劳权折算为价值形态，既作为价值形式的生产要素计算在总投入、总股本中，又作为使用价值形态工作在经济的各个领域的环节；既取得了劳动力使用的报酬，又得到劳动分红的报酬。只有这样，才能真正实现产权、经营权、劳权的平等关系，在初次分配中解决两极分化和贫富悬殊等问题。否则，工人阶级不管当白领、蓝领，都是受剥削的贫困群体，都是乞求别人保护的弱势群体。今日经济全球化和知识社会，必须要有良心有能力有远见地解决这个问题。

2. 在全球范围内逐步实现富国与穷国的平等地位，共同参与二次分配。全球财富是全世界人民共同创造，理应由全世界人民来共同分配。由于种种原因，全世界人民创造的财富为少数发达国家所占有，而大多数发展中国家和人民却无法享受。这不仅仅导致全球的分配不公、两极分化和贫富悬殊，而且更导致全球的失控、混乱、恐怖主义、战争和毁灭。发达国家应当懂得一个道理，两极分化、贫富悬殊的全球，绝不会给自己带来安宁和幸福；企图用武力去消灭因此而产生的恐怖主义等等极端势力和行为是痴心妄想。唯一的出路和办法就是将本来就属于全世界人民的财富，还给发展中国家和全世界人民。一是必须建立全球财富共同调节和分配的国际组织，采取全球转移支付的办法，来公正地分配全球财富。如今的国际组织可以说是多得无法统计，但却恰好没有这样的组织。二是必须在全球建立起共同发展、共同富裕的机制，特别是把重点放在支持帮助发展中国家上，使他们尽快走上富裕道路。三是必须在全球建立起控制主权与促进发展相脱离、不挂钩的机制。发达国家支持帮助发展中国家发展是天经地义的全球责任,而不是控制别国主权,达到一国目的的卑鄙手段。否则,求发展就会变成当奴仆,促发展就会变成当主人,用这样的主仆关系来促进共同发展和富裕,只会南辕北辙、适得其反。四是必须在全球按质按期完成联合国脱困扶贫目标,如不能完成,应当追究有关方面的责任。并根据新的情况,制订并执行新的全球脱困扶贫目标。五是必须建立全球教育平等的机制。以教育平等为根本基础,支持帮助发展中国家解决交易及发展问题,从而逐步实现人力平等、机会平等。六是必须建立全球贸易扶助发展中国家的机制,解决贸易地位不平等、起跑线不平等的问题,给足相应的时间,发展中国家才有可能实现跨越式发展,跟上全球的步伐。我们必须懂得,长期维持强者战胜弱者、快者战胜慢者,全球绝无稳定可言,稳定会被破坏殆尽。强者续强、弱者变强、快者续快、慢者变快,才能真正使全球减少风险,保持稳定。

3. 壮大中产阶级。世界政策研究所高级研究员、美国基金会全球中产阶级计划主任谢尔·施温宁杰从另一个角度讨论了这一问题。他认为,技术进步和全球化催生了富裕经济,而新的富裕经济又使经济更快增长和生活水平提高,又不刺激价格和工资上涨,使充分就业成为可能。因此全球应当鼓励新兴经济体壮大中产阶级,使中产阶级逐渐成为占绝大多数的人口,以增加消费,从而最终壮大全球的中产阶级,这才是更好的增长之路。

三、实现全人类社会的可持续发展

我们只有一个地球,为了"不吃完祖宗饭,断掉子孙路",可持续发展已成为全球化的必然选择。

(一)从哲学的角度看,这是一个在全球范围内树立正确的世界观以及建立科学思想体系问题

为什么会出现可持续问题?长期以来在我们的世界观和哲学理念中有一个主义,叫做人类中心主义。荀子说过:人定胜天。我们要征服世界,改造自然,我们要让山低头、河让路;我们要改天换地,创造财富,提高人类的两个文明。我们在征服、控制自然的同时,也在掠夺、破坏自然,这个理念到现在还没有完全改变,特别是在发达国家。恩格斯也注意到了环境问题,他在自然辩证法中认为,人们沉浸在征服自然的胜利之中时,也正承受着掠夺自然带来的损害,可惜他为了帮助马克思完成资本论,没有能够在这方面进一步研究。现在看来,人类中心主义的世界观必须取消,但这个问题在世界上仍存在着争论。本书提出的哲学

理念是人与自然和谐发展,既不是自然中心主义,也不是人类中心主义,不能要发展不要环境,也不能要环境不要发展,要在人类中心主义和自然主义之间找到一个结合点。这个结合点就是人与自然的和谐发展。因此,可持续发展是一种哲学理念,是一个世界观,不仅仅是战略。如果我们在思想理念上不能转过来,就不可能推行可持续发展。像美国总统布什拒绝批准京都议定书这样一个全球共同控制大气污染的议定书,就说明了这个问题。

(二)从发展的角度看,这是一个在全球范围内树立正确的发展观以及建立新型发展模式问题

这个理念倒回来说就是经济增长不等于发展。我们知道在工业化基础上的现代化。我们衡量现代化的一个标准就是 GDP,而且是人均 GDP,在这个经济增长模式中,缺少了许多东西。一是缺少人文指数,也就是社会的发展。二是缺少环境指数,GDP 中没有环境系数,因此现代化到底是一个什么样的现代化,现在争论很激烈。牛文元发表了可持续基础上的现代化理论。在亚太城市信息化论坛年会上,许多专家将现代化明确划分两次现代化,认为第一次现代化是对大自然的征服,第二次现代化则是对大自然的回归。第一次现代化定格在工业化基础上的现代化,但在这个现代化中,要注意环境指数。GDP 叫做绿色 GDP,所谓绿色 GDP 就是在一年中完成的 GDP 要用环境损失来倒扣。因此,必须建立起新的可持续发展的模式。

(三)从消费的角度看,这是一个在全球范围内树立正确的消费观以及建立绿色消费体系的问题

"顾客是上帝"这句话在商业上讲是正确的,在经营活动中也是正确的,消费者有市场的否定权和肯定权。但在可持续发展中,消费者不能有主权,更不能成为"上帝"。这就引入了循环经济的概念,如果我们只在生产上治理污染的话,我们就会忽略一个最大的污染源,这就是人类的消费,所以循环经济的概念是很特别的,它不只是指经济。可持续发展只抓生产,只抓经济活动是不行的,所以我们要改变消费者主权、"顾客是上帝"这样的观念。给人们带来巨大方便的塑料袋、一次性饭盒、一次性筷子,对我们的环境造成了巨大损害。从某种意义上说,我们每个人都与可持续发展息息相关,都决定着地球的未来。消费者主权和"顾客是上帝"对环境带来的损害,并不亚于生产活动。在这个问题上,公众意识是最重要的。我们现在抓生产经济活动的力度很大,但对引导消费、转变消费理念、转换消费模式方面却几乎没有考虑到。所以可持续发展要从消费者做起,从公众做起,实现绿色消费,循环消费。

（四）从过程的角度看，这是一个在全球范围内树立正确的协调观以及兼容双赢系统的问题

碎窗理论是一个十分精典的理论。一辆汽车的窗户被打碎了，这是好事还是坏事呢？它既是坏事也是好事，旧的不去，新的不来。打碎了窗户，就要换玻璃，刺激玻璃生产，生产了就增加 GDP，即先破坏、后生产。但有的人把这个用到了污染中，在污染和环保中出现了一段与"碎窗理论"同样效果的话，叫做先污染、后治理。按照逻辑推论，玻璃打碎了就要去买，工厂就要制造玻璃，制造商就要去购买原材料、劳动力，就会推动经济发展，反之则不会推动经济的发展。运用到环境上，就是如果不污染，就不会有治理，没有治理就没有发展。伦敦是资本主义工业制造的一个污染怪胎，这是 19 世纪的事。但到了 20 世纪，伦敦发生了革命性的改变。我们是否还要去走一条历史的老路，先制造一个雾伦敦，然后再把它变成清洁伦敦呢？如果这样，人类就太愚蠢了。我们为什么不能做到既不碎窗，又能发展，共存共赢，走出"先污染、后治理"、"边污染、边治理"的误区呢？

（五）从未来发展的角度看，这是一个在全球范围内树立正确的代际观以及建立世代延续体系的问题

新自由主义经济学有一个假设，就是资源的无限供给。但是实际情况并不是假设，人类现在仍处在一个资源约束和环境约束的历史时代。从经济学的角度上看，资源是稀缺的；从人口学的角度看，人口的不断增长会给资源和环境造成更大的压力，更会加大约束力度；从环境科学的角度上看，环境被破坏和掠夺的情况比人们想象的还要严重，更为可怕的是，情况还在继续不断恶化下去。如果人们不重视资源和环境的破坏及浪费问题，那么，我们的后代将不会再拥有生存的基本条件。这绝不是危言耸听，而是正在一步一步逼近的现实。因此，我们不能只从我们这一代出发来考虑人口、资源和环境问题，也不能只从下一代出发，恐怕要考虑若干代后的人口、资源和环境问题。综合起来看，一是现在已经可以建立起可持续发展的模型，来直接计算和安排我们对资源的利用速度和对环境的保护力度；二是现在已经开始探索寻找新的资源和替代资源；三是现在已经开始探索新的环境保护技术和循环经济；四是现在已经开始把人口、资源、环境综合成为世代延续体系。因此，我们还是可以保持谨慎的乐观态度，以保护环境、解决代际矛盾为优先选择的内容，从而实现代际公平。

（六）从现实的角度看，这是一个在全球范围内树立正确产业观以及建立环境保护产业体系的问题

因为保护环境需要很大的代价和成本，特别是在生态脆弱地方这也不许发

展,那也不许发展,是否阻碍了发展呢？由于许多项目都不能搞,显然是阻碍了发展。如果想先做环境再求发展,但资金又只允许做一样,这就是我们目前的现实,谁也无法否认。在这个问题上唱高调是不可能的,这就使人们不得不先求发展,在赚取更多的资金后再来搞环保。这就带来了经济学上的一个最大的问题,就是两难选择,哲学上叫做悖论,经济学上叫选择。这个问题要解决非常的不易。

（七）从全世界范围看,这是一个全球范围内树立正确的全球环境一体化的观念以及建立全球实现共同行动体系的问题

应当努力走出一条"投得起、用得起、还得起"的新路子。一些环境学家打过一个比方,在南美热带雨林的一只蝴蝶扇几下翅膀,欧洲大陆就会洪水滔天。厄尔尼诺现象带来全球气候的变化,南极臭氧层洞的扩大、雪线上升、海平面上升,威胁的不是一个国家、一个民族,而是全世界,所以需要全球联合行动。联合国在这一点上看得很清楚,它从 1972 年就开始关注这个问题,此后召开了许多环境发展的大会,最著名的一次是 1992 年在巴西里约热内卢召开的。大会制定了全球 21 世纪议程。我国 1995 年制定了自己的 21 世纪议程,就是对环境进行全面保护、治理和改善。所以环境的保护和可持续发展是一个全球行动,是 60 亿人的共同使命。但遗憾的是这个问题很难变成全球行动,主要是利益在作怪。在经济全球化的今天,一个国家如果只考虑自己的利益而不考虑全球的利益,它的发展将受到阻碍。"我们只有一个地球"就是这种观念和行动的集中概括。

（八）从全球治理的角度看,这是一个全球范围内树立正确的全球保护环境的平等观以及建立大国承担更多责任的体系问题

事实证明,在环境保护和环境掠夺中确实存在着世界性的不平等性和不公平性。如果这个不平等和不公平不能克服的话,全球的环保共同行动就不可能,全球的环境保护和可持续发展也就不可能。环境问题演化到这里就成了政治问题,发达国家是使用资源、掠夺资源最多的。一个美国人消耗的资源是一个非洲人的 100 倍。同样,发达国家对环境的破坏也是存在的。在这样经济不平等而改善环境又需要很大投入的前提下,发达国家应为全球的环境保护做出应有的贡献。但是现实中却是相反的。是中国这样的发展中国家去签订京都协议,而且从自己国家开始执行可持续发展战略。但美国这样的头号发达国家却否定京都协议,置人类的共同利益于不顾。在这样一种情况下,全球的共同行动非常艰难。应当承认,保护环境是全人类的共同利益,实现可持续发展是每一个国家、每一个公民的责任和义务,谁破坏了这一点,谁就破坏了全世界的公平和平等。

（九）从现代文明的角度看,这是一个全球范围内树立正确的文明观以及建

立人类生态文明社会的问题

人类社会追求和奋斗的目标是建设文明社会,而这个文明过去都集中在物质、精神等方面。事实上,我们可以清楚地看到,社会文明的基础和核心是生态文明,离开了生态文明,物质文明、精神文明和政治文明恐怕都是残缺不全,不能完善的。因此,在建设文明社会中,我们必须建设生态文明,使可持续发展能力不断增强,生态环境得到改善,资源利用效率显著提高,促进人与自然的和谐,推动整个社会走上生产发展、生活富裕、生态良好的文明发展道路。

(十)从现代统计的角度看,这是一个在全球范围内确立新的可持续发展统计指标和体系的问题

在这种思想指导下,GDP 已经被修改为新的统计指标。第一种是美国学者詹姆斯·托宾和威廉·诺德豪斯共同于 1972 年提出的"净经济福利指标"(NEW),主张用好的 GDP 减去坏的 GDP 才是真实的。第二种是日本政府于1973 年提出的"净国民福利指标"(NNW),超过污染标准的,必须列入改善经费,又必须从国民收入所得中扣除。第三种是以美国学者卢佩托等于 1989 年提出的"净国内生产毛额"(NDP),木材减少、石油损耗、土壤流失三项造成的损失必须从 GDP 中扣除。第四种是美国学者戴利和科布共同于 1989 年提出的"可持续福利指标",尝试把越多的指标通通摆进去越好的统计,已被发达国家广泛采用。第五种是联合国开发计划署 1990 年提出的"人力发展指标"(HDI),每年公布一次。事实证明,国民所得到达一定的程度后,给人民带来福祉,效益会递减,打破了认为所得越高就一定幸福的传统观点。第六种是联合国环境署于1995 年提出的"可持续发展指标"(SBI),遵循 PSR 的架构,包括了社会、经济、环境、政府组织和民间机构等四项,目前仍在改进之中。

第九节　通过合作博弈实现共赢

一、竞争统治了全球化,竞争正在失去控制,因此一定要实现合作化

里斯本小组的《竞争的极限》一书正确地分析了这一问题。是否应当让竞争统治我们的星球?竞争真的是解决全球范围内日益增长的生态、人口、经济社

会问题的最佳手段吗？因为竞争虽然是一种重要的手段,一个最重要的源泉,但长期以来,人们不是把竞争能力描写为实现目标的手段,而是把它当成一种无所不包的信条、一种意识形态、一种谋求霸权的目标。尽管出现了民主化的浪潮,但在全球范围内既在很大的程度上失去控制能力,更缺乏一种利益平衡。因此,一方面是竞争越来越失去控制,另一方面又加强了消极的发展趋势,二者之间不断相互得到加强,问题已越来越严重。长此以往,竞争会升级为全球的经济战争,削弱政治在民族国家和全球范围内解决现实问题的能力,导致全球的毁灭。里斯本小组认为,人类不是反对竞争本身,它仅仅是反对过分膨胀的竞争意识形态,这种意识形态把所有其他形式的经济、政治、社会的生活组织全部排除在外。竞争并不是能够造福于世界共同体所有国家的唯一价值。竞争市场并不是一切,不能把它的逻辑强加到人与社会的所有范畴。所以,一个有效率的、开放的市场体系需要在各民族之间建立一个协调合作的全球调控体系和框架,使其能够承担起社会责任,拥有民主合法形式,以共同目标为取向,以协调合作为主要手段,从而避免一场(经济、宗教、政治或伦理的)全球自我爆炸的危险。基于这样的合作化构想,里斯本小组建议缔结四个基本的全球契约:一是消除不平等的全球基本需求契约,二是宽容与国际对话的全球文化契约,三是全球调控的民主契约,四是可持续发展的地球契约。参与签订全球四个契约的社会活动主体包括全球市民社会、各路开明精英、区域性联盟及城市。最大的责任应当在美国、日本和欧盟,最终用团结互助取代霸权。

二、要缩小全球的贫富差距,避免两极分化,避免风险和危机,一定要实现合作化

许多学者指出,这些问题的出现不仅仅是全球公正合理新秩序要建立的问题,而且也是要进一步通过合作来缩小文化、政治、地理和经济距离的具体问题。应当通过具体问题的合作解决,才能建立起全球公正合理的新秩序。从文化距离看,一个国家的文化特征会决定人与人之间以及个人与公司与机构之间的互动。不同的宗教信仰、种族、社会规范和语言,都可以形成距离,影响经济全球化;从行政和政治距离看,共有的历史和政治联结也会影响到经济全球化;从地理距离看,这不仅是两国相隔的英里数或公里数,而且还包括国家大小、人为因素都会影响经济全球化;从经济距离看,消费者财富和收入水平也会影响经济全球化。经济全球化虽然历史性地加深了复合型相互依赖,而且使全球经济日趋同步化,呈现出各自利益与共同利益共存亡、同进退的合作博弈趋势,但经济全球化却仍有距离,仍然没有横扫全球,触及各个层面、角落和人群。这就是我们所说的边缘化。

请看各种产业对距离的敏感度。

产业对距离的敏感度

	文化距离 语言连接	行政距离 优惠贸易协定	地理距离 实际间隔距离	经济距离 财富差异
较为敏感	肉类及肉类制品 谷物及谷物制品 谷类食品及其加工品 烟草及香烟 办公室机器及自动 资料处理设备	黄金、非货币物质 电力 咖啡、茶、可可、香料 纺织纤维 糖、糖制品、蜂蜜	电力 天然气、人造气体 纸张、硬纸板 活体动物 糖、糖制品、蜂蜜	(经济距离降低贸易量) 不含铁金属 人工肥料 肉类及肉类制品 铁和钢 纸浆和废纸
较不敏感	摄影仪器、光学产品、 手表 道路运输工具 软木及木材 金属加工机械 电力	天然气、人造气体 旅行用品、手提袋 鞋类 卫生用品、水电、 暖气、照明设施 家具与家具组件	纸浆和废纸 摄影仪器、光学 产品、手表 电信及录音设备 咖啡、茶、可可、香料 黄金、非货币物质	(经济距离提高贸易量) 咖啡、茶、可可、香料 动物油和脂肪 办公室机器和自动化 资料处理设备 发电机和设备 摄影仪器、光学产品、 手表

资料来源:《哈佛商业评论》

三、合作化的多种模式

合作化使全球化出现了多种模式,即跨国家跨地区的经济共同体或经济协作组织大规模迅速发展。全球范围内形成欧盟(EU)、北美自由贸易区(NAFTA)、亚太经济合作组织(APEC)、独联体等许多区域组织。在这些区域组织中,欧盟一体化程度最高。欧盟自 20 世纪中叶起经过 40 多年发展形成了超国家合作组织,它建立了关税同盟和欧洲货币体系,实行共同的农业政策和加强科技合作等,并在 20 世纪 80 年代开始进行防务合作(如从 1983 年起西欧 12 国实行国防部长定期会晤制度),在 20 世纪 90 年代上期逐步走上政治联合的道路并力求实行统一的对外政策(如欧盟成员国 1992 年签订了包括《欧洲政治联盟条约》在内的《欧洲联盟条约》,1997 年签署了《阿姆斯特丹条约》)。

超国家范围的区域化组织不仅内部一体化进程在加速,其规模更呈不断扩大趋势。例如欧盟1997年的首脑会议决定与波兰等6国开始入盟谈判,这表明了它东扩南下的主张。亚太经合组织温哥华会议接纳了我国等3个新成员,这使它差不多成为一个跨三大洲的组织。东盟正式接纳缅甸和老挝为成员,基本上实现了大东盟计划。同时北美自由贸易区也有扩大趋势,如美国前总统克林顿在访问拉美期间就曾表示欢迎各国加入该组织。此外,还有一些新的区域性组织不断涌现,如环印度洋地区合作联盟在1997年成立,伊斯兰八国组织首脑会议决定成立一个经济合作组织,中国、日本、韩国与东盟的"10＋3"模式。1999年,为有效地防患金融危机的发生和蔓延,有11个发展中国家参加了在八国集团和欧盟基础上组建的20国集团,等等。

　　合作化的运行有以下等点:第一,是世界贸易形势的变化促进了区域一体化的形成和发展。从早期的互补性贸易变成了竞争性贸易,从竞争性贸易转化为对抗性贸易。因为对抗性贸易造成绝对的输赢对手,如果某一方走向自由贸易或搞闭关锁国,都可能被挤出市场。与其被挤出,不如搞区域一体化和贸易集团,所以,区域一体化造就了一种能够实行有效贸易政策的新单元,推动对抗性贸易走向了互利互惠的贸易。第二,区域政治、安全的利益驱动了经济一体化的出现。欧盟的出现就是欧洲在二次世界大战之后,对欧洲历史进行了深刻的反思,为了避免欧洲再度陷入不可解决的矛盾和战争,实现持久和平,欧洲必须联合起来,从而设计出了欧洲联合的方案。而联合首先是经济联合,没有经济的联合,政治、安全等的联合没有基础,也是联合不起来的。所以,出于政治安全需要而设计的欧洲,却首先成了经济一体化的组织。第三,发展中国家在参与全球化中,自己和自己联合起来,避免更大的损失,争取更大的利益,也推动了区域一体化(如拉美国家成立了南方共同市场)。在32个地区组织中有28个是发展中国家建立的。第四,发达国家联合起来信奉新自由主义政策,建立经济区、自由贸易区来经营和扩大自己的实力。第五,发达国家与发展中国家相互联合,共同设计和参与区域一体化和贸易集团是当前和今后的主要形式。也就是说,经济全球化的两极,也看到必须走到一起、协作合作、互利互惠,才能促进共同发展。因此,不管是由谁发起,发达国家与发展中国家共同参与全球化和区域一体化已经成为不可抗拒的主要潮流。八国峰会从2000年起,已陆续邀请一些发展中国家参加八国集团峰会,展开有效的对话。正如法国前总统希拉克所认为,在八国集团首脑会议之外举办一种新型会议的时刻已经到来,即吸纳新型国家、过渡国家或贫困国家的代表出席会议,共商全球化和可持续发展的问题。

187

四、"9.11"事件之后的合作化影响

"9.11"事件的爆发,给经济全球化,特别是合作进步带来极其深刻的影响。经济全球化及其一体化进程面临着逆转和倒退的危险。作为"9.11"事件本身来说并不是经济活动和经济危机,但是它一方面以极大的震撼加剧了以消除泡沫而正在衰退和调整复苏的全球经济更加震荡和衰退,另一方面又使政治军事安全的保障更倾向于保守主义、保护主义,从而威胁着经济全球化及其一体化进程的健康正常协调发展,而且极有可能导致过程中断、逆转和倒退。从第一方面看,一是加剧了全球金融资本、贸易市场的动荡。美国全球资本市场股市大跌,资产缩水,经美国股市损失就高达 7 万亿美元以上,几乎占了美国 GDP 的 70%。全球外国直接投资 FDI 几乎下降了 70%,特别是美元的贬值和转弱,更引发了许多不确定因素。全球贸易急剧下降,仅 2001 年当年就比 2000 年下降 0.3%。二是全球经济呈现出衰退和通货紧缩的情况。现在虽然有所复苏,但是不激烈,在衰退和复苏中挣扎已成为新的经济周期的表现,转而进入新一轮发展期仍有疑问。各种国际经济组织对今后的全球经济的增长却抱着谨慎乐观的态度。从第二方面看,出于维持霸权和保障安全的需要,地区主义、保守主义、保护主义有所抬头。一是欧盟和美国之间产生了更为尖锐的分歧和矛盾,正在通过一系列的诸如伊拉克战争等重大问题表现出来,这种分歧和矛盾仍然在深化发展。二是发达国家与发展中国家围绕着自由贸易的谈判以至建立什么样的全球经济新秩序而产生重大分歧。WTO 坎昆会议围绕着农业问题和"新加坡议题"造成的失败既标明了主要发达国家的保护主义抬头,坚决维护自己的既得利益不肯做出实质性的让步,也标明发展中国家正在联合起来,一致拒绝接受美欧等发达国家在农业上不平等贸易协议,质疑"新加坡议题",最终结果是相持不下、僵局难活。在 WTO 框架内,如何尽快实现公平贸易,还有艰苦而漫长的道路要走。就在这一关键时期,美国却在双边或地区性经贸合作(FTA)开始大行其道。我们在前面已经提到,双边和地区的经济合作是重要的,但他仍然具有排他性、不完全性和不平衡性,不应当对多边主义、全球主义造成威胁,不能用 FTA 代替 WTO。因为 WTO 仍是一个全球性的多边贸易体制,虽然谈判艰苦、耗时长,但其所获得的好处却相对要更为普遍而平衡。我们必须懂得,WTO 是一个多边主义、全球主义的具有法人地位的国际组织,其协调与监督的范围已经远远超过和大于关税与贸易总协定,按照协商一致的原则通过多边谈判来解决问题,其对争端裁决的实施更容易得到保证,争端解决机制的效率更高。加上运行中非歧视

原则、透明度原则、自由贸易原则、公平竞争原则无一不体现出多边世界协商求大同存小异、合作共赢的核心价值理念，从而使世界贸易组织成为区别于国际货币基金组织和世界银行的唯一的多边合作的国际组织。因此，坚持 WTO 的运行和完善，不仅有助于世界经济合作和谐、平衡发展，避免发展中国家受损，甚至于边缘化，而且可以从根本上向建立全球崭新的自由、公正、公平的体制和秩序迈进。这一点应当成为全球的共识和行动，绝不能用 FTA 代替 WTO。不管发生什么变故，要真正保证经济全球化及一体化正常健康发展，不要发生历史上类似于第一次世界经济一体化在一战和二战之间的逆转和倒退。联合国秘书长潘基文认为，必须消除世界贸易体系中损害发展中国家的不平等因素，世界亟须多哈回合谈判取得成果。"世界发展合作伙伴"不应成为普通的口号，而应变成现实。马丁·沃尔夫列出了不能再出现的四个因素：一是反自由主义；二是保护主义势力；三是经济动荡；四是大国之间的敌对关系。不幸的是，"9.11"事件之后，我们却看到四个因素正在形成和抬头，要解决潜在的危险，必须在全球范围内加强合作，这是唯一一条挽救经济全球化、保证经济全球化造福于全人类的道路。

五、必须坚持合作化道路

需要重申的是，第一，经济全球化是市场化，市场化就必须自由化，但自由化绝不是令人胆战心惊，以不可控制的恶性过度竞争造成高风险、高危机和贫富悬殊两极分化的极端自由化。因此，不能用军国主义、帝国主义、民族主义、法西斯主义对待自由化，但也绝不能用失控和混乱来对待自由化，更不能用国内安全壁垒来反对自由化。在竞争的基础上用合作化来深化自由化才是唯一正确的出路。第二，保护主义势力不能出现和上升，这是大家的共识。但是在赢家通吃的社会中，特别是像"9.11"这样事件的催化作用，恐怕只会使保护主义势力越来越严重，甚至会打着双边和地区合作的旗帜 FTA 来形成"挂羊头卖狗肉"的新保护主义。因此，在双边与地区合作的基础上，只有多边主义的合作协议和平等谈判的机制才能从根本上遏制保护主义势力及其抬头的趋势。因此，整个国际经济组织改革的方向都应当像 WTO 那样成为多边协议机制。否则，保护主义势力还会渗透和控制国际经济组织。第三，经济动荡是不可避免的，问题只在于如何通过合作缩短周期、减少震荡、分散风险、避免崩溃。绝不能搞保护自己，搞乱别人，转嫁危机，从中渔利的经济动荡。否则，一个小动荡就可能葬送经济全球化。第四，大国之间的敌对关系在一战到二战结束，都源于领土扩张和掠夺资源。时至今日，这一问题依然存在。虽然反对国际恐怖主义成了大国共识，但问题却在于旗帜与行动的实质不是一回事。更为严重的是,这种敌对关系是以各大国全球和本国利益为基础的,是不以人们的意志为转移,谁也不能保证不会形成敌对关系的。要害在于,各大国必须有一个合作的机制,最起码是联合国及常任理事国。令人遗憾的是,这种机制却常常不能发挥作用,甚至是用得着时用一用,用不着就被甩到了一边。因此,各大国不维持合作、达成共识和共同行动,要出事也就在一瞬间。作为"9.11"事件的对策,仅仅依靠在国外用兵和在国内构筑壁垒是无法获得安全感的,只有把寻求安全感和人人共享的全球化结合起来,通过合作,建立起全球崭新的经济新体制和新秩序,才能保持经济全球化的正常健康发展。这当然是一个难以实现的目标,但它却是唯一正确的目标。

六、资源、人口、环境是全球合作的重大课题

地球的资源是有限的,而人类的发展则是无限的,要解决有限与无限之间的矛盾,避免短缺危机和资源战争,威胁人类安全,唯一的办法就是通过合作化,以共同防止经济全球化所导致的资源战争,防止人类对自己的毁灭,从而终结人类历史。美国学者迈克尔.T.克莱尔在他的《资源战争——全球冲突的新场景》一书中认为,全球对于许多关键物资的需求正在以无法持续的速率增加。2050年,世界人口将达80亿,而以石油和水为核心的资源将会明显短缺,都必然导致所有权争夺的扩散,从而必然导致冲突、战争与毁灭。因为这不是由经济全球化和市场的力量所能够解决的。所以,在今后的岁月里,资源战争将成为全球安全环境的一个突出问题。为此,迈克尔先生鲜明地指出,当我们深入21世纪时,全球人类社会面临着一个重大抉择:要么继续沿着加剧资源竞争的道路走下去,这将导致全世界反复发生暴力冲突;要么选择以合作的方式管理全球的资源。自然资源是缔造人类文明的基石和维持日常生存的基本需要,这样一项战略要求世界现有的资源储备在严重稀缺的时候能够平等的分配,还要求有一项加速的、全球的研究计划,研究可替代的能源和工业流程。使这一战略得到有效贯彻的关键是建立一些强有力的国际机构,这些机构可以解决重大的资源问题,同时又能使全球领导人和公众保持信心。我们肯定具有足够的智慧和能力建立这样的机构,显示出它们以一种有效的、公正的方式解决复杂国际问题的能力。为了避免人类自我毁灭的命运,我们现在必须行动起来,建立一个全球性的资源保护和合作的体制。关于其中可持续发展的部分,可以回过头去读读第三个命题。

美国著名咨询家杰里米·里夫金也同样认为,人类正经历以石油为基础的经济体制的最后几十年,同时开始踏上新能源体制的路程。当世界转向新能源

体制时,经济各方面就开始死亡,大量资金被用来维持基础设施,偿还为维持经济活动而承担的债务。这是全球范围普遍存在的结构性问题。当今的全球化资本主义是这个能源集中体制的产物,在能源体制和经济结构之间存在着一个巨大的矛盾,是全球化的对抗力量。这种新能源体制是以氢为基础的,分散和普遍拥有的新能源结构。这是一种能够在各地生产的能源,并且通过 20 世纪 90 年代构建的与因特网相似的网络,实现当地生产、全球销售。这一过程就是自下而上的再次全球化。发展氢能源的经济不是一朝一夕的事,氢经济预示再次的全球化也有一个过程,但是时间也只需要 50 年就可以实现。而这一体制正是自下而上的协调合作的新形式的全球化。看来杰里米·里夫金先生还是十分乐观的。这个理论应当引起我们的重视。

加里尔·贝克尔、罗伯特·福格尔、迈伦·斯科尔斯、罗伯特·芒德尔四位诺贝尔奖获得者也一致认为,经济全球化的挑战一是贫富悬殊和两极分化;二是人口老龄化的趋势;三是资源和环境问题;四是世界经济中如何建立一种既有效又与权力相吻合的管理体制,通过合作,协调宏观经济和微观经济政策,避免风险和危机。有趣的是,基础性的东西仍然指向了资源、环境和人口,更为明确地指向了全球合作。

七、全球合作的经济学原理

合作不仅是可能的,而且是可行的,特别是在经济学领域。我们既看到博弈论已经成为全球经济学的前沿理论,又看到了这方面的研究成果。比如,美国经济学家史蒂文.J.布拉姆斯、艾伦.D.泰勒在他们的《双赢之道》中为我们提供了经济学通过合作取得双赢的新的公平分配的具体方法。一是严格交替法和均衡交际法。简单讲,严格交替就是轮流:你选一个项目,然后我选,再轮到你,依此类推。当然,先选的一方可能占据巨大优势,由此,第二个进行选择的会得到补偿,比如获得额外选择机会。这样,即使不能完全消除,也可以降低另一方的优势。换言之,这种平衡选择机会的特定方法被称作均衡交替。二是先分后选法以及由此延伸出来的修剪法。先分后选完全取决于知己知彼。修剪程序则将先分后选程序扩展到多于两个主体的情况。它要求在任何阶段都平均分配,将当事方认为较大或较多的修剪成与当事方认为较小的一样大或一样多。三是经调整的赢家。一开始双方独立而秘密地按照他们认为的相对价值给待分配的项目打分;如果某一方对某一项目的打分高于对方,那么,这一项目就暂时归这方所有,也就为赢家;调整则是必须按照一定顺序将一些项目从赢家转移给输家,直到分值相等。这个转移过程往往需要把一个项目分割开来,但其最后的分配结果却保证满足公平的某些重要特性。这种方法的运用要求处于争端当中的各方对不同的待分配项目,甚至对各项目的组成部分,进行深思熟虑。这些思考也相当值得,因为它们对争端的解决用此种方法比其他方法更加公平,也是核心分配方法之一。这些方法是由成比例、无妒忌、平等、效率四项标准来衡量各方是否对一个解决方案感到满意。《双赢之道》的作者的研究的成果是很有意义的。因为它正是诺贝尔经济学奖得主赫伯特.A.西蒙提出研究如何说服人类去设计并实践大家都能赢的游戏的重大设想,值得更深入的研究、探索和实践。

第十节　建立公正合理的全球经济新体制和新秩序

现行国际经济体制和秩序的不合理、不平等、不公正是显而易见的,它不仅成为经济全球化的最大障碍,也成了贫富悬殊和对立的不合理、不公正、不平等的罪魁祸首。因此,改革旧的国际经济体制已经成为经济全球化的首要任务。

从历史上看,经济学家凡勃伦在谈到19世纪的时候认为,掠夺成性已成为习惯性和公认的精神态度。从20世纪90年代以来,全球贫困问题已经迅速上升为国际公共政策的首要目标。联合国在制订《千年发展目标》时明确表达了这种新的全球情绪。最近经合组织则认为,全球正在形成一种反贫困的共识。反贫困就是要求全人类实现共同富裕,实现人人共享的全球化,建立起公正合理的全球经济新体制和新秩序。

一、卡普斯坦的设想

卡普斯坦在《一个不公平世界中的经济公平》中认为,全球分配公平的理论和方案必须强调国家间关系和某种各国所认同的经济安排。国家是最重要的道德力量,它对其他国家以及自己的公民承担义务和责任。他所设计的全球公平替代方案是一项注重于各国机会平等的方案(自由国际主义方案),建立一个包括所有国家在内的、各国积极参与的和有利于加强各国福利的国际经济体制。在这一秩序中,那些最小和最穷国家比现在有更大的发言权。为了保证这一体制和秩序的安排与实现,自由贸易是最有可能实现国家间关系公平和履行各国国内社会合约的社会安排。

1. 必须排除全球机构和超国家的权力以及至高无上的权力。国家间的谈判是达成实质性和持久性协议的唯一可行办法。而实质性和持久性的协议则必须是公平的协议。要达到公平,这些协议就必须要被看作是互惠的。只要一项协议能够保证各方保留自己国内的社会合约,换句话说,也就是只要这项协议尊重一个国家的主权高于社会准则的原则,各国也就会视这项协议为互惠的协议。

国际合约首先也是最重要的因素,是一个提供公平竞争的自由贸易机制。幸运的是,有利于加强所有参与者福利的资源重新分配机制是存在的,这就是自由贸易。实行这一机制需要清除富国根据自身竞争优势而为穷国设置的所有障碍,尤其是针对来自发展中国家的农产品和纺织品所设置的障碍。

但与此同时,新的贸易机制必须更加明确地认识到,在贸易谈判中要有"松散的"或"放松的"互惠原则,而不是"针锋相对的"或"严格的"互惠原则。后者适用于像美国和欧盟这样经济实力对等的两方之间的贸易谈判。但是,不应指望发展中国家作出同等的妥协,因为它们仍处于发展之中,收入和经济能力都很低。另一方面,发展中国家也不应指望得到特殊和与众不同的待遇,即(许多国家所要求得到的)不受各种互惠原则的约束。公平的原则要求它们参与谈判和承担某些义务。

2. 援助问题。尽管世界银行以及其他许多观察家和机构大力宣传,但是援助的重点不应放在减轻贫困上,而应该放在加强穷国参与竞争的能力上。这意味着目前援助的重点(初等教育、基本医疗保健等方面)要有一个大的变化,重点应该转移到对港口、铁路的投资以及海关和专利制度的建立。

3. 由于移民事务和汇款支付问题今后对发展中国家来说将成为一个十分重要的问题,必须建立一个保护机制,负责处理与移民事务相关的问题,使政策具有连续性和公平性,而不是像目前这样由各国自行决定自己的政策。这一机制应当作出安排,降低目前对移民汇款回国所收的高额费用,从而提高从富国流往穷国的汇款的净额。劳动标准也应加以解决,但只能作为一项提高生产力和发展的全面发展战略的一部分来解决,那些要求穷国实施国际标准的富国有义务帮助它们支付实施国际标准的代价。

4. 国际投资,特别是外国直接投资也需要受到一个保护机制的监管。他主张达成某种像已经流产了的《多边投资协议》那样的协议,因为《多边投资协议》建议对各国政府对待外国投资者制定一项行为准则。这样一项协议将对跨国公司和东道国政府之间的谈判产生长期的影响。随着时间的推移,实现公平的前景将会有所改善,因为各方将不大会把每一笔投资当作一锤子买卖,试图从中获取最大利益。这样一项国际投资协议的最重要目标之一应当是限制或消除政府为吸引外国直接投资而进行的补贴。

二、斯蒂格利茨的设计

斯蒂格利茨在他的《全球化的许诺与失落》、《让全球化发挥作用》的著作中,特别地批判了当今的国际旧经济体制和秩序,主张建立人人能得到更为公平交易及成果的新体制和新秩序。

1. 像国际货币基金组织和世界银行这样的机构还有存在的意义吗? 这两个机构的问题在于,经济全球化的速度已经超过政治全球化。政府过去确保资本主义受到调节,让经济发展使社会各阶层的人受益。现在,我们彼此更相互依赖,需要在系列问题上采取集体行动。但是,我们尚未创造出能通过民主途径实现这些目标的政治结构。

2. 这都是体制问题吗? 在国际货币基金组织和世界银行,投票权的分配并不民主。国际货币基金组织的首脑永远由欧洲人来选,而世界银行的首脑永远由美国人来选,不太民主。事实上这些组织由谁管理都行,无论资质如何。因此,为这些职位挑选的人常常没有多少经验来处理这些机构本应处理的问题。以现任世行行长(保罗·沃尔福威茨)为例,对于世界其他地区来说,指派任何人当世行行长获得的支持大概都不会比他少。

3. 我们如何处理第三世界债务一类的问题? 我们可以首先了解一下这些经济话题如何影响人们的生活。摩尔多瓦从苏联时代的共产主义开始过渡后,这个国家的国内生产总值下降70%。这个国家本来应该变得更为富裕,但3/4的国家预算花在了偿还外债上。有个女孩去医院看病,医院的瓶装氧气用完了,这个女孩因此死掉。这种情况让人非常难过。他们没钱保证商品的稳定供应,一个原因在于,外汇都用来偿还外债了。这个例子说明发展中国家继续首当其冲承担汇率风险。当国家用美元或欧元借债时,这个结果不可避免。

4. 商业价值标准难道不应该服从民主原则吗? 如果你让人们投票决定快要死于艾滋病的博茨瓦纳人是否应该获得能挽救他们生命的药物,99%的人大概会投赞成票。但是,我们从来没有这个机会,而且也没有就这个问题开展过全国辩论。如果仔细研究这个问题,对制药公司专利权实施强制保护省下来的钱本应用于治疗新型疾病的研究工作。但是,更多的钱却花在广告宣传以及研究毛发替代物一类的生活方式药物上了。

5. 世界是平等的吗？世界不是平等的；不仅如此，世界各地的不平等还在继续深化，富人和穷人之间的差距也在继续扩大。随着这种不平等的发展，世界越来越不平等。考虑全球化的一种方式就是降低交通和通信费用。随着我们对彼此的依赖逐渐加深，我们需要共同解决一系列问题。要做到达一点，我们就得采取一种能反应我们基本价值观的方式。这些价值观包括：民主，公平，尊重个体，关心穷人。遗憾的是，美国在全球化领域实施的方式并未始终坚持这些价值观。

托马斯·弗里德曼在《世界是平的》一书中认为，离岸服务外包同离岸生产一起，使全球市场、劳动力和商品都可以为整个世界共享，一切都有可能以最低成本和最有效率的方式实现。任何企业、组织甚至是个人都站在同一条起跑线上，参与到全球整合业务的环境中，所以，世界从此变平了。事实上，托马斯·弗里德曼混淆了不同性质的问题，得出了错误的结论，完全忘记了经济全球化中最严重的贫富悬殊、两极分化的问题及其解决的紧迫性，因而招来了严厉的批判。

三、约翰·珀金斯的设想

美国经济学家约翰·珀金斯以《一个经济杀手的自白》的巨著，彻底地揭露了以美国为首的国际经济组织，表面上打着援助、支持发展中国家发展的幌子，实质上则以经济杀手的真实目的，疯狂地进行掠夺和剥削，最后导致贫富的更加悬殊、更加对立，全球化更加危险。他在书中指出，这是美国争夺全球霸权和构建全球帝国野心的一部分，也是少数贪婪人的梦想。"当然，这也是我们经济杀手惯用的手段：建立一个全球帝国。利用国际金融组织、政府和银行为美国的公司王国的创立开发出大片沃土，从而让其他国家唯美国马首是瞻。美国的政府、大型企业和各大银行的公司王国，他们的手段就像意大利的黑手党一样——通过经济杀手的游说先给别国一些甜头——具体的形式就是向他们提供巨额的贷款，发展该国的基础设施——发电站、高速公路、港口、机场和工业圈。当然，我们给这些国家提供贷款是有条件的，其中之一就是让美国的工程和建筑公司承包所有的工程。所以，实际上这些所谓的贷款从来就没有离开过美国一步：这些钱仅仅从华盛顿的各信贷银行转移到美国的建筑或工程公司在纽约、休斯敦或是旧金山的账户中。尽管这些钱马上就回到隶属公司王国（债权人）的成员企业的口袋里面，但是一些发展中国家却不知不觉地背上了一笔巨大的债务，而且还要支付利息。如果这个经济杀手十分成功的话，那么债额之巨大，就会使得这些国家不得不一再拖延偿还。一旦有贷款拖欠发生，我们就像黑手党一样立刻出马,提出我们合法却无理的要求。这些要求包括:控制联合国的投票表决权、进驻军事基地、获取石油等自然资源或是抢占巴拿马运河。当然,就算这些国家满足了我们的要求,他们仍然欠着美国的钱——于是一个又一个国家被美国纳入到了全球帝国的网络之中。"

作为亲历过经济杀手全过程的约翰·珀金斯对全球发出了这样的呼吁:"写这本书的目的,是为了让我们都关注我们的历史。我相信,只有我们都意识到,我们被所谓的经济增长利用了。我们要重新审视,在这样一个世界——富人于钱海里逍遥,穷人在苦水、污染和暴力中挣扎。我自己扮演着怎样一种角色。我们必须更全力以赴,为所有人建立一个充满同情心、民主和正义的世界。"

承认问题的存在是解决问题的第一步,承认罪过也是赎罪的开始。那么,就让本书成为我们救赎的开始,让我们去找寻救赎的方法,来实现社会安定、和平的梦想。

四、詹姆斯·沃尔芬森的设想

原世界银行行长詹姆斯·沃尔芬森在专门发表的"四个阵营及未来关系"的文章中指出:"如何减轻非洲贫困和如何与新兴大国相处,成了今年八国集团领导人关注的焦点问题。然而,除非形成新的构想以应对国际体系多变的现实,否则这些难题就无法解决。当今世界经济增长率达到了30年来的最高值,但尚未围绕全球化的问题达成共识。八国集团掌握着消除极度贫困和促进繁荣的资源,但八国集团及其控制下的金融机构仍然难以展开有效的行动。除非我们的机构跟上多变的经济现实,否则贫富差距将会继续拉大。之所以如此,是因为世界已经超越了原有的北—南和东—西之分。尽管整个世界休戚相关,但正在迅速分裂成为四个繁荣程度和期望各不相同的阵营。我称之为'四速世界'。"

"第一阵营是富国,包括美国和欧洲。在过去的56年里,这个阵营掌握了全球收入的80%,人口却只占全球的20%。它们的生活水平将继续提高,但它们的优势地位正受到新兴经济体的挑战。"

"新兴经济体构成了第二阵营,包括大约30个中等收入或贫困国家。它们已经掌握了影响全球经济的手段。印度和中国等国的年经济增长率保持在7%以上,很快将成为在全球举足轻重的国家。"

"第三阵营的成员更多,包括大约50个经济体。它们经历了快速增长,但也经历了阶段性的衰退或停滞,在达到中等收入国家的水平之后尤其如此。这些经济体分布在从拉美到中东的广大地区,但被八国集团领导人淡忘。要么是因为它们的贫困程度不足以获取特别援助,要么是因为它们的面积和增长速度有限,无法成为全球增长的主要因素。然而,全球有 1/5 以上的人口生活在这些国家。"

"第四阵营有 10 亿人,他们居住在那些继续停滞或衰落的最贫穷国家。这些国家多半在撒哈拉以南的非洲地区,它们没有享受到全球化的好处,却最易受到全球化负面影响,比如气候变化和自然资源价格上涨。这一群体所遭受的人间悲剧是我们的一大忧虑,也是对我们的政治挑战。"

"今后 50 年里,地球上的人口将比现有的 60 亿多 30 亿,达到 90 亿。其中,仅有 5000 万人加入第一阵营,多数人则加入第二、第三和第四阵营。处理这些全球变化和不平衡就意味着采取改革措施,同时还需要彻底改变我们的世界观。我们当前的世界观是以美国和欧洲为中心的。"

"今年,5 个新兴经济体连同 6 个非洲国家一起应邀参加八国集团峰会。虽然这是朝着扩大对话作出的一个可信的举动,但是像印度、中国和巴西等经济大国必须被纳入八国集团这样的团体,以显示对正在进行的变化的承认。八国集团领导人应该考虑到,只有让地球上的所有人都拥有某种希望,才能实现全球的稳定。援助不应被视为慷慨或牺牲,这是对稳定与和平的必要投资。"

总之,这些改革正在讨论和展开中,我们期待在不久的将来,通过全球的精诚合作和共同努力,一个共同富裕人人共享的公正合理的全球经济新体制和新秩序必定会建立起来,造福于穷人,造福于全人类。

197

第五章　全球化文化

文化是影响社会、政治和经济行为的一个重要的但不是唯一的因素。

——众多学者的共识

保守地说，真理的中心在于，对一个社会的成功起决定作用的，是文化，而不是政治。开明地说，真理的中心在于，政治可以改变文化，使文化免于沉沦。

——[美]丹尼尔·帕特里克·莫伊尼汉

不是文明的冲突，而是文化的对话。

——[德]哈拉尔德·米勒

任何致力于解决国际冲突，并且想在政治领域有所作为的人，必须把不同国家和地区的文化有效地综合到一起。

——[秘鲁]赫尔南多·德·索托

第一节 后现代文化的分析

全球化不仅是政治、科技、经济所推动、所形成、所构建的,它也包括了文化的推动、形成和构建。因为全球化是大流动,而大流动的主体是人,而人无论流动到哪里,都有着语言、婚姻、核心价值观和生活方式。这就是文化,一种全球化中的共同的文化。没有文化的推动、形成和构建,全球化是不可想象的。不过,弄清了后现代性对我们是有帮助的。

我们先来看看一大堆中心定位终结说:《历史的终结》、《意识形态的终结》、《教育的终结》、《哲学的终结》、《组织化资本主义的终结》、《人权的终结》等等。一切都终结了吗?我们再看看相互矛盾和对立的理论:美国学者塞缪尔·亨廷顿写下了《文明的冲突与世界秩序的重建》一书,提出了著名的"文明冲突论";而德国学者哈拉尔德·米勒出版了《文明的共存——对塞缪尔·亨廷顿"文明冲突论"的批判》。文明之间究竟是冲突还是共存?我们最后来看看美国的塞缪尔·亨廷顿和劳伦斯·哈里森共同主编的《文明的重要作用——价值观如何影响人类进步》一书,由哈佛国际与地区问题学会主持研究的"文化价值观与人类进步"的研究成果。但究竟什么是文化,什么是文明?

文化如此混乱,最根本最直接的基础、条件和背景当然是全球化。德国学者贝克教授认为,在全球化时代,特别是冷战结束之后的全球化时代,我们的现代世界正由工业社会转向风险社会。这些风险是现代化的产物,是人为的风险,它们是人类知觉系统感觉不到的;它们能够传给下一代;它们阻止风险原因的传播和受害者的赔偿;它们超出了现代社会的控制能力,风险的排除不再是可能的;它们是理性决策依赖的,今天的风险就是昨天的理性决策;它们的广泛存在,成为现代社会的基本特征。在这种风险社会中,科学开始质疑自己的方法和过程,科学和理性成为碎片,知识和权威成为问题,理性和技术的"副作用"及其风险成为社会关注的问题。尽管这些都是事实,但我们在研究中认为,科学技术的纯理性和至高无上的地位是造成文化一片混乱的根本原因。科学主义已经成为一种怪胎,科学似乎可以主宰一切,技术可以垄断一切,文化遭到了极大的淡化和破坏,甚至是消灭、消亡;人的全面发展遭到了极大的淡化和破坏,甚至是消灭和

199

消亡。不管是不是风险社会,这是全部问题的根本原因。

许多专家学者都认为,关于现代性和后现代性的漫长争论已经令人厌倦而没有多少结果,还必须创新。这是因为后现代主义往往以话语竞争替代真理的追求。所以成了无原则的学说。但后现代主义本身是一种试图保留各种特殊性存在的努力。如果说现代性是通过消灭差异来实现同一,那么,后现代性则是要通过包容差异而实现共存的统一。因此,创新之路在于,求同存异,人人选择。让人类社会开放包容,让人们有更多的选择性。

第二节　文化与文明的联系与区别

文明(Civilization)和文化(Culture),无论在中文或英文中,无论是何方学者,恐怕既是使用频率最高的概念,又是意义极为模糊和混乱的概念,更是研究最多而又最不能统一的概念。

文明和文化就是一个概念的不同表述。如果我们硬是要去区分它们,除了陷入同义反复、咬文嚼字的恶性循环之外,什么也得不到。文明和文化由于是同一概念,又可以在不同的角度和意义去使用,完全是由研究者的角度所决定的,实际上并无本质意义的区别。

说到底,文明与文化就是人们在改造客观世界和主观世界的一切活动中,对真的探索、对善的追求、对美的创造的历史积累和无限发展的过程与结果。

一、文明与文化的多元化与共同性

所谓共同性是指文明和文化是以人类基本需求和全面发展的满足程度为共同尺度的,人类的文明和文化有着共同的价值标准。所谓多元化是指文明和文化又是以不同民族、不同地域、不同时代、不同条件为依据,并处在不断的变化发展之中。所以,它既是共同,又是多元的。值得注意的是:第一,共同性特指的是共同尺度和统一的价值标准,而绝不是某一文明或文化的统治。而我们常常在统治的意义上使用共同性,因此,得出了"西方中心论"、"欧洲中心主义"等等奇谈怪论,企图将自己的文明和文化模式强加给不同时代、不同地域、不同民族的文明和文化头上。共同尺度和统一价值标准是存在的,并且是实用的,如切勿偷盗就是明证。第二,多元论特指各种文明和文化之间是不同的,而且这种不同还在变化发展之中。我们在多元论中的误区是将不同固定化,否认文明与文明之间的相互影响和相互渗透,以多元化来抵制进步性,成为"相对主义"和"狭隘主义"。

文化全球化共同性和多元化的趋势都是非常明显的。一方面,文明和文化越来越多元化,使整个世界更加丰富多彩,也使全球化更加生机勃勃。另一方面,文明和文化越来越具有共同性,在人类共同利益的强大作用和强力推动下,全人类的共同价值标准和共同价值观正在凸现,使人类文明和文化加快了进步的步伐,不断进入先进的阶段。共同性和多元化之间充满了矛盾和斗争,这是一个极为复杂、艰巨、漫长的历史演进。人类社会的文明和文化不断地进步发展、升华、提高进入更加文明的状态也是任何人、任何力量都阻挡不了的。懂得了这一点,才算懂得了文化全球化。

二、文明和文化的异质和同质

文明和文化的异质实际上是指不同文明和文化的差异性。这种差异性是历史积累的,相对固化的,难以改变的,永不消除的。它是多元化的原因。文明和文化同质实际上是不同文明和文化之间的共同性,其一是指其内在价值的一致性,其二是指其在发展过程中向更强、更先进的文明和文化靠拢融合的本质。从这个意义上讲,一是内在价值一致的同质下的异质的文明与文化,可以保存在"同质 + 异质"的共同体中长期保存和发展。以宗教为例:佛教信奉释迦牟尼,基督教信奉耶稣基督,伊斯兰教信奉穆罕默德,它们之间是异质的,甚至有时水火不容。但是它们又是同质的,有着满足人们终极关怀需要的内在价值的一致性,尽管可能有冲突,它们将长期共存发展。所以,它们并不是什么文明的冲突的新发现。二是异质的文明与文化之间是相互影响和相互渗透的,由于强势先进的文明和文化的社会需求,其文明和文化的程度、广度、深度不断地扩大、提升,使异质文明和文化的差异性越来越小,日渐趋同,甚至使弱势的落后的文明和文化消失和消亡。当然,这是一个十分漫长的历史过程,这个过程就是全球化的过程。这个过程是两方面的,一方面这是人类文明和文化的程度越来越高,广度越来越宽,强势、先进的同质化越来越强烈的过程。另一方面这是人类文明和文化的不断减少其外在的差异性,甚至是某些文明和文化消亡消失的过程。

三、文明和文化的对立、冲突与渗透、共融

由于不同文明和文化之间存在差异性，先进与落后、强势与弱势，因此，它们的对立和冲突也是不可避免的。从最根本的原因看，对立和冲突主要来自于多种文明和文化中完全不同的意识形态、社会制度和核心价值观。为不同的意识形态、社会制度、核心价值观而战，就是文明和文化的对立与冲突，除此之外，对立和冲突是不存在的。在历史的长河中，这三个引起对立与冲突的东西此起彼伏，阶段性地凸现和变化，始终主导着对立冲突的核心。我们也可以看到，文明和文化之间的对立冲突不是纯粹的、单一的，总是在政治的总框架内进行，总是在政治的指导下推进的。如果从大文化的角度看，政治当然也是一种文明和文化，但是从政治的文明和文化的关系看，政治始终是文明和文化对立冲突的主宰。可以说，没有政治的主宰，文明和文化的对立和冲突是难以变成现实的，这就是"政治可以改变文化"的道理。文明和文化之间的对立和冲突，从本质上讲仍然是文明和文化相互渗透、交流、移植、共融之本性的一种特殊表现形式。因为在对立和冲突中，占主导地位的仍然是渗透和共融。有的是精华被吸收后而消失或消亡，有的是入侵者的落后文明和文化反而被入侵者的先进文化所反入侵地融化掉，入侵者反而成了被入侵者的文明与文化的继承者和光大者。总之，没有一种文明和文化是纯粹的、单一的。尽管它们是不同的，但它们之间的渗透和共融却是本质的。在以我为主的基础上，实质上是你中有我，我中有你，更加丰富多彩，更加升华提高。一句话，冲突是形式，共融是本质。亨廷顿先生的"文明冲突论"从本质上讲是"西方中心主义"的翻版，本质上是反人民、反人类、反历史的。

由于不同的文明和文化之间又是同质的，不同文明和文化之间的交流、渗透、移植和共融才是其本质的、根本的特性。异质性是会永远存在，但最根本更本质的是它们之间的交流、渗透、移植和共融永远存在，并且成为主流趋势。兼收并蓄、内外一体乃人类之天性也。具体地说，一是历史上的科技进步、交通改善、手段先进、信息技术等等的出现和发展为其提供了基础和条件；二是随之带来的历史上的经济交流、文化传播、政治对话、对立冲突、军事征服、学习借鉴、交流移植、取长补短为其提供了内容与手段；三是这个历史就是全球化的历史，是人类文明、文化不断提高、升华的历史。时至今日，全球化已经成为不可阻挡的事实和潮流，共同化将彻底打破文明和文化的疆界，在更高的境界实现文化的交流、渗透、移植和融合。特别是随着新文明和文化的出现，文明和文化演化和升

华的共同价值观已成为全球化的认同的中介、合作的基础、传统的创新、人类的福音。因此,全球的共同文明和文化将把人类带入一个全新的时代。

四、文明和文化的先进、强势与落后、弱势

为什么不同的文明和文化有先进与落后、强势与弱势之分呢? 这是因为人类文明和文化的历史总是先进融化、移植落后的,而先进融化落后又总是以强势移植、汲取、学习弱势来实现的。一般来说,先进就是强势,落后就是弱势,但也有个别例外,这里就不讨论了。

什么叫先进和强势文化呢? 就是代表着人类文明和文化的发展方向,程度更深,尺度更高,广度更宽,内容更丰富,共同的核心价值更多的文明和文化。反之,则是落后和弱势文化。其中,最主要最关键的就是它所包含的共同核心价值观的质量和数量。从全球化的角度讲,共同核心价值观越深越多的文化就是先进和强势文化。因此,先进和强势文化不是某一国家、某一民族、某一领域、某一类别的文明和文化,而是一种融合了人类共同的代表未来的文明和文化。任何一种文明和文化都不能给自己带上全球中最先进最强势文化的桂冠,去战胜什么别的落后和弱势的文化,挑起文明的冲突。

从更深的道理上讲,先进对落后、强势对弱势之间绝不是以冲突和战争,去战胜和取代的。而是以学习、融化、汲取、移植来实现的。这是一条历史的客观规律。前面已经说过了,对立与冲突只是一种表现形式,这里讨论的是主要形式。研究表明,落后文化并不是一切都落后,其中也包含了不少先进的要素,只是在本质上、总体上落后罢了。弱势文化并不是一切都弱小,其中也包含了不少强势的要素,只是在本质上、整体上弱势罢了。同样,先进文化也不是一切都先进,其中也包含了不少落后的方面,这是在本质上、整体上先进而已;强势文化也不是一切都强劲,其中也包含了不少弱势的方面,只是在本质上、整体上强劲而已。因此,在人类历史上,除了自行的消亡之外,我们还找不到用冲突和战争的办法去战胜、取代并彻底消灭另一种文明和文化的实例。

正因为如此,先进与落后、强势与弱势都只是相对的,在一定条件下是可以相互转化的,只不过历史很长罢了。在这种相对的可以转化的历程中,落后的弱势的文化可以学习、移植先进、强势文化,而先进的强势文化可以融化、汲取落后的弱势的文化中的合理内核,其结果是一种融合、一种提高、一种升华。历史反复证明了一条真理,任何企图用冲突和战争去消灭和取代另一种文明和文化,注定都是要失败的,最后毁掉的就是他们自己。

203

五、文明和文化的市场需求与市场供给

市场经济粉碎了一切,也改变了文明和文化的供给与需求。这种改变主要表现在以下几个方面:一是文明和文化的供给变成了产业和商品,尽管某些方面仍然保留了极少量的公共品,但从总体上讲是完全的产业化和商品化了。二是文明和文化的需求变成了有无购买力的需求,尽管某些需求还有享受公共品的性质,但从总体上讲是完全变成了消费能力主宰的需求,变成了某些人消费不起,甚至无法消费的需求。三是文明和文化已经完全服从于市场经济的规律、等价交换、恶性竞争、疯狂垄断、腐蚀灵魂等等。总之一句话,什么赚钱干什么,什么能赚大钱干什么,什么良心、价值都通通被金钱所淹没,完全变成了金钱主宰的供给和需求,几乎变成了西方文明和文化的传播的产业,从根本上造成了时代的弊端和全球的忧虑。人们不得不对此提出了"文化帝国主义"、"文化侵略主义"的担心,这种担心也是有一定道理的。

正由于此,文明和文化的变化发展增添了不少变数,特别是对文明和文化的结构和解构带来不少不可预见的因素。一方面,文明和文化的结构是相对稳定的,自我稳态的。另一方面,任何文明和文化都不是永远不变的,也处在不断的建构和解构的过程中。问题在于,解构和建构的因素因市场经济的普及与文明和文化的商业化而变得越来越外部化,越来越由外来文明和文化的影响和渗透,分化和互解内部土壤和基石,甚至引发文明和文化的改革与革命。对一种文明和文化强行改变它是不可能的,永恒不变也是办不到的,最可怕的倒是市场力量的无限性。

因此,在全球化了的市场经济条件下,如何推进文明和文化的融合,是我们必须解决的问题。

第三节　全球化文化的本质与特征

一、什么是文化

泰勒在 1871 年撰文第一次定义了文化,他指出,文化是包括知识、信仰、艺术、道德、法律、习惯以及作为社会成员的人所获得的任何其他才能和习惯的复合体。换句话说,文化是共享的理想、价值和信念。

二、什么是全球化文化

首要的问题是现代人类究竟在追求一种什么样的全球化呢？从这个问题开始产生了全球化文化的问题。

如前所述,全球化是一个全新的趋势和过程,它目前表现出来的两重性(一方面推动着人类社会向前发展,另一方面其存在的问题也可能摧毁人类),令人们十分担忧,同时使全球化文化成为一个争论十分激烈的问题。以下的要点会让我们得出科学的结论。

1. 如今我们正处于昨日世界与明日世界之间的一种过渡状态,不能再从过去继承下来的理论框架中得到哪怕大致的指导。

2. 与其说困难在于提出各种新思想,不如说在于摆脱旧思想的束缚。

3. 最终解决问题的不是来自市场的良好运行,也不是创新的科学技术,而是社会价值的取向。

4. 任何致力于解决国际冲突,并且想在政治领域有所作为的人,都必须把不同国家和地区的文化有效地综合在一起。

5. 单靠全球市场的共同化不能解决世界不平等的问题。

6. 善于在多元化中实现一致,这将是我们文明的美之所在,也是对我们文明的考验。

综上所述,我们可以看到:是在全球化的进程中出现的一种文化,是一种类的文化,即人类的文化,是一种创新的新文化,是文化变迁走向文明的文化。借用泰勒先生的定义,我把全球化文化定义为,全球化文化定义为是包括知识、信仰、艺术、道德、法律、习惯以及作为全球人所获得的任何其他才能和习惯,实现人的自由全面发展的创新复合体。

三、全球化文化的本质和特征

(一)全球化文化是网络的和新人类的

网络文化是全球化文化的基础和前提。它从根本上打破了不同文化的地域性和时空观,彻底地改变了全球文化的版图和格局,开辟了人类文明新的进程和方向。在这些新的技术和经济的推动下,新人类将不断地产生出来,他们也必然地催生出全球化文化(一种大家庭文化。参阅本书第三章、本章第四、五节)。

正如理查德.W.奥利弗先生所说,工业时代改变了时间,使我们成为一个世界;信息时代改变了空间,使我们成为一个村庄;而未来的生物技术时代将改变物质,使我们成为一个家庭。

(二)全球化文化是人本的和生态的

以人为本的文化是全球化文化的核心和本质,一切为了人,实现人人共享、每一个人自由全面发展的全球化产生了人类共同的全球化文化,这是人类新的文明和新的使命。简言之,一切为了人的文明在全球化文化中才真正确立起来,成为现实。生态文化则是既尊重人的价值,又尊重自然界的价值。它改变了传统文化反自然的性质,抛弃了人统治自然的思想,打破了人类中心主义的桎梏,按照可持续发展和和谐社会的核心理念,构建出人与自然和谐相处,实现可持续发展的最高文化形态和全新的生活方式。因此,生态文化是全球化文化的最高境界和文明方向。

(三)全球化文化是多元的与相对的

从某种意义上说,让全人类拥有同一种单一文化的想法是完全不可能的。既然一个单一的、同质的全球文化并不是全球化的发展趋势和方向,那么,我们不能不承认全球化文化必然是多元的和相对的。全球化文化的多元性和相对性主要是指在全球化的人类社会中,人们具有不同生活习俗和思维方式及信仰价值,而这些多元的文化却处在社会与政治的互动之中。因此,它不仅仅指出了全球化文化的多元的存在,而且指出了是一种相对的互动,更为重要的是,这种互动意味着任何一种多元文化的人们必须抛弃偏执、偏见和种族文化中心主义,倡导对其他不同文化的尊重和共享。

(四)全球化文化是共享和一致的

全球化文化是全人类共享的理想、价值和行为准则。我们反复指出,在全球化中产生了人类共同利益,在共同利益的基础上自然而然地产生出全球化的共同的理想、价值和行为准则(全球化文化的多元与它并不是对立的,因为共同准则也是从多元文化中产生的)。这就使全球化中的每一个人行为能为社会其他成员所理解,而且使全球化的生活具有全新的意义。换句话说,因为全人类分享共同的文化,他们才能达成一致,走向和谐,构成全球文明之美。

(五)全球化文化是创新和进步的

众所周知,文化具有历史的变迁过程。变迁一般包括创新、传播、文化遗失和涵化,全球化文化也不例外。但更为特殊的是,全球文化的最终来源是通过创新而形成的。全球化任何的传播、文化遗失和涵化都是在创新的基础上实现的。

全球化文化的创新主要是在共同利益和多元文化的基础上,创立出全球化的新人类的共同理想价值和行为准则,在此基础上实现全球化文化的进步(请参看本书第八章:全球化价值)。

（六）全球化文化是包容和融合的

由于多元化和共享性,使全球化文化具备了包容和融合的本质与特征。全球多元文化的所有不同方面都是作为融合的整体及其共享性来起作用的。一定程度的包容乃是任何合适地发挥功能的——文化的——特别是全球化文化的——必然的本质属性。文化本身就具有特别的黏合应力,全球化文化更不例外。全球化文化的融合是以包容为前提的,而包容又以尊重为核心。因此,通过调适和习得完全可以走向和谐。

（七）全球化文化是调适和学习的

全球化文化通过创新走向融合的基本途径就是调适和学习。所谓调适,就是不断在多元化的基础上实现共同价值和行为准则的共享,使人类能够在全球化推进的过程中生存发展并维持彼此间正常的全球秩序。所谓学习,就是全人类要不断地在各自多元的文化中,学习全球共同的价值和行为准则,使自己的文化能够融合在全球文化中。否则,全球文化不但不能形成,更不可能走向和谐。

（八）全球化文化是和谐的、反中心主义的

所谓和谐,就是全球化文化是在多元化中实现一致,在不同的文化中互相尊重、和睦生活,在人类共同利益的基础上形成共同的价值和行为准则,达到和谐。但必须指出,全球化文化所有要素的总体和谐总是动态的不断形成的,而绝不是最终完全可以达到绝对的状态。同时全球化文化又坚决反对任何一种形式的文化中心主义。全球文化是一种确保全人类实现人人共享、人的自由全面发展的全球化的维持体系,因此,只要全人类都以合理的调适和学习方式使全球化的社会不断地向着这个方向发展,那么它就可以说是成功的。但在这样的历史进程中,最大的干扰和最严重的破坏力就来自于"某某中心主义"。这种中心主义总是认为自己的文化至高无上地优越于其他一些人的多元文化,并且不惜运用暴力及其他措施让自己的文化统治别人的多元文化,甚至要消灭别人的多元文化。这除了带来文明的冲突和文明的崩溃之外,还能带来什么呢?

第四节 全球化的新文化鉴别与趋势

正是在全球化的过程中,文化的共融不仅在速度上加快,而且在质量上出现了新的形态,我把它们统称为全球化的新文化。一是因为它们是过去没有出现过,或者出现了萌芽还没有成为一种形态的文化。二是因为这些文化已经不能用过去的标准来把它划入某一类的文明和文化。三是因为它是共融的产物,代表了各种文化的本质规定和发展方向,是全球化的新文化。四是因为它将成为影响全球化的经济、政治和社会的一个重要因素。保守地说,是全球化及其未来发展的一个决定因素。因此,认真地研究它,得到一些有益的启示,是十分重要的。一句话,全球化的新文化是一个以共同核心价值观把全球的各种文化共融在一起的复合体。

一、全球精英文化

全球精英文化是指在解决全球问题的人群和形态,进行全球治理中出现的一种新文化。说到底,它就是要塑造一种"标准人"和"全球精英",构建起全球治理系统,进行全球治理,构成控制全球秩序的中心群体,塑造赢家通吃的典型。

一般来说,全球精英文化主要包括了以下几类重要的群体的特征:一是全球政治精英文化。特别是指大国政要、重要国际组织的首脑和西方发达国家的政治精英。斯蒂芬·吉尔认为以西方七国集团为核心的政治精英的政治权利自20世纪70年代以来一直在逐渐增长。这些西方政治精英已经连成了一个网络,对全球化发挥着重要的影响,所以可以称为"全球化精英"。二是全球商业精英,尤其是跨国公司的高级管理阶层。他们不仅控制着全球的经济和资本,而且对国际政治和经济等的游戏规则的制定拥有极大的权利和决定性的影响。三是全球知识精英,主要包括各个专业领域的知识权威,特别是信息、生物等专业的精英。休逊认为,一些知识精英和信息专家主导着正在兴起的全球信息秩序,左右着全球化变化的进展。麦克格鲁不无担忧地指出,在全球化风险社会中,社会生活的各方面开始受到专家的控制,专家的知识和理解力就变成参与、促进全球化的基本通行证,变成了精英说了算的历史。

全球精英文化,产生于全球化的进程和对全球问题的解决。反过来,却成了全球化的决定力量。除了精英,谁也说不清道不明。没有精英,全球化寸步难行,已经成为当代一种特有的文化。人们既恨他,想改变它,却又离不开它,改变不了它,这种无奈多少反映出全球精英文化的本质特性和发展方向。也多少反映出全球精英文化所蕴藏的巨大危险性和破坏力。

二、全球跨文化

随着经济全球化进程的加速,各国企事业单位的跨国、跨文化各类交往活动日益频繁。在地球村里,不同文化背景人员的跨国往来与日俱增,大量跨国公司的出现使得劳动力的文化背景的多元化的趋势越来越明显,跨文化已经成为全球化中的一种新文化。

巴尼特和米勒认为,全球性公司是人类历史上第一次出现的致力于在世界规模上进行中央计划的机构。它的基本活动是在全球范围内进行的。地球上的这类企业正在产生一种组织革命,它对现代人产生了如同工业革命和现代国家的出现一样深远的影响。跨国工作,就一定产生跨国文化。里斯顿也认为,世界公司已经成为旧平衡中的一个新的砝码,一定会在把世界推向思想和生产方式更自由交换的方面,发挥关键性的作用。这样,全世界的人们可以在同一天享受真正全球社会的文明成果。

所以人们在谈论跨国公司的同时,也在探讨跨文化的问题。跨文化是与文化的多元化和民族文化的发展联系在一起的,指的是不同的民族文化之间的交流与对话。不同民族文化之间的接触、特别是观念形态方面的接触是无形的、深层的。随着经济全球化的发展,文化也将进入到跨国化的进程,形成所谓的全球文化;也就是说,全球化将是各种文化更加接近,通过传媒相互交流、渗透,乃至融合,改变各种文化原有的特点,形成一种新的文化现象。对于这种跨文化现象,应该辩证地看。维护民族文化传统并不与经济全球化的趋势相对立,相反,它是适应经济全球化的一种精神产物。经济全球化的进程必然带来各种文化的更多交流和交融,使得传统民族文化更加丰富多彩。在频繁的多种形式的交往中,出现文化现象和文化艺术相互接近和渗透是自然的、常见的。而且,文化的交往又是一个双向的过程。以生活中的饮食文化为例,现在中国人日常饮料中有了可乐,美国超市中普及了豆腐。既是交往必然有来有往,就会影响到自己民族和影响到其他民族,原来的民族文化就会或多或少地发生变化。不同于它的"原型",而是一种典型的"杂交"品种。应该说,不同传统的文化在总体上必定通过与异质文化的交流接触而更加色彩缤纷,更加有朝气。

三、全球移民文化

全球移民问题的产生是够年头,有历史的。从某种意义上讲,全球化的历史正是全球人口的大迁徙,全球的移民大潮所书写的。而当代和未来的全球化,也必将是在更加"无国界"的状态下由史无前例的大移民所书写的。如果说,过去大移民还只限于发现新大陆和奴隶的贩卖的话,那么,今天的大移民则不仅更加自由,而且日益成为全球问题(参看本书全球问题一章)。从这个意义上讲,全球文化就是由移民文化所构建起来的。我们可以看到,在全世界的 191 个国家中,只有 10% 的国家其国民是单一民族,这就是移民文化作用的结果。据世界银行统计,从 1965 年至 1990 年,北美和西欧移民总数每年以 2.5% 的速度增长,远远超过了当地人口的增长。目前,全球每年有 200 万 ~ 300 万人移民国外。到 21 世纪,全球将有 1.3 亿人生活在异国他乡。

移民文化最根本的特点就在于,它既保留了移出地的民族文化的合理部分,又吸收了移入地民族文化的合理部分,是一种十分典型的文化差异和融合成为一体的全球文化。在此基础上,移民文化还呈现出以下特征。

1. 移民文化主要依靠本族通婚来保持原民族的血缘关系,而不与移入地国家的民族通婚,从根本上保持着本民族的血缘的"纯洁性"。这是移民文化区别于混血文化、无父者文化的最大区别。一旦与别的国家的民族通婚,移民文化就转化为其他文化了。

2. 移民文化相对于固定地居住在一起的区域,形成保留着本民族特色的居住地,甚至有些居住地成了游客参观的景观。在移入地国家,移民按国家民族分区居住和交流,已经成为一种相对固定的制度模式,这就是移出地的民族的文化得以在这一区域内保留下来,生根繁衍,形成了独特的文化景观。

3. 移民文化在自己区域保留特色的基础上,又与其他文化进行着交流、影响、渗透、融合,几乎使每一个国家,特别是发达国家的文化和文明越来越多元化,越来越共融化,但也同时越来越受到移民文化带来的冲击和震动,呈现出一种十分复杂的文化现象,以至于在欧洲等地出现了反对移民及文化极右势力重新抬头的情况。

4. 移民文化正在移民情况愈演愈烈,在不可抗拒的大潮流中显得更为突出、更为猛烈。目前,在全球化浪潮的推动下,许多因素综合作用,使移民趋势越来越强烈,使移民问题愈来愈严重。从好的方面看,全球化的国际分工导致了劳动力的大转移和同步的大移民,使资源配置更加优化、更有效率,使全球经济有了长足的进步与发展,使不发达国家移民家庭生活有了明显改善。联合国人口基金组织 1993 年统计,全球有 1 亿国际移民生活在他们的出生地国之外,这些移民每年寄给家人的汇款相当于 660 亿美元,超过了来自国外政府所有的发展援助。从坏的方面看,非法移民以及所造成的难民问题也日渐成为全球问题,威胁到全球的稳定。

5. 移民的代代相传,不仅形成了移民和移民区域的大量世代繁衍(因为发达国家的原居民都是低生育),人口剧增,而且越来越成为大量新移民和非法移民的庇护地。以纽约为例,1987 年就拥有 260 万在外国出生的居民,占该市人口的 35%,而到了 2000 年移民(在外国出生的和他们的第一代)占了纽约人口的 50%。至于它所庇护了的非法移民则无法统计。

6. 移民浪潮在某种程度上也造成了区域的不平等差异,使流出地国的熟练劳动力短缺,极大地影响到这些国家的自我发展。据联合国非洲经济委员会的报告,在 1987 年,非洲有 30% 的熟练劳动力生活在欧洲,到了 2000 年,每 8 个非洲人中就有一个居住在出生国以外的地方。这也成为非洲难以发展的一个重要的制约因素。

7. 移民问题的合法与非法的问题日渐凸现,非法移民及其他因素所带来的难民问题也日渐严重,居然逐渐成为需要国际组织和各国政府、公民社会共同行动、共同治理的全球问题,但由于走私网和国际犯罪团伙已经成为大大超越多边机制控制以外的重要渠道,我们至今在许多方面还苦无良策。

8. 移民的文化有一个在东道国认同的问题。在这个问题上,恰好产生了单质文化主义和多元文化主义的理论争论和政策分歧。而这个争论和分歧则直接决定着在东道国内移民文化的地位、作用及结局。从单质文化主义的角度上看,很容易导致极右势力抬头,排斥,甚至打击外来文化,使认同和同化落空,由此造成更为严重的社会问题和政治问题。这一点也是留有隐患的。不过,文化自身交流、融合的本质动力恐怕也不是一个排斥政策和控制手段所能解决的。

9. 移民文化只不过是资本主义雇佣劳动的复杂结构中的一个组成部分,甚至是跨国公司文化的一个组成部分。不管怎么样,说到底移民雇佣劳动者和他们的家人是和其他在全球市场上被买卖的商品一样的商品,因此,在资本主义全球化的笼罩下,他们还是资本主义全球化链条上的一部分。

四、新人类文化

(一)混血文化

如果说移民文化还是一个有着移出国民族之根且世代不变的话,那么,混血文化就是"我不必择,我兼有之"的无民族血缘区别、无民族文化区别的新人种、新人类,并且是真正全球化的文化。

前面我们已经说明,移民文化是不会改变自己民族血缘的纯洁性和民族文化、文明根基的全球文化。从这个意义上讲,他们还不是新人种,还不能算真正的全球文化。只有混血文化和文明才是真正的新人种、真正的全球性文化。这就是混血文化的最本质的特征,代表着新的未来和方向。

1.混血人种就是杂交人种,就是血缘杂交,就是不同血缘、不同种族、不同民族的人杂交之后产生的后代。通称的"混血儿"似乎永远是一个带侮辱性的字眼,但全球化的历史已经证明,现时正在证明,未来也将证明,"混血儿"及文化是一个后多元文化概念,是一个非常有意义的新人种、新人类、新的全球文化。

2.人类的历史就是一部混血文化的历史。法国作家克雷夫科尔在18世纪末就把美国人称为从一个"怪异的血缘混合中"繁衍出来的新人类,就是单一民族单质文化最纯粹的德国、日本、中国实质上也是混血的产物。随着全球化进程的加深加快,混血儿及文化恐怕是一个不可阻挡的潮流和趋势。

3.在正常条件下,杂交的社会优于单一文化的社会,杂交社会往往在具有社会凝聚力的环境中得以繁荣。这是因为,血缘杂交人是一种新人种、新人类、新全球文化,是富有特色的群体。一个民族杂交的社会将比任何今日的民族都更加包容和不怀偏见。这是因为,杂交带来革新,混合是人类的新准则,同族同种将带来停滞。

4.混血文化直接导致了不同文化之间的融合,直接产生出全球新文化,直接展示出文化多元化的方向。他们不是仅仅在分享文化混合的环境,他们自身就是文化混合的主体,是一种全新的交叉文化的混合体。他们并不否认他们是什么人,也不试图把自己说成是另外的什么人,他们只认为,自己是"非国籍人"。

5.不过,血缘杂交的风险是存在的。一方面,血缘杂交可能分散社会凝聚力,特别是那种不能在杂交和多元化的基础上实现包容、解决凝聚力的国家。另一方面,混血人还必须在一个国家、一种民族的文化的背景下生存和发展。在混合体中仍然有一个民族文化与全球文化的内在关系问题,处理这一问题并不是很容易的。正如美国的赫尔曼·梅尔维尔在1849年悟出的一个古老的美国理念"没有流出全世界的血,你就不能流出美国人的血"一样,两种血是什么关系我们仍然不得而知。不过,我们可以肯定地说,支持民族种族单一性理想的特殊条件是短暂的,而促使人种混合的条件是长久的。

(二)无父者国际俱乐部

第一代"精子库"的孩子们已经长大成人。据不完全统计,今年美国靠精子库诞生的孩子的数量在 60 万到 150 万之间。而欧洲每年约有 2 万名精子库的婴儿诞生。这一再生医学行为给美国带来大约 40 亿美元的收入,全球精子出口的交易也达到 1 亿美元。

对待精子库产生的第一代,我想还是可以把它们归纳到新人类、新人种、新的全球文化行列中来。首先,他们由精子库产生,而精子库是多元的,不是纯种血缘的。其次,他们没有传统意义上的家庭、传统意义上的父亲。复次,精子库的孩子是一种全球现象,精子出口已是司空见惯。再次,精液不仅仅是一种体液,虽然它充满了技术性,但它还是包含了一个人的灵魂。最后,他们成立的"无父者国际俱乐部"本身就是一种全球性文化现象。

(三)克隆人和克隆文化

生物克隆技术是现代生物技术最突出也最令人担心的高技术。克隆是英文 Clone 的音译,其动词含义是无性繁殖。克隆也是一系列技术的总称。按照克隆对象和操作层次的不同,可以分为分子克隆(基因克隆)、细胞克隆以及个体水平上的克隆(如:微生物克隆、植物克隆、动物克隆)等等。最基础的是分子克隆,也称作基因的无性繁殖。克隆作为一个概念,随生物学的发展被赋予了新的含义。同时,它又是一套生物学技术。如果克隆出了人,它又会成为一整套的社会问题。

过去,人们一直认为,只有植物细胞具有"全能性",即任何一个植物单细胞都可发育分化出完整的个体,也就是可以无性繁殖。但动物细胞特别是哺乳动物体细胞则不具有这种全能性,必须是有性繁殖。分化后的动物细胞能否恢复全能性的问题,先后有德国的斯塔曼 1938 年提出将分化细胞核移植到卵细胞的设想,布里格斯和金于 1952 年建立了两栖类的核移植技术,使细胞可以恢复全能性。此后通过霍皮、伊尔曼泽、麦克拉斯和索尔特的努力,克隆技术有了很大的发展。1996 年,苏格兰罗斯林研究所的科学家维尔穆特用乳腺细胞克隆出了名叫"多莉"的绵羊,使克隆技术产生了巨大的质的飞跃。此后,一方面,科学家们分别克隆出了牛、山羊等等。另一方面,科学家们正在利用克隆技术培育出能够发育成人体所有细胞的干细胞,使这种具有再生人体各种组织器官功能的万能细胞,正在试验在体外克隆出人体组织器官,以替代人体受损的器官。克隆技术进一步发展的巅峰,就是要克隆出完整的人。到目前为止,有韩国、意大利等科学家进行着克隆人的事业。而韩国的科学家则向全世界宣布,全球第一位克隆人即将出世。

如果克隆人真的问世,对全球社会带来的绝不仅仅是一个性爱与婚姻、家庭彻底分离,使性成为纯粹的性等伦理问题,更为重要的是,人是被制造出来的社会是一个难以想象的社会。随之而起的克隆文化真会令人捉摸不透。所以,人类社会和全球化将面临挑战。

(四)人工合成生命文化

一项可以从根本上改变人类的技术——人工合成生命将会诞生。生命科学在飞速发展,作为后基因组时代的一门新兴学科,合成生物学已经表现出了巨大的生命力和广阔的运用前景,这也使得科学家进行"人工合成生命"这种看似疯狂的尝试变得可能。

人造生命与克隆不同。克隆是利用现有遗传信息"复制"生命。而人造生命则是利用核苷等组成 DNA 的基本要素创造新生命。作为人工合成生命的三大难关之一,人工合成基因组无疑是一个重要技术目标。2002 年 8 月,美国《科学》杂志曾报道,魏玛等科学家合成出了具有天然活性的脊髓灰质炎病毒的全长DNA,并证明人工合成的 DNA 不仅可以指导与天然病毒相同蛋白质的合成,而且具有感染宿主细胞的生物活性和致病性。

在美国等一些国家,少数科学家正在尝试通过现代技术,从无到有创造生命。专家预计,在 3～10 年内可能会有人宣布试验成功。

一些参与试验的科学家认为,有朝一日,人造生命形式能解决一系列人类目前难以克服的问题,包括与疾病作斗争、"锁住"温室气体以及吞噬有毒废料等。

据美联社报道,加入该领域竞争的意大利威尼斯原始生命公司首席运营官马克·贝多说:"这将是一件大事,是一项可以从根本上改变世界的技术。"

不过,贝多也认为,要真正创造出人工合成生命,还有三大难关:首先,需要创造细胞容器(即细胞膜),以使细胞可以将坏分子阻挡在细胞外,允许好分子进入,并拥有繁殖能力。其次,需要可以控制细胞各项功能的基因系统,使其可以繁殖并针对环境变化产生变异。另外,需要让合成生命拥有从环境中获取原材料作为食物,然后将其转换为能量的新陈代谢功能。

人工合成生命带来的社会、伦理问题远远超过克隆人,更是值得我们重视的。

五、赛伯空间文化

赛伯文化是指思维和信息的虚拟世界,它利用信息高速公路作为最基本的平台,通过计算机实现人与人之间的感情交流和文化交流,而无需面对面地接触。这是由传播交流技术的革命引起的文化革命,是一种知识经济时代特有的文化,它生动地反映了电脑(电子的)与人脑(生物的)以及电脑网络文化(精神的)之间的联系,反映出电脑时代的文化底蕴、文化特征和文化发展趋势。它意味着我们进入了知识经济时代的文化。具体地说,我们每个人都生活在两个"宇宙"之中。一个是由原子分子构成的现实物质世界,另一个是数字化数据构成的也同样现实的虚拟世界,也具有同样可以共享的极其丰富的资源和财富。如前所述,信息革命的社会化将从根本上彻底改变一切,形成数字地球,从而实现全球化。而赛伯空间文化则从大文化的角度揭示了这一本质与规律,正如麦克尔·沙利文指出的那样,我们目前用来交流的工具是个人电脑和网络,采用这两种工具,信息高速公路将推进并大大拓宽我们向赛伯空间文化的转变,这种新文化的标志无处不在。它的特征不是电子通讯——那只是一种附属物。相反,是交互的性质标志着在赛伯文化的特征。一是赛伯文化正在迅猛扩展,随着第二代因特网的建设,它将沿着信息高速公路普及到世界的每一个角落。到 1998 年 2 月,全球已有 186 个国家全部进入因特网络,世界各国的因特网用户已达 1.13 亿户,平均增幅超过 160%,到 2000 年,上网人数将增加 10 亿。二是它正在造就有史以来最奇特的全球性的人文景观,时空已被极大地压缩,"地球村"的实际形成使互联网络与未来社会共同化的概念植根于人们的意识中。全球性的直接沟通,形成全球范围内的知识共享,昭示着在未来形成一种世界性的普通文化的极大可能性。当然,各民族文化在赛伯空间文化中的地位也会是共存共荣的。三是它已经不再以语言作为交往的唯一媒体,形成了符号,图像、视频等多种形式的崭新的人类信息交流系统。电脑网络已不仅仅是工具,而成了与广播、电视和报纸等同样地位的信息交流的"第四媒体",甚至将形成真正的"个人化媒体"。四是它将以思想意识为先导影响人们的生活方式与活动方式,后者又反过来影响人们的精神生活,使精神和意识的作用空前增大。因为它比任何时代都拥有更多的人投入创造性的智能活动,进入一个以群体创造替代个人创造的新阶段,以人类集体的智慧来塑造全新的生活方式、交往方式,形成全新的文化理念、世界观和道德规范。同样,它又带来个性得以全面发挥的发展和契机,整个社会和个人都可以获得大量自由的可支配的时间,更充分地满足个人多样化的需求。五是它同样具有两重性。赛伯空间文化不是人文精神的伊甸园,也不是科学精神的圣殿。它正在解构传统的知识分子,科学文化能不能共通,新的文化犯罪,"边际人"行为的失范、失控和发展,"黑客"的出现,"黄、赌、毒"的人类的文化垃圾在因特网上的再现、泛起、成灾,这一系列的问题都说明,科学技术从来都是双刃剑,发展永远都包含着双重性,既会带来人类社会的巨大进步,也会出现负面效应,甚至是灾难性的。不过,历史和未来也在证明并昭示着我们,智慧产生发明和创造,智慧也能制止可能产生的破坏和灾难。这就是说,面对知识经济时代,走近赛伯空间文化,最核心的是人的变革,就是产生"赛伯人"这样的新人类,只有完成这个最根本的转型,数字化时代的全球新文化才会出现。

作为由科学技术的进步带来的全球新文化产生、发展和变化,赛伯空间文化最具有代表性,最具有生命力,最能昭示未来与方向。我们应当充分认识到,这是一个充满了矛盾和竞争的漫长的历史过程。对不确定的因素,并不在于由现有人类转化而成的"赛伯人"的新人类,而在于产生出的"虚拟人"的新人类,甚至会产生"虚拟文化",这并不是不可能的啊!

六、虚拟现实时代和数字虚拟人文化

如果说克隆人主要是使用生物技术手段来对人的自然身体进行改造,人工合成生命甚至创造出新人类的话,那么,虚拟现实时代和数字虚拟人则是使用了多种技术的复合对人的生存空间和文化背景进行改造,创造出新的社会文化人类。

一个现代人的生存正在被划分为现实空间、电视空间和网络空间等新的空间领域,尤其是在网络空间里,人们似乎重新面临一种适者生存的发展态势。不同从前的是,当今人类则把理想根植于虚拟世界,像与太空遨游一样"行者无疆"。

虚拟现实是英文 Virtual Reality 一词翻译过来的,前面是虚假的意识,后面是真实的意思,合起来就是虚拟现实,也是说本来没有的事物和环境,通过各种技术虚拟出来,让你感觉到就如真实的一样。

专家认为,化身和全景式虚拟环境是互联网发展的下一阶段。预测在 10 年内,整个互联网操作系统都将实现三维化。电子购物将在虚拟空间进行,其外观和感受近似真实的商场;网上教育将在虚拟演讲厅内实现,一切都与真实环境相差无几。

而"数字虚拟人"则是把人体形态学、物理学和生物学等信息,通过大型计算机处理来实现的数字化虚拟人体,搭建了可代替真实人体进行实验研究的技术平台。其研究是一项信息学、生物技术、计算机技术等学科相互交叉、综合发

展起来的前沿性交叉学科,对人类科学发展和社会进步有深远意义。它包括"虚拟可视人"、"虚拟物理人"和"虚拟生物人"三个阶段。一些发达国家目前已初步达到"虚拟可视人"阶段,其他仅限于局部器官。据悉,第一位"数字化虚拟中国人"已经"孕育"成功。

赛伯空间文化是信息技术发展带来的,而生物技术发展,会不会带来克隆文化呢,我们现在还不得而知。现在,不仅有几家研究机构已经宣布了他们正在进行的试验,而且第一个克隆人将由一名韩国妈妈生产出来。更严重的问题在于,今后的克隆人会不会在工厂中生产出来的? 一切都还是个谜,现在要做出什么预测恐怕很可笑,但谁又敢说"这不可能"呢?

以上这些文化归结起来,就是在全球化的运动中,通过文化的交流、移植、渗透、融合,通过新的科学技术、新的经济和政治共同作用产生的全球文化。这些文化是具有某些共同特征的独特的全球文化,是实实在在的全球新文化。它反过来又成为全球化的主要动力和重要组成部分,使全球化更加生动活泼,丰富多彩。全球化的这些文化还代表着全球化的发展方向和未来形态。尽管有些内容还需要长期的积累和发展,尽管有些内容我们目前还不能给予详细的描述,尽管有些内容还充满着不确定因素,但全球化的文化是活生生的现实。这些代表了发展方向和未来形态的全球化的文化和文明一定会推动着全球化健康地发展。同时,它们也向我们提出了一个崭新的课题——如何进行全球文化和文明的管理,而不至于变成冲突,毁灭人类,毁灭人类的文化和文明。

第五节　全球人是全球化文化共融的产物

一、全球化文化的本质是文化的共融

全球化的新文化的产生与发展,不仅拉动着传统文化走向全球化,而且更加呈现出全球化文化的本质是共融。

各类文化的差异将随着全球化的进程逐渐地减少,但永远不会被消灭,使全球的文化变成单一的某种文化。我们先来看看现在的差异。

如果我们生活的地球的 1 000 人的话,那么,其中有 584 个亚洲人、124 个非洲人、150 个欧洲人和前苏联人、84 个拉美人、52 个北美人、6 个澳大利亚和新西兰人。

大约有 50% 的地球村村民说下列语言:165 人说汉语,86 人说英语,8 人说印第语或乌尔都语,64 人说西班牙语,58 人说俄语,37 人说阿拉伯语;其他 50% 的村民说葡萄牙语、印尼语、日语、德语、法语和其他 200 种语言。

但是,差异虽不能从根本上消除,却正在减少。据联合国调查,共有 5 000 至 7 000 种语言,其中有 4 000 种至 5 000 种为土著语言,2 500 多种受全球化的影响正在灭绝和濒临灭绝。有人预计 100 年后,世界上 90% 的语言行将灭亡。

我们在说共融。全球化文化的本质是共融。所谓共融,是指保留差异的融合。为什么说其本质是共融而不是冲突呢? 一是因为科技、经济、政治的全球化本身就包含了文化全球化的内容,它们本身就是在文化共融的基础上的全球化。二是无论什么文化的载体都是人,全球化是人、财、物、信息等的大流动,而最重要的则是人种和民族、种族的大迁徙,但最根本的就是文化的大共融。三是在全球资源的优化配置中,最重要的是劳动力资源的配置,这些配置形成了跨文化的共融。四是大流动带来了不同文化背景的人在共同社会文化背景中的共同生活中,共同生活使文化共融。五是市场力量的作用,使文化商品化、市场化、全球化,供给与需求的力量使文化的共融像市场一样无所不在。六是大流动带来大交往、大混乱,产生了移民、混血等新的人种共融性的文化。七是在新的科学技术条件下,对人的全面改造和全新变化,产生新人类的新文化。从这个意义上讲,没有文化的共融就没有文化全球化,也就不会有其他全球化。全球化的本质就是文化的共融。

二、全球文化共融的形式

(一)交流

交流是文化的根本和共融,我们完全可以把文化定义为交流,完全可以在二者之间直接画上等号。正因为有差异,才会从根本上产生交流,产生需求可能。当然,差异是交流的障碍,因此,文化的交流恰恰是在不断地克服差异的障碍中实现和推进的。时至今日,事情却恰恰又反过来了。差异不仅不是交流的障碍,而成了交流的资源。因为全球的各种资源(包括文化资源)都处于全球性的优化配置之中,没有交流就没有文化,更没有全球文化。

交流是全球文化之母,不管你怎样努力,都无法避免交流。所有人类互动中的行为都包含着信息,传递和接受着信息,所有的行为都是传播和接受,都是相互影响。而且交流是不可逆转的，人们不能收回自己的交流，尽管人们可以解释、澄清和重新阐述自己的信息。一旦人们交流了信息，这个信息就是他行为的一部分，并对现在和未来产生影响。从全球化的角度看，人类是全能的传播者和接受者，既可以与其他人交流，也可以与自然界、动物界交流。人类所有的商业行为最终都落实到人际之间的关系，我们最终所依赖的信息是他人头脑中创造出的信息，不是我们发出的信息。跨文化交流最终是来自不同文化背景的人试图共享信息含义的过程。这个过程是动态的，不是静止和消极的，它是一种连续的和活动的过程，没有开始也没有终结。特别是"互联网把所有的人连接在一起"的信息时代，不仅仅是把计算机迷，不仅仅是把有共同价值的人，而是把所有人通过网络交流连在一起。无论我们是有意识的还是无意识的，我们都无法避免和改变这一点。因此，文化是交流的，而不是冲突的。

（二）渗透

我们所看到的文化都没有纯种的，都是"你中有我，我中有你"的。全球化的文化更是如此，成为一种全新的独特的文化。这就是渗透和渗透的作用及结果。

美国学者罗伯特·路威曾经随手抓住一张欧洲人的菜单进行研究，结果表现出惊人的文化的渗透和融合——菜肴中的3/4的原料都是外地进的。在哥伦布出世以前，欧洲的厨师们根本就没有见过番茄、土豆、四季豆、玉米和菠萝蜜，这些都是从美洲新大陆引进的。在饮料方面，1 500年前，欧洲人不知道什么叫可可、咖啡、茶。如果没有从对外的掠夺和贸易基础上产生的这种文化交流和渗透，欧洲人的餐桌上只剩下三样自己独有的东西：面包、白米布丁和牛奶。仅仅是一张菜单的研究似乎还是表面的，但人类的历史和未来恰好是不同文化的渗透混合写下。有学者指出，最佳的混合将有扩展的趋势，不同国家取得成功将把那种混合记载下来。在整个历史过程中，一个国家的人们一再惊讶地认识到，别的民族的人民能够做到一些事情，我们做不到。历史就是这样，认识到有些东西比你拥有的东西要优越。一个民族的人民做好了一些东西，接着他们就被仿效，这些东西就传开了。当有些东西比另外东西好时，它就有流传的趋势，这就是人们所知道的。他们知道如何调整、借用，有时对那些东西进行改进。这就是人类全部的历史，这也是人类的未来，不仅会使这样做的人类种族的比例比过去大幅度地增加，而且还会产生新人类、新人种、新文化，这是十分新颖的。因此想象我们以后的几代人的生活样子，即使是幻想，恐怕也难以想象。

（三）新的文化

由于文明和渗透，新的文化不断地产生，这是必然的结论：新文化分成两大类,一类是古老文化在交流和渗透中共同成为一种新的文化。另一类则是由信息时代、生物技术时代产生的新人类、新人种带来的全球化的全新文化。第一类是历史性的渐进、积累和变化,是一个逐渐产生的过程,使人类不断从旧文化走向新的文化。第二类则是在历史渐进中带有革命性意义的变化。说它是渐进的,是因为它也有一个长期积累变化的过程;说它带有革命的性质,是因为信息生物技术时代的变化是革命性的,它不仅必将产生新人种、新人类,而且还必将产生新文化。更重要的是,我们现在还几乎不可能描绘他们,仅仅是依照现有的条件预测并幻想他们。不过,他们的意义是十分重大的,伦道夫·伯恩就以振聋发聩的声音向我们大声喊道:我们需要新人类,以拯救我们自身的停滞!

第六节　全球化文化的平等与不平等

220

在全球化文化中有一种现象和观点,这就是所谓西方文化的大举入侵以及对文化多元化和民族性所形成的衰退的不平等及极大威胁。有人认为,以美国的麦当劳快餐、可口可乐、好莱坞大片、迪斯尼乐园、摇滚音乐等为代表的西方文化在全球迅速蔓延,仅全球音乐产业的产值就达 400 亿美元,其中 90% 集中在全球六家最大的企业中:BMC、EMI(百代)、SONY(索尼)、WARNER(华纳)、POLYGRAN(宝丽金)、UNIVERSAL(环球)。而美国的文化部门的产值占国内生产总值的 6%,从业人员达 130 万人,高于矿业、林业和安全保卫部门。其中音像产品的出口占美国出口收入的第二位,仅次于航天航空业。一句话,世界信息和娱乐产品的生产绝大部分掌握在美国人手中。这些产业的巨大供给能力出现,从新德里到华沙和里约热内卢,耐克、索尼等全球品牌的蔓延树立了新的社会标准。因为当今的文化在传播中失去了平衡,呈现出富国向穷国传播一边倒的趋势。美国正在用娱乐消遣产品淹没整个世界,这种在生产和消费方面的不平等状态,表明了西方文化的大量入侵,必将把西方的价值观和意识形态、生活方式撒向全世界,对文化的多元化和民族性构成严重威胁,并造成其衰退。甚至有人提出了"国家文化安全"的担忧。比如,墨西哥过去每年制作 100 多部影片,而现在每年产量却不到 10 部。有人预言,100 年后,全球 90% 以上的语言行将灭亡,因此,必须采取有效措施制止这一现象。

我们认为,这种仅仅从文化产业的生产和消费的现象得出上述结论是值得商榷的,是不能轻易推出的。我们必须透过现象看到本质,认真地研究这一现象,找到它的规律,来改革和推进全球化文化的发展。

一、市场文化

从本质上讲,文化产业的生产与消费的不平等现象完全是一种市场经济中常见的"赢家通吃"的不平等现象。在市场经济条件下,一切都会被深深地卷入其巨流之中,文化也不例外。文化已成为一种产业,而且被誉为"朝阳产业"、"支柱产业"、"无烟产业"、"知识工业"等等。因此,文化产业必须服从于市场经济的一切规律。一是文化产业的投资者、经营者的第一动机和目的主要是为了赚钱。为此目的,他们会竭尽全力去创造、制造、扩大消费,扩大市场,形成规模经济。二是在经济全球化的同时,文化产业也全球化。因为文化产业根本上还是属于经济全球化的范畴。三是文化产业在全球化中服从全球竞争规律,在优胜劣汰中出现了垄断性的跨国公司,对文化市场进行了割据。四是经济全球化的贸易规则进一步助长了跨国公司文化产业的扩张,使得市场出现了不平等现象,使一些市场占有率很低的文化不得不陷入衰退,甚至是消亡。五是信息技术、数字传播技术本身就使文化传播更为方便快捷,加之文化跨国公司对技术的垄断,"快速"文化战胜"慢速"文化恐怕也成了不可抗拒的客观规律。总之,我们不否认西方文化产业的垄断传播会传播出价值观、意识形态和生活方式,也不否认一些文化的衰退。但本质上这是经济规律的作用,而不是文化本质的作用,不应当用抵制、封锁等方式来对待它。这样做,不仅是徒劳的,而且会走向自己的反面。

未来的情况如何呢?人们普遍认为无论对哪一国文化产业来说,特别是对其媒介和娱乐界来说,海外尚未得到开发的市场潜力是巨大的,但海外市场的竞争就更为激烈,同时,占领海外市场也需要更为大量的资金和营销能力。尽管美国现在占了上风,但市场竞争后发优势的规律是最终占上风的。因此,谁入侵谁,谁对谁不平等,鹿死谁手是不能轻易下结论的。须知,市场经济中没有包赢不输的常胜将军,文化产业更是如此!

二、经营文化

我们不能仅仅用文化产业的生产和消费来证明西方文化的入侵、民族文化的衰退。文化产业所涉及的生产与消费只限于经营性文化,而经营性文化也只是文化的一个组成部分。文化还有另外一个更重要的部分,这就是非经营性的文化。非经营性文化从范围来讲主要包括了义务教育、学术研究、文学艺术、图书馆、博物馆、文化馆,从本质上讲是公益性、准公益性的,是核心价值观、意识形态和民族精神的集中体现,是一个国家一个民族甚至全球进步的灵魂和不朽的动力。从任务上讲,它是最为基础最为本质最为重要的文化建设、文明体现。从目的上讲是以提高国民,甚至是全世界人民的思想道德素质和科学文化素质,促进人的全面发展为己任的。这些文化产业是文化的根,而经营性的文化产业这是文化的翼,二者切不可混淆。从这个意义上讲,入侵和衰退都不能从生产与消费的角度上去定义。恐怕仅仅只能限于经营性文化中的娱乐文化这样一个小范围内,不管它是多么的普遍。

三、共融文化

从互动的关系上看,不管是什么文化,其交流和渗透是不可避免的,而这种交流和渗透绝不是单向的,就是在文化产业的生产和消费中也是如此。虽然可能会有一方略为主动和占据主动,但文化永远是互动的、共融的,文化产业也是如此。"殖民化"现象就是一个可靠的明显证据。我们看到,原葡萄牙殖民地的巴西,现在其电视节目大举进军葡萄牙;美国迈阿密、洛杉矶的拉美特色日渐浓厚。据报道,一天的某些时段里,美国几座城市中最受欢迎的电视台都播放西班牙语节目。现在,西班牙语作家的著作在美国市场已占有一席之地。"拉丁音乐"在美国的音乐排行榜和其他重要的联播节目中的地位不断攀升,西班牙语音乐作品开始与英语音乐作品平分天下。目前第三世界一些较发达的国家(如阿根廷、巴西、墨西哥等)的文化娱乐业(如唱片、书籍、电视剧、录像带等)的生产和销售增长迅猛,并形成了颇具规模的国际市场(巴西在全球唱片市场中占第六位,每年创造的产值超过8亿美元)。目前,韩国的文化产业、生产能力大增,消费市场大开,出现了大家都熟悉的"韩流"现象。这些都被国际社会称为"逆殖民化"。

正如里斯本小组在《竞争的极限》中所描述的,在短短的30分钟(新闻节目)内,来自世界所有地区的,尽可能包括所有生活领域的影像流动,把观众变成了在世界星云漩涡中漂浮的一个小小分子。大家都属于同一个星球的同一个历史发展。

确切地讲,是全球文化与全球经济合为一体,全球文化在经济中实现了共生共融,在市场中实现了信息资源的最大共享,文化资源的全球优化配置,文化产业的全球合作与竞争,这就产生了全球化的新文化,是值得我们进一步研究的。

第七节　全球化文化的民族性和全球性

文化民族性和全球化文化及其之间的关系,伴随着文化产业的生产与消费的问题展开,成为一个十分尖锐的问题,也就是所谓文明冲突的问题。

究竟应当如何研究这一问题? 阿尔君·阿帕杜莱认为,全球互动的中心问题是文化同质化与文化异质性之间的紧张关系。但是,同质化与异质性在研究中显得过于抽象,实在是无法说明问题,我还是把它具体化为民族性和全球性及其关系比较容易说明问题。

一、关于民族性

我们所说的民族性有三层含义:一是一个国家的民族。二是国际上分散居住的原属一国的同宗同种的民族。三是有着共同信仰或信奉一种宗教的民族(不管其居住地如何)。这个含义实际上已经证明:在全球范围已经没有历史上最原始的民族,所谓的民族性已经是被全球化的历史改造过的全球性。因此,坚持原纯种、原同宗的民族性是一种脱离实际,否认历史的痴心妄想。应当说,民族性会永远存在,永远不会被消灭。不过,这种民族性永远都是历史中被全球化改造的全球性。这就是和而不同的异质的全部真实含义。

在民族性中,应当坚持全球化文化共融主义,一是反对民族狭隘主义,一是反对民族虚无主义,一是反对文化霸权主义,用武力和战争等非文化手段消灭异族、异质文化和文明。

坚持文化共融主义,主要是要承认不同民族文化之间交流、渗透、移植、共融是历史的规律和未来的趋势,是任何人和任何力量都无法阻挡的。应当面对文化全球化采取积极的态度,积极推进文化全球化的进程,反对民族狭隘主义。主要是反对狂妄自大,故步自封,把自己民族的文化看成是全球唯一正确的普世文化,拒绝文化开放,拒绝学习优秀的外来文化,拒绝文化的全球化,甚至发展到文化霸权主义。

反对民族虚无主义,主要是反对一方面妄自菲薄,毫无民族自豪感和认同感,一切都是外国的好,外国的月亮就是比自己的圆。另一方面要反对对外来文化中的愚昧、落后和反科学、反人类的糟粕不加区别地盲目吸收,成为文化垃圾的收荒者。

反对文化霸权主义,主要是反对以"西方中心论"为代表,把西方文明当作唯一正确的普世文明,要强加于人,强行推广到全世界,甚至于用反文化的武力、斗争手段来消灭异族、异质文化和文明的霸权主义和侵略行为。

二、关于全球性

首先要表明的是,文化的全球化绝不是西方化,也绝不是某一民族占据统治地位。一是在全球化时代,必将产生一些带有全球性质的新文化,如前所述的移民文化、混血文化、跨国文化、赛伯文化等等。这些文化代表了未来的方向。二是各种民族性的文化必定在交流、渗透、移植、共融中不断进步,成为一个既存在丰富的内部差异性,又以新文化为主导,以共同价值观为核心的统一而和谐的有机整体。既和而不同,又共生共融在全球文化共融主义的指导下,成为全球化的精神动力和智力支持。三是文化产业已经成为经济全球化的组成部分,文化产业的国际间的合作与竞争已经成为全球文化的一种方向,文化资源的共享已经成为全人类文化生活全球化的一种本性。事实证明,就是在金钱、利润、市场份额的激烈的竞争引导下的文化产业,也已经成为一个共同的统一市场,在这个市场中文化本身也实现了共生共融。四是从总体方向上,由于信息技术和传播手段简单化和统一标准,会进一步推动文化的共同方面的发展,会进一步减弱文化的不同方面的差异,尤其是在共享价值和共同价值方面,人类会有越来越多的共生共融。尽管我们消灭不了民族的差异性,但我们也不能不承认民族差异性在缩小,在减弱,在让位于共同文化。

三、关于民族性与全球性

1. 各种不同民族之间的文化是有差异和矛盾的。因此,在肯定其共生共融的一面时,不能忘记和否定其对抗和冲突的一面。这是由各民族文化的不同性质来决定的。所谓不同性质,主要包括了三个方面,一是核心价值观不同,二是对真的探索、对善的追求、对美的创造的不同,三是整个文化环境和背景的不同。不同性质的民族文化相互接触,必然会产生两种方向和力量,一种是共生共融的方向和力量,另一种是冲突对抗的方向和力量。这两种方向和力量也是共同存在和发展的。整个文化也就是在这样的过程中既有了民族性的特征,又有了全球化的特征。问题在于,文化的冲突和对抗不能也不应当采取武力和战争的极端形式来解决,不能借口全球化的某些人权概念,来灭绝某一民族的文化,以至于灭绝某一民族! 有的人认为,人类历史正是这样写成的,这样的极端形式是文明冲突本身所具有的,不可改变! 但这绝不是文化本身所固有的。人类历史证明,是先有了霸权主义的帝国思想,才有了文化的冲突。文化本身是人们活动的产物,人们应当也有可能控制它! 落后、弱势文化的淘汰、转化;先进、强势文化的移植、发展,是一个自然历史过程,而不是一个侵略的历史过程。

2. 各民族文化和全球文化的系统结构决定了两者会共同存在发展。庞仆先生曾经把文化结构分为三个层面,一是物质文化,二是制度文化,三是精神文化。梁红先生也把文化结构称为"多环形文化结构",这个结构由内向外包括了核心文化、精英文化、审美文化、通俗文化、实用文化、物态文化。他们认为,由于文化结构的作用,文化的交流与冲突、民族性和全球性之间有着极其微妙的关系。庞仆先生认为,文化之间的交流过程启示人们:物质文化因为处于文化系统的表层,因而最为活跃、最易交流;而制度文化和行为文化处于文化系统的中层,是最权威的因素,因而稳定性大,不易交流;精神文化因为深藏于文化系统的核心,规定着文化发展的方向,因而最为保守,较难交流和改变。梁红先生也认为,各文化不可由内而外和自外而内的互动关系及相反相成的结构逻辑,造成了各文化类型运动发展生生不息的瑰丽景观。由于生产力是最活跃的因素,物质文化、实用文化的变化较快。在整个圆环结构系统中,越靠外变动越快。反之,越趋内变动越慢。精神元素越多,文化含量越高,心态特征越强的文化环,稳定性便越增加,滞后性也越明显,而保守性越强。总之,在文化特有的系统结构中,一方面是在一些文化层面和构件中不断地使民族文化融入全球化,另一方面,在一些文化层面和构件中又不断使民族文化吸取其他文化的精华而升华。这样全球多元文化就走向了"各美其美,美人之美,美美与共,天下大同"的新型的系统结构。

3. 法国与德国之间及整个欧盟为和平解决文化的冲突对抗,实现文化的共生共融,树立了全球典范。它必将推动全球化的健康发展。众所周知,整个欧洲的历史恐怕就是一部亨廷顿先生的文明冲突史,不仅仅是战争延绵不断,而且是两次世界大战的爆发地和主战场,更为重要的是,欧洲各民族文化的多元化和冲突性是全球最严重的地区,而法德之间的冲突与对抗也是最严重的。但是今天的欧洲,却是一个共同体,正在不断地深化发展。这是对文明冲突论的一个绝对的讽刺和有力的批驳,这是全人类走向共同体的一个思想的理念和借鉴的模式。

第八节 全球化文化的传统性与进步性

当我们陷于文化的民族性和全球化文化侵略、霸权与殖民主义,文明的冲突对抗的争论之中的时候,人类文化历史的规律却在证明着另一个更为引人注目的全球化文化特征,这就是传统性(历史性)和进步性(现代性)的关系。全球化文化本质则是进步的。这才是判断和处理民族性与全球性以及文化冲突的问题的开锁之钥。

一、传统为什么被改变和超越

任何文化都是传统,所以,讲文化就是传统文化;因为文化本身就是一种历史的人类生存发展的方式。因为传统最明显、最基本的意义是指人类行为、思想和想象的产物,并且被代代相传。

任何传统文化都是客观存在,不可缺少、不可否认、不可完全扔掉的。没有传统,就没有历史,就没有文化,就没有人类,就没有全球化。只有历史的才是现实的,只有现实的才是历史的。无论如何变化,传统的总是会以某种方式存在,传统的影子总是挥之不去的。人类永远不能凭空创造文化、历史和传统,人们永远不能脱离传统、历史和文化。文化的传统性、历史性的根本价值和本质意义正在于此。这一点是比较简单易懂的。

文化的传统性、历史性更根本的价值和意义都在另一个方面,传统本身就意味着被超越。正如 E. 希尔斯所指出的,传统是不可或缺的,同时它们也很少是完美的。传统的存在本身就决定了人们要改变他们。继承一项传统并依赖于它的人,同时也被迫去修正它,因为对他来说,传统还不够理想,即使他还从来没有实现传统使他得以完成的东西。由于传统本身是不完美的,所以我们要去改变它。情况还不仅如此,因为传统是历史的,而历史本身就是要变化、要前进、要发展的,所以,传统一定是要变化发展的。从这个意义上讲,不被改变和发展的传统也是不存在的。恐怕还不够,进步理念认为,传统之所以改变,是因为传统包含着阻止发展、阻止把科学和理性应用于人类事务中去的全部因素。从某种意义上讲,传统是反动的、反进步的。这也是传统被超越的根本原因。

事实上,传统在改变中是有区别的,大致有三类:第一类是顺应历史进步的传统,它存在、发展和沿袭的历史较长,它属于优秀的文化,在任一历史发展进程中,都会得到继承、完善和发扬光大,不断被赋予新的历史。例如,公正、正义、仁爱等等。第二类是中性的传统,它与历史的进步、传统的障碍无关或关系不大,它沿袭的时间最长、变化最少,它属于一般文化,比如饮食文化,在任一历史发展进程中,都会得到保留、承袭、延传、更新。第三类是对历史进步反动的传统,它阻碍着历史的进步,属于反动文化,在任一历史发展进程中,都会被反对、抛弃、革命或改革、创新。比如封建君主制度等等。

这种传统的分类是依何而立的呢?主要是改变的标准。首先就是要选择。对于选择,马克斯·韦伯认为,对传统选择的标准是理性的计算,以达到最大限度的利益满足。希尔斯则认为,传统之所以会发展,是因为那些获得并且继承了传统的人,希望创造出更真实、更完善和更便利的东西。改变是人类的天性或本性。是因为人们所处的环境在不断变化,人们需要去做新的观察和决定。

事实是,第一位是历史环境的变化。这个变化是客观的,任何力量和任何人都不可改变的,变化决定一切,变化本身就是要发生的,而且是历史性地发生。历史环境的变化,不仅决定着传统的变化必然发生,而且也决定了它的长期性、历史性、艰巨性和复杂性。第二位是人们的主观选择。这种情况就相当复杂。由于人们的历史地位等的不同,对传统的选择也不同。因此,改变传统是艰巨、复杂,充满矛盾和斗争的。这两种因素结合在一起,才是文明冲突的真正原因。

二、改变与超越的可能性冲突

在复杂的选择中产生出文明冲突的真正根源。在同一历史阶段和社会范式中,存在八个层面的问题。一是新事物和旧事物同时存在,在同一时代有不同时代的事物同时并存,社会必然陷入困厄,尤其是在社会转型期。二是新观念和旧观念同时存在,社会必然陷入新旧思想的交锋,造成碰撞。三是新观念层出不穷,产生不同的选择同时存在,社会必然陷入选择者的冲突。四是"文化滞后",传统的旧观念不仅顽强地抵抗,而且会死灰复燃,改头换面,甚至会借尸还魂,占据主导地位,陷入文明的冲突。五是改变文明的冲突的本质。新旧文化的冲突本质上是一种无暴力的冲突,但解决文化问题使用武力,就把君子动口不动手的传统也改成了君子动手保动口,造成了人类历史上无数的悲剧。六是人类社会选择判断标准的不理智,在某些条件下这些选择判断的标准是对立的,甚至是绝对对立的。七是历史又总是在一定时期成现实状态,在时间的历史向度上每一个变项都有现实现创的功能,人们对未来方向的判定一种是不确定的。虽然每一变项都是历史变革及结果,却造成了更为复杂的局面。八是选择总是由人类自己作出的,其中又渗透着无数的偶然因素和不确定因素,总会形成"公说公有理,婆说婆有理"的局面。不过,随着人类共同价值观的增多,这一问题的复杂性可以逐步减弱,这也是人类文明历史的规律。从这些意义上,才能进行有意义的文明冲突的讨论。

三、进步是历史的必然

正如彼得·欧皮茨所指出的,尽管对社会进步的信仰仍然是今天西方世界的重要基本特征,但这个概念却丧失了许多昔日的光辉,它开始发白,开始凋谢。离开了文化的进步性来研究文化,特别是提出文明的冲突,是一种十分危险的历史倒退!

不管怎么说,进步永远是文化的灵魂,永远是全球化文化的灵魂。尽管人类在 20 世纪里经受了骇人听闻的世界大战和其他一些苦难的折磨,尽管存在着前所未有的核毁灭和国际恐怖主义的威胁,人类进步文明仍然从长远的观点看问题,并依然是对即将到来的几十年抱有希望的。这种哲学相信人类,相信他们依靠人类智慧与科学技术,拥有解决他们问题的能力。因此,它坚持永远进步的正确方向和文明道路。它既否定乌托邦的白日梦,也否定穷途末路的绝望观点。

进步是公认的。而进步应当定义在人与自然和谐发展的基础上的人的全面自由的发展。人类社会的进步除了追求人的全面自由发展之外,恐怕是没有什么比这更为进步的。当然我们也必须承认,人的自由全面发展是历史性的,呈现出时段性的特征,在保持人与自然和谐发展的基础上,不断解决限制人的全面自由发展的各种羁绊的历史变化所构成的。

进步是强制性的,是基于人类活动的超越性和创造性的。进步是有尺度和标准的,在人与自然和谐发展的基础上实现人的全面自由发展的目的,是有自觉意义的。在这个角度上,任何阻碍人与自然和谐发展基础及人的全面自由发展的传统都要遭到反对、变革、抛弃和创新。尽管在特定的历史条件下,有些传统的形式会以一定变化的形式保留下来,但内涵却不复存在。

进步是历史性的。因为进步既是无穷无尽的,又是分阶段的。而现代性则是进步性的表现,又是进步性的时点,它代表了现在的进步,也包含了过去的传说,更蕴含了未来的进度。所以,传统性和现代性恰好是落后性和进步性的另一种说法和表现。而离开了它们是无法讨论人类文化、全球化文化的。

四、文化的进步就是文明

1. 文明告诉我们,需要改变、取代和抛弃这些曾经存在于他们社会中的大多数信仰、惯例和制度,代之以新的而且毫无例外是更好的信仰、惯例和制度。所以,文明通常就是指出文化发展历史上的程度和状态,作为文化发展水平的一种评价尺度。不过,说到底,它就是文化。人们只是很少用文化的概念来作为文化发展水平的评价尺度概念而已。因为那样容易犯下同义反复的逻辑错误。顺便指出,文明主要是一种历史用语,而不是区别用语。所以,我们可以说,古希腊文明、古印度文明、中华文明。我们不可以说,伊斯兰文明、西方文明等。亨廷顿是不是犯了最低级的逻辑错误呢? 大家都心知肚明了。这是第一点。

2. 文化是多元的,文明是共同的。每一种文化都是不同的,有差别的,但人类文明却是共同的,在每一阶段的状态、制度上都是共同的。但铁器文化时代的文明却是共同的,使用的铁器在文化上是不同的,但使用铁器在文明上却是共同的。再比如,各种宗教的教义经文都是不一样,但拥神、庙、堂、佛的文明却是共同的。因此,多元文化都表现着共同文明,共同文明又体现在不同文化之中。有些文化达到了共同文明,有些文化与共同文明还有些差距等等。

3. 文化不可能共同认同和归属,只有文明才可能共同认同和归属。文化和文明都是可认同的,但文化的认同和归属只能限制在本文化的圈子中,别的文化的人是不会认同,更不可能归属的。而文明则是不同文化的人都可以认同,都可以归属的,甚至是完全一致的。比如正义与和平,不同文化的认同和归属是不同的,但全人类都是认同和归属的。

总起来看,全盘否定传统文化只能带来恶文明,随意掠过传统文化只能带来坏文明,只有进步超越传统文化才能带来好文明。这正是全球化文化和文明的正确道路。

第九节　全球跨文化交流与管理

全球化的加速,各国企事业单位的跨文化的交往活动日益频繁,各种不同文化背景的人跨文化的交流与合作与日俱增,特别是大量跨国公司的出现,人力资源的全球优化配置,使得不同文化背景的人集中在一起生活和工作。以上种种使跨文化的交往的管理成为全球化的一种独有现象,成为全球化文化的组成部分,更成为全球化文化共融的历史典范和趋势。

一、全球跨文化管理的原则

在这样的历史条件下,文化的差异肯定是存在的,差异肯定会带来各种各样的问题。因此,克服差异带来的困难和障碍,并且把这种差异转化为一种资源、一种动力,管理好多元文化,在共融中实施好跨文化交往管理,这是全球化文化的历史课题和历史任务。其主要内容应当包括:

(一)相互尊重

首先是尊重,每一种文化都应当尊重别的文化的差异,这是最根本的。只有在尊重的前提下才能共融和管理,否则就容易产生偏见,而偏见除了对立之外我们什么也得不到。

(二)相互理解

其次是理解,每一种文化对别的文化必须做到理解,这是最基础的。理解的重点是掌握其本质与特点。一般来说,有 10 对范畴和 7 种系统需要重点理解。10 对范畴是:自我意识与空间、交流与语言、衣着与打扮、食品与饮食习惯、时间与时间意识、各文化的季节观念、人们的各种关系、价值观与规范、信仰与态度、思维过程与学习、工作习惯与实践。7 种系统是:亲属系统、教育系统、经济系统、政治系统、宗教系统、协会系统、卫生保健系统。

(三)相互学习

相互学习十分重要,这是关键问题。在学习中,培训必须着眼于工作,教育必须着眼于相关个人的思想,发展必须专注于组织的考虑。通过相互学习,他们必须了解不同文化的影响,形成跨文化的意识,成为有效率的文化交流者和管理者。解决误解。相互学习的目的就是共享信息,解决误解。文化多元化背景下的误解是不可避免要发生的,解决的办法主要是:加深交流,注意语境和倾听、利用归因理论、利用现代传播语言与技术,使组织环境和工作文化人性化等等。

(四)协同增效

不同文化不仅仅需要共处,更需要共融。而共融的内在要求和目的就是要使效率更高、效果更好。因此,在文化协作中,必须通过运用共融的各种手段,通过互助、合作和团队的价值来创造出文化上的和谐,使各种文化的优点集中在一起,不仅不会对组织的个人造成伤害,反而会产生更高的效率和更好的效果。基本选择是:1. 文化支配。当一个组织比其他组织处于较强的优势时,这个强势组织就会起支配控制作用,并且通常情况下继续按他们在本土文化背景中的规矩行事。2. 文化顺应。与文化支配相反或仿效东道主文化,或试图将二者融为一体。3. 文化妥协。双方在某些问题上都作出让步,做出更为有效的工作。4. 文化规避,避免冲突。5. 文化协作。尊重所有文化,增加对有效工作的选择。6. 本土化与全球化的增效。多元的文化在全球化的框架内发挥出多元而统一的效果。

二、全球化文化领导管理整合有十个关键

一是全球化文化领导的概念必须牢牢树立,尊重文化的多元化,有能力在全球环境中有效地开展工作。二是注重跨文化交流,理解各种文化因素对传播和交流的影响。三是要有文化敏感,具有把对文化的了解转化为与来自不同文化背景的人建立有效关系的能力。四是要能够涵化,有效地调整并适应另一种文化。五是要把握文化对管理的影响,在全球市场上实现管理的多元化。六是把文化理论和观点,应用于特定的影响人们工作表现的跨文化环境中,具有有效的跨文化表现。七是能够应对变化中的国际事务,应对管理群体的亚文化。八是着力于文化的协同增效。核心是凝聚力,关键是跨文化的技巧。九是体现工作文化,能够把文化的普遍特点用于特定的人们在某一时间、某一地点的特定工作。十是承认并推动全球化,认识到人类文化的差异存在是普遍真理,但具有某些共同特征的全球文化则可能正在出现。

以上这些跨文化的交流和管理的主要内容似乎是产生和运用于跨国公司,但我认为不仅仅如此。在不断深化了的全球化中,它应当而且可以发展成为全球化的,文化、交流和管理的主要内容,甚至就是国家与国家文化之间形成的文化全球化的管理。

有的专家指出,很明显,没有单一模式的全球化的管理人员。老式的国际专家和新一代的全球问题的学者都对付不了跨国境战略的复杂问题。全球化的管理人员必须重构自己管理天地的边界,重构空间、时间、范围、结构、地理和功能;对于自己过去职业的、技术的和功能的技巧加以改进;对理性和直觉、国内与国外,我们与他们等相关的概念重新思索和分类;对于你与他人关系中文化的基本出发点、价值观和信仰,对于理解你自己等都要重新认识。

第十节　文明冲突、共存与融合

亨廷顿先生的文明冲突论问世多年来,既接受了各方面理论的批判,也经受了实践的考验,但仍然没有结论。有人认为,"9.11"事件和反恐战争就是证明;有的人则认为不是证明。

一、文明冲突是人为挑起的

文化和文明的冲突是存在的,尤其是在大文化和大文明的框架内,不管是历史的、现在的和未来的,不承认这一点,恐怕就是自欺欺人了。我们不想对"文明冲突论"做一个全面的评价和批判(这方面的内容太多了),只想指出最重要的一点,冲突仅仅是共融的一个例外,一种表象,一种形式,一个怪胎,它不仅会逐渐减少,而且会被消化在共融中。特别是在全球化的进程中。换句话说,全球化文化将逐步加强共融,减少冲突,不断地提升全人类的文明水平和程度。正如劳伦斯·宾克斯所指出的,对于每一个发生少数民族不和和冲突的事件,都有着成千上万合作和共享的事例。

但是,文化是人类的主动和人们的互动,绝不是一个自然而然的过程。冲突是人为挑起的! 是文化帝国主义的文化侵略挑起的。因此,我们要先分析冲突的原因,然后再提出警示性质的忠告。

从原因上看,一是把文化和文明的差异当做了障碍而不是资源。布莱斯·帕斯卡在《感想录》中认为,在比利牛斯山这边是真理的东西,在山那边就成了谬误。差异等于障碍,有障碍就要排除。这是一个误区。实际上差异是资源,是生命力,完全同一的东西是没有生命力的。二是以传统来判定现在,预测未来。传统能为人们提供思维倾向,对其思维、道德、战略、决策系统都会产生根本性的影响。超越传统才有好的哲学,固守传统就是坏哲学。现在和过去不同,未来与现在不同,我们如果用没有超越的传统思维形象来判断什么是对的,什么是错的,什么是好的,什么是坏的,并决定我们现在的行为和未来的战略,除了错误之外,我们什么也得不到。三是傲慢与偏见、统治与仇恨。《兰登书屋词典》的定义是,认为自己的群体和文化与生俱来就高人一等;对那些不属于本群体者有轻视感;有看不起外国人的倾向;他们以自己文化的标准来看待和评定异文化和群体。这样的傲慢与偏见逐步使文化和文明之间分化为西方与非西方,而西方的文化和文明又想以自己来统治全世界使仇恨开始生长和发展,使冲突不可避免。"西方中心论"和"欧洲中心主义"等等,都是这样的货色。不过,仇恨是毫无意义的,不论你和什么人,最终后果都落到自己的头上。四是多重标准的制定和运用。文化和文明要挑起冲突,达到文化和文明侵略、独霸全球的目的,必须采取多重标准的办法。多重标准的好处是,一方面的标准是找到侵略其他文化和文明,将其置于死地的借口;另一方面标准是将自己打扮为全人类和全球化的救世主,人类社会发展的标准模式和未来榜样。因此,文化和文明的冲突不是客观存在的,自然要发生的,而是西方文化和文明企图独霸世界,用多重标准来挑起的,甚至用反恐怖主义的借口,邪恶轴心、失败国家的分类,人权高于主权的理论,先发制人的策略等等。

二、解决文明冲突的原则

很明显,这些都是与文化和文明的共同本质背道而驰的,是对全球化文化和文明的反动,人们应当努力避免挑起冲突,按客观规律和历史要求来推进文化和文明的共融,这本身就是人类社会不断走向更加文明状态的标志。其原则是:

(一)相互尊重和包容的原则

文化和文明之间的差异是客观存在、消灭不了的。不把差异当作障碍,而是作为资源,作为生命源,作为原动力,唯一的原则是相互尊重和包容。只有它,才能将傲慢与偏见消除,才能将统治与仇恨消灭,才能使各种文化和文明实现真正的平等。不过,学会、做到尊重和包容是很不容易的,但又是人类社会所必须学会和做到的,特别是大国、强国、富国所必须的。

(二)相互学习交流的原则

各种文化和文明都有自己的核心价值观、先进的内涵、与其他文化和文明的共性等等。有人认为,任何一个复杂的、具有爆炸性的问题的根源,都是文化和文明之间不能相互学习和交流,造成深层次的不可消除的误解,导致双方不能找到共同的方式解决问题。这样一来,就容易发生冲突,不可能建设性地处理问题。因此,我们必须加强相互的学习和交流,尽可能地去理解对方,吸取对方的精华,求同存异,共存共处,消除双方的误会,得到共同的方式解决问题。我们必须懂得,一个不会向对方进行学习和交流的文化和文明是不会长久的。

（三）寻找和确定共同价值的原则

各种文化和文明之间究竟有没有共同之处，这个问题是不言自明的。而各种文化和文明之间有没有共同价值，恐怕就会有人不承认了。但是，人类的共同价值是存在的，因为人类社会有共同利益的基础。如果每一个文化和文明能够去寻找和确定共同价值的话，那才真正是人类文明的福音。

因此，解决文明冲突的办法绝不是亨廷顿让西方文明强身壮体，强化西方文明在全球的中心地位和统治作用所能办到的，如果真是这样，那才是人类社会的灾难。

（四）要"兼容并包法"文明，不要"割裂狭隘法"文明应当成为人类社会的共同原则

印度经济学家、诺贝尔经济学奖获得者阿玛蒂亚·森在他的新著《身份和暴力：命运的幻象》一书中以"割裂狭隘法"文明的概念猛烈地抨击了"文明冲突论"。他认为，一方面分裂主义者的曲解可以被那些别有用心的人所利用，他们可以煽动不满和敌意的情绪，作为其制造暴力的尚武艺术的一部分；另一方面，它使那些反对使用暴力的人更加糊涂和困惑，本来是追求一个和平的世界，结果却走向了方面。因此，理解全球文明的本质，其重要性并不仅仅在于我们对科学和历史有更正确的认识，而且还在于避免对当代世界作一种割裂的狭隘的理解。在我们深远而辽阔的全球文明中存在着广泛的相互依赖性，历史上没有任何一个时期像今天这样更有必要对兼容并包文明进行重新审视并加以讴歌，这是我们今天所面临的巨大的思想挑战。

（五）文化问题必须在文化范围内解决的原则

联合国高级研究小组的报告向国际社会提出一套在文化范围内解决文化问题的建议。这些建议包括：

1. 舆论的领导者和形成者应当采取负责任的行动，努力促进不同文化之间的相互理解；

2. 联合国应当任命一位高级代表协助消除不同文化之间的紧张；

3. 联合国应当建立一个在它监督之下的文明联盟论坛；

4. 新闻工作者应当接受有关不同文化之间相互理解的训练；

5. 媒体内容应当有助于促进不同文化之间的对话；

6. 应当对学校教材和媒体文学计划进行严格的重新评估；

7. 政府应当加强国际青年交流，增加青年网站的数量；

8. 国际社会应当开展消除种族歧视的媒体运动。

第六章　全球化政治

现今的国际政治正在以摧枯拉朽之势改变着以往的旧格局，并拉开了新格局的序幕。使用世界政治或全球政治的用语更为妥当。

——[日]星野昭吉

以关注、法律的作用与和平解决分歧为基础的真正的新秩序终将成为现实。尽管那一天还很遥远。

——[美]Z.布热津斯基

面对政治现实和国家内部及国家之间差距悬殊的不平等，人们很难持乐观态度。然而，仍有争取在超国家和国家层面上实行更好的治理和争取努力将繁荣与公正联系起来的政治余地。

——[英]保罗·赫斯特，[英]格雷厄姆·汤普森

单靠全球市场共同化不能解决世界不平等问题。

——[美]詹姆斯.H.惠特尔曼

第一节　政治多极化的含义和原因

要了解什么是政治多极化,首先要弄清楚什么叫全球政治格局。

全球政治格局是指国际舞台上的各种力量——主要是主权国家和国家集团及国际组织——的相互联系和相互作用,在一定时期内形成的一种结构状态。

从第二次世界大战以后的 60 多年看,我们经历了两个格局。一个是两极的冷战格局。主要是指以美、苏为两极的对抗、冷战时代。它已在 20 世纪 90 年代初期因苏联解体而宣告结束。另一个是我们现在面临的多极的合作格局,也叫政治多极化,主要是针对两极对抗冷战格局而言的。

所谓政治多极化,是在科技创新化、经济全球化和两极对抗冷战格局结束的基础上,以适应推动全球化生产力新变化为根本,以解决人类社会面临的共同问题为依据,以实现人类社会的共同利益为核心,以消除敌对关系和建立相互依存的国家利益的合作互动为主线,以两种制度和主权国家、多种全球化力量及国际组织为主导,以反对霸权主义和强权政治,维护世界和平和促进共同发展并实现每一个人自由全面发展的全球化为目标,以世界权利的分散化、民主化、平等化、合作化、共同化和建立公正合理的国际政治经济新秩序为方向的历史现状和长久进程。

政治多极化产生的根本原因有两个,一是全球科技创新和新的生产力的出现和迅猛发展,直接催化了全球经济关系的本质性变化,从而推动全球政治关系的本质性变化。一方面是发展的共同化。当代各国都必须走上新的全球市场,相互依存度发展更为密切。另一方面是竞争的冲突化。世界市场上的垄断和竞争更为激烈,尤其是全球经济体系的资本主义垄断性质加剧了不平等性。政治多极化有利于经济共同化和竞争平等化,促进全球经济发展和实现共同富裕。二是人类社会面临着共同问题(全球问题),出现了人类社会的共同利益(我们只有一个地球),从而产生了各国国家利益基础上的共同利益,必须由各国的合作互动及国际组织实施"全球治理"的共同作用才能解决这些共同问题,实现共同利益。政治多极化有利于反对霸权主义和强权政治,维护世界和平并实现全球民主政治的建立和发展。

政治多极化究竟存在还是不存在?它来源于何处?发展的规律如何,走向趋势何在？这些问题在当代都是争论很大的问题！

政治多极化究竟存在还是不存在？可以肯定地回答,政治多极化是活生生的现实,是实实在在地客观存在,尽管"一超多强"仍然存在,但"两极对立"的世界已不复存在了。而"一超多强"绝对不会发展到"一极世界"去,这一点恐怕连美国人也不能不承认。也就是说,"一超多强"虽然还不是完全意义上的多极化,但已经是多极化的初始阶段,标志着多极化时代的到来。但我们也必须承认,这种多极化的初始阶段还不是完全意义上的多极化,要真正建设成为没有霸权主义和强权政治的多极化,人类社会还有相当漫长的路要走。所以,我们承认多极化的存在,但我们对多极化的深度、广度及其发展方向的估计不能太高。尤其对其曲折、反复甚至倒退的可能性要有充分的估计和准备。

政治多极化源于何处呢？主要有四个根源:一是科技创新化,特别是信息技术和网络世界的产生,不仅大大缩小了地球的空间,拉近了地球的时间,使整个世界成了一个"地球村"。更为重要的是,信息技术、网络世界使发展中国家在发挥"后发优势"、实现跨越式发展和发达国家领先遏制成为可能。一句话,封锁信息就是单一世界,打开信息就是多极世界。二是经济全球化、区域化、共同化的格局开始打破主权国家的界限,自由贸易加上跨国公司使闭关锁国成为历史,而各种贸易争端又必须由国际组织来安排谈判、制定规则、解决争端、开放市场,这就进一步地显示出主权国家的某种削弱和国际组织的某种加强。一国不能自己说了算已成为现实。三是冷战时代的结束。东欧剧变、苏联解体使社会主义阵营不复存在,而资本主义阵营因为失去了"两极世界"的直接对手,从本质上讲也不复存在。一种没有在根本制度上产生的敌对关系的世界已经产生。在这样的世界上,重新去制造和设计一个敌人是不可能的,也是做不到的。因为要变成敌人,敌对双方必须认可。只有一方承认的敌对关系无论如何是不可能成立的,也是站不住脚的,更是长久不了的。因此,任何一个在多极世界中去制造和设定敌人的人,除了导致自己的失败和灭亡之外,什么也得不到。"得道多助,失道寡助","树敌过多导致自灭"就是这个道理。四是全球问题和人类社会共同利益的产生。我们只有一个地球,各国必须联合起来,平等民主地共同面对和解决人类社会面临的共同问题,实现人类社会的共同利益。我们必须发出这样的警告:任何一个国家如果认为它可以逃避全球问题的冲击,甚至毁灭,而不以民主、平等、协商的姿态参加全球问题的解决,那就是当代世界的蠢材和愚夫,我们必须懂得全球问题将毁灭全人类,任何一个国家都在劫难逃。共同承认危机,共同解决问题才是明智之举。

237

第六章 全球化政治

第二节　政治多极化的表现和趋势

一、政治多极化正在从各方面展开和发展,其主要表现和趋势体现在以下十二个方面

(一)冷战结束后,社会主义阵营和资本主义阵营两大集团的对立已不复存在

应当说,这是在国际舞台上第一次没有了敌对关系存在的历史新纪元。政治多极化对全世界人民来说,和平似乎有了长久的希望,发展似乎成了单一的主题。但是,由于冷战的意识形态和体制没有根本改变,失去了敌人的敌人一定要去寻找一个新的敌人。所以,多极化的进程就完全有可能再次渗透敌对化的因素。

(二)国家主权不仅受到削弱,而且经济方面的主权作用削弱更大

跨国公司和国际组织更多地介入国家主权,使国家主权与全球化产生矛盾并遭到削弱,而经济安全又成为各个国家最主要的危险,这种变化及发展趋势值得高度注意。

(三)国家实力和作用方式发生的变化

在过去处理国际关系中,国家主要依靠主权、国民经济和军事力量三种"硬实力"来起作用。而今却在此基础上开始形成新的"软力量"及其作用方式,以维护自己的利益,确保自己的地位。这些内容包括:控制金融的能力、争夺稀缺的不可再生资源的实力、知识创新体系的网络空间和知识资本的控制力、对全球规则制定的影响力等等。由此可知,全球化影响并削弱了国家主权,使其受到严峻的挑战。

(四)各种形式的民族主义将进一步发展

如肢解现代民族国家的民族分裂主义、寻求新政治和文化认同的族群性民族主义、民粹主义形成的保护主义、排外的种族主义、新的国际恐怖主义等等。一方面成为破坏和平与发展的危险因素,另一方面又成为大国推行霸权主义和强权政治所加以利用的缘由和借口。

(五)国家间的区域共同化不断加强,成为全球化的集中表现

在地缘、政治和文化上接近,经济上具有互补性和共享性的国家,越来越走

向区域共同化,联合起来成为联盟,立足于地缘战略来集体应对经济全球化的挑战。这种趋势还在进一步加强。

(六)国际组织的地位更加巩固,作用进一步加强

由于相互协商的原因,全球性国际组织(包括经济的、政治的、文化的),特别是联合国组织,从处理国家间关系开始转变为处理国家与非国家、非国家行为主体的关系。因此,一个国家只有善于参与并利用与国际组织提供的公共物品(国际规则、体制、法律等),才能抓住机遇,增强适应性,加快自己的发展。

(七)新干涉主义正在强化"一超压多极"的强权政治和霸权主义

以美国为首的西方发达国家越来越强迫发展中国家对全球化的承认并乘机扩大其政治和霸权领域,要求发展中国家在政治制度和社会结构上走向西方化、全球化,利用"人权高于主权"的战略,在人权、民族、宗教三大问题干涉发展中国家,甚至不惜动武,企图在全球化中披上"合法"的外衣。我们有理由相信,如果发展中国家不愿按照西方的要求去实现西方化,而是从自己的实际出发参与全球化的话,那么,真正的"文明冲突"爆发的可能性是极大的。世界真正不安宁的根本原因正在于此。

(八)人类社会的共同问题和人类社会的共同利益越来越引起人们的关注,团结起来解决人类社会共同的问题,实现人类社会的共同利益已成为一种历史的趋势

"全球危机威胁"、"我们只有一个地球"等催发了如社会主义运动、女权运动、民主运动、环境保护运动、消灭毒品运动等,在全球范围内实现了跨国的国际化的"全球治理",正在成为新的强大的全球变革和创新的力量。

(九)全球性的民主政治的呼声和运动方兴未艾,预示出一些新的变化,经济全球化需要的是全球的市场经济

而全球的市场经济要求的是全球的政治民主。正如在向西雅图世界贸易组织谈判会议示威的示威者所说,不要 WTO 帮助全球资本主义体系开发我们的星球,剥削民众,而要求建立以合作、生态可持续性和基层民主为基础的替代社会和经济结构,似乎为全球化的民主政治拉开了一点点帷幕。

(十)各种形式的国际恐怖主义开始形成一股国际力量,而且呈愈演愈烈之势,成为全球化进程中的反人类、反社会的势力

国际恐怖主义作为反动力量,必须进行谴责、声讨和打击,这一点是绝不含糊的,但要从根本上消灭恐怖主义,还必须从解决全球的贫富悬殊,霸权主义和强权政治,承认文化多元化和民族的多元化,建立公正合理的国际政治经

239

济新秩序入手才能解决问题。否则,恐怖主义将会成为对付霸权主义的最好手段。

(十一)各国特别是大国之间的关系处在激烈的动荡和战略性调整之中,其中存在着许多不可测因素

尤其在"9.11"事件之后,全球政治关系进入了一个战略性的反思调整期,谁是敌人、敌人在哪里、敌人会如何进攻成了扑朔迷离的大难题。各大国的全球战略、军事战略、国防战略都在探索、调整、适应。不管结局如何,任何想以自己的单边主义的意志阻挡多极化与和平世界的步伐的国家,都不会得逞。这一点是最明白不过的了!

(十二)两种制度三种力量进入了一个崭新的整合时代

全球化迄今为止是资本主义的全球化,而正是它自身不可克服和战胜的导致全球分配不公、贫富悬殊的弊端,使社会主义制度优越性更加明显地体现出来。维护公平的社会主义越来越受到重视。"一超"的霸权主义和强权政治作为全球化的主导力量,尤其是其推行的单边主义,遭到全世界人民的反对;"多强"的一些中等发达国家世超之若,若明若暗,形成了较为强大的"西方中心论"的全球化,西方世界成为全球化的核心力量。作为广大发展中国家的政治力量,虽然人数众多,但实力差距太大,在霸权主义和强权政治的天下,还不能起到主导的力量。我们应当看到,他们是全球化的基础力量,没有他们,全球化也就失去了生存的基础和发展的根本,特别是作为发展中国家的大国——社会主义中国——的崛起,本身就不是一件简单的事情。

二、政治多极化的趋势给全球化带来了一个极为严峻的挑战:全球化时代究竟由谁来领导

1. "人权观察"组织的执行主任肯尼思·罗特认为:权力越来越分散。从多个角度说,世界都已经变成一个多极化的世界,但我们没有跟上这个新的现实。

2. 一批新兴国家的崛起。随着中国、印度和巴西等国的崛起改变了世界经济力量的平衡,随着伊朗和俄罗斯等资源丰富的国家展示它们的实力,两次世界大战结束后,一个个在国家的基础上创立的机构的影响力日益被削弱。

3. 还有一个最大的挑战正日益逼近,那就是在美国的力量不足以一统天下但又不能置之不理的情况下,在新老势力争夺影响力和资源的时候,在技术变革已经让普通市民和希望影响他们的人拥有了力量的时候,如何采取集体行动。

4. 联合国的力量一直被削弱,一方面既无法保持集体行动和一致性,另一

方面对单边行动和霸权行为又束手无策,联合国似乎成了一种摆设,日益被边缘化了。

5. 国际组织的力量和作用似乎也在减弱。在卡塔尔的多哈开始的贸易谈判历经 6 年后,世界秩序的另外一个基石——世界贸易组织一直无法进一步取消贸易关税。在多哈回合谈判中,美国和欧洲之间传统的拉锯战逐步被新德里、巴西利亚和墨尔本之间的争吵所取代。

6. 各主权国家的主权也处在不断的弱化中主权碎片化似乎不可阻挡。

7. 随着国家和以国家为基础的机构的权威受到破坏,其他一些力量的影响力却增强了,主要是跨国公司主导全球化的力量不断得到增强。汇聚达沃斯的所有公司的年总收入达到了 12 万亿美元,几乎相当于整个美国经济的规模。

8. 全球化使采取多边行动变得更加必要,但是它也动摇了多边机制的基础,国际机构和一直领导这些机构的西方国家的权威在慢慢丧失,结果是使这个面对灾难性的冲击越来越脆弱的世界失去了领导者。

以上八个方面,当然也不只这八个方面,正在使谁来领导世界的挑战逐渐成为全球危机。

我们必须指出,全球化时代谁来领导世界的挑战和问题依然是由谁统治世界的冷战思维和方案。政治多极化的全球化不需要谁来领导世界,而是通过多边合作来共同治理世界。一句话,不会再有统治和领导,而只会有共同治理。

三、欧洲政治共同化的新希望

"欧洲必须实行政治共同化,否则,欧洲将不成其为欧洲",这是法国总统萨科齐在 2007 年 9 月中旬在匈牙利所重申的观点。一个多月后,萨科齐的呼声得到了响应。同年 10 月 19 日,欧盟非正式首脑会议通过了欧盟新条约——《里斯本条约》,从而实际上结束了欧盟长达 6 年的制宪进程。这一条约是 2005 年在荷兰和法国全民公决中遭否决的《欧盟宪法条约》的简化版,2007 年 12 月 13 日,欧盟各国首脑将在里斯本正式签署该条约。新条约的通过,使欧洲政治共同化重新看到了希望。

两年前,由于众所周知的原因,欧盟陷入了制宪危机。制宪危机导致欧盟政治行为乏力,面对这种情况,无论是政治精英还是普通百姓,都一直在努力推动"欧洲之父"们所设想的共同化进程。舆论普遍认为,欧盟唯有找到一个既能应对经济全球化挑战,又能适应其运作的方案,才能恢复生气,继续前行。《里斯本条约》并非尽善尽美,却不失为一个确保欧盟更好运作的方案。

《里斯本条约》为欧盟扩大后有效运作提供了持久、稳定的框架。首先,欧盟的运作将更加民主化,因为欧洲议会的权力与影响得以加强,而且成员国议会将在欧盟决策过程中发挥更大作用。其次,扩大"有效多数表决制"决策范围,以简化决策过程。特别是司法、内政等敏感领域的政策也将以"有效多数制"表决,成员国不再能"一票否决"。这就意味着,一个或几个少数成员国不能再阻止欧盟的前进步伐。第三,将目前的欧盟负责外交和安全政策的高级代表和欧盟委员会负责外交的委员这两个职权交叉的职务合并,统归为欧盟外交和安全政策高级代表一职,全面负责欧盟对外政策。新的高级代表还将兼任欧盟委员会副主席,并拥有自己的预算,能够指挥欧盟的驻外机构。显而易见,这位未来的高级代表将比目前更具分量,更具行动能力。因此,《里斯本条约》一旦生效,欧盟将更有能力应对未来的挑战,在国际舞台发挥更大的作用。

《里斯本条约》的通过有助于欧盟重新启动安全与防务政策。走出制宪危机的欧盟,终于能够着手处理真正重要的问题。欧盟负责外交和安全政策的高级代表索拉纳表示,如果欧盟意欲完成一些具有重大意义的事项,那么这些事项不会仅局限在市场领域,而是会扩大到外交与安全政策方面。萨科齐也同样强调,欧洲的雄心不能仅仅是繁荣富强、经济增长与充分就业,欧洲必须在当今世界发出政治上的声音。

根据计划,《里斯本条约》将于 2009 年 1 月起生效。然而,原有的表决机制仍将使用 10 年,到 2017 年才能完全实施。另外,《里斯本条约》规定,在税收、社会保障、外交和防务等事关成员国主权的领域,仍采取一致通过原则。凡此种种,必将掣肘欧洲政治共同化建设。按既定程序,新条约生效还需要经过各成员国批准,各国可以通过议会审批方式核准条约,但爱尔兰宣布将通过全民公投进行表决。因此,《里斯本条约》能否按时生效变数犹存。

李永群先生的上述分析表明,欧洲政治共同化在全球政治多极化的新希望表现在一是促进了世界和平与发展,二是彻底改变个别超级大国独霸世界的格局,三是改变了单个国家为全球政治单元及其所构成的国际关系,四是推动了全球政治多极化朝着健康的方向发展,五是开辟了新的全球政治单元的新时代。总之,是有利于全球化政治,造福全人类的宗旨和目的的。

第三节 政治多极化与两种制度

研究政治多极化,不能不研究两种社会制度,即社会主义与资本主义制度。不过,我们所研究的是全球化的社会主义和全球化的资本主义,而不是一般意义上的社会主义和资本主义。

一、关于全球化资本主义

全球化是资本主义化,迄今为止的全球化就是资本主义的全球化。这是一般研究得出的结论,也是客观事实和现象,它主要表现在以下几个方面:第一,资本主义产生的第一天起,特别是进入大机器工业生产时代的资本主义,从一开始就是世界性的。资产阶级由于开拓了世界市场,使一些国家的生产和消费都成为世界性的,其重大趋势就是各国之间的各种联系和发展日益频繁,形成了世界性和国际化。第二,资本主义在改革创新中不断完善发展。一方面在生产力的发展上它始终站在时代前列,先进科学技术的创新成为资本主义全球化的核心动力和标志。另一方面,在生产关系和社会制度方面进行了一系列的调整,适应并推动了资本主义生产关系和社会制度的全球化。对应社会主义的挫折,今天的全球化似乎更是资本主义的全球胜利。第三,资本主义的全球化是资本全面渗透的全球化。如果说过去仅仅是商品、资本输出的工业化基础上的资本主义全球化的话,那么,今天资本的运行形式却发生了巨大的变化,产生了更新更深更广的渗透。不仅是我们所熟悉的物质资本、人力资本、金融资本、债券资本,更有数字资本、社会资本;不仅是我们熟悉的资本主义发达国家,更有新兴工业国家和新兴市场,甚至包括许多发展中国家;不仅是我们熟悉的物质生活领域,更有精神文化的生活领域;如此等等,不一而足。对于全球化是资本主义化或者说资本主义的全球化的这个事实,我们必须承认,不能否认这个事实。

事实归事实,问题归问题。我们应当看到,资本主义的全球化确实在许多方面推动了全人类经济的发展和社会的进步,使人类社会发展能力和水平有了很大的提高。但是,我们更应当看到,资本主义的固有弊端和新产生的弊端也正在成为全球化的弊端,这种"全球病"正在蔓延,在某些方面已经病入膏肓,不可救药。这也正是为什么反对全球化的人越来越多的根本原因。尽管有些弊端通过资本主义的改革创新可以解决,但资本主义的根本却不可能通过改革创新来解决。这也正是弊端难除的根本原因。概括地说,一是资本主义的私有化和绝对高度的垄断与全球化促进和平共同繁荣的性质之间水火不容的对立。二是科技创新化上的垄断和封闭。三是经济全球化的两极分化、贫富悬殊。四是政治多极化的霸权主义(单边主义)和强权政治。五是文化多元化上的资本主义的霸权主义和意识形态、社会制度在全球的强制推行。总弊端就是资本主义的全球化不能实现全球的公正、公平,不能实现人类社会和平发展与共同富裕,不能解决人类面临的全球问题,不能实现人类社会的共同利益。由此证明,全球化不能是资本主义化,资本主义化不是全球化的唯一出路和独有标志。否则,全球化对全人类来说只会是悲剧,而绝不会是喜剧。

二、关于第三条道路

解决弊端的出路在哪里,一条是资本主义自身的继续改革创新,另一条是社会主义道路。当前资本主义在全球的自身改革创新中出现的是最为著名的"第三条道路"。它的代表人物是英国的安东尼·吉登斯,它的实践代表人物就是英国前首相布莱尔和美国前总统克林顿。"第三条道路"的理论与实践是针对于欧洲的左派与右派之间的中间道路而言的,现列表进行对比。

古典社会民主主义 （老左派）	撒切尔主义或新自由主义 （新右派）	第三条道路 （中间道路）
1. 国家普遍而深入地介入社会生活和经济生活	1. 小政府	1. 新型的民主国家(没有了敌人的国家)
2. 国家对公民社会的支配	2. 自治的公民社会	2. 积极的公民社会
3. 集体主义	3. 市场原教旨主义	3. 超越左和右的中间道路哲学
4. 凯恩斯的需求型管理,加上社团主义	4. 道德权威主义,加上强烈的经济个人主义	4. 民主的家庭
5. 限制市场的作用:混合经济和社会经济	5. 与其他市场一样,劳动力市场也是清楚、明晰的	5. 新型混合经济
6. 充分就业	6. 对不平等的认可	6. 作为包容的平等
7. 强烈的平等主义	7. 传统的民族主义	7. 社区主义

古典社会民主主义 （老左派）	撒切尔主义或新自由主义 （新右派）	第三条道路 （中间道路）
8. 多方位的福利国家,保护公民"从摇篮到坟墓"	8. 作为安全网的福利国家	8. 积极的福利政策
9. 线性式现代化道路	9. 线性式的现代化道路	9. 社会投资型国家
10. 低度的生态意识	10. 低度的生态意识	10. 生态与经济社会协调发展
11. 国际主义	11. 关于国际秩序的现实主义理论	11. 世界性国家
12. 属于两极化的世界	12. 属于两极化的世界	12. 世界性民主(全球治理)

周弘先生认为,第三条道路者们面对的是一个个单独的欧洲国家与欧盟建设发展双层社会模式的社会现实。他们虽然准备"改革政府",但却不能随意丢弃民族福利国家,因为从那里,他们得到了执政的合法性;他们也不能无视自由经济的跨国界发展与挑战,否则他们也不可能回到执政党的地位上来。他们处在一种政策选择的两难境地,就像前任意大利总理普罗迪在就职欧盟委员会主席以后的讲话中所说的那样,既要"继续建设单一市场,并促进经济自由化",又要"保存""高度发展的福利制度"。

应当说,欧洲的双层社会模式为第三条路道路者们提供了一个绝好的平衡舞台,因为他们可以避开民族福利国家改革中的一些难点,而借助欧洲统一市场,致力于建设欧盟层面上的社会模式,以此作为民族福利国家改革的示范。他们也正是这样做的:他们积极支持企业创新和竞争、投资人力资源和环境保护,实行社会最低标准,与欧洲联盟委员会在"2000年战略"中关于"赶上经济上升的趋势",使"欧洲社会模式现代化"的口号遥相呼应。

事实上,欧盟委员会的社会战略和第三条道路的社会政策主张几乎没有区别,由于欧洲联盟的社会决策没有一体化,而是停留在政府间协调政策的水平上,所以欧盟成员国内的第三条道路执政者们正是欧洲联盟社会蓝图的规划者。他们在欧洲联盟的层面上呼吁加强统一市场、削减公司税率、降低所得税、采取"以工作为取向的福利形式"、投资教育和培训,其目标是首先使欧洲"成为一个在全球有竞争力的经济体",在增长和就业率方面,在电子商务和信息技术方面,面对美国的优势奋起直追。

对于这样一个战略来说,最大的障碍不是别的,而是欧盟成员国的国内社会模式。这种以民族国家的公民认同和政治普选制为依托的社会模式在经济跨国趋势日益严重的考验中不时地发出反抗的声音,迫使欧洲大厦的建设者们不断地反省欧洲联盟的社会模式和社会战略。进入 20 世纪 90 年代以后,欧洲联盟对于成员国社会政策的指导越来越具体化。从建立社会救助方面的共同标准,发展到在欧盟的层面上的目标和政策协调,进而发展到 1999 年通过决议,为跨国雇佣和跨国社会保障金的发放规定共同行为规范和准则。普罗迪相信,欧洲联盟不是被动的,因为通过协商一致的欧洲战略来解决长期性的问题会比民族国家的单独行动更有效率;而且在联盟层面上的行动可以避免来自国内政治的直接压力,使社会模式的发展更加适应经济的规律。

可以说,欧洲联盟的社会模式本身就是一种"中间道路"。这种模式通过欧洲联盟层面上的市场经济来调动民族福利国家制度的改革,同时又通过民族福利国家层面上的社会要求来阻止欧洲联盟层面上的"市场社会化"发展,从而形成"市场社会"和"福利国家"之间的"第三种社会模式"。这种社会模式以市场经济为基础,逐步地在重新诠释的基础上引入欧洲传统的社会公平观念和社会团结模式,从而建立一种"新的欧洲灵魂",使"欧盟成员国的共同命运"向着适应世界经济自由化的方向发展,以欧洲整体的力量来促进"福利国家的现代化",同时又以欧洲整体的力量来突出欧洲的社会特性,"用新的做法表示社会团结和对他人的责任,而不是把纯粹的个人利益完全作为经济活动的动机"。当然,这个历史过程意义深远,但却是艰难复杂的。值得我们进一步观察。

三、关于社会主义传统模式的失败

自从 1991 年东欧剧变、苏联解体之后,世界一下子沉寂下来,以福山先生的《历史的终结》一书为代表,许多人都认为,社会主义已经遭到了彻底的失败,社会主义永远地消失而不复存在了。从此是资本主义获得了最后胜利,独霸全球。但 10 多年后的今天,我们却发现远不是那么一回事。中国特色社会主义的中国成为一枝独秀,使社会主义也以改革创新的形象站立在世界的政治舞台上,成为全球化中不可轻视的力量。拉美社会主义也正在兴起。在今后相当一段时间内,没有社会主义中国参与的全球化和多极化,是不可能叫做什么全球化、多极化的。加上在全球和各有关国家尚存在的发展着的社会主义思想、运动、制度以及与社会主义相类似、相联系的思想、运动和制度,这些力量叠加在一起,就可以证明,全球化不能叫做资本主义化是有充分事实根据的。

从全球化的角度看,东欧、苏联社会主义失败的原因何在? 一方面是资本主义全球化造成的经济上的全球扩张,操纵了全球经济,把社会主义经济推向了边缘化;以两极对抗的军事战略竞争,扭曲了社会主义经济结构,把社会主义经济推向了停滞化;资本主义意识形态和文化输出的影响和渗透,加剧了人民对社会主义的离心力,使社会主义处于一种被动的状态。另一方面是社会主义国家全球化模式的弊端造成的。苏联自身的全球化模式在经济、政治、文化三个层面上的关系不协调,显示出其脆弱和虚伪的本性,失去了人民的支持,经不起资本主义全球化的冲击;社会主义阵营又由苏联直接控制、指挥,强行输出自己的模式,甚至不惜动用武力来维持全球两极中一极的存在,导致内部铁板一块和相互仇恨两个极端,无法对付资本主义的全球扩张;苏联及社会主义阵营的全球扩张不是一种经济的本质扩张,而仅仅是一种政治、军事的帝国性的扩张,这种离开了经济基础的帝国扩张没有向心力而又同时加剧离心力的扩张是经不起历史折腾和考验的,而这一致命的弱点则导致了在与资本主义阵营对抗的过程中的顷刻瓦解。从这个意义上讲,社会主义的失败是两极对立的冷战模式中的一极失败,资本主义的胜利是两极对立的全球化模式中的一极的胜利,它既不意味社会主义的永久的彻底失败,也不意味着资本主义永久彻底的胜利。历史并没有终结,因为全球化是一个过程,在结束了两极的新的全球化进程中,既给了社会主义极好机遇,也给了资本主义极好的机遇,全部问题的关键在于,谁能抓住机遇。

四、关于全球化社会主义及其胜利

我们在前面已经指出,社会主义传统模式的失败在于它没有看清全球化的大趋势,没有抓住全球化的历史机遇,没有参与并主导全球化。

全球化时代的社会主义是全球化社会主义,它不仅要参与全球化,还必须主导和引领全球化,这才是全球化社会主义的胜利的客观依据和现实道路。

社会主义的真正危险在于能不能真正地抓住全球化的机遇,参与到全球化的进程中来;而且在全球化中以社会主义的价值观来主导建立合理公正的国际经济政治新秩序,帮助解决全球化中的资本主义弊端,使全球化更加健康正常发展,造福于全人类。它必须适应全球化,更加深化自身的改革,更加扩大对外开放,必须形成社会主义引领的全球化体系和机制。否则,它真的会毁于资本主义的全球化。今天的社会主义已经复苏,更加清醒,更加实际,形成了参与全球化融入人类社会的崭新道路。但这仅仅是开始! 我要反复强调:社会主义的新生和胜利只有一条道路,那就是社会主义与全球化融合在一起,就是全球化的社会主义,就是社会主义主导和引领全球化! 其理由在于:

（一）知识超过资本

先进的生产力及其新技术革命造就的信息革命和知识社会把生产的社会化飞跃式地提升到了一个空前的高度和水平，用更多更强的信息增值能力改变了资本发展的过程，知识超越了资本，从此在根本上超越了资本时代而迈向知识的时代。从历史上看，这是第一次出现了导致资本主义全球化失败的新技术革命和先进的生产力。当然，社会主义必须成为新技术革命和先进生产力的代表，它必须掌握知识反对资本。抓住了这个历史机遇，就抓住了全球化及其未来的前途命运，就会赢得社会主义的新生和胜利！

（二）主导胜利的力量

一是具有社会主义价值观的政党和政治组织。特别是由资本主义全球化造成的边缘化和贫富对立状态，使成为资本主义全球化牺牲品的国家和地区的政党和政治组织为了挽救自己的国家，为了挽救全球化，毫无例外地走出了资本主义全球化的阴影，必然地要选择走上社会主义道路。二是新式的劳动就要承担起重新创造人类的重任。完成这一任务的重担将主要落在新的、越来越非物质化的情感和智力劳动者的肩上。在他们构成的社区中，在他们推出的人为状态计划中，这一任务会最终完成。三是穷人。每一个贫穷的人和由穷人组成的民众已经获得了生产能力。于是，穷人的重要性在与日俱增，他们的生活支撑着这个星球，他们对全球化给他们带来的富裕、幸福、自由、民主、全面发展的渴望和追求，将彻底地改变全球化的进程。四是各种全球化的变革力量。包括公民社会、绿色和平力量、人权主义、女权主义、论坛等等，还包括一些全球化的反对派。

（三）胜利的方式，不再是全面的暴力、反抗和革命，更不是全面摧毁的力量，而是在全球化中一种自觉选择社会主义的力量，也是两种制度在全球化中的较量的结果

一方面，资本主义的全球化的发展，必然地会在它自己的普世范围内，推动着自己的进程直至超出了他们自己的极限而走向反面。我们多次指出，资本主义的核心价值观与全球化是背道而驰的，这是资本主义走向自己的反面，走向自己的失败的方式和依据：资本主义全球化反资本主义，只有它们自己才棋逢对手、将遇良才，自己毁灭自己。全球化已展现出其颠覆的真实可能性以及社会主义的新前景。另一方面，社会主义胜利的唯一方式就是用自己与全球化的本质和目的高度一致的核心价值观，推动全球化的进程，使自己的全球化成为全人类的价值追求和实现目标。这样一来，一方面是资本主义自己走向反面，走向失败，另一方面则是社会主义依靠核心价值走向胜利。这正是对资本主义的不战

而战！这才是真正的不战而胜！

（四）胜利的核心价值观正在于社会主义与全球化是高度一致的

全球化必须解决全球问题，必须实现人类社会的共同利益，必须实现人人共享的全球化，必须实现每一个自由全面发展的全球化，这些社会主义的核心价值必然会使资本主义全球化改变为社会主义全球化。

（五）胜利的主要任务

从全球化的角度看，社会主义在全球化的历史期，主要以社会主义的核心价值观进行了反对帝国主义和殖民主义的斗争。尽管今天仍然存在一些反殖民化的工作，但总的看，社会主义在世界范围内反殖民化的任务已经基本结束。在全球化的现代及未来期，社会主义主要有两个并行的任务：一是反对单边主义和中心化；二是要通过改革创新建立公正合理的全球经济政治新秩序。

从反对单边主义和中心化的任务看，由于全球化的进程出现的多元化和人类社会的共同利益，单边主义和西方中心论及资本主义全球化正遭受着史无前例的冲击。因为全球化不需要单边主义，不需要任何中心，不需要霸权主义和强权政治，不需要任何霸主，因此，如何通过多边主义的相互尊重、相互合作，促进共同发展，实现共同富裕，已经成为社会主义全球化的主要任务。

从通过改革创新建立公正合理的全球政治经济新秩序的任务看，它与反中心的任务是联系在一起的，简直就是一项任务的两个方面。所谓西方中心论，实际上就是西方发达国家掌握了全球秩序之规则的制定权。迄今为止的国际秩序都是由西方发达国家制定的。发展中国家已经被边缘化，处于任人宰割的境地。实际上，全球化之核心问题就在由谁制定规则、制定什么样的规则。因此，社会主义就是要参与规则的制定，制定出有利于解决全球问题、解决贫富对立，每一个人自由全面发展而且人人共享的全球化规则。完成了这一任务，社会主义的全球体系就一定会建立起来。社会主义就会以自己的核心价值观主导和引领全球化。社会主义的胜利就是不言而喻的。

（六）胜利的文明是社会主义生态文明

全球化的危机和挑战最重要的是人与自然的矛盾、冲突已经严重威胁到人类生存和发展这一危机和挑战，这样的生态危机产生了绿色生态运动，绿色生态运动又产生了可持续发展的理论，可持续发展的理论产生了生态社会主义，生态社会主义又产生了生态文明。这是人类社会最为进步的社会制度和文明状态，也是社会主义胜利的原因之一。

生态社会主义运用马克思主义的理论，把资本主义基本矛盾提升到资本主义生产与整个生态系统之间的基本矛盾,认为生态恶化就是资本主义的发展方式所造成的人类社会的恶果,解决问题的唯一出路就在于彻底地转变资本主义的发展方式;彻底地解决资本主义国家向发展中国家转嫁生态危机的陈旧的国际经济政治秩序;彻底地维护生态的社会公平实现社会主义的本质公平;彻底地改变利润至上的资本主义动机,树立起可持续发展的科学理念;彻底地摆脱农业文明、工业文明和知识文明的弊端,建立起社会主义的生态文明。

文明的转型决定社会政治经济制度的变革。农业文明带动了封建主义的产生,工业文明推动了资本主义的兴起,而生态文明将促进社会主义的全面发展。

马克思主义是对资本主义的超越,包含着对工业文明的反思,从而使生态文明成为马克思主义的内在要求和社会主义的根本属性。恩格斯说:"人们会重新感觉到,而且也认识到自身和自然界的一致,而那种把精神和物质、人类和自然、灵魂和肉体对立起来的荒谬的、反自然的观点,也就愈不可能存在了。但是要实行这种调节,单是依靠认识是不够的。这还需要对我们现有的生产方式,以及和这种生产方式连在一起的我们今天的整个社会制度实行完全的变革。"

对整个资本主义社会制度完全变革的必然结果就是建立共产主义社会。共产主义社会是实现了人与自然之间、人与人之间"两大和解"的生态文明社会。马克思指出:"共产主义,作为完成了的自然主义,等于人道主义;而作为完成了的人道主义,等于自然主义。它是人和自然界之间、人和人之间的矛盾的真正解决,是存在和本质、对象化和自我确证、自由和必然、个体和类之间的斗争的真正解决。"

生态文明体现了社会主义的基本原则。社会主义生态文明首先强调以人为本原则,同时反对极端人类中心主义与极端生态中心主义。极端人类中心主义制造了严重的人类生存危机;极端生态中心主义却过分强调人类社会必须停止改造自然的活动。生态文明则认为人是价值的中心,但不是自然的主宰,人的全面发展必须促进人与自然和谐。另外,在可持续发展与公平公正方面,生态文明也与当代社会主义原则基本一致。

生态文明应成为社会主义文明体系的基础。社会主义的物质文明、政治文明和精神文明离不开生态文明,没有良好的生态条件,人不可能有高度的物质享受、政治享受和精神享受。没有生态安全,人类自身就会陷入不可逆转的生存危机。生态文明是物质文明、政治文明和精神文明的前提。

生态文明也只能是社会主义的。生态文明作为对工业文明的超越,代表了一种更为高级的人类文明形态;社会主义思想作为对资本主义的超越,代表了一种更为美好的社会和谐理想。两者内在的一致性使得它们能够互为基础,互为发展。生态文明为各派社会主义理论在更高层次的融合提供了发展空间,社会主义为生态文明的实现提供了制度保障。

资本主义使人们摆脱封建枷锁和宗教禁锢的同时,却带来新的剥削和压迫,这使社会主义应运而生。社会主义自产生之日起就存在着革命与改良两种选择。无论是科学社会主义还是民主社会主义,都要研究资本主义自我发展的丰富活力,都要思考资本主义工业文明给全人类带来的诸多利弊。针对全球化所带来的一系列难题,例如生态问题,生态社会主义等新型社会主义流派的探索,不仅在学术上对社会主义进行了理论创新,也在实践中把马克思主义与当代全球问题具体结合起来。虽然生态社会主义的理论和实践仍然单薄,仍具有浓厚的理想主义色彩,但确为社会主义回应全球性问题提供了想象空间,是对科学社会主义的进一步完善,因为当代生产力的飞速发展,使得社会主义不能只研究工业文明基础上的阶级关系,还必须研究人与自然的文化伦理。生态文明的重要意义正在于此。

中国共产党和中国特色社会主义于 2007 年 10 月第一次在全球化中提出建设社会主义的生态文明,对中国而言,中国传统文化中固有的生态和谐观,为实现生态文明提供了深厚的哲学基础与思想源泉,完全可以与生态社会主义、世界可持续发展理念、中国传统文化相互借鉴。它们之间的融合,必促成中国特色社会主义生态文明,必促成中华民族的伟大复兴,必促成全世界可持续发展的新潮流,必促成社会主义真正代替资本主义,必促成人的全面发展和人类社会的和谐,必促成全球的新文明的产生和发展。这是毫无疑问的!

(七)胜利的要求就是社会主义必须融入全球化、逐鹿多极化,使社会主义成为全球化的社会主义,使全球化成为社会主义的全球化

闭关锁国,游离于全球化的进程之外,不敢与资本主义在全球化中进行较量,不敢在全球化的较量中,用社会主义的核心价值观主导和引领全球化为全人类造福,这样的社会主义的胜利从何而来?当然,这是一个漫长的历史过程,更是一个艰苦的奋斗过程(参阅本书第九章)。

因此,我们必须特别注意到两个方面的问题:一方面,在全球化的历史条件下,社会主义与资本主义的对立与斗争似乎不太引人注目,但全球化斗争的本质却仍然是社会主义与资本主义的斗争。说到底,是人类社会追求一个什么样的全球化斗争,是人类社会用什么样的核心价值观去赢得全球化及其未来的斗争。我们已经看到,社会主义在全球化的进程中,不仅没有被终结,相反则是进入了

一个凤凰涅槃、重振雄风的历史时期,其原因正在于社会主义的核心价值观就是全球化全人类的核心价值观。中国特色社会主义的全球崛起,拉美社会主义的新兴发展,都给了我们历史的启迪和方向。另一方面,社会主义必须具有全球融合性。因为从全球化社会主义出发,社会主义无论是思想、运动,还是国家、制度,都仍然是一个十分广泛的全球范围和十分深刻的全球进程,既不能只限于过去的社会主义国家,也不能排斥被扣上"民主社会主义"的"社会民主党人",更不能无视拉美等区域的新兴社会主义。全球化社会主义的生机和活力正在于抛弃传统、狭隘、封闭、绝对对立和暴力对抗的陈旧的社会主义模式,修正自己,承认别人,广纳百川,合作共赢。这样的社会主义才是全球化的社会主义,这样的全球化社会主义才会有真正的希望和光明的未来。

五、全球化资本主义为什么遭到反对并会失败

根本原因在于,资本主义的核心价值观与全球化是背道而驰的,从本质上讲,资本主义不可能建立在一个人人共享,实现人类社会的共同利益,每一个人自由全面发展的全球化。最简单的道理是,要么是资本主义毁灭全球化,要么是全球化毁灭资本主义!

美国加利福尼亚大学教授迪帕克·拉尔认为,资本主义全球化遭到两大群体的反对:一是第三世界的文化民族主义者,他们对资本主义全球化可能带来西化和新统制经济感到恐惧;二是西方"第三条道路"的支持者,他们毫不掩饰地对资本主义怀恨在心。对一个预示前所未有的全球繁荣的制度为何有持续不断的憎恨?

全球化资本主义一直受到抨击。争论主要围绕道德和审美。在文化民族主义者和新统制经济论者看来,全球化是浮士德与魔鬼的协议,是以失去灵魂为代价换取繁荣。

文化民族主义者最惧怕的是西方的道德沦丧在全球传播。遭受创伤的欧亚大陆各文明国家对西方的这种冲击分别作出三种回应。一是像日本人那样接受西方的物质观,同时保留本国的宇宙观。二是因可能导致西化而逃避现代化,这体现在甘地和当前的伊斯兰激进分子身上。第三种也是最常见的一种回应,即通过某种形式的社会主义,在传统与现代之间找出一条中间道路,或主张通过缓慢渐进的改革实现社会主义的费边主义。

这条中间道路的失败最终迫使欧亚大陆幅员最广大的两个文明国家印度和中国步日本之后尘(注意,迪帕克·拉尔先生搞错了,社会主义道路没有失败)。

中国特色社会主义正是社会主义全球化的榜样。不过,他确实看到了取代资本主义全球化的末日。因为它们认识到,资本主义全球化在赋予它们走向繁荣的手段的同时,并未夺走它们的灵魂。所以,完全可以把资本主义全球化改造为造福全人类的社会主义全球化。

正如委内瑞拉总统查韦斯所指出的,只有社会主义才能使人类摆脱贫困、饥饿和破坏,只有社会主义才能挽救人类。我们正在建设社会主义,书写历史的篇章。

六、拉美21世纪社会主义

2006年轰轰烈烈的"拉美大选年"落下帷幕,其中最引人注目的是多国左翼政党赢得大选。西方媒体将这股席卷拉美的风暴称为"粉红浪潮",称拉美"社会主义运动"在经历十几年低潮后再度振兴。

拉美近年出现的"社会主义"浪潮声势大,覆盖面广。2006年,巴西、委内瑞拉、智利、尼加拉瓜、墨西哥、秘鲁等10个国家,先后举行总统选举。此前已上台当政的巴西、智利和委内瑞拉左翼政党,在选举中守住各自的阵地;尼加拉瓜、厄瓜多尔、海地和秘鲁的政权则是左翼力量新攻取;加上左翼政党掌权的阿根廷、乌拉圭、巴拿马、玻利维亚、多米尼加以及一直由共产党执政的古巴,目前,拉美共有13个国家属左翼政权。左翼政权"占领"拉美总面积的80%,覆盖人口占拉美5亿总人口的70%以上。

在目前拉美左翼政权中,除社会主义国家古巴外,还有委内瑞拉、玻利维亚、尼加拉瓜和厄瓜多尔,公开宣称实行社会主义制度;而巴西、智利、阿根廷、乌拉圭、巴拿马、秘鲁、多米尼加和哥斯达黎加等温和左翼政权,尽管推行了一些带有社会主义色彩的施政措施,但往往是"多做少说"。

在对美国的态度上,古巴、委内瑞拉、玻利维亚等拉美激进左翼,对美国的态度历来强硬。古巴与美国的敌对状态由来已久。激进左翼领军人物、委内瑞拉总统查韦斯更是时常对美国猛烈"开火",在联合国称美国总统布什是"魔鬼"。新上台的玻利维亚总统莫拉莱斯是一位印第安人,从当选总统的第一天开始,莫拉莱斯就宣称他所领导的"争取社会主义运动"是"美国的噩梦"。

在经济政策方面,查韦斯等激进左翼领导人旗帜鲜明地反对经济全球化和新自由主义,公开反对美国倡导的美洲自由贸易区建议,并提出替代主张,古巴、委内瑞拉和玻利维亚三国领导人已经签署协定,抵制美国倡导的美洲自由贸易协定,三国承诺要建立社会主义地区性商贸和合作模式。

拉美之所以出现新"社会主义",与全球化进程和地区局势相关,从某种意

253

义上说,就是全球化和地区造成的极端的贫富悬殊和对立所决定的。20世纪90年代,拉美按照新自由主义模式进行改革,结果惨遭失败。在墨西哥和阿根廷,金融危机和经济危机使国民经济遭受重创,中下阶层对新自由主义和推行改革的右翼政党彻底绝望,随即转向反对新自由主义的左翼政党。此外,拉美作为全球收入差异最大、分配最不公平地区的现实,也是左翼政党上台的政治背景。据统计,该地区10%的最富有者占据48%的财富,而10%的最贫穷者仅占1.6%的财富。这种贫富分化不断加剧的现象,成为拉美国家社会政治生活中的一大忧患,对政治局面的演变产生影响,并促成左翼崛起。

查韦斯就是在这种背景下赢得总统大选的。他上台后即抛弃"新自由主义"的经济政策,采取向弱势群体倾斜的福利政策,把从石油涨价中获得的部分财政收入用于改善医疗、教育和其他基础设施,大大提高中下层人民的生活水平。拉美第一大国巴西总统卢拉当选后,也采取扶助下层群众的措施,持续加薪,而且加薪增幅保持在国内通货膨胀率之上。

厄瓜多尔总统科雷亚指出:"我不在乎美国政府、欧洲国家政府,或者任何一个国家的政府如何看待我国的革命,除了那些跨国企业的所想所为。我重视作为国家统治者和主人的厄瓜多尔人民。我希望任何一个国家,无论其多么强大,都不要企图对我们所遵循的政策指手画脚。

"为了推进这场全民革命,我们需要21世纪社会主义。很多人让我们冠之以'人道主义'。我们拒绝了,因为我们不惧怕这个词汇。我们将利用社会主义探寻公平、公正和能够提供巨大生产力和就业机会的经济。

"我们的计划之所以如此命名,是因为它和马克思与恩格斯的科学社会主义异曲同工。例如,在21世纪社会主义社会中,人民处于主导地位,而非市场。市场应当是一个良好的服务部门,而非主人。人类不应该继续被当作用于积累资本的生产工具。

"市场经济强调商品的创造与价值,而忽视人类的需求,生态环境的代价等。

"我们重视集体协作,这也和经典社会主义不谋而合。我们应当克服将个人主义作为社会动力的错误观点:个人主义将利己主义美化为社会的至高美德,把竞争当作生活的方式。"

尽管美国对拉美"社会主义"兴起深感不安,试图采取遏制措施,但让美国担忧的是,拉美左翼的活动空间在继续扩大。左翼政党执政伊始,都将提高就业率、救助贫困人口作为施政重点,在过去几年,经济形势改善,民望持续提升。2006年是拉美经济连续第四年保持增长。联合国拉美和加勒比经济委员会最近发表公报称,在 2003 年至 2007 年间,这一地区的人均国民收入将增长 16%。此外,2006 年,拉美的失业率从 9.1% 降到 8.5%。因而,拉美新"社会主义"建设有望在未来一段时间内高调推进。

但是,拉美左翼政党还没到可以欢庆胜利的时候。以委内瑞拉和阿根廷为例,近年经济之所以能获得高速增长,一方面是在严重衰退后的恢复性增长,另一方面则是搭全球经济复苏带动石油、粮食价格上涨的便车。因而,加强社会主义建设,加快拉美经济合作,推动各国经济发展,成为各国共同探索的问题。这方面还有很长的路要走。

第四节 政治多极化与三种力量

对错综复杂的全球化的各种力量的分析,往往都是从外交角度来进行研究,作出判断的。但是,真正要分清当今世界多种力量及其关系,还是必须以对全球化的态度和对策出发,才能符合客观实际,才能实现全球整合和治理。

第一种力量,是坚持资本主义全球化性质和趋势的力量,可以把他们叫做"全球化原教旨派"。这就是以美国的霸权主义和强权政治、单边主义和新干涉主义为首的整个西方资本主义发达国家的富国俱乐部。他们一方面坚持西方中心论和美国中心论,竭尽全力维护自己的霸权地位,不顾一切地要独霸全球,千方百计要领导全世界。另一方面坚持资本主义的全球化,极力否认全球化的资本主义弊端,鼓吹和贩卖新自由主义和市场原教旨主义,继续扩大全球的两极分化和贫富悬殊,全力通过资本主义全球化,把资本主义经济、政治、文化渗透到全世界每一角落,把所有的国家和组织全部纳入资本主义全球化的体系。当前和今后一段时期,这种力量仍然会占据上风和主导地位。

第二种力量,是在赞成全球化的同时要求解决全球化弊端,使全球化造福于全人类的力量。我把这种力量叫做"全球化改革派"。这种力量包括社会主义国家、广大发展中国家、绿色和平运动、人权主义、女权主义等等。这些力量一方面既反对西方中心论和美国中心论的资本主义全球化的弊端,又反对以闭关锁国、自我封闭的态度和措施来远离全球化。他们积极地参与全球化,逐鹿多极化,既是为了适应潮流,在全球化的浪潮中维护世界和平,参与共同发展,又是为了在全球化中成为改革创新、革除弊端,让全人类共享全球化成果,使全球化造福于全人类。另一方面既反对以极端的手段来反对全球化,又反对对这些反对力量采取不恰当的打击手段。他们这样做,既是感到反对全球化的力量的存在有助于革除全球化的弊端,有助于使全球化保持清醒,更加健康正常地发展,又是感到反对全球化力量某些时候使用的手段不能容忍,这些极端手段不仅不能消除全球化的弊端,反而会固化甚至强化全球化的弊端,造成全球化的更大灾难。

全球化社会主义是全球化改革创新的中坚力量。他们反对的是资本主义全球化,改革的是资本主义全球化的弊端,创新的是社会主义主导和引领的全球化,创造的是人人共享,每一个人都自由全面发展的全球化,从而开辟了全球化社会主义的历史新征程。

第三种力量,是坚决反对一切形式的全球化,特别是坚决反对资本主义全球化的弊端。也要求全球化必须达到造福于全人类的目标的力量。可以把这种力量叫做"全球化反对派"。这些力量主要包括一些发展中国家、民族主义、种族主义、某些宗派势力、恐怖主义等等。他们大多数是全球化中的弱者,是全球化弊端的受害者,是企图通过非正常手段解决全球化弊端的极端者。他们一方面把全球化和全球化的弊端混为一谈,不懂得全球化的弊端只能在全球化的进程中才能得到解决的道理,误认为只有反对全球化,阻断全球化的进程才是上策,甚至认为只有采取极端手段才能阻止全球化进程,才能革除全球化弊端,才能解决自己的历史遗留问题和不平等地位,这就好比给孩子洗澡以后,把脏水和孩子一起泼掉了。另一方面,他们在反对全球化时坚持的是自己的原则立场,这本来是对的。但这些原则立场在解决全球化问题的时候就不是唯一的,不可协调的,不容反复的。如果把这些原则立场完全凝固起来,刚性过大会欲速则不达,甚至会事与愿违,导致更严重的后果。特别是在坚持原则立场时采取的手段和方法显得更为重要,更为敏感。在多极化中,霸权主义和强权政治是客观存在的,你必须承认,必须认真对待,而不是毕其功于一役就可以解决问题的。从更远的观点看问题,反对力量的正确立场和方法才有助解除资本主义全球化的弊端,造福于全人类。

综合起来看,全球化的原教旨派、改革派、反对派是相互依存、相互对立、相互促进、相互发展的综合力量。今后全球化的发展,主要是这三种力量的作用来推动的。他们谁也离不开谁,谁也消灭不了谁,都要相互借鉴、学习、改进、优化。都会带来各种变化和组合,伴随着全球化的全过程,成为全球化平衡、健康发展的力量。

第五节　政治多极化与主权国家

在政治多极化中,受到冲击最大的就是国家主权。因为政治多极化的本质和核心就是从根本上改变了以主权国家为唯一政治单元行为体的国际体制和秩序,全球政治正在走向在主权国家之外还有多个政治行为体参与其中的全球新体制和秩序。因此,我们不得不研究这个根本性的变化。

一、主权国家及其内在的非绝对性

《布莱克维尔政治学百科全书》指出,主权是构成最高仲裁者属性的权力或权威,这种仲裁者对作出决策以及解决政治体系内的争端具有某种程度的最终权力,能够进行这种决策意味着对外部力量的独立性和对于内部团体享有最高权威或支配权。

最初的主权理论被人们用来分析国家的内部结构问题。19 世纪起,随着民族国家间交往的日益增多,人们开始把主权概念由国内转向国外,对外主权具有更加重要的意义,资产阶级思想家开始把主权与民族国家密切地联系起来,国家对外主权理论得到了发展,从而充实和丰富了主权的内涵,形成现代的主权概念。近代国际关系史上,国家主权原则最早在 1648 年的《威斯特伐利亚和约》中被承认是国际关系中应遵守的准则。主权这种无限的、独立的、排他性的管理一国内政外交的最高权力,在二战后逐渐得到国际社会的广泛承认,国家主权原则成为国际关系的基本准则和现代国际法基本原则的基石,1945 年《联合国宪章》明确规定了"各会员国主权平等之原则"和"不干涉任何国家内政之原则"。

国家主权具有内在的天然的非绝对性,它并不像人们所说的,是绝对的、神圣的、平等的。我们主要指出以下几点。

(一)内在的不可克服的矛盾

强调国家主权的绝对性是以假设的国际社会的无政府状态为前提的(这个假设是错误的,我们以后会提到)。在这个无政府的国际状态中,各国主权权力、利益、价值的分配和取得都只能依赖于强权政治,结果只能是成者为王、败者为寇,绝没有什么公理、公法可言。最终结局是肯定的恶局:一部分主权至高无上,一部分主权则走向毁灭。

（二）内在的不平等性和残缺性

由于上述原因，许多国家主权实际上处于绝对的不平等和残缺状态，根本无主权可言。如发展中国家的依附问题，所谓"殖民地国家"和"失败国家"，争取新的民族和主权独立的浪潮，历史上遗留的主权之争及某些分裂现象。

（三）内在的制约性

由于国家主权是国际体系中的主权，因此它的对内主权和对外主权都会受到来自内外两方面的制约。这种制约使得国家主权并不具有绝对性，问题只在于受到制约的大小。

（四）内在的权属疑惑

主权属于谁？这个问题似乎很简单，主权属于人民是公理，谁也不会否认。但在国内，主权真正是属于统治者的，它是一个统治者对被统治者的问题，因此服从主权似乎不成问题。但在国际上，主权只属于一个国家，针对别的国家它既不是统治者，别的国家也不是被统治者，又没有世界政府，那么，由属于一个国家的对外主权来处理与别国的国际事务，你们不觉得它天生就是有缺陷的吗？

以上四点是国家主权在本质上、规律上的天然非绝对性，我们不能把国家主权绝对化，不论在任何情况下。我们也不能彻底否定国家主权，不论在任何情况下。不过这个结论与帝国主义、霸权主义，坚持西方中心论、强权政治，以否定其他国家主权为借口，行霸权主义之实的任何谬论都是绝对不同的。如：阿库斯否认"主权在民""民族主权"，独冀取消"国家主权"的主张；劳特派特的国际法；美国的"人权高于主权"等等。

综上所述，我们不难看出，国家主权不是天成自然、神圣无比的，更不是绝对的、一成不变的。从威斯特伐利亚体系以来，它一直处在不断的变化之中。由于国家主权本身和国际体系的变动，从内外两个方面都在深刻地改变着国家主权。特别是政治多极化的今天发生的剧烈变动是史无前例的，剧烈变动和转型过渡的探索与痛苦则是我们必须接受和面对的。

二、政治多极化对国家主权的深刻改变

政治多极化对国家主权究竟造成了什么样的冲击，产生了什么样的深刻改变呢？简言之，不仅是在全球化的进程中产生众多的全球政治行为体。它们全部进入了全球政治决策的框架内和进程中，使主权国家从过去唯一的政治单元，变成了一个参与的政治单元。更为重要的是，传统的国家主权已经不能解决今天政治多极化和全球化的问题,只有多种政治行为体的参与才能解决问题。所以,国家主权何去何从已经成为政治多极化的首要问题。

政治多极化至少在以下十个方面深刻地改变着国家主权及其性质。

（一）多种政治行为体的出现和运作

在政治多极化的进程中,各种国际组织、公民社会、社会运动、非国家行为体、非政府组织、次国家行为体、全球性组织、超国家行为体、各种论坛等等,它们毫无例外地参与到全球政治决策和利益分配中来,使任何主权国家都不能单靠一国的主权来解决问题。在这种日趋复杂的跨国家政治多极化的体系中,全球政治行为体权力的扩大导致了国家主权的自治权的减少。

（二）超国家组织对国内政治生活的影响日益增大

一些重要组织如联合国、世界贸易组织、国际货币基金组织、世界银行等开始深度超越各主权国家的传统边界,对民族国家的国内政治经济进程产生直接的重大影响。特别是联合国及其所属各机构,在全球治理中的作用有了突破性的拓展。国际组织权力的加强与国家主权的削弱,是同一进程的两个不同侧面。

在当代人类社会中,国际组织已经成为与国家同样重要的国际社会主体,从而实现国家主权的共享。国家主权共享主要的表现形式就是全球性国际组织,如联合国、世界贸易组织、世界银行、国际货币基金组织等等。这些组织不仅成员广泛,而且在协调当代国际关系,处理国际社会面临的各种矛盾、危机方面确实举足轻重。尽管各成员在这些组织中的地位与作用颇有差异,公平性远远不能尽如人意,但改革、完善全球性国际组织,充分发挥其积极作用仍是各国的共识。换言之,全球性国际组织的历史使命是在增加而不是减少。

（三）跨国公司不仅操纵着经济全球化进程,也在相当程度上左右着民族国家的国内政治

全球市场和跨国组织在本质上与传统的国家主权观念是相冲突的,资本的全球流动和跨国公司的全球活动客观上都要求冲破领土和主权的束缚。当国家的领土疆界和主权性质与资本的全球要求相矛盾时,跨国公司和其他跨国组织就会想方设法使国家主权要求从属于资本扩张的要求。因此,主权国家已不再是全球舞台上唯一举足轻重的角色,跨国公司,特别是一些富可敌国的跨国公司,正以惊人的速度和空前发展的规模,在相当大程度上改变了全球的经济风貌和安全形态。目前世界上至少有4.4万家跨国公司,发达国家的跨国公司占全球跨国公司的绝大部分,并主导着全球化的发展进程。应当承认两个事实,一是跨国公司与主权国家在共同赢利、共同发展上的利益是一致的,"你帮我发展,我

帮你发财"。二是跨国公司的进入也对主权国家的政治、经济、文化、社会生活全方位地渗透和影响,相对弱化了国家主权。

(四)区域合作日新月异,展示出强大的生命力

以经济领域为例,伴随着经济全球化的到来,世界经济的依赖性日益加强,为了保证本国的经济能够深入到世界经济的发展中去,各国的经济活动越来越多地遵循国际条约和国际惯例来运作,于是,在维护国家统一与独立的基础上,国家主权的部分让渡现象日益增多。加入区域经济集团的主权国家,必须让渡部分经济主权的行使权给集团的统一机构以维护集团的有效运转,实现经济上的共同发展;同时,集团成员之间为得到更大的经济利益,互相出租本国的领土、领海、领空的现象也很普遍。

国家主权的部分让渡的主要代表是区域共同体,典型的例子是欧盟、东盟、亚太经合组织和北美自由贸易区等。冷战结束后的 10 多年,区域或次区域共同化有了更大的发展,据统计,已有 146 个国家和地区参加了 35 个区域性经济集团,欧盟的共同化早已超出经济领域而有了共同体意义的独立政治机构与制度框架。由多国政府通过多边协定进行的区域合作大多涉及主权问题,但这是独立主权国家之间在平等协商、互利互惠、自主自愿基础上进行的部分主权让渡。这种主权的部分让渡,不是单方面的索求或掠夺,而是相互和平等的让渡;不是为一国或少数国家的私利,而是有利于所有成员国的经济发展和人民生活改善。换言之,主权国家一方面做出了部分让渡,另一方面则分享了其他成员国主权的部分让渡。

(五)全球问题的增加使得国家权力的边界在一定程度上开始变得模糊

全球化使得一些原来的国内问题成为国际问题。反之,一些原来的国际问题成为国内问题。所谓的全球问题涉及生态保护、动物保护、疾病控制、大规模杀伤武器的控制,等等。同时也是各个主权国家所面临的国内问题。作为国内问题,任何国家都有权按照自己的选择进行管理和处置,它不受外部力量的干预;但作为全球问题,每个民族国家在处理它们时又必然受到国际社会和其他国家的制约,必须与国际社会共同担负起全球治理的职责。在这种情况下,国家权力的传统边界就显得有些模糊不清。

(六)在全球化的作用下,国际因素已经成为制约国内政治发展的基本变量

全球化几乎将世界上的所有国家和地区纳入到国际政治经济的共同化进程和全球的互动网络之中,那些自我封闭的国家和地区几乎已经成为国际社会的弃儿,民族国家的国内政治进程在很大程度上开始受到外部因素的直接影响。

对内的改革与对外的开放,成为民族国家政治发展同一过程的两个不同方面。任何国家,即使是十分强大的国家,在就重大国内事务进行决策时,也必须充分考虑到国际环境对这些决策可能产生的影响以及这些决策对国际社会可能产生的影响。

(七)全球市场体系的形成、竞争与合作,使国家的传统职能受到了严重的限制和削弱

作为经济共同化基础之一的世界市场的形成,使得各个国家过去对市场的调节和管理职能在很大程度上让位于跨国组织,在世界市场面前民族国家往往变得无能为力。诸如跨国公司的设置和投资策略、全球金融市场的规制、在全球劳动分工和资本缺乏控制的背景下单个国家的税基等问题,都难以完全由主权国家单方面决定。

(八)在多种政治行为体的牵制之下,国家权力开始分层化和中空化,国家在权力体系中的核心地位受到一定程度的动摇

在世界范围内,与经济全球化进程相伴随的政治发展趋势之一,便是政治上的分权化。这种分权化从两个方向对通常集中于中央政府的传统国家权力进行分流。其一是纵向的权力分流,即传统的国家权力开始明显地在全球层面、区域层面、国家层面和地方层面分化。其二是横向的权力分流,即国家权力的多元化。

(九)在全球社会心理的急剧变化中,民族国家的认同遇到了危机

民族国家认同是人类社会中具有核心意义的政治认同,它是公民政治支持、政治服从、政治忠诚和政治归属的基础。一方面,全球化进程对民族国家根深蒂固的制度、传统、文化、价值产生了强烈冲击,有时甚至直接影响到国民的身份和利益,从而使得许多国民产生出一种无所适从的感觉。另一方面,全球化进程使得更多先进的价值、文化和制度具有超越民族国家的普遍性,日益获得各国人民的认可和接受,开始出现全球认同。

(十)国家主权正在改变为国家自主性

全球化正在重塑国家的自主性。全球性与自主性是全球化进程所产生的相互对立但相互依存的属性,全球化在产生全球性的同时,也制造着自主性。全球性表现了同质性,自主性表现了异质性。自主性是在全球化进程中产生的对全球性的一种抗体。全球化并没有消除国家的自主性,相反它凸显了国家的自主性。然而,全球化正在赋予国家的自主性以新的意义,社会的自主性逐渐开始取代国家的自主性。

三、最后主权和共同治理权

讨论这一问题,涉及两个方面的分析和预测:一是全球体系和秩序究竟是一个什么样的体系和秩序,这是国家主权变动的前提和基础。二是国家主权究竟怎样被分割、让渡和弱化,甚至是否还能存在,这是国家主权变动的本质和形式。

未来的国家主权是一种什么样的新主权,许多人提出了新国家主权的设想。如星野昭吉先生提出了"共同和相互依存主权""对等主权""人类主权""全球主权"等一系列新主权的概念。我们认为,既然主权已经变动,我们如果再用主权的老概念来探讨主权变动,设计新主权是十分危险的。请问,主权可以共同、对等、让渡吗?表面上可以,实际上绝对不行!因为任何国家主权利益都是至高无上的!因此,我们认为,变动的国家主权本质上是一种主权与治理权的分离变动。历史表明,过去我们认为是主权的东西在变化中变成治理权,主权的范围越来越小,治理权的范围越来越大。而治理权是可以共同对等、让渡、共享的。有了这个前提,一切问题都迎刃而解了。

(一)全球体系和秩序是全球治理的体系和秩序

无可否认,未来的全球体系正处在广泛的讨论和艰难的探索之中。但试图建立一个"世界政府"属于乌托邦的空想,而以"新帝国主义"来独霸世界是不为大家所接受的。因此,我们主张"全球治理",主张通过联合国改革走向"全球治理"。"全球治理"是多种政治行为体的"共同治理",是各政治行为体,特别是国家治理权的共同化,形成的治理权的共同体。而各国仍然保留着在转化治理后剩下的"最后主权"。这个"最后主权"究竟什么时候彻底转化为治理权,只能由历史来回答。

(二)国家主权变动的方向,是保留"最后主权",让渡"治理权",形成"共同治理权"

第一阶段是主权的相对性变动。在全球化和政治多极化的过程中,无论哪一个国家,也无论它强大到什么程度,都已经难于继续依靠主权的力量单独或结盟性地采取行动来追求和达到自我目标。所有的冲击都指向一个重大变化,即国家主权已经相对化,从绝对主权走向相对主权,这是第一阶段的变动和方向。

第二阶段是相对主权的相对部分实质上转化成了治理权。这些治理权理所当然地丧失了主权的性质、地位和作用,自然而然地参与到解决共同利益和全球问题,共同治理全球化的过程中来,形成了主权转为治理权的分离。这种转化和分离主要表现在五个方面:一是国家从控制和压制社会转向了寻求与社会的合作,在民主进程中,国家统治也转向了国家治理;二是国家从游离于国际体系之外减少国际干涉,转向融入国际体系而寻求更多的支持,获取更多的资源并享受更多财富;三是国家从确保自己的主权自主地位转向高度重视并着力提升国家的这种能力;四是国家从谋求绝对主权和独立转向在全球寻求更高层次、更多方面的合作治理,以解决好内外问题;五是国家已经从本国利益至高无上转向把本国利益与他国利益和人类共同利益结合起来,实现利益的均衡化。因此,相对主权向治理权的转化和分离是第二阶段的变动和方向。

第三阶段是最后主权。尽管从相对主权转化和分离为治理权是带根本性的变化,但它还不能最终彻底地消灭国家主权。我把这些在可以预见的未来还不能彻底消灭的主权称为"最后主权"。最后主权正是国家依然要以国家主权参与全球决策、解决全球问题、共享全球化成果的全部理由。至于"最后主权"什么时候才能被彻底消灭、不复存在,我不能妄下结论,因为这只能由历史的进程来决定。因此,保留最后主权既体现了"凡是合理的都是现实的",也体现了"凡是现实的都是合理的"。这是第三阶段的变动和方向。

第四阶段是合作的共同治理权。首先转化分离出的治理权是不是主权,不表明什么至高无上、不可侵犯的权利,而是参与决策、解决问题、共享利益的权利。其次,治理权是合作权。因为面对的问题任何一个政治行为体都无法解决,必须通过合作才会有共同行动,真正解决问题。所以,治理的本质是合作,没有合作就没有治理权。再次,治理权是平等权利,不是统治权。国家主权是一种统治权,它与治理权具有本质的不同。治理权是各政治行为体之间处理全球事务的平等权利,是共同治理全球化的共同行动,而不是统治权。最后,合作的治理权在组织构架上是一种共同权利。这个共同权利所产生的组织形式,就是共同体或共同化而不是一体化。共同体(化)的概念是中性的、宽泛的,可以包容一切合作形式。而一体化则有排他性、独立性,不太符合全球化和政治多极化的本性。治理权通过合作走向共同治理,这是第四阶段的走向和变动。

以上四个阶段在时间上有先后但无继起关系,在空间上有并位但无中心说。一句话,主权与治理权的分离是理解国家主权变动的唯一根据。国家主权就是沿着这样的规律变动,并最终走向全球治理。

四、最后主权的简析

前文已经提到:国家主权不断地分化为治理权。因此,国家主权会越来越小、越来越少,而治理权却会越来越大、越来越多。形成的最后主权就是我们面对现实的重要课题。

所谓最后主权,就是在主权完全转化为治理权之前,每个国家在全球化和政治多极化中仍然要以国家主权参与决策和行动的权利。主要表现在以下几个方面。

(一)国家仍然是全球政治体系中最重要的政治权力主体

国家的政治权力在全球化时代急速地对内对外同时分流,越来越多的非国家组织开始分享原来属于国家所有的政治权力,所以权力主体比以前明显地增多了。然而,在相当长的一段时期内,国家主权无疑具有压倒一切的重要性,任何其他权力主体均不足以与国家相提并论,任何其他权力似乎还没有高于国家主权。从某种意义上讲,国家最后主权有某种绝对性。"人权高于主权"几乎是不可能的,特别是它包藏霸权祸心的时候。

(二)主权、领土等基本要素仍然是划分国家的基本标识

全球化确实催生了大量新的政治社群,并且使各种政治社群之间的界限变得更加模糊。但是民族国家仍然是人类迄今最重要的政治社群,它与其他所有政治社群之间的界限相对说来依然最为明晰。构成国家的基本要素不仅依然完整地存在,在相当一段时间内还不会从根本上消除,尽管主权与治理权在不断地分化,但国家依然是全球政治体系中要素最完整的行为体。

(三)国家认同和民族认同仍然是最重要的政治认同

在区分政治社群的其他标识中,国家认同和民族认同也仍然有着特别重要的意义,是最重要的政治认同。在绝大多数情况下,对于人类的绝大多数人而言,当民族国家的认同与其他政治认同发生冲突时,国家认同仍然具有压倒一切的重要性。国家仍然是人类根本性的政治归属,也仍然是公民最重要的政治效忠对象。

(四)国家的公民权仍然是最重要的成员资格权

随着政治社群的迅速增加,人类个体各种各样的成员资格权确实在相当程度上冲淡了其作为民族国家成员的资格权,但是这种民族国家的成员资格权即公民权或国民权仍然是人类个体迄今最重要的政治权利。

(五)国家利益仍然是根本的政治利益

全球化的过程确实是一个全球范围内的利益调整和利益分化过程,但这一调整过程并没有从根本上动摇"国家利益至上"这一民族国家的普遍原则。从国家内部来看,其他利益服从国家利益仍然是所有国家的基本准则。从国际社会来看,国家利益至上仍然是各国外交政策的基本出发点和最终归宿。

（六）国家仍然是全球正式规则的主要制定者

在全球化的影响下,国际组织和国内的非政府组织开始分享更多的权力,但不可否认的是,民族国家仍然是最重要的国内规则和国际规则的制定者和实施者。在国内层面,国家仍然垄断着立法权、行政权和司法权,从而依然是法定规则和制度的制定者和实施者;在国际层面,民族国家是其中绝大部分重要国际规则的主要参与者,而且只有当民族国家参与这些国际规则的制定并实质性地支持这些规则在本国的实施时,这些国际规则才具有现实的意义。

（七）国家仍然是国际社会最重要的行为主体

在全球化条件下,国际非政府组织和全球公民社会在全球治理中发挥日益重要的作用,使得国际政治生活中"无国家的治理"在某种程度上成为一种现实。但是,这些非国家组织或全球公民社会组织的作用其实是对国家间组织的一种补充,它们不能完全替代国家间组织的作用,以民族国家为主体的国家间组织在国际政治生活中仍然占据着主导地位。在国际社会的众多行为主体中,民族国家仍然独占鳌头。

（八）在某些特定条件下国家的作用甚至有所加强

就其一般趋势而言,民族国家的作用在全球化时代确实明显弱化,但国家的作用在全球化时代是不平衡的,在某些特定条件下,民族国家的作用不仅没有削弱,反而有所增强。当然,最后主权何时走向国家终结,也仍然是我们关心的课题。

（九）国家管理的加强是消除全球化弊端的关键

全球化存在许多弊端,一方面需要进行全球治理,另一方面却需要加强各个国家的管理内部和治理外部的能力。因为只有一个一个国家管理好自己,才可能构成良好的全球秩序,也才可能共同消除全球化的弊端。因为造成弊端的原因往往是因为某一些国家的管理混乱。所以国家及其主权的存在也是加强各自管理,消除全球化弊端的主要组成部分。

第六节　政治多极化与冲突、安全、和平

政治多极化引发了冲突、安全、和平的变化。这些变化又催生出全球安全观与和平观,人们提出了一系列解决冲突、保证安全、实现和平的思路和方案,可以

说一切都在探索之中。

一、政治多极化的本质是冲突还是和平

政治多极化带来的究竟是冲突还是和平？为什么和平还会是主题？和平靠什么实现？实现的手段又是什么？

（一）全球化并没有消灭冲突，也不会从此天下太平

全球化所改变的仅仅是使传统冲突的性质、内容和表现形式，成为新的冲突——全球化的冲突。冲突的本质是各政治行为体的利益与人类社会共同利益之间的矛盾。主要表现为：

1. 不同结构的重建。全球化的进程并不只是一种力量、一个方向。总体上看，分化与融合是其相反相成的共同方式。一方面是趋同、融合、共同化、全球化的共同化，另一方面是分化离散、多极化、个性化；这两种力量相反相成的前者是全球化的和平，后者是全球化的冲突。换句话说，全球化不是同一结构的复制，而是不同结构重建。

2. 利益及分配不平等性。冲突本质上是互不相容的利益和目标的追求，而利益的不平等则是冲突的最深刻的根源。情况往往是如此，掌握既得利益的政治行为体不愿意让出一丝一毫的利益，而毫无利益可言的政治行为体总是要求分配到利益。特别是全球化催生了更多的新的利益体，但分配模式依然如旧。因此，利益及其分配的不平等性就是全球化的最深刻的冲突。

3. 价值取向的不同。和而不同的全球化首先就是价值取向不同的全球化。而价值取向决定政治的走向。全球化应当而且必须是一个人类人人共享的全球化，而绝不能是一个两极分化、贫富对抗的全球化。这个最正确的价值取向和真理却并不是任何政治行为体所承认并付诸行动的。独享全球化，以自己的意志和体制改造驯服别的政治行为体；独霸世界，充当新的帝国主义；这样一些与人类发展进步背道而驰的价值取向，仍是全球化最可怕的冲突。

4. 争取权力的斗争似乎永远不会结束。人类社会生成以来，留下了无数丧失权力、利益、自由、民主，甚至是生存权利的政治行为体和人民。特别是第三波民主以来，在全球化背景下，争取权利的运动和斗争出现了更加复杂的局面，看到了更多的冲突及其产生的问题。

5. 多极化的政治行为体的角逐的复杂性。在主权国家的斗争之外，以利益分配为主要诉求的政治行为体层出不穷。单一形式的国家之间的冲突，已经转变为多种政治力量的冲突；单一利益目标的追求，已经转变为多重利益和目标的

冲突;单一结果和局面的出现,已经转变为多重结果和局面的冲突。一句话,其复杂性变成了"希望出现的没有出现,希望达到的也没有达到"。

6. 全球问题的威胁性和分裂性日益增强。人员、资源、环境、毒品、艾滋病,特别是国际恐怖主义等全球问题愈来愈严重,愈演愈烈。我们不仅还没有一个共同面对和解决的全球体制,而且这些问题使多极的政治行为体之间的利益受到更大的冲击。"保护自己"、"以自己的利益作出选择"已经成为政治行为自私的代名词。全球问题的威胁性带来多极政治行为体的分裂性,分裂性又带来冲突。这就是全球问题带来冲突的逻辑。

7. "与反文明的冲突"。文明冲突本身的意义已经大大小于对的争论。无论是专家学者,还是联合国报告,包括本书都对其进行了无情而深刻的批判。但不要忘记,亨廷顿所说的文明实际上是"文化"。一是因为不同文化是可以共存、共同的,二是穆斯林与西方的矛盾属于政治问题。我这里提出的"与反文明的冲突"其中的文明的力量和行动及未来的光明追求,是指追求和实现全球人类持久的和平。和平 = 文明!但是有些政治行为体却是反文明的。他们把霸权、战争当成文明,甚至当成全球化的文明,这完全是违背了人类发展进步的规律,本质上还是冷战思维,要以文明冲突的观念,开历史的倒车,把全球化变成冲突不断、战争延绵、生灵涂炭、践踏人权的野蛮行动。与和平的文明本身就是冲突的。事实上,无论涉及什么意识形态、宗教、文化、信仰的不同,只要信奉和追求和平的文明进步,就绝不会有亨廷顿所谓的"文明冲突",更不会有野蛮时代代言人的文明的冲突!

8. 全球性体系和秩序正在艰难地重建之中。我不承认国际无政府状态的假设,但在全球冲突的新变化中,国际政治体系和秩序还是冷战前后的老一套,没有发生根本的变化。而这老一套的国际体系和秩序,要应对全球冲突的新变化,首先在许多方面都是无能为力的。伊拉克战争就是明证!而要求有一套现成的新体系和秩序马上解决冲突,也只能是痴人说梦。问题的关键在于,在不断解决冲突的过程中,逐步建立起全球性的政治体系和秩序,伴随人类的文明进步,这是一个艰难的历史。因此,它既是原因又是结果。

(二)和平为什么还是主题呢?

从对冲突的分析中我们已经看到:

1. 在全球化的进程中,和平仍然是这一过程的一个方面,而且是一个重要的方面、主导的方面。因此,和平在政治多极化是有基础、有主导、有力量、有方向的。

2. 以冲突为基础,解决冲突的形式只有两种,一种是暴力战争,一种是合作和平。暴力与战争只是一种选择,而不是全部选择,从这个意义上讲,和平还是主导性的。

3. 由于全球冲突的新变化,以暴力战争作为解决冲突的选择越来越不得人心。因为多极化现象增多,价值多元化,相互依赖、价值的相容性也在增加,暴力战争作为争夺和确保价值与安全的主要手段,越来越不能解决问题,或者越来越不能彻底解决问题。更为严重的是,它正在毁灭着人类文明。

4. 和平作为一种新的重要而主要的选择,开始成为多极政治行为体的价值取向。要和平不要战争虽然才刚刚开始,似乎还很脆弱,但开始从价值取向、手段选择、利益追求、目标实现等各个方面成为全球化的主导力量。

5. 合作是选择和平的主要手段。如何实现各自利益与人类共同利益的统一,"零和博弈"开始让位于"合作共赢"。多极的政治行为体几乎达成了一个共识:无论你多么强大,你都不可能单独去解决问题,独霸世界。因此,只有合作,才能共同解决问题,实现双赢、共赢、多赢;只有通过合作把赢得利益的机会让给大家,我要赢,我也让你赢,我们大家都赢,建设人人共享的全球化已经成为全球主流。一句话,合作 = 和平,共赢 = 进步!

6. 人类文明进步的坐标已经矗立在全球化的巅峰。人类文明进步的坐标就是和平,和平就是和而不同,和成天下。暴力战争是野蛮,和平才是进步,才是文明,而且是人类最伟大的进步、最高尚的文明! 谁要与最伟大的进步和最高尚的文明冲突,总有一天,就会被全人类和全球化所彻底抛弃,被人人共享的全球化的历史火车头碾得粉碎。

二、政治多极化及新安全观

冷战结束以后全球安全及新安全观也成为研究和讨论的主要内容。新安全观主要是针对传统安全观而言的。所谓传统安全观,主要是指预防主权国家面临的、来自外部的、军事上的入侵和打击的安全观。所谓非传统安全观明确地超越了以国家为中心、以防御军事威胁为中心的传统安全,提出了新安全观的概念。

新安全观的提出是一个渐进的过程。1979 年,勃兰特委员会发表了题为《争取世界的生存》的报告,对"安全新概念"进行了定义,认为"一定要对安全提出一种新的、更全面的理解",使其不仅仅限于军事方面,也要解决威胁人们的非军事问题。同一时期,来自帕尔梅安全与裁军委员会的报告提出了"共同安全"的概念,呼吁将"以军事为基础的安全观"转化为更广泛的,通过国际合作、非军事化、裁军等途径实现的"共同安全"。1991年,全球治理委员会在其《天涯成邻》的报告中提出了"人民安全"和"全球安全"的概念,该报告对"安全的新概念"进行了更详尽的阐述。来自欧洲的新安全观很快被联合国接受,并对后来联合国安全观的变化产生了重大影响。

冷战结束后,联合国积极倡导从狭义的国际安全概念转向"全包容型安全概念"。1994年,联合国开发计划署的《人类发展报告》中,从经济安全、粮食安全、健康安全、环境安全、人身安全、社区安全和政治安全七大领域,全面、系统地阐述了"人类安全"的概念。千年首脑会议以来,联合国的安全概念与发展和人权联系在一起,被定义为"以人为中心的安全",强调不仅是国土的安全,而且是人民的安全;不仅是通过武力来实现的安全,而且是通过发展来实现的安全。我认为,新安全观包括以下八方面的内容。

(一)新安全观是应对传统因素和非传统因素变化混成的复杂安全观

首先是以国家为中心,以防御军事威胁的传统安全观所指明的国家安全问题仍然存在,并没有完全消除。并且出现了在解决非传统安全问题的幌子下行威胁国家安全之实的严重情况,这一点必须引起高度重视,绝不能在新安全观中忽略甚至排斥国家安全这一类的传统安全。

其次,传统安全与非传统安全因素相互交织、渗透,呈现出异常复杂、难测、难控的长期态势,对人类智慧是一个巨大的考验。从旧的问题看,民族主义、国家安全(其自身也变得更为复杂)、战争、核武器、财产分配、资源争夺等等不仅没有解决,而且有些部分还在强化之中。从新的问题看,生态环境、国际流动、毒品、人权、艾滋病、伊斯兰、恐怖主义等新问题层出不穷,愈演愈烈。更为严重的是,这两类问题的交织、渗透,不仅冲击安全观,更冲击着价值观、世界观、公平、正义等一系列的核心内容。谁对谁错,既分不清楚,更难以判断,似乎已经是"公说公有理、婆说婆有理","清官难断家务事"。谁是敌人谁是朋友,既分不清楚,更难以判断,似乎已经是"有奶便是娘","皇帝的新衣"、"鱼龙混杂,泥沙俱下"。

(二)新安全观是失去了传统敌我界限的对手与合作的安全观

谁是我们的敌人,谁是我们的朋友,分清敌我,从来都是安全的首要问题。但在全球化的条件下传统意义上的敌人的概念已经消失了,敌我界限已经模糊不清,使大家一时间不能适应,不知所措。沿着冷战和传统思维,有的政治行为体仍然在不断地寻找敌人,甚至不惜血本去制造敌人,形成了现代的堂吉诃德的政治悲剧。我们认为,全球化时代不仅没有了敌人,而且更不能去制造敌人。有的只是竞争对手,对手不是敌人,是可以通过合作解决问题的伙伴;不是暂时的

269

同盟者,而是共同利益的合作追求者。因此,对这一合作应当是新安全观的新内容。

(三)新安全观是建立在人类共同利益基础之上的共同安全观

人类的共同安全是建立在人类共同利益基础之上的,由于相互依赖、共生共荣的人类共同利益的产生、发展,派生了维护全人类共同利益,处理好各自利益与共同利益之间矛盾的共同安全观。必须懂得,全人类的共同利益是全球人民统一的概念,它能够控制、协调、互利、共赢地解决较小利益的冲突,否则这些各自的较小利益就会威胁到所有人的安全。这些共同利益与共同安全可以包括以下几项内容:1. 人种的繁衍;2. 人类残杀和其他暴力的大量减少;3. 全人类健康生活条件的提供;4. 公民权益的保护;5. 对文化多元化的保护;6. 对地球基础、自然生态保护;7. 各自责任的加强。简言之,共同安全就是要共同解决利益冲突。

(四)新安全观是应对解决全球性威胁的全球安全观

与传统的安全威胁不同,全球性威胁不仅仅已经超过了主权国家的边界,而且也呈现出日趋复杂、日趋加强的态势。难怪有人把当代称为危机社会的时代,把对危机的管理列为第一位的管理。1994 年的《人类发展报告》列举了六类全球威胁:人口失控增长、经济发展不平衡、国际移民、环境恶化、毒品生产与走私、国际恐怖主义。联合国前秘书长安南甚至用了"软威胁"的概念以示区别。不过,问题的关键还在于,由于全球性的威胁的根源和影响是全球性的,因此,没有哪一个国家和政治行为体能够单独面对、应付和处理,以确保安全。这样就需要所有国家和政治行为体通力合作,共同应对,才能在全球范围消除全球威胁,实现全球安全。全球合作 = 全球安全。

(五)新安全观是应对解决个人安全威胁到以人为本的人民安全观

个人安全的提出主要是建立在对冷战后"新威胁"的考虑之上,因为这些"新威胁"不再局限于国家所面临的外来入侵的威胁,更是个人日常生活和工作中所面临的威胁。1994 年《人类发展报告》列举了一系列"个人安全威胁",包括:来自本国的威胁;来自其他国家的威胁;来自其他种族和集团的威胁;来自犯罪集团、组织和个人的威胁;对妇女儿童的暴力;自杀、吸毒等自我威胁。联合国在涉及安全新概念时,一个很流行的词就是"以人为中心的安全"(people - centered security 或 humman - centered security)。安南强调:"安全的概念一度等于捍卫领土,抵抗外来攻击,今天的安全则要求进而包括保护群体和个人免受内部暴力的侵害。"所以,"我们必须用以人为本的态度对待安全问题"。随着全球化的发展和全球性问题的增多,社会发展中的人道问题的严重性日益显露出来,国

270

际社会因此变得相互依赖,国际人道合作显得更加重要,传统的主权观念难以适应这一趋势发展的要求,安全观念正从以国家为本位的安全观向以人为本位的安全观转变,国家成为维护安全的主要手段,而可能不再是维护安全的最终目的。国家可能无处不在,其触角可以伸到每一个角落和缝隙,但它的结构、进程和政策可能已经远离公民的认同感、历史感和一致感。个人安全观强调民众不受恐怖主义、种族冲突、社会犯罪、饥饿、环境及专制统治的威胁,强调保护个人的各种权利。只有有了个人安全,才会有国家安全和人类社会的整体安全,过分强调国家安全会对个人安全造成损害。在人类经历了无数的战争的摧残和长期的专制统治之后,以人道为主要内容的个人安全观念也逐步为国际社会所接受,并有可能在各类安全观念中占据主导性地位。

(六)新安全观是以互信、互利、平等、协作为核心的合作安全观

互信,是指超越意识形态和社会制度异同,摒弃冷战思维和强权政治心态,互不猜疑,互不敌视。各国应经常就各自安全防务政策以及重大行动展开对话与相互通报。

互利,是指顺应全球化时代社会发展的客观要求,互相尊重对方的安全利益,在实现自身安全利益的同时,为对方安全创造条件,实现共同安全。

平等,是指国家无论大小强弱,都是国际社会的一员,应相互尊重,平等相待,不干涉别国内政,推动国际关系的民主化。

协作,是指以和平谈判的方式解决争端,并就共同关心的安全问题进行广泛深入的合作,消除隐患,防止战争和冲突的发生。

新安全观的对话合作模式是灵活多样的,包括具有较强约束力的多边安全机制、具有论坛性质的多边安全对话、旨在增进信任的双边安全磋商,以及具有学术性质的非官方安全对话等。促进经济利益的融合,也是维护安全的有效手段之一。

(七)新安全观是可以通过预防措施和非军事途径来解决问题的全球治理的社会安全观

新安全观强调安全内容的广义性、包容性,强调战争、冲突与经济和社会发展、民主化等要素是"不可分割的",相辅相成。安南在 1999 年关于《防止战争和灾难》的年度报告中认为:人类安全、善政、均衡发展与尊重人权是相互依赖、相互补充的,如果鼓励追求其中某一方面,另一方面也就失去意义。

因此,新安全问题是可以通过预防措施和非军事途径解决的。《人类发展报告》提出,传统安全与人类安全的一大不同就是,传统安全需要军事来防卫和实

现,而人类安全则是可以预防的,可通过支持发展来取得。而且,新安全的实现需要包括社会发展、善政、民主化法制和尊重人权等安全的各个不同方面。我们强调要抛弃冷战思维模式,提倡安全新视野,拒绝用对抗、寻找对手及敌友思维等传统社会模式看待当今国际关系,倡导在新的背景下的新模式。因为在全球化和政治多极化的历史趋势中,无论是国家、国家集团,还是新的政治行为体都走向了一种"共生共亡、俱损俱荣"的共同框架之中。战与和的意义发生了重大变化,战争不再是唯一选择的手段,战则皆灭,和则共生,零和游戏已不再适用了。随着"蝴蝶效应"的扩张,通过合作和综合治理,实现双赢、共赢、多赢已经成为安全观的共识。

(八)新安全观是强调个人安全、各类安全、群体安全、全球安全相统一的综合安全观

我们倡导包括政治、经济、军事、科技、文化等多个层面的综合安全,包括经济安全、信息安全、文化安全、生态安全、跨国犯罪与安全、核扩散与安全、民族主义与安全、移民与安全、社会矛盾与安全等等。我们强调个人安全、群体安全和全球安全的统一。随着人类社会的发展进步,个人的生存和发展、各类人群群体的生存和发展与全球人类整体的生存发展同等重要。因为它涉及个人、群体、国家、人类社会等安全主体的生存与发展的根本利益问题,这反映了全球化对整个国际社会影响而出现的一个新的趋势,人、民族国家和全球社会在这一趋势中似乎已找到了一个新的安全出路,人类安全观念面临一次全新的变革。

我们还必须指出,新安全观在其认识和实践的过程中,还有三方面的挑战值得我们注意研究和解决。

一是传统安全的问题依然存在,并有很强的挑战力。在国家主权安全仍然占据主要地位,冷战思维还处于统治地位的前提下,美国单极霸权与多极化趋势的冲突,全球军事竞赛和军事威胁,地区冲突与国际安全的不相容,人类共同利益与国家利益的博弈等等都在冲击和破坏新安全观的理论和实践。

二是安全问题的无限宽泛化。实际上,安全问题只是全球化和政治多极化中的一个问题。尽管它的性质、内容、方法都发生了根本性变化,但安全问题并没有成为唯一的问题,也并不是所有的问题都是安全问题。但是将安全问题无限宽泛化已经造成了极大的误解和对抗。有人将利益 = 安全,使安全变成了另一类的东西,失去了安全的实际意义。我们不否认有的利益问题是安全问题,但并不是所有的利益问题都是安全问题,二者之间不能画等号。比如,投资失败是利益问题但绝不是安全问题,更不是什么经济安全、国家安全

问题。有人将非传统安全因素无限广泛化，"非传统安全问题是个筐，什么都往里面装"是违背事实和真相的。非传统安全领域问题安全化的现象，将导致安全问题的泛滥。无论对成员国还是联合国组织自身来说，将人类面临的所有社会问题、经济问题和政治问题都加上"安全"一词，可能歪曲事实真相，使某些政治行为体借以口实，以"维护安全的名义，行霸权之罪恶行径"，让全人类更加陷于安全困境。同时它也会导致安全政策重点不突出、力量使用分散、疲于应付的局面。以往，这种对安全的威胁仅指主权国家所面临的外来军事入侵和军事打击。如今，恐怖主义、武器扩散、违反人权、破坏环境、毒品走私等都被视为对和平与安全的威胁。于是，为了应对经济安全问题，人们提出了有必要成立"经济安全理事会"；为了处理环境问题，应该建立"环境安全理事会"或建立联合国"绿盔维和部队"，专门处理环境冲突和纠纷。而且，随着对"和平与安全威胁"界定的扩大化、非军事化和非国家化，面对众多的"人类安全威胁"或"个人安全威胁"，如此无限宽泛的安全问题，包罗万象的安全问题，恐怕所有的政治行为体、联合国及全人类都是无法解决的。因此，提一个无法解决的无限广泛的安全问题本身就是错误的。

三是不同安全观的分歧、冲突使新安全观经受着严峻的挑战。目前，不同国家对新安全观的认同还存在很大差异。对美国来说，恐怖主义是战后面临的一个非传统安全问题，但美国并未将其作为典型的非传统安全问题来对待，而是将反恐作为传统的安全问题，以处理传统安全问题的方式来解决。同时美国要求联合国和其他国家采取同样行动。而对许多发展中国家和人民来说，他们所面临的紧迫的安全威胁并不是恐怖主义。当联合国积极推进包括促进社会发展、消灭贫困、减少艾滋病、防止气候变暖等内容的新安全观时，美国并没有突出这种新安全概念。美国的国家安全战略将恐怖主义、邪恶国家、崛起大国、武器扩散等视为主要威胁，在安全观方面，高扬"霸权高于一切""人权高于主权"，在安全竞争方面，坚持"非此即彼""不是朋友，就是敌人"的零和博弈，在安全防御方面，则强调军事优势和"先发制人"。这种与新安全观格格不入的不同安全观只会歪曲安全概念，从根本上破坏全球安全。

三、"9.11 事件"与国际恐怖主义

国际恐怖主义历来就存在，但在冷战之后成为一种新的全球政治现象，特别是"9.11 事件"之后，更是上升为头号的非传统安全问题。随着美国展开了反恐战争到今天陷入僵局，问题不但没有解决，反而到了不可收拾的地步，这

不能不引起大家的反思。

（一）国际恐怖主义的新变化和新形态

1. 范围全球化

冷战后国际恐怖主义虽然未在数量上超越冷战期间的恐怖事件,甚至有所下降,据不完全统计,世界范围内 1987 年一共爆发了 665 次恐怖事件,1996 年全年的恐怖事件则只有 296 例。但是,冷战后的国际恐怖主义已经高度国际化。恐怖主义的动因常常是国际矛盾的激化;恐怖主义的目的常常是争夺国际范围内的利益;恐怖主义袭击的对象已不只是本国政府或有关人员,而更多地指向别国政府,甚至是一些国际组织和跨国公司;各国恐怖主义组织之间的跨国合作与联手行动日益扩大。一方面,较不发达和不发达国家的恐怖主义延续、转化或进一步激化、蔓延,形成此消彼长和不断增生的局势:中东的以色列、埃及、阿尔及利亚,巴尔干的前南斯拉夫,非洲的布隆迪、卢旺达,东南亚的斯里兰卡、印度、巴基斯坦、印度尼西亚以及前苏联地区都是国际恐怖主义活动频繁的国家和地区。另一方面,国际恐怖主义活动打破了西方国家标榜的"文明""安全"的神话:美国、英国、法国、西班牙等发达国家的本土及海外利益成为恐怖主义经常打击的对象。恐怖主义数量很大,范围很广,我们平时耳闻目睹的一些事例,仅仅是当今国际恐怖主义活动的"冰山一角"。现阶段,中东、美国、西欧、拉美、东南亚和前苏联地区是恐怖主义活动的六大热点地区。

2. 目标多角度化

传统的恐怖主义旨在改变世界,通常有明确的政治宣言,譬如推翻殖民统治或资本主义制度。与此相比,冷战后已成为目标多角度化的恐怖主义通常由那些认为世界是无法拯救的人所采取,他们多数没有明确的政治主张和行动安排,其恐怖行动往往只是源于狂热的虚无主义愤慨。恐怖主义从原来的"唯政治目标的恐怖主义"转变成"多目标的恐怖主义",甚至不再求师出有名。恐怖主义动机的复杂化、目标设定的随意性和行动的隐蔽性造成了恐怖活动的不可预测性和残忍性。

我们已经不知道敌人是谁,从什么地方发起进攻,危险在哪里,威胁有多大,怎样消除危险等等,陷入了不知何时何地就会遭殃而挨打的被动局面。

3. 形式多样化

在恐怖主义的变化中,民族(种族)主义的恐怖主义,奉行破坏政策,实行民族分立、独立和自治;宗教恐怖主义,如伊斯兰原教旨主义中的恐怖主义;高技术类型的恐怖主义,如经济恐怖主义和电脑恐怖主义;黑手党组织、国际贩毒集团等;个体化恐怖主义;高度分散化和高度组织化并存的恐怖主义,如塔利班基地组织。

(二)国际恐怖主义的成因

从根本上说,国际恐怖主义新变化主要是两个成因:一是冷战之后,被两极格局所掩盖的一切矛盾(包括国内国际的矛盾)从潘多拉魔盒中一下子完全释放和表现出来,其新的性质、新的程度是人们所始料不及的。但资本主义的完全胜利,天下从此太平(终结)的思维占据了上风,使人们无法去解决这些新的矛盾。二是全球化并没有成为人人共享的全球化,尽管出了新兴市场国家,但全球化在一国国内和全球范围内造成发展不平衡,分享不和谐的问题愈演愈烈,人们对全球化的失望、绝望,对霸权国家、跨国公司的失望、绝望,让我们还没有真正去矫正全球化的方向,人人共享还根本没有成为全球化的目标。具体地说:

1. 集中释放和加剧的矛盾

(1)民族矛盾和种族冲突是当代国际恐怖主义猖獗泛滥的最主要的根源之一。冷战以后,许多国家内部和国家间的民族和种族矛盾得以释放,并泛化为狭隘的民族主义。中东地区的阿以民族矛盾、东欧及巴尔干的武装冲突等都是长期得不到解决的历史问题,冷战的终结使这些矛盾更加激化,成为国际恐怖主义活动的导火线。同时,最早由西方大国为和平演变前苏联和东欧国家而助长的民族分离主义浪潮,在冷战后却猛烈地冲击着欧洲的和平与安全。美国黑白种族之间矛盾的加深,加拿大魁北克独立运动的兴起,西班牙、法国、英国、意大利潜伏的民族危机,无疑为恐怖组织的壮大提供了社会基础。据统计,目前世界上有近30%的国际恐怖主义组织是由极端民族主义者组成的。1991年,这类恐怖活动就占全部恐怖活动的约36%,比1990年增加了一倍多。

(2)宗教矛盾是国际恐怖主义的又一主要根源。世界主要宗教之间的文化分歧和意识形态差异,构成了孕育国际恐怖主义的文明冲突的大背景。不平等的国际经济政治秩序和一些宗教势力内部的派别纷争,使这一冲突更加复杂化。20世纪90年代,大约有25%的恐怖主义起源于宗教目的。在各类恐怖主义活动中,冷战后发展最快、影响最大的要属伊斯兰激进主义。激进主义主张恢复伊斯兰原始形式,建立政教合一的神权政治制度。20世纪90年代以来,伊斯兰激进主义在西亚北非地区再度崛起。在这一地区,穆斯林占人口多数,因此激进主义的主张极易得到人们的共鸣。与此同时,伊斯兰激进主义迅速向中亚、东南亚、撒哈拉以南非洲国家以及欧美扩散,成为一种具有国际影响的恐怖宗教力量。这种现象不仅反映出饱受贫困之苦的下层群众对社会现实的强烈不满,而且也说明,作为非同一般的宗教信仰和政治运动的伊斯兰原教旨主义,其反美、反西方、均贫富的主张具有极大的感召力。同时也应看到,世界形势剧变,原有的价值规范被冲破,宗教作为一种超自然的神灵崇拜,满足了人们寻求精神寄托的要求。

2. 国家间竞争和冲突的尖锐化

冷战后国际恐怖主义的泛滥,反映了主权国家在增进相互合作的同时,彼此间以利益为核心的竞争和冲突尖锐化。在从冷战的"正战论(正义战争论)"时代向冷战后的"脱正战论"时代的过渡时期,国家间因利益冲突而爆发战争的可能性逐渐趋小。国际恐怖主义作为战争的一种转化形式或辅助形式,将会被更多地运用。大战爆发可能性的降低和战争的弱化,会导致恐怖主义的强化,以释放国家间日益膨胀的各种矛盾。

具体表现在:(1)对大国来讲,核恐怖使现代战争的代价越来越高昂;对小国而言,参与常规战争也有可能升级为一场难于承受的灾难。利用恐怖活动往往既能达到政治或经济目的,又不用承担太大的风险。因此,某些国家为了实现自己的外交目的,在口头上反对恐怖主义的同时,暗中却纵容、支持一批国际恐怖组织。他们的支持主要表现为提供金钱、庇护、技术专家、训练营地、武器以及为其辩护的意识形态等。当然,在冷战后时代,国际恐怖组织获取国家支持的难度将不断增大,原先极力支持恐怖主义的国家将不愿再冒受国际社会制裁的危险,所以国家对恐怖主义的支持将趋向减少。(2)少数发达国家继续冷战思维,为了争夺在亚非拉发展中国家的利益,培植利己势力,对他国内部反政府恐怖活动加以支持。为了推翻萨达姆、肢解伊拉克,美国每年向伊拉克民族恐怖组织提供1500万美元的活动经费,以推进其在巴格达等大城市的恐怖活动。(3)除了政府直接或间接地支持和组织恐怖主义活动外,为了维护国家利益,一些非政府团体或个人——主要指处在国际竞争弱势地位的发展中国家——也会基于爱国主义情绪而发动对于他国政府或民众的恐怖袭击,包括日益增多的网上侵犯。

3. 普及和扩散中的高科技和先进武器技术

冷战后,现代科技知识的普及以及核生化武器技术的扩散,使恐怖分子的作案工具越来越先进、手段越来越高超。东京地铁的沙林毒气案和世界范围内层出不穷的网络恐怖袭击事件无疑给现代社会敲响了警钟。恐怖分子可以通过正常途径获得或自制一些尖端的高技术器材。发达的电脑信息技术、国际互联网络和各种传媒为恐怖分子搜猎情报和传递信息提供了便利。一些高学历、高智商的知识分子也加入到恐怖集团中,他们更多地采用高科技手段为恐怖活动服务,并且把袭击的对象扩大到经济和信息领域。由于冷战后国际社会缺乏有效控制核武器和生化武器及其制造技术的能力,恐怖分子通过黑市购买大规模杀伤性武器及其技术的危险性进一步增大。对恐怖分子来说,生化武器是比核武器更容易得到、使用更方便、对平民威胁更大的恐怖工具。日本东京奥姆真理教的毒气案也许算不上一次成功的袭击,因为他们原打算要制造更大的伤亡,警察事后在其总部所在地发现了足以使成千上万人丧命的沙林。这一组织还曾在俄罗斯武器市场上从事采购活动,购买了包括一架直升机在内的设备,以播撒致命的化学物质。另据称,本·拉登不仅已买到美制"毒刺"式导弹,而且还在中亚地区弄到了核武器。对先进技术和武器的拥有使恐怖主义如虎添翼,大大增强了恐怖主义的威慑力和破坏力。

4. 起了反作用和负效应的现代传媒

现代大众传媒系统对国际恐怖主义起到了一定的刺激作用,新闻媒介无意中成为传播恐怖主义的环节和工具,扮演了恐怖主义主张代言人的角色。大众传媒往往以耸人听闻的手法报道恐怖主义事件以求吸引听众和观众,这就容易为恐怖分子用来宣扬他们的"事业"和"使命",扩大了恐怖效应。发达的现代大众传媒使地球各个角落里的人都能目睹某个地点上演的恐怖剧,这恰好满足了恐怖分子扩大其影响、宣传其主张的欲望。同时,电视、报刊常常充当遇难者家属的代言人,给政府施加巨大的社会舆论压力,干扰政府作出周密的反恐怖主义行动计划。所幸传媒机构已开始认识到这个问题,美国反恐怖主义专家皮尔在谈到对付恐怖主义的工具时,提出了"传媒自我约束"的设想。《芝加哥太阳时报》和《每日新闻》还制定了一系列的规则,例如禁止记者与恐怖分子进行谈判,改写恐怖分子提出的主张以避免不加约束的宣传,必要时可停止或推迟对恐怖活动的报道等等。但这些规则能否被广为接受,还需要大众传媒系统自身的协调。而且,在当今新闻行业竞争激烈的时代,难免会有人打破这些规则。

5. 异化并反动了的全球化因素

冷战后时代,现代性伴生了自身的异化因素,生态平衡、人口爆炸、粮食短缺、规范缺失等日益成为全球性的问题。与此相应的是恐怖主义动因和类型的多样化,当今世界上出现了许多五花八门的组织,它们不再是那种具有崇高"理想"或"主义"的派别,大开杀戒只是为了发泄成员内心累积已久的痛苦和受挫的情感,或者仅仅是为了证明他们自身的存在。1996 年,美国破获了一起积年邮包炸弹案,使警方感到头痛的是,这个自称"校园航空杀手"的恐怖分子的动机只是反对科学进步。1997年,美国接连发生多起堕胎诊所被炸事件,这是一些反对人工流产的人所进行的攻击。此外,还有人因环境保护和爱护动物而发动恐怖袭击。这样的"自由恐怖主义"比传统的政治恐怖主义显得更为可怕。另外,现代化所引发的社会危机深化,包括贫富悬殊、社会不公、失业率居高不下等使社会不满有增无减,这些都成为恐怖主义泛滥的社会温床。

（三）"9.11事件"后反对国际恐怖主义的复杂格局

"9.11事件"成为反对国际恐怖主义的一个历史转折点,特别是使美国的安全观发生重大转变:一是国际恐怖主义被美国视为国家安全的首要威胁,二是美国的本土安全成为美国国家安全战略的核心,三是美国对恐怖主义采取了"以暴制暴""单打独斗""先发制人"的一系列战略。随着美国在阿富汗战争、伊拉克战争中陷入僵局而不能自拔,反对国际恐怖主义的斗争实际上进入了"打也打不净,赢也赢不了"的复杂的僵持局面。

1. 反对恐怖主义战略标准的双重化和绝对化。在总结"9.11"事件的教训时,总统布什与副总统切尼宣布了美国新的反恐战略:一、对恐怖分子采取进攻态势,事前就要御敌于国外战场。这分明是"先发制人"的代名词。二、宣布包庇恐怖分子的国家就是美国的敌人。这不啻是在树立更多的敌人。三、通过支持自由的力量来打败敌人的意识形态。这是在扭曲反恐的性质。四、严防大规模杀伤性武器落入恐怖分子及其支持者之手。这首先需要美国摒弃双重标准。这个反恐新战略的一个缺陷是,美国并没有检讨其偏袒的、双重标准的中东政策,事实上那才是中东反美情绪有增无减、让恐怖分子得以生存发展的一个主要根源。不正视并消除这一根源,美国的反恐大业恐怕仍会是事倍功半。

2. 反对恐怖主义手段的战争化和极端化。美国新保守主义者们"劫持"了反恐大业,他们在反恐的旗帜下,以一个虚假的理由发动了那场与反恐风马牛不相及的战争。这一方面分散并转移了反恐注意力和大方向;另一方面将一个本不存在恐怖活动的地方,变成了一个滋生恐怖分子的渊薮和实战演练场。在绝对以战争来占领和消灭主权国家而反对恐怖主义的同时,战争不断扩大升级,公然摆出了一副以"正义的暴力对付非正义暴力"的架势。

3. 反对恐怖主义的目标意识形态化和宗教化。布什总统接过了极端保守派的口号,将反恐定性为"西方自由民主社会同伊斯兰法西斯主义"的决战。布什将恐怖分子分为三类:极端的逊尼派追随者;极端的什叶派追随者;自由社会中土生土长的(穆斯林青年)恐怖分子。美国国防部长拉姆斯菲尔德更发挥说,这是继 20 世纪反对法西斯主义和纳粹主义,冷战时期反对共产主义之后,另一场"反对伊斯兰法西斯主义的新的意识形态之战"。这样的定性近乎于宣扬"文明冲突论"。

4. 反对恐怖主义行为的单极目的化和工具化。"9.11"事件后,特别是美国发动了阿富汗和伊拉克两场"反恐"战争后,全球许多国家的有识之士不断指出,美国在反恐问题上实行双重标准,以"反恐"之名,行夺取世界霸权之实,是造成当今全球恐怖主义问题越来越严重,对恐怖主义活动的打击始终无法取得根本进展,反而"越反越恐"的根本原因。美国之所以能够将选择"反恐"作为其推行霸权的工具,也是利用了民众面对恐怖主义所产生的强烈的不安全感。恐怖主义是困扰全人类的一个毒瘤,反恐也是全人类面对的共同任务。打击恐怖主义的目的是为了建设一个和谐发展的美好世界,其中当然也包括使人们拥有一个安全的生存环境。但是,无论什么情况下,以暴制暴都不会带来真正的安全感,为追求自身安全感而给他人带来更大的不安全感,最终只会陷入一种人人自危的尴尬境地。

5. 反对恐怖主义办法的简单化和短期化。恐怖主义非自冷战结束后始,也不可能在短期内得到根治。恐怖主义的产生有着久远的历史渊源和深刻的社会根源,牵扯到政治、经济、民族、宗教等社会生活的诸多方面。不同国家,仅仅有关恐怖主义的定义就达到几十上百种之多,对于如何认识和解决恐怖主义问题,更是有诸多的研究成果。当今全球恐怖活动形势如此严峻,其根源不仅与冷战后不合理的世界政治、经济秩序有关,也与人类文明的发展历程有关。需要长期的综合治理才能解决,决不是短期内单靠以暴制暴这样简单的办法就可以解决的。

6. 反对恐怖主义越来越演变成一种暴力泛化和恶化。造成这种局面的一个重要原因同样是简单化、短期化。美国国务院在 2007 年 4 月 30 日发布的年度全球反恐形势的报告中承认,2006 年全球恐怖袭击死亡人数与 2005 年相比上升了 40%,恐怖袭击次数上升了 25%。我们看到的"在反对恐怖主义的同时,你自己也成了恐怖主义"的事实正是这种状况的真实写照。

7. 从长期看必须从源头上消除恐怖主义。"9.11 事件"和美国反对恐怖主义以来,全球格局发生了重大的转折和变化:一是安全观发生了重大变化,非传统安全因素成为新的安全问题,必须认真面对,特别是国际恐怖主义。二是全球力量进入一个新的整合期,以恐怖主义为一方,以反恐力量为一方似乎正在整合,但意识形态和宗教化却使问题更加复杂。朋友、敌人、对手、盟友成了十分头痛的分辨和组合难题。但整合还会继续。三是越来越多的政治行为体更加深刻

279

地认识到,要割掉国际恐怖主义这个毒瘤,仅仅是以暴制暴、先发制人,加入意识形态、宗教使之更加复杂是不可取的。国际社会应当加强合作,从消除国际恐怖主义的根源入手,采取综合治理的办法,按照新安全观的要求,共同行动,才能真正解决国际恐怖主义等问题,实现个人、群体、全球和人类安全。这个变化乃是最根本的变化,也是符合人人共享全球化方向的根本变化。我们希望这个变化能够尽快地落实到各政治行为体的行动中,和平、安全才能得到保证。

正如秘鲁专家赫尔南多·德·索托在《另一条道路》一书中所指出的,一个最现实、最重要的结论是:底层人民拥有获得成功的钥匙。他们占了人口的绝大多数,他们最渴望获得改变。在发展中国家几乎人人都会意识到,在西方的市场与民主条件下,和他们具有同等阶级地位的人,拥有着怎样幸福的状态。如果政府能够创造出合理的产权制度,帮助非正规创业者获得财产权和经营权,那么,他们就会成为新型市场的重要组成部分。相反,假如政府没有认真对待他们,不把他们看成是经济领域的活跃分子,而仅仅是把他们当成捣乱分子,或是只能接受施舍和救济的乞丐,那么,穷人就会产生更大的怨恨,而且更加齐心协力地反对现状。他们甚至会变成恐怖分子,而恐怖分子也会利用人民的敌意,全面对抗政府和社会,并鼓励穷人进一步脱离国家的法律体制,而不是帮助他们实现自己的愿望,向西方民主市场的富裕公民看齐。

和所有的穷人一样,其实我们都有着一种现实的需要,那就是:为我们自己,也为我们的后代谋求安定而繁荣的生活。《另一条道路》所讲述的,正是一国的穷人,即那些所谓的"草根阶层者"如何自发地组织起来,去创造一个市场化的社会。他们选择的是一条正确的道路。那么,我们是应该伸出双手,帮助他们去创造适合的法律和经济体制,最终实现他们的理想和愿望,还是对其生存的需要、致富的渴望视而不见,甚至由于我们的失职,为恐怖主义打开一扇机遇之门呢?

第七节　政治多极化与全球民主的 新体制和新秩序

在政治多极化的议题中,争论最大的问题——也是涉及各方最根本利益的问题——莫过于我们到底会有一个什么样的全球经济政治的新体制和新秩序。

很明显,在整个全球化的冲击之下,现存的国际政治经济体制尽管还有合理性,但从本质和长期看,是不适应全球化的,而且逐渐会成为全球化发展的最大障碍。因此,必须建立公正合理的全球政治经济新体制和新秩序。全球新体制和新体系究竟是走直通车之路,还是走另起炉灶之路。所谓直通车道路,就是对现行的国际体制进行深刻的改革,把它改造为适应并推动全球化沿着正确方向发展的全球新体制和新秩序。所谓另起炉灶的道路,就是将现行旧体制全盘否定,彻底抛弃,重新建立起一套全球新体制和新秩序。我们主张走直通车道路,通过改革旧体制和旧秩序,转型为新体制和新秩序,成为人人共享的全球化。

一、一个十分错误而又危险的假设

国际体制理论中曾经有一个十分著名的假设,就是国际政治是无政府状态,而主权国家则支配着国际体系。这个假设是十分错误和十分危险的。所谓十分错误就是它本身就不是事实,但却仍然想冒充千古不变的真理。所谓十分危险就是它已经直接导演出"世界政府论""帝国主义论""全球民主同盟"等危险理论和行动,将直接威胁到人人共享的全球化。

显而易见,国际政治决不会有世界政府。国际政治也不存在什么无政府状态的假设。因为它不是一个国家,不存在什么有政府状态和无政府状态的假设问题。这个假设的错误就在于,它把国际当成了国家,把国际政治当成主权国家政治,把国家政府的政治当成了国际政府的统治,把某些国家的无政府状态当成了国际无政府状态,仍然以主权国家、政府、政治来观察和处理国际政治,乃是这个假设错误的根源。

事实是,国际政治既不是有政府的,更不是无政府,因为它不是国家。国际政治是中性的,各国家、各政治行为体的共同认识和行动决定着它的性质和功能。国际政治今天的格局虽然是各国家 + 无政府,但它已形成的国际体制却已不能用是否有政府来认定和概括。国际政治现行的体制虽然还是大国主导下以国家之间关系为本体的不平等的体制,但众多政治行为体和人类共同利益的出现却证明这个体制是不合理不公正的,需要建立新体制。新体制的建立本身已粉碎了无政府的假设,合作、共同体、共同治理已经成为主流选择。在新的历史条件下,正在坚持以无政府状态的假设来设计、制定国际体制,实际上就是想创造全球的统治者,行霸权主义之实,这是十分危险的。

我的新假设是,在众多政治行为体和人类共同利益的基础上,通过合作和共同治理,形成公正合理的全球治理的新体制和新秩序,实现人人共享的全球化。

二、新体制和新秩序的全球民主核心和导向

全球公正合理的新体制只有一个核心，就是全球民主。我们这里所说的全球民主包括四方面：一是全球各国公民、各政治行为体都享有共同治理全球事务的权利。这个权力直接到达每个人手中。二是这个权利是平等的，不允许削弱和剥夺。三是这个权力的根本是共创全球化，共享全球化。人人的权利、义务都是一致的，财富是共享的，不允许任何少数人独霸全球化进程，不允许任何少数人独享全球化。四是这个权力的运用就是通过合作，组成多个共同体，推动和平与发展，共同实施全球治理，形成公正合理的全球新体制，实现人类文明进步。具体地说：

（一）全球民主正在向四个层次转变和深化

1. 从正式的政治机构到政治、社会的机构和过程。2. 从上层社会到受剥夺、受排挤的下层社会。3. 从政府和政界到工厂、学校、家庭和其他日常生活中的非政治机构。4. 从自己所属的国家和社会到全球性社会。

（二）全球民主的本质就是全球的人民当家做主：民主就是人民当家做主，平等地共同解决问题

鉴于全球化产生的人类共同利益，就必须有一个以全球性体制为中心的民主。换言之，就是全球所有的国家、组织和公民都是全球的主人，都有平等的权利共同解决全球问题，都有平等的义务承担解决问题的责任，都有平等的权利共享全球化的利益和实惠。全球主体的多元化、政治的多极化决定了全球政治的民主化。因为，国家体制正在丧失在全球政治生活中自主地组织机制，非国家的行为主体公民社会的地位、作用正在崛起。

（三）全球民主在政治多极化的推动下，全球各政治行为体均具有同等的权利和义务

政治多极化是指这样一种变化，即全球政治行为体已不仅仅是国家、集团和传统的国际组织，即区域联盟、共同体、非政府组织、跨国行为主体、社会各阶层、公民社会、个人、人类等等，地方、国家的多元化，而且是相互重叠、相互渗透的复杂过程。一句话，参与政治进程及决策的主体增多，全球民主得以产生并深化。

（四）全球民主主要体现在全球政治利益的三个深刻变化

政治多极化经济多元政治主体的出现，表现出三种利益关系的变化。1. 在传统国家政治利益之外，出现了更多的不同的政治利益。2. 这些政治利益又基于人类共同利益的增多、广泛、加深和凸现。多元主体正好代表了不同方面的人

类共同利益。3. 这些政治利益的出现正在推动改变传统的国际民主政治,走向全球民主政治。

(五)全球民主转变的核心就是要逐步改变旧的体制,形成新的全球民主政治体系

这种转变包括四个方面的内容:1. 彻底改变以国家为中心的民主。因为国家主义不一定能够满足全球民主的要求和利益,反而造成冲突。当然,一国民主的深化是必须的。2. 彻底改变大国强国以霸权、战争、渗透等方式把自己的民主政治、价值观念、制度形态强制性移植到各个国家和组织,破坏民主的多元化,仅以一种民主独霸世界的体制。3. 彻底改变少数几个大国操纵联合国,控制国际组织,甚至抛开联合国、国际组织的独裁行为,真正实现各行为主体享有权利义务、共同治理全球的民主体制。4. 彻底改变民主只为霸权者所有的状况,推动全球民主深化,使发展中国家、弱势群体、公民社会真正享有民主,让民主普遍化。

(六)全球民主的首要问题在于全球民主与一国民主的本质差别,不能混为一谈

否则就会把一国民主取代全球民主,就会把一国民主强力推进到全球民主,这是全球民主的最大敌人和最大危险。1. 尽管民主的一般原则是人民当家做主,确保影响、控制、参与社会价值——分配决策过程能力的政治体制,但在一国范围内,民主主要是指人民要将权利让渡给统治者,人民选举统治集团为自己服务。而全球民主则完全不是这样,它不能由各行为主体造出一个统治者和集团,而是以平等权利构建一个组织形式,来共同处理问题。这个本质问题不解决,还有人想当世界统治者,全球民主就永远建立不起来。2. 一国民主是国家内部事务,只能处理国家的事情;而全球民主是全球事务,要解决全球问题。因此,国家仅仅是全球民主中的一个行为主体,而不是全部行为主体,更不是统治主体。处理全球事务必须是所有的行为主体的民主参与,即全球的民主权利。3. 全球民主是一个以多元行为主体为中心的民主化,而不是以国家为中心的民主化,二者之间是均衡一致,相互作用、相互包容的。4. 全球民主的发展进步,全球非民主的发展也很厉害,霸权主义者总想弄出一个分为统治者和被统治者的体制,甚至把这个体制自称为"全球民主体制"。

(七)全球民主的根本问题在于权力属于谁

权力属于谁,既是全球民主的根本问题,也是全球化和人类进步的核心原则。全球民主是指权力属于全人类,全球化必须由全人类来主宰,而不能由一个或少数几个国家来主宰。但是,全人类拥有民主权利却又是一个艰巨而长期的

过程,因为一个或少数几个国家的主宰在短时期内是无法改变的。不过,短期无法改变并不代表它就是民主,它就是真理。真理的光辉恰恰就是要改变这种少数主宰多数的状况,要让全人类享有决定全球化和共享全球化的权利。这一波民主,恰恰是亨廷顿先生所说的第三波民主之后的第四波民主。这个民主运动的本质,就是争取人类决定全球化的权利,设计出合乎这一性质的全球民主体制。这是一个旷日持久的斗争过程。

(八)全球民主过程取决于以下几种力量的态度、斗争与结果

1. 全人类。多元政治行为体要积极地参与并争取民主权利,改革旧的传统体制,创立崭新的民主体制。2. 一个或少数几个大国的霸权要适应世界潮流,积极主动地改革旧体制,放弃霸权主义,将全球权力逐步归还于全人类,形成新的民主体制。3. 共同设计未来民主体制的方向和走向。世界政府、新帝国主义、联合国改革、全球民主治理。摒弃世界政府的空想,反对新帝国主义的独霸,通过联合国改革走向全球民主治理,形成民主共同体。

(九)全球民主必须要树立全球意识,没有全球意识就不会有全球民主

从一国意识出发是不会有全球民主的,只能是南辕北辙。因此,要增强全球政治认同感、归属感和凝聚力,减少负面效应,使全人类都普遍树立全球主体意识、政治参与意识、政治监督意识、法律意识。从思想上解决好搞全球民主将会限制、削弱自己的权利,甚至会导致彻底失败和灭亡的自我独大意识;在运作上解决好以自己的权利抵制、对抗甚至毁灭全人类权利的霸权意识,甚至不择手段产生冲突和战争。在体制上要走逐步到位、过渡形式,切忌一哄而上,一蹴而就,要有长期的准备、艰苦准备、共同的努力、几十代人的努力。

(十)全球民主的关键是达成共识选择最合适的体制

在这个进程中,立场是不同的,分歧是明显的,斗争是激烈的。无论是世界国家论,还是新帝国主义论,也包括全球民主同盟论,都非常明显地突出了以一国、几国、某盟的意识和民主来取代全球意识和全球民主的嫌疑,总是让全球人民不放心,感到担忧和害怕。因此,我们必须确认全球民主的总态势。

三、全球民主的总态势

全球民主的实质在于各国和各国人民相互尊重以平等相待,求同存异以扩大共识,合作协商以谋求共赢,增进友好以和谐相处。较之历史上曾经肆虐的"炮舰外交",较之走马灯般"大国均势"、"大国制衡"、"大国政治"等国际关系理念,较之现实仍然存在的单边主义、霸权主义,国际关系民主化为世界提供了

一种有别于强权政治和冷战思维的新的思维模式和行为准则。

全球民主就是坚持尊重各国人民自主选择社会制度和发展道路的权利;就是坚持国家不分大小、强弱、贫富,都是国际社会的平等一员,在事关世界和平与全人类发展的重大问题上,都有平等参与协商的权利;就是坚持在势必出现的利益差异面前,通过对话妥善解决分歧,扩大共同利益的汇合点;就是坚决维护联合国及其宪章的权威和作用;就是坚持多边主义,使联合国成为世界各国相互尊重、扩大共识、和谐相处的平台,成为推动国际关系民主化的重要渠道。

资本主义制度与全球民主已经不可能像过去那样齐头并进,资本主义已经无力解决全球化的发展和问题,因为以盈利为目的的跨国公司正在扼杀全球民主,因此全球民主是一个不断磨合、充满曲折的进程。多样化的世界决定着利益的多元化。从零和博弈思维转为共赢博弈模式无疑也是一个需要学会照顾各方关切,通过不断对话协商、妥协调整解决矛盾的过程。但是可以肯定,不管磨合多么艰难复杂、过程多么曲折漫长,全球民主的步伐是阻挡不住的,全球事务由全球人民说了算就是全球民主的总态势。

四、民主进步、公正合理的全球政治经济新体制新秩序的原则

根据全球民主的规定,公正合理的全球政治新体制和新秩序是由现行国际旧的政治体制和旧秩序的改革转型而来,这就是全球共同治理的新体制。

(一)新体制和新秩序的核心价值观就是全球多边主义的民主,而不是什么"人权高于主权"的单国民主强加于全人类的假民主

不能把某一国的民主当作全球民主强加于全人类。因为全球民主与一国民主截然不同。所以,全人类人人享有治理全球化、共享全球化应当才是真正的全球民主,离开了这一核心价值观,新体制是没有灵魂的僵尸。

(二)新体制和新秩序的本质就是实现各政治行为体的利益与人类共同利益的相统一

人类共同利益及其实现已经是一个现实而紧迫问题。但旧体制还是一个各自利益争夺的战场,它不仅使各自利益难以实现,而且使人类共同利益也难以实现。我们可以清楚地看到,更多的各自利益只有在实现人类共同利益的框架内才能逐一得以实现,企图离开甚至损害人类共同利益的各自利益最终是不可能实现的,甚至会南辕北辙。全球化是个现实。全球化对于诸如中国、印度等拥有大量训练有素人才的国家来说是种非常积极的趋势,但对非洲等地区来说可能就会困难一些。但对美国来说,就会有人失业,将会导致摩擦,会有风险,因此必

须调整加以适应。世界政治中各个国家、团体都有着不同的利益,需要相互调整各自的政策进行合作,发现其共同利益,而那便是多边机制所发挥的作用。

(三)新体制和新秩序的目的是人人共享的全球化而不是某种政治行为体独享的全球化

新体制必须保证人人参与、人人推动、人人共享。面对 30 年来穷国翻一番从 25 个增加到 50 个,每天生活费不足一美元的穷人不仅没有减少,反而增加 2 亿人,达到 9.5 亿人的残酷现实的时候,我们还要这样的旧体制和全球化来干什么? 难道以穷人、强国的增多来增加全人类的痛苦和灾难吗?

(四)新体制和新秩序的制定是所有的政治行为体在全球民主的基础上共同制定的体制

共同制定是解决体制由大国制定、大国操纵的独裁问题的关键所在。规则的制定权是全球民主中最基本的权利。这个权利不掌握在所有政治行为体和全球人民手中,旧体制就永远改变不了大国工具的性质和命运。

(五)新体制和新秩序的主题是和平、发展、合作、和谐、进步

全球化究竟是给人类带来幸福还是灾难,这是一个全人类十分关心的问题。经过两次世界大战和无数的灾难,全人类都期盼着给人类带来幸福的全球化,并为之努力奋斗。因此,无论从全人类的主观愿望和全球化的客观进程来说,全球化在总趋势上是为人类带来幸福的,虽然在这个过程中还有杂音和灾难,但它都只是小小的插曲,都改变不了幸福的全球化的事实和趋势。从这个意义上讲,全人类和全球化呈现出一个明确的共同主题:要和平不要战争,要发展不要贫穷,要合作不要恶性竞争,要和谐不要相互倾轧,要进步不要倒退。

(六)新体制和新秩序的基础是全人类的相互依存越来越紧密,相互合作越来越重要

从经济、政治的角度,从人类学的角度,我们都可以明显地看到,过去在恶性竞争和战争中,人们相互分离、斗争,甚至相互为敌,恩恩怨怨持续不断。而今天,人们之间的相互依存和合作却成为人们社会的最重要的基础,谁也离不开谁,我们共同生活在一个地球之上。人们开始认识到,依存比分离、合作比竞争更有利于实现自己的利益和共同利益。相互依存和合作,越来越紧密,越来越重要,就是新体制的基础。

(七)新体制和新秩序的核心是多样化而不是单一化

全球化当然是促进了相互依存,而这个相互依存是多样化的和而不同。只有多样化,全球化才是丰富多彩的,才能体现出各自不同的利益及其导向。只有

和而不同,才能使全人类在多样化中通过合作统一起来,才能使各自不同的利益在共同利益中得以实现,创造出和谐之美。但旧机制却是一个单一化的体制,因为它企图用一个超级大国的经济、文化、政治去统治全世界,改造全人类。试想,如果全人类都生活在单一的同一种经济、文化、政治的体制中,这个世界还可能存在吗? 显然是不可能的。因为那会是毁灭人类的最可怕的事情。

(八)新体制和新秩序的中心是为全人类民众谋福祉的,特别是为穷人谋福祉,创造人人共享的全球化

全球化的确在增进全人类民众的福祉方面取得了不小的进步。全球化在扩大贫富差距,增大贫富悬殊,制造更多的穷国和穷人方面也确有"成绩"。全球化究竟是为少数国家和少数人谋福祉,还是为多数政治行为体和全人类民众,特别是穷国和穷人谋福祉的,答案不是很明白的吗? 新体制和新秩序的优越处正在于此。

(九)新体制和新秩序的结构是多边主义的共同化和共同体

一是因为共同化和共同体真正建立起了联合体,坚决地排斥了单一化的一切内容和企图。二是因为共同化和共同体真正实现民主、平等、合作和进步,坚决排斥了独裁和霸权。欧盟的例子实际上证明了我的观点。合作、联合、平等、进步正是共同化和共同体的核心理念。这样的理念和结构是全世界任何一个人都可以接受的和可以实现的。

(十)新体制和新秩序的原则是由必须保证全球化为全人类创造福祉的内容构成的

第一,全球化中的各种行为体,特别是全世界人民一律平等,享有全球化的权利和义务。第二,全球化必须人人共享,更加关注解决穷国和穷人的问题,实现共同富裕。第三,全球化必须通过和平、合作来解决分歧、竞争和冲突,实现全球的发展、和谐、进步。违背了以上三条原则,全球化就一定是反人类的旧体制,就一定会毁灭全球化和全人类。

(十一)新体制和新秩序的形态是以共同确认和遵守的非权力型为主的

尽管现存的多种政治行为体,特别是国家都属于权力型的形态,但全球新体制决不能是权力型的。尽管权力型似乎在解决问题上更有权威和效率,但权力型本身是不符合全球化的政治需要和发展规律的,因为它不仅不能提供相互制约,更容易导向独裁与霸权。因为全球的无政府状态是一个可怕的别有用心的假设,设立世界政府的权力型危险性正在于此。应当承认,全球体制是非权力型的,仍然存在许多问题,比如权威不高、效率不高等等。但是,以共同确认为原则

就可以有效地防止和克服独裁与霸权,奴隶制、殖民制等的复活和重演。

(十二)新体制和新秩序的方向是较为均衡的和谐状态

发展不均衡、落差极大,享受不平等、悬殊极大。这种状况不改变,全球化很有可能会发生历史性的倒退。这绝不是危言耸听。发展较为均衡,全球较为和谐,这是全球化的生命力之所在。因此,新体制的方向就是减少不平衡、不和谐的因素,不断增加均衡、和谐的因素,这样的全球化就可能避免大起大落、大恶大怨,建立起一个真正属于全人类的全球化。

第八节　建立公正合理的全球政治新体制和新秩序的直通车设想

综上所述的新机制和新秩序究竟是一个什么样的新机制和新秩序呢? 我的初步设想是:

1. 建立公正合理、合作共赢的全球政治经济新体制和新秩序。

2. 这个新体制的组织形式可以设计为"全球合作组织"以及多种全球合作组织构成,包含了所有的政治行为体,而不仅仅是个国家。

3. 联合国肯定不是这个新体制和新秩序的组织形式,因为它仅仅是国家的联合,一种政治行为体的联合。

4. 但联合国可以作为一个过渡形式,通过改革,逐渐过渡到"全球合作组织"。可以是直通车,不必另起炉灶。

5. 新机制和新秩序的核心是一个多边主义的共同化和共同体,绝不可能是某个或某些国家操纵的工具。因此,我们反对"全球民主同盟",更反对以这种方式另起炉灶来取代联合国。

一、改革联合国的直通车设想

(一)联合国改革的必然趋势

由于国际形势变化和联合国自身发展的需要,联合国改革势在必行。在改革问题上始终存在着激进主义和渐进主义两种不同的观点,但占主导的依然是后者,即在现行《联合国宪章》的框架内进行改革。联合国改革的范围十分广泛,当前广大会员国最关注的是安理会改革。由于安理会的改革,特别是增加常任理事国,不是简单的数量变化,而是权力结构的变化,实质上是一种权力的再分配。科索沃战争后,真正威胁联合国命运的是在21世纪内联合国将长期面临着建立一个什么样的国际新秩序的问题,即两种新秩序观之间的激烈斗争。联合国未来发展趋势将具有几个特点:(1)联合国将继续由大国占主导地位,并在相当程度上继续是实现大国利益的工具,同时也将继续是协调国际关系的中心。(2)联合国的中心任务仍将是继续维护和平与安全,但正在发生两大变化:一是安全概念的变化,把国内问题纳入国际和平与安全的范畴;二是扩大安理会的职能。(3)发展问题将更加受到会员国特别是广大发展中国家的重视。(4)在未来的联合国内国家无疑将仍然占主导地位,但不再是联合国和国际事务中唯一的行为主体,非国家行为者将起到越来越大的作用。(5)联合国将渐渐从原先主要是为了维护国际和平与安全的国际政治组织向着为建立规制社会、担负治理全球任务的国际组织演进。

冷战结束已达10年之久,雅尔塔体制早已瓦解,联合国今天面临的国际形势与1945年旧金山会议通过《联合国宪章》(以下简称《宪章》)时的情况已大不相同。半个多世纪以来,联合国的队伍不断壮大,已从成立时的51个会员国增加到了188个,发展中国家已成为这个最有权威的政府间国际组织中最大的队伍和中坚力量,《宪章》中敌国条款所指的那些二战中的"敌国"德、意、日等都早已成了联合国的成员。尤其重要的是,当今世界出现了政治多极化和经济全球化两大趋势,给联合国提出了许多新问题和新任务:不仅国家间的冲突和地区冲突仍然时有发生,而且冷战时期被掩盖着的民族和种族矛盾、宗教矛盾、领土纠纷越来越突出,发生在国家内部的武装冲突连续不断;经济全球化使南北贫富差距进一步扩大;从1997年起始于东亚的金融危机几乎损及所有发展中国家和俄罗斯等转型国家。所有这些都是联合国在新世纪内将面临的新的严重挑战。然而,联合国目前的机制基本上依然是二战结束时确立的那样,显然不能适应应对这些新的挑战的需要。因此,自冷战结束以来,国际社会要求改革联合国现行机制的呼声日益高涨。这不仅关系到联合国能否在新世纪内为建设一个更加美好的世界发挥更大作用,而且是关系到联合国前途的大问题。

(二)改革的两种主张和选择

改革联合国现行机制既是时代的要求,也是国际社会的共同呼声。但是,由于联合国改革关系到联合国全体会员国的权益乃至未来世界格局和秩序的根本问题,因此,在联合国内以及各国政治家和学者中,在如何改革、改革的目的和目标以及改革的深度和广度等问题上,始终存在着两种不同的观点。正是这种深刻的分歧使改革的进程十分艰难和缓慢。

在改革的目的方面,美国等一些西方发达国家主张通过改革使联合国能为它们在全世界推行西方价值观和民主制度服务,也就是要把改革纳入建立美国领导下的或者西方大国主宰下的世界新秩序的轨道。广大发展中国家则希望通过改革摆脱霸权主义和强权政治,使联合国能够真正按照《宪章》的宗旨和原则,为建立一个"和平、平等、公正、合理"的世界新秩序服务。

在改革的深度和广度上存在着激进主义和渐进主义两种不同的观点。持有激进主义观点的也有两派,一派称"继承派"(Soccessionists),他们把联合国看做是与当前全球政治环境越来越不相适应的组织,主张在一个不同于现在占支配地位的国际组织的概念的基础上,对联合国的结构进行激进的改革或改造,要求对现行的《宪章》作根本性的修改,彻底重写这个文件,或者为一个承认人民的重要性的国际社会制定一个全新的宪章,要求重新考虑现有国际多边机构的一些重要原则和价值观。贝特朗认为,"现在的联合国已成为一个彻底的无效组织,完全不符合当今世界的需要",主张"另起炉灶"。斯坦森主张彻底修改《宪章》,而且他已提出了一个新的宪章草案,该草案彻底改变了联合国的现行结构,进一步加强了大国(主要是西方大国)在联合国内的支配地位。普查拉也认为:"除非联合国进行彻底改革,否则冷战后它不会有大的进步。"令人惊讶的是,联合国前秘书长加利近来也加入了这个行列。1995年,在庆祝联合国成立50周年的会议上,他以秘书长的身份讲话时强调改革必须"切合实际",他认为:任何改革必须把理想主义、现实主义、意见一致和历史作用结合起来,并要求大家记住这些原则。可是卸任仅仅两年多,他却首先忘了这些原则,主张"建立第三代国际组织",以取代现在的联合国。属于激进观点的另一派叫"解散派"(Dissolutionists),他们从总体上反对联合国,认为没有像联合国体系这样的国际组织,世界会更好,并主张采取单边主义的国家政策,反对双边主义或多边主义的国家政策。他们认为,若要保留联合国,那么它只能是其会员国特别是大国在国际体系中推行它们的外交政策的工具,反对联合国成为一个独立的政治力量,反对由第三世界国家霸占联合国。这些人可以说是极端分子,在联合国内没有多少市场,但我们从近年来美国对联合国的政策和态度以及北约未经安理会授权擅自决定对南联盟采取军事干预行动中看到了他们的影子。

持渐进改革观点者则认为,过去半个多世纪的实践表明,联合国在某些方面遭受挫折和失败或表现出软弱无能,并非《宪章》所造成,而恰恰是联合国某些决策错误和它的某些会员国特别是某些大国违背了《宪章》的宗旨和原则的结果,因此,主张在现行《宪章》的框架内进行改革。这是联合国绝大多数会员国的主张。联合国前秘书长瓦尔德海姆认为:如果全体会员国不仅在口头上而且在行动上真正都能遵循《宪章》的宗旨和原则,联合国就能够更好地去实现《宪章》的理想。俄罗斯也持同样的观点,认为联合国改革"主要的是不要打破联合国的结构,不修改其宪章,不削弱安理会在维护和平与安全方面的潜力"。属这一观点中的一部分人承认现在的联合国体制有缺陷,但强调现行联合国结构和《宪章》框架基本上是好的,主要是必须改革联合国各机构的职能,提高其效率,在改革进程中要避免出现组织上的不稳定。另一部分人把现行《宪章》看成是一个有机的文件,主张在承认保持这个文件的文字精神的同时,考虑改善联合国的组织,增加新的任务和目标,使之能在一定程度上适应变化了的现实世界。他们认为,联合国组织的行为方式需要改变,但不能改变联合国的价值观和宗旨。

但是,改革势在必行,不改革是不可能的。事实上,联合国的改革并非始于冷战结束以后。早在 20 世纪 50 年代就提出了改革的要求和倡议。几十年来,在联合国内外关于联合国改革的讨论从来没有停止过。可见这是一个长期的过程。联合国改革涉及各大国、各地区不同国家和集团的利益,关系到在联合国内建立何种新的力量平衡以及联合国今后的发展方向问题,最终将影响世界的前途。因此,即便是在现行框架内进行渐进式的改革,也必然充满着激烈的争论甚至尖锐的斗争,不可能是一帆风顺的。从这些年联合国改革的艰难历程来看,从绝大多数会员国的愿望和要求来看,联合国的改革只能是在现行框架和《宪章》的基础上进行。激进主义的改革是不可取的,任何抛弃联合国的主张都是危险的。

(三)安理会改革是重中之重

联合国改革涉及的面很广,有联合国行政领域的改革,如秘书处的改革,有政治领域和结构性的改革,如安全理事会(简称"安理会")的改革,经济和社会理事会(简称"经社理事会")的改革,《宪章》的修改,财政制度的改革等。自联合国前秘书长安南 1997 年提出了名为《革新联合国》的一揽子改革计划以来,迄今行政领域的改革进展顺利,已经得到落实的有设立联合国常务副秘书长、成立高级领导小组、削减预算、裁减人员、合并职能重叠的机构、减少行政支出、减少和缩短秘书处文件等。但政治领域和结构性的改革,尤其是其核心部门——安理会的改革依然步履维艰。

安理会是联合国六个主要机构之一,规模最小,但权力最大。按照《宪章》第 24 条规定,全体会员国"将维持国际和平及安全之主要责任,授予安理会",

并且只有它作出的决议具有强制性,联合国全体会员国都有义务接受并执行,其他五个机构的决议均是建议性的,无约束力。在安理会内占有常任理事国席位,表明这个国家有能力对维护国际和平与安全担负主要责任,发挥重大作用,对国际事务较之其他会员国具有更大的发言权。因此,安理会的改革,特别是增加常任理事国,不是简单的数量变化,而是权力结构的变化,实质上是一种权力的再分配,整个改革的过程是一场争夺大国地位的斗争。前秘书长安南清楚地知道这是联合国改革中最棘手的问题。因此,他在 1997 年的一揽子改革方案中干脆避而不提安理会改革问题。

1945 年联合国成立时,安理会由 11 个成员组成(5 个拥有否决权的常任理事国和 6 个无否决权的非常任理事国),占当时会员国总数(51 个)的 20%。为适应大批新独立的亚非拉国家加入联合国的新形势,经过多年酝酿,于 1965 年将非常任理事国从 6 个增加到 10 个,常任理事国保持原来的 5 个不变,这样安理会成员总数为 15 个,一直保持到现在。但是,现在联合国的会员国已增加到了 188 个,15 个安理会成员只占会员国总数的 7.9%,显然已不能反映发展壮大后的联合国的现实,说明安理会的代表性已大大下降,必须予以扩大,这是没有争议的。

292

从 1992 年开始,联合国正式酝酿安理会改革,1993 年根据联大有关决议成立改革小组,广泛听取各国意见和建议。从那以后,每年的联大都要对这个问题进行激烈辩论。几年来,争论的焦点集中在安理会扩大的原则和担任常任理事国的条件两大问题上。广大发展中国家主张安理会的扩大必须遵循两项原则:一是国家不分大小、强弱,一律平等,反对只接纳一二个经济发达的大国作为常任理事国,而把发展中国家排除在外,指出决不能把安理会变成"富国俱乐部";二是接纳新成员要按地域均衡分配。不结盟运动各国外长于 1994 年 10 月在纽约开会,在声明中强调了这两项原则。目前安理会席位分配对欧洲、西方国家有利,它们占有 4 个常任理事国席位和至少 3 个非常任理事国席位,显然是不合理的。但西方发达国家多年来一直反对这两项原则。直到 1997 年夏天,美国才突然一反常态,改变了以往只同意吸收德、日两国担任新常任理事国的立场,宣布它还将同意支持 3 个发展中国家占有常任理事国的席位(亚非拉 3 个地区各占 1 席)。

而挑选常任理事国的条件和标准也是一个争议很大的问题。虽然大家都认为《宪章》第 23 条第 1 款中的有关规定仍然有效,但彼此分歧很大。发达国家强调能否对维护国际和平、安全有贡献,地理分配并非是要考虑的唯一标准;而发展中国家则认为不应过分强调经济和军事实力。那些想争当常任理事国的国家都尽量提出有利于自己的条件和标准,例如,日本强调"担任常任理事国应首先考虑该国在政治、经济和其他方面是否具有全球性的分量",一再声称它"不能只是给联合国支付大笔会费,而在安理会内没有发言权"。近年来,日本还威胁说,如果再不能成为安理会常任理事国,它将削减所缴的会费。印度和尼日利亚则强调人口资源和未来经济潜力的重要性。

关于安理会扩大的方案主要有以下几种。

"24 国方案"。这个方案是由前任联合国大会主席、马来西亚资深外交官拉扎利提出的,故称"拉扎利方案"。其主要内容是:将安理会成员国由目前的 15 个增加到 24 个,其中常任理事国增加 5 个,非常任理事国增加 4 个。新常任理事国从经济发达国家挑选 2 个,即德国和日本,其余 3 个分别由亚非拉 3 个地区推选产生,但 3 个由发展中国家产生的新常任理事国不一定享有否决权。新增加的 4 个非常任理事国由亚非拉和中东欧地区各推选 1 个。许多国家认为这个方案不可行,特别是对新增加的常任理事国分等级的做法有不同意见。

"25 国方案"。这一方案主要由中东欧国家提出,即将安理会成员国增加到 25 个。其中常任和非常任理事国各增加 5 个,在 5 个新常任理事国中 2 个由发达国家担任,另外 3 个分别由亚非拉三大洲各出 1 个。他们强调,在 5 个非常任理事国中必须有 1 个席位给中东欧地区。

"26 国方案"。这个方案是由埃及代表不结盟运动提出的,主张非洲至少要占有两个常任理事国席位,由非洲国家轮流担任,同时要求新增加的常任和非常任理事国必须与现有的常任和非常任理事国享有同等权力,即拥有否决权。这一方案得到广大非洲国家以及非洲统一组织和伊斯兰会议组织的赞同和支持。

"20~21 国方案"。这个方案是由美国等国家提出并得到英国等欧盟许多国家和北欧国家的同意。其主要内容是将安理会成员国增加到 20 个或 21 个。所增国家均为常任理事国,但不一定享有否决权,否决权问题留待以后再讨论解决。在新增加的 5 个常任理事国中有两个必须来自经济发达国家,即日本和德国,其余 3 个可由亚非拉三个地区自行推选。若非洲地区还要求增加 1 个,也可同意,但总数不得超过 21 个。按这个方案,大多数发展中国家和中小国家担任非常任理事国的机会并未增加,因此也颇有异议。

上述诸方案反映了各会员国或地区集团各自不同的利益考虑,因而,在讨论和磋商中各自坚持己见,针锋相对,迄今未能就其中任何一个方案达成妥协或一致。因此,不结盟运动又提出了一个方案,即如会员国不能就扩大安理会常任

293

事国问题达成一致,可暂时把这个问题搁置起来,先完成增加非常任理事国。这一方案得到意大利、巴基斯坦、墨西哥等国的支持,但遭到急于成为安理会常任理事国的德国和日本以及支持它们的美国等国的反对。

五大国对安理会扩大问题的态度各不相同,但有一点是共同的,那就是要保持自己在安理会的地位不变并主张新增常任理事国不一定享有否决权。美国一方面希望德国和日本尽早成为常任理事国,既可增强西方发达国家在安理会内的实力,又可减轻它在联合国的财政负担;另一方面,又担心发展中国家增加在安理会中的影响力,也担心德、日将来利用常任理事国的地位不买它的账,这就是美国方案中提出新增常任理事国"不一定享有否决权"的根本原因。英、法两国虽然公开支持德国成为常任理事国,但内心也并不很愿意,因为德国一旦成为常任理事国,必然削弱它们两国在安理会和整个联合国内的影响力。俄罗斯尽管口头分别答应支持德、日成为常任理事国,但是它的总理、外长和驻联合国大使在联合国内却多次表示俄罗斯原则上反对扩大安理会。中国认为,随着国际形势的变化和联合国本身的发展,支持联合国改革和安理会扩大,但强调必须在充分协商和得到广泛同意的基础上进行,并应遵循地域均衡分配原则,反对仓促行事。对于那些《宪章》中被确定为"敌国"的国家,除应遵循广大发展中国家提出的一些基本原则外,还应看它们对发动两次大战的侵略行为认罪的态度。若这类国家迄今拒绝承认它们的罪行,一旦成为常任理事国,将对未来国际秩序以及和平与安全带来严重后患。

日、德两国早在 1994 年就申请争当安理会常任理事国。按它们的经济实力,担任常任理事国是没有疑问的。但安理会不是一个经济发展机构,它肩负着维持世界和平与安全的重任,因此,对常任理事国应主要看其能否担任维护和平与安全的责任。20 世纪,日、德两国在两次世界大战中给人类带来了无穷灾难。虽然它们早已成为联合国的会员国,但它们在 21 世纪的政治发展方向尚难确定。日本迄今依然拒绝承认侵略罪行,而且近年来民族主义和右翼势力不断上升,并大肆扩张军事实力,不能不使东亚国家特别是那些饱受日本侵略的国家深为担忧,因而对日本成为安理会常任理事国持反对或保留态度是理所当然的。德国虽然对二战认罪较彻底,但它毕竟是两次世界大战的主要策动者,特别是这次施罗德领导的德国又积极参与北约对南斯拉夫的侵略性轰炸,这是二战结束以来德国第一次出兵到国外参战,已引起西欧其他一些国家的担忧,连德国前总理施密特对德国参与北约空袭南斯拉夫也提出了批评。因此,曾在二战中是德国的盟国的意大利带头反对和设法阻止德国成为安理会常任理事国,它先是提出反对增加常任理事国,接着又提出以欧盟名义担任常任理事国,1998年联大期间它又策动28个中小国家提出了一个共同提案,规定任何有关安理会扩大的措施必须获得联合国2/3会员国的通过方可实施,其目的是显而易见的。该提案已于1999年1月23日在第53届联大获得通过,成为一项正式决议。迄今还没有一种方案能被2/3的会员国所接受。

在安理会改革的时间问题上也存在尖锐分歧。美国认为应该尽快作出决定,不能无休止地争论和拖延下去。德国也要求尽快通过决议,主张通过大会投票,以出席国和投票国的简单多数通过决议,尽快确定安理会改革的"框架方案"。德国的这一主张得到美国和巴西的支持,但遭到中国、俄罗斯、印尼、马来西亚、埃及、阿尔及利亚等国的反对。他们认为,安理会改革涉及各国重大利益,不能急于求成,必须由全体会员国进行充分和广泛的讨论,并尽可能争取协商一致。

基于上述情况,安理会改革在20世纪乃至21世纪初不太可能有重大突破,但终究不能拖得太久,在21世纪第一个10年内可望获得解决,因为到那时各国特别是大国在新世纪上半叶内的地位和发展趋势可望大致明朗,大国之间力量对比及其相互关系的发展趋势也更加清楚了。

(四)改革的前途命运

联合国在改革进程中进入21世纪。在新世纪内,联合国将变成什么样子,向什么方向发展,这是世界各国政府和人民普遍关心的重大问题。

联合国的未来在很大程度上取决于大国对联合国的态度,特别是美国作为唯一超级大国对联合国的态度。冷战结束以后,美国对联合国的态度一度十分积极。克林顿上台后,还曾经提出要把参与联合国维和行动的美国部队交给联合国统一指挥。那是因为当时美国认为,美国作为冷战后唯一的超级大国,在联合国内已没有一个像过去苏联那样能够与它抗衡的力量,可以较为自由地利用联合国为它的战略利益服务。但是,自从美国策动的联合国在索马里的维和行动遭到失败后,美国就开始改变对联合国的态度。它不仅不再积极策动或支持联合国的维和行动,而且从1995年起,在未经联合国同意的情况下,单方面决定将美国应承担的联合国维和费用份额从31.7%削减到25%,还要求把它承担的联合国经常费用份额减到20%以下,并且故意扣缴会费,致使联合国连年处于极端困难状况,维和行动和促进发展的项目不得不一减再减。自1998年初美国企图再次利用联合国对伊拉克动武遭到失败后,美国对联合国的态度更加消极。美国《基督教科学箴言报》1998年7月间的一篇文章明确认为:美国的基本观点是联合国的时代已经过去了。它现在宁可把资源用于北约和世界贸易组织上。

果然,1998年10月间,美国利用北约未经联合国安理会授权擅自作出对南斯拉夫进行空中打击的决定,并于1999年3月24日开始将这一决定付诸实施,对一个主权国家进行狂轰滥炸。美国还提出了21世纪北约使命"全球化"的战略新概念,将该地区组织的战略从"集体自卫"转变成"保卫共同利益和共同价值观",其军事行动可超出北约成员国的防区,对付来自任何地区的大规模杀伤性武器的扩散、恐怖活动、民族和地区冲突等一切被认为可能危及北约安全的威胁,而且北约的军事行动无须取得联合国安理会授权。科索沃是被当做这个新战略的试验场。毫无疑问,美国策划的北约"全球化"新战略和北约对南斯拉夫的狂轰滥炸严重削弱了联合国的权威和作用。

因此,近来国内外都有一些人提出联合国会不会重蹈国联的覆辙?我认为,虽然在新世纪内联合国面临着一个向何处去的问题,但在可预见的将来它是不会消亡的。这是因为全球化的进程还需要联合国:第一,美国还需要联合国。今天美国对联合国的政策是实用主义的,能利用时还是要尽量利用,因为那样可为它的霸权行径披上合法的外衣,而且正如克林顿所认为,联合国能使我们(美国)以较少的钱做较多的事。一旦美国的计划和主张在联合国内受阻,它就撇开联合国,利用北约或纠集部分盟国来实现它称霸世界的全球战略。对于那些与美国全球战略利益不太密切的地区和冲突的维和行动,美国并不愿直接插手,仍将让联合国去办。克林顿在1999年联大的讲话中认为:我们不能做每一个地方的每一件事情。第二,广大发展中国家需要联合国。联合国是当今世界上唯一代表性最广泛、最有权威的政府间国际组织,《联合国宪章》已被公认为现代国际法的基础和处理国家间关系的基本准则。因此,联合国是发展中国家维护独立、主权和国家权益的唯一可依靠的国际组织。第三,欧洲国家从这次科索沃战争中得到了教训。为了防止美国主宰一切国际事务,法、德等国代表在1999年联大发言中强调,今后处理类似科索沃的问题仍应在联合国范围内解决,发挥联合国的作用。第四,联合国与国联不同。当年国联的宗旨和任务只是维护和平,而联合国有三项任务,除维护和平与安全外,还有促进经济和社会发展以及"增进并激励对于全体人类之人权及其基本自由之尊重"的任务。在经济全球化加速发展,南北贫富差距不断扩大的情况下,联合国对全人类共同关注的问题具有不可推卸的责任。第五,人类正面临着大量日益严重的全球性问题,这些问题非任何一个国家能够单独解决,必须依靠国际社会的合作和共同努力,至少从目前来看,这个使命只能由联合国来承担。

因此,真正威胁联合国命运的不是存亡问题,而是在21世纪内联合国将长期面临着建立一个什么样的全球新体制和新秩序的问题。1999年4月25日北约华盛顿首脑会议通过的战略新概念以及北约在没有联合国授权的情况下对非北约成员的主权国家南斯拉夫进行军事干预表明,二次大战结束后建立的由以美、中、苏(俄)、英、法5个安理会常任理事国为核心的联合国主导国际和平与安全事务的国际格局和秩序遭到严重破坏。现在实际上存在两种对立的新秩序观,一种是以美国为主导的或以美国为首的少数西方发达国家为主导的新秩序观,在这种所谓的新秩序下强化霸权主义和强权政治,推行西方价值观,使之一统天下。另一种是在和平共处五项原则和《联合国宪章》的宗旨和原则的基础上建立大小国家一律平等、公正、合理的新秩序观。当前在联合国范围内,以下几个问题是斗争的焦点。

1. 维护和平与安全是否仍然是像《联合国宪章》所规定的那样由联合国特别是安理会担负首要责任,还是像克林顿在1999年联大发言中所认为的"联合国不是维持和平的唯一途径"?

2. 北约之类的地区组织与联合国之间是继续遵守《联合国宪章》中规定的那种从属关系,即"如无安全理事会之授权,不得依区域办法或由区域机关采取任何行动",还是像北约在科索沃所做的那样可以擅自行动或者将八国集团之类的组织置于安理会之上?

3. 国家在联合国中的地位遇到挑战。由于非国家行为体(非政府组织、跨国公司等)在国际事务中的作用和地位迅速上升,国家不再是国际事务中唯一的行为主体。

4. 人权是继续像《联合国宪章》所规定的三项任务之一,还是像联合国前秘书长安南所认为的是联合国的首要任务:人权高于主权以及关于人道主义干预之争将长期在联合国内外展开激烈的争论。

5. 由于科索沃战争以及印巴相继进行核试验和美国决定研制和部署国家和战区导弹防御系统,一场新的包括核武器在内的军备竞赛,实际上已经开始,使国际裁军和联合国裁军机制面临严峻挑战和考验。

6. 经济全球化导致南北差距扩大,负面作用越来越明显。联合国如何引导全球化向正确方向发展? 联合国在促进发展、帮助解决发展中国家的贫困问题上究竟能发挥多大作用?

(五)未来发展的主要特点和需要解决的关键问题

各国主要是西方国家的政治家和学者们正在为联合国的未来设计一幅新的蓝图。由于涉及各国的权益,他们的一系列设想很难一下子就变成现实,特别是很难导致彻底改变现行《联合国宪章》和联合国的结构。但是,他们将利用自己政治、经济、军事和舆论的优势,逐步把他们的主张引入联合国,使其一步一步地朝着符合以美国为首的西方国家的战略目标和战略利益的方向演进,正像冷战结束以来他们已逐步把监督一国选举、监测国家内部人权状况、干预内部冲突和设立处理内战责任的战争罪犯法庭、建立国际刑事犯罪法院等引入联合国所做的那样。从目前的趋势看,联合国未来的发展将有以下几个特点。

1. 联合国将继续由大国占主导地位,并在相当程度上继续是实现大国利益的工具,同时也将继续是协调国际关系的中心。但是,冷战结束后,联合国内的大国关系的格局发生了根本性的变化。随着苏联解体和两极格局的终结,联合国内各种力量之间失去平衡,发展中国家在分化重组,不结盟运动作用明显下降,两极格局时以美、苏两个超级大国为主导已被以美国为首的西方大国为主导所代替。虽然未来的世界将是一超(美国)、多强(中国、俄罗斯、欧盟和日本,也许还有印度)的格局,但因俄罗斯要重新崛起至少还需要 10 ~ 15 年时间,未来的发展方向还是一个不确定的未知数;中国仍将在很长时间内是一个发展中国家;第三世界作为一个整体的力量虽然仍然是反对霸权主义和强权政治的主要力量,但已远不如 20 世纪 70 年代至 80 年代中期的状况,因此,在未来一个相当长的时间内,联合国事务基本上将被以美国为首的西方大国所左右,霸权主义和强权政治仍将严重影响联合国的活动,甚至还有呈上升的趋势。从这个意义上说,联合国的作用和权威已经并在今后一个相当长时间内可能被削弱。联合国在冷战结束前后二三年内曾经有过的辉煌时期将很难再现。

2. 按照现行《宪章》,联合国的中心任务仍将继续是维护和平与安全,但有两个方面正在发生变化:首先是安全概念的变化。一是把国内问题纳入国际和平与安全的范畴。按照联合国创始人的思想和《宪章》的精神,联合国处理的是国家间或地区和全球性冲突所造成的国际和平与安全问题。但是,冷战结束以来,西方国家极力鼓吹一个国家的内部冲突"理所当然地涉及国际安全的问题",为干预主权国家内部事务制造理论依据。尽管近几年联合国干预内部冲突一再遭到挫折和失败,也受到国际社会特别是许多发展中国家的批评和反对,但以美国为首的西方国家依然执意要推行它们的主张,并一步步地逼迫联合国朝这个方向走,一旦遇到中国和俄罗斯等安理会常任理事国的反对时,它们就干脆避开联合国,擅自进行干预,就像它们在科索沃所做的那样。二是扩大安全概念的内涵。在由瑞典前首相卡尔松和英联邦前秘书长兰法尔领导的"全球治理委员会"于 1995 年初,递交给联合国秘书长的一份关于联合国未来作用及其改革的研究报告中提出了三种安全概念,即集体安全、普遍安全和人民安全,把国际的、国内的和个人的安全统筹纳入联合国的治理范围,实质也是在干涉各国国内事务,并对这三种不同的安全概念提出了三个不同的处理方式。集体安全建立在军事力量的基础上,采用政治的、经济的和军事的强制性手段;普遍安全则通过相互合作建立信任措施、增加军事透明度、逐步裁减军备和军队数量、把军事工业转为民用生产和非军事化等方式来实现;人民安全是指由于饥饿、疾病、(政治)压制和违反人权等所造成的对个人安全的威胁,主张在联合国内设立人民请愿委员会,审理任何个人的申诉。近来,西方又在鼓吹建立所谓国际人权法庭,专门审判各国侵犯人权特别是种族清洗的主谋者。其次是安理会职能的扩大。近几年已经出现了这个趋势,如频繁使用强制性措施,加强预防性外交,将维和行动扩大到监督国家选举、建立"禁飞区"和"安全区",实施所谓的"人道主义干预",介入主权国家的内部事务等,并将防止核扩散、反对恐怖主义和划定国际边界等问题也拿到安理会讨论决定。西方国家还力图把人权纳入安理会的议程,虽然遭到中国等国家的反对,但它们至今仍未死心。

3. 发展问题将更加受到会员国特别是广大发展中国家的重视。这是联合国在迎接 21 世纪挑战中必须解决的根本问题。早在 1991 年,联合国前秘书长德奎利亚尔在他离任前的最后一个《联合国工作报告》中指出,对待发展问题"需要像处理政治危机一样急如星火予以解决"。1994 年 9 月,加利向第 49 届联大递交的《联合国工作报告》中也强调:"随着联合国准备步入它的第二个 50 年,经济和社会发展将是它的首要任务。"他还提出了一个《发展纲领》,获得联合国大会通过。联合国前秘书长安南在 1997 年的改革方案中再次强调,今后要把促进发展中国家的可持续发展作为联合国的"中心优先任务",也提出了若干具体措施。而后,安南在 1998 年 9 月向第 53 届联大递交的《联合国工作报告》中进一步强调认为:在一个 1/5 的人口仍然靠一天 1 美元的菲薄收入维持生计、1/3 的非洲人的预期寿命不超过 40 岁、发展中国家中近 40% 的妇女是文盲、超过半数的南亚儿童在 5 岁时体重低于平均标准的世界里,发展问题的重要性仍然位居首位。从最近的趋势来看,联合国维持和平的重要性在下降,但联合国在发展中的作用可能得到一定程度的加强。一些全球性问题,如环境问题、跨国犯罪问题、恐怖主义问题、贩卖毒品、人口问题、老龄化问题、妇女问题,等等,将受到更多的重视。

但是,要真正发挥联合国在促进经济和社会发展中的主导作用,必须解决三个关键问题。

第一,改革现在的联合国经社理事会,提高它的权威性。目前的经社理事会通常由各国驻联合国代表团的参赞或公使级官员参加,有时由大使参加,从来没有部长级官员参加。因此,经社理事会通过的决议缺乏应有的权威性。更主要的是,按现行《宪章》,经社理事会的决议对会员国没有法律上的约束力,即使是联合国大会通过的《发展纲领》以及许多有关决议,真正得到实施和贯彻的寥寥无几。其原因是经社理事会没有安全理事会那样的权力。因此,这些年来,一些国际组织和专家团体纷纷建议成立“经济安全理事会”或“经济理事会”。前者是由“全球治理委员会”提出的,主张“经济安全理事会应成为联合国大家庭中的一个单独实体,结构像安理会,并独立于安理会”。它的任务是:“不断评估世界经济的全面态势和重大政策领域的相互影响;提供一个长期战略政策框架,促进全球经济稳定、平衡和持续发展;使主要国际组织间,特别是布雷顿森林组织和世界贸易组织间保持一致;给予政治领导,并促进对国际经济问题的认识。”后者是受前秘书长加利委托并由美国福特基金会主持的联合国未来独立研究专家组提出的,他们建议将现在的经社理事会分成“经济理事会”和“社会理事会”两个机构。经济理事会将统一协调联合国所有负责处理经济问题的专门机构、国际机构、开发计划署和办事处的工作,促进各会员国的财政、金融和贸易政策的和谐发展,鼓励在技术转让、资源开发、债务处理、商品市场作用等方面开展国际合作。该理事会可由 23 个成员组成,按轮流担任的原则由联合国大会选举产生,但要考虑到地区的代表性、人口以及各种不同规模的国家经济之间的平衡。按上述两种方案,联合国在发展中的地位将有所加强,但因涉及修改《联合国宪章》,一时难以解决,而且其中任何一个方案都没有规定“经济安全理事会”或“经济理事会”的决议和决定具有约束力。因此,比较现实的改革建议是提高现有经社理事会会议参加者的级别,扩大它的权力。例如,经社理事会的例会应至少由大使级官员参加,每年召开一至两次经济部长级的会议,而部长级会议通过的决议或决定应具有一定的约束力,各会员国均应遵守和执行。正如迈克尔·哈特和安东尼奥·奈格里在《帝国》一书中所指出的,实际上,我们可以把联合国看成整个构造过程的顶点,处在顶点上的联合国既暴露出国际秩序观的局限性,又把人们的目光引向更远处,引向一种全球秩序观。因此,就联合国和国际秩序而言,我们的兴趣之所在是把它们视为促成向适当的全球体系转变的历史杠杆,而不是把它们自身视为目的。

第二,由联合国主导制定新的国际经济规则。现行的国际经济和贸易规则都是由西方国家为主制定的,基本上代表了它们的利益,较少考虑占世界人口绝大多数的发展中国家的利益。正如前秘书长安南所强调的那样："只有像联合国这样的全球性组织才有制定要想使所有人受惠于全球化所必须的原则、标准和规则的能力和合法性。"

第三,调整联合国与世界银行、国际货币基金组织和世界贸易组织三个世界性经济、金融组织的关系。迄今这三大组织名义上属联合国系统,但是,实际上联合国对其没有任何实质性的领导关系。按当初制定的协议,联合国无权干预这三大组织的任何活动,连提出建议的权利都没有,它们完全被控制和操纵在少数西方发达国家的手里。因此,从 20 世纪 70 年代以来,广大发展中国家一直要求改变这种不合理的状况,但遭到发达国家的反对和拒绝。若联合国对这三大组织不能行使领导或指导的权利,那么它要在发展领域发挥领导作用或主导作用,只能是一句空话。

4. 联合国是主权国家组成的政府间国际组织。在未来的联合国内,国家无疑将仍然占主导地位,但不再是联合国和国际事务中唯一的行为主体,非国家行为者将起着越来越大的作用。首先是非政府组织的作用将增大。联合国与非政府国际组织的关系在《联合国宪章》第 71 条中早有明确规定,仅限于联合国经社理事会与非政府组织之间的磋商关系,并于 1968 年 5 月 23 日经社理事会的会议上通过了与非政府组织磋商安排的第 1296 号决议,按该决议规定,它们没有表决权,不得参与起草决议等决策活动。但是,冷战结束以来,非政府国际组织迅速发展,现在全世界约有 3 万个非政府国际组织,如今已与联合国建立正式关系的非政府组织有 1581 个。他们与联合国的关系已从参与经社理事会部分会议扩大到组织非政府组织论坛,与联合国召开的国际会议并行举行,实际已成为联合国会议的一部分。这是从 1992 年在(巴西)里约召开的世界环境与发展会议上开始的。从那以后,开罗的世界人口会议、哥本哈根的社会发展会议和北京的世界妇女大会都是如此,而且非政府组织论坛的规模一个比一个大。活动内容已从经济社会领域扩大到裁军、维和行动、人权等领域,并要求参与决策过程以及与安理会建立磋商关系。更有甚者,近两年,联合国先后召开的关于禁止地雷会议和建立国际刑事犯罪法庭的会议,都是由非政府组织首先策动的,并都通过了决议。看来这个势头还在继续发展。联合国前秘书长加利 1996 年 6 月在旧金山的一次讲话中认为:非政府组织是当今世界上一种"人民代表制的基本形式",联合国将提高和加深同非政府组织的关系;并将其活动纳入联合国日常工作中来。前秘书长安南在 1997 年提出的改革方案中,强调要发挥非政府组织和其他非国家行为者(包括学术界人士、工会、私营企业、青年和基金会等)在联合国事务中的作用,并在组织上予以落实,规定联合国所有实质性部门将派一名非政府组织联络干事,将与主要商业组织作出安排,以便建立更好的机制,供商业界代表和联合国之间持续对话。加利在一次答记者问中说,我坚信,二三十年以后,公民社会将参与国际法规(不管是关于环境问题的法规还是关于政治避难等等法规)的制定。

5. 联合国将渐渐从原先主要是为了维护国际和平与安全的国际政治组织向着为建立规制社会、担负治理全球任务的国际组织演进。事实上,联合国从成立时起就开始发挥这方面的作用。《联合国宪章》从生效之日起就成为指导国际关系的基本准则,也是新的国际法的基础。50 多年来,联合国总共制定(或参与修订)和通过了 300 多个条约和公约,从核武器控制到人权问题,从外空利用到海底开发等各个方面均已涉及。在经济领域内,关贸总协定乌拉圭回合谈判通过的协议就是今后国际贸易的行为规则。国际秩序是在尊重国家主权原则的基础上建立起来的。不管目前的国际规则如何偏向西方发达国家的利益和如何不合理,任何一个国家都必须按"国际游戏规则"行事,才能保证国际秩序,联合国在可预见的未来不可能成为世界政府,但它将通过制定一系列国际行为规则,使国际关系体制化。在一个日益紧密地相互依存、经济全球化加速发展的世界里,这是联合国不可回避的历史使命。

二、一个另起炉灶的计划及批评

(一)民主同盟的样本

2006 年 9 月,美国普林斯顿大学伍德罗·威尔逊公共与国际事务学院发表了一份题为《锻造法治下的自由世界》的研究报告,提出美国面向 21 世纪的国家安全战略构想。报告最引人注目的一点就是用"民主同盟"来取代联合国。

普林斯顿报告是名为"普林斯顿国家安全项目"的最终成果,研究工作历时两年多,有 408 位专家参与,由克林顿政府的国家安全顾问安东尼·雷克和里根政府的国务卿乔治·舒尔茨担任项目的共同主席。参加研究工作的既有亲共和党的,也有亲民主党的;既有自由派的,也有保守派的。基辛格、布热津斯基、约瑟夫·奈、理查德·哈斯、基欧汉、福山等前政要、著名战略家和国际关系理论家都是项目参加者,此外还有进攻性现实主义的代表人物米尔斯汉默、新保守主义代表人物威廉·克里斯托尔和罗伯特·卡根。项目主席安东尼·雷克是克林顿时期美国国家安全战略——"参与和扩展战略"的主要制定者。从人员构成来看,该研究项目很有代表性,容纳了美国主要战略思想流派的思想观点,项目报告是一份很有价值的成果,将对美国政府的决策产生重大影响,很有可能被未来的美国政府采纳。

研究报告的正标题是"锻造法治下的自由世界",副标题为"美国21世纪的国家安全"。报告正文长达60页,主要有两大部分。第一部分讲21世纪美国应该有一个什么样的国家安全战略。第二部分讲美国在21世纪所面临的主要威胁。

在序言中,作者将该报告与乔治·凯南的"X文件"相比。1948年,凯南在他的报告中提出了著名的"遏制战略",指导了美国整个冷战时期的安全与外交政策。普林斯顿报告认为,冷战后美国所面临的安全形势已经发生了很大变化。和冷战时期不同,今天的美国已经不存在像苏联共产主义那样单一的外在威胁。当今的世界已经发生了深刻的变化,美国必须应对的就有:新兴大国崛起、正在缩小的能源市场、日益增长的反美主义和已经全球化的经济。美国面临着一系列威胁,包括中东的不稳定、伊斯兰极端主义、全球恐怖主义网络、核武器扩散、传染病的散播、全球变暖。面对这样复杂的国际局势和如此多的威胁,美国缺少一个明晰的、能得到两党支持的安全战略原则表述。布什政府虽然出台了两份国家安全战略报告,国会中的民主党集团以及许多思想库也都提交过一些国家安全报告并提出了一些原则,但是却没有整合起来。普林斯顿项目就是要仿效凯南,为21世纪的美国国家安全战略确立一个宏观的、具有长远指导意义的框架。

(二)取代联合国的民主同盟方案

报告第一部分"21世纪的国家安全战略"有三节,分别是"目标"、"成功战略的标准"和"法治下的自由世界"。

报告指出:美国国家安全战略的基本目标是"保卫美国人民和美国人的生活方式"。在这个总目标下有三个具体目标:国土安全、健康的全球经济和良性的国际环境。实现这些目标的途径就是建设"一个法治下的自由世界",即推进民主。报告盛赞:"美国已经寻求在世界推进民主几十年,甚至几个世纪。"报告还肯定:"布什政府最近几年已经认识到,民主的缺失是世界范围邪恶的关键驱动力,布什政府已经将推进民主作为它的国家安全战略的最突出的部分。"

报告提出美国应从三个角度来推进民主。一是在世界范围内支持得民心的、负责任的、公正的政府;二是建立一个自由的国际秩序;三是在国际事务中恰当地使用武力。

关于如何建立一个自由的国际秩序,报告提出了五点措施:改造联合国;建立民主同盟;振兴北大西洋公约组织;治理全球化;建立一个网状的秩序。

报告认为,联合国目前处于危机中,它已不具备应付各种危机的能力,必须对它进行根本性的改造,建设一个新的联合国。改造联合国的一个重要方面就是重组安理会。一方面将印度、巴西、日本等大国吸收进来;另一方面修正安理会常任理事国的否决权,取消要求采取行动事宜上的否决权,只保留具有宣言性质议案上的否决权。但是考虑到改革联合国是一件非常困难的事,美国必须做两手准备,建立一个民主同盟,必要时用民主同盟取代联合国,同时,民主同盟也可以事先被用来对联合国改革施加压力。

民主同盟是全球性的组织,宗旨是加强世界自由民主国家间的合作,为它们能进行有效合作、应对共同的挑战提供一个机构。它还可以作为"民主和平"的制度化身来发挥作用。所有国家都可以加入民主同盟,但是必须以遵守同盟的协议为条件。普林斯顿项目为民主同盟拟定了章程,共八条。主要内容包括:盟员誓不用武力或计划用武力反对其他盟员;盟员承诺定期举行多党、自由、公平的选举;盟员承诺建立独立的司法机构来保证公民人权;盟员国政府有义务保证其公民免遭各种灾难,包括种族屠杀和人民饥荒,当这些政府未尽此种义务时,同盟就有义务干预。

同以往的美国国家安全战略报告相比,普林斯顿报告的一大创意就是建立民主同盟。克林顿时期也强调推进民主,将民主同安全和经济并列为国家安全战略三大支柱;布什第二任期也非常强调民主,将民主与反恐并列为国家安全战略的核心内容。普林斯顿报告则不仅将推进民主提升为国家安全战略的最核心内容和基石,而且还倡议建立民主同盟,使推进民主战略得到机构和制度的保障。实际上,加强民主国家的合作并非普林斯顿项目所首创。早在 2000 年,在美国的推动下就成立了"民主共同体",目前已有 130 多个国家加入,每两到三年举行一次外长级会议。与"民主共同体"(Community of Democracy)比较起来,"民主同盟"在组织上更紧密一些。"民主同盟"的英文对应词"Concert of Democracies"寓意深刻,欧洲在拿破仑战争后曾出现过一个"欧洲同盟"(Concert of Europe),它是欧洲大国协调、合作的机制,对维护 1815～1854 年间欧洲的和平、稳定发挥了很大的作用。从功能上来说,民主同盟肯定要比民主共同体更有制度约束力,更有力量,就像欧洲联盟要比欧洲共同体高一个档次一样。

报告认为,第二次世界大战以后建立的各种国际组织,包括联合国、世界银行、国际货币基金组织和北约等已经临近破产,失去应付这些威胁的能力。必须对所有这些组织进行根本性的改造,使得它们能够适应当代的需要。

报告指出,联合国安理会尤其必须加以重组,把其他一些大国包括在内,如印度、巴西和日本。常任理事国的否决权也应当得以修正。在现在的状态下,五个常任理事国对任何决议案都具有否决权。普林斯顿报告认为这种情况必须得到根本性的改变。报告建议，在那些要求采取行动的事宜上，这种否决权应当取消；而在那些只具有宣言性质的议案上，否决权仍可保留。

报告认为，要改革现存国际组织会是一件非常困难的事情，因为一些大国都会强烈反对以保持自己的否决权。因此，报告建议，如果联合国改革不能进行，而联合国又变得越来越不相关（主要是与美国的相关性），那么就干脆用一个新的国际组织来取代联合国。这个新的组织就是"民主同盟"（Concert of Democracies）。"民主同盟"也可先被用来对联合国的改革施加压力，但如果联合国在压力之下还改革不了，那么就取而代之。

所有国家都可以加入"民主同盟"，但必须以遵守同盟的协议为条件，这些条件包括不会对同盟内的另一个国家使用武力、定期举行自由公平的多党选举、建立独立的司法机构来保证公民人权等等。同盟要求各成员国政府有义务保证其公民免遭各种灾难，包括种族屠杀和人为饥荒。当这些政府未能这样做时，"民主同盟"就有义务干预。

（三）诱导"非民主国家"的接触政策是方案的核心

"民主同盟"是这份报告的核心概念，或者说，"民主同盟"的组织原则就是民主。不难看出，这个概念是整合了欧洲的历史经验和美国的现实需要。欧洲历史上曾经存在过"欧洲同盟"（Concert of Europe）。在 1851 年之后的数十年间，这一同盟在保证欧洲各大国之间的和平与合作方面发挥过很大的作用。

从现实层面来看，在冷战后，美国的国际战略一直处于变化之中，克林顿政府的国际战略以经济主义为主体，而布什政府则以军事主义为主体。对普林斯顿计划的组织者来说，这些战略都没有实现美国国家利益的最大化。"民主同盟"战略可以说力图用民主的概念把各战略的长处综合起来。例如，"民主同盟"既有克林顿政府"接触政策"的成分，要用接触政策来诱导"非民主国家"的政治变化，使这些国家朝着"民主同盟"所希望的方向发展。

对中国，报告不提倡单纯"围堵"的做法，既要鼓励中国成为世界体系的一部分，给中国应当享有的国际空间，但同时也要诱导中国的变迁。另一方面，"民主同盟"也包括了"人权高于主权"的概念。一方面承认主权国家，但如果主权国家不能履行"民主同盟"所界定的义务的时候，国际干预，甚至是武力干预，就有了合法性。

（四）逆历史潮流而动的一种选择

第一，它是美反恐战略发展到"形而上学高度"的产物。到目前为止，美反

305

恐战略已经发展到"自由民主思想"同"伊斯兰法西斯主义"的"意识形态实际大战"的形而上学高度，带动全球政治中的意识形态因素上升。虽然目前美反恐政策推进遭遇内外挫折，但这种以推广"美式民主"维护国家安全的战略思路仍是美国内的绝对共识。以此为出发点，畅想未来的政策出路，可以说是顺理成章的事情。但是这一点是绝对行不通的。因为政治多极化就是不同价值观和不同道路的共同发展。

第二，刻意强调西方资本主义制度的优越性，是对"非西方大国"快速崛起的本能反应。中、俄等非西方大国的快速崛起，是21世纪初期国际政治的最重要特征，世界格局的调整和政治重心的东移正在成为现实。这难免会让原来居于有利地位的国家心态失衡，有关中国和俄罗斯的种种"威胁论"随之产生。大家也许已经注意到"中国威胁论"版本正快速从"经济威胁"、"能源威胁"、"间谍威胁"、"环境威胁"等具体问题发展至"制度威胁"的根本层面；西方国家对俄罗斯的口诛笔伐则锁定在所谓的"帝国野心"和"民主倒退"。但通过"民主同盟"来阻挡政治多极化的趋势是注定要失败的。因为"西方中心论"和"霸主地位"绝不是长命百岁的东西。

第三，西方国家内部政治生态的变化引发"危机意识"。冷战结束后，米尔斯海默等人担心西方可能因价值观的凝结作用被削弱而濒临分裂；反恐战争开始后，罗伯特·卡根等人有关美欧"价值观分歧"的论述更是激起千层浪；继担心"西方文明可能与其他文明冲突"之后，亨廷顿等人又提出，西方国家可能因大量穆斯林人口和其他有色人种的迁入而面临"认同危机"。在这种政治生态下，西方社会内部普遍出现一种危机意识。通过加强民主国家的联系，强化意识形态的作用，维系基于政治价值的自我认同，被广泛视作十分紧迫的任务。但是"文明冲突"必然让位于"文明共存共荣"，看不到这一点，企图让一种文明代替和消灭其他各种文明，企图让全球人类生活在您那一种文明下有可能吗？

第四，在很大程度上，当今世界面临的根本问题，除了不合理的国际政治经济旧秩序，还有人类面临的全新的挑战：原来以主权国家为基本单位的国际秩序，面临着如何反映和容纳非国家行为体意志的问题；运行方式则从实物媒介过渡到虚拟空间；运行目标从平衡发展到和谐。在全球化、地区化并行发展的今天，超越国际收支、贸易平衡等实物层面的零和思维，实现人类共赢，成为必然要求。"9.11"之后，美国为了追求自身的利益，确保美国的绝对安全，或多或少地忽略了全球化出现的重大变化。可以说，美国的利益及其追求这种利益的手段正在与全球化的新问题出现脱节。美国打造的新秩序如果要想立得住，首先必须能够应对全球化出现的新问题。否则,它只能使这个世界更加分裂。因此,未来若干年内是一个由旧秩序向新秩序的过渡阶段,这个阶段将充满动荡与摩擦。除非美国放弃其妄想,回到和平、发展、合作、进步的轨道上来。

由此可见,这些"民主同盟"倡议,与其说是霸权心态的产物,不如说是一种不自信的表现。它是一种面对恐怖威胁的政策失据,面对大国崛起所表现出的心态失衡,以及内部政治变化导致的焦虑不安。它的产生有一定的必然性。但是,这种必然性并不意味着这种本能反应就是正确的。有一点必须清楚,虽然强调全球民主同盟可能会得到国内的部分支持,但强调价值观的对立无法化解恐怖主义背后的仇恨和绝望,以意识形态划界搞非建设性竞争,也会因为违背相互依赖和力量均衡的基本规律而受到大多数国家抵制。因此,全球民主同盟的世界蓝图,注定要在实施过程中遭遇难以逾越的障碍。

第九节　全球的无序混乱转型过渡期

全球正处于从两极走向多极的历史进程之中。由于新的游戏规则尚未形成,新的体制尚在建立之中,新的秩序还没有发挥作用,全球局势充满了变数,有着多种的可能性,在今后相当长的一个时期之内,全球将是一个无序、混乱的转型过渡期。

一、现代战争的新特点:从国家间战争到"人间战争"

第一次伊拉克战争,制造了一个"信息化战争"的神话和恐惧,而第二次伊拉克战争却从根本上摧毁了这个神话和恐惧。在无序和混乱中,全人类才明白,人民战争的汪洋大海,兵民是胜利之本,人民的正义最终能够战胜一切。这些是毛泽东先生早在20世纪30~40年代就阐述的规律,现在依然是全球化走出无序混乱的转型过渡期,走向人人共享、人人自由全面发展的新纪元的亘古不变的真理。这正是我们实现转型过渡的信心之所在。

阿根廷作者法维安·卡列在阿根廷《号角报》的文章《从国家间战争到人之间战争》为我们提供了一个佐证,他写道,面对结束似乎遥遥无期的伊拉克战争,由英国退役军官鲁珀特·史密斯将军撰写的剖析现代战争新特点的著作《武力的运用:现代世界的战争艺术》最近在美国掀起学术和军事讨论热潮。

史密斯有 40 年的从军经历(2002 年退役),战绩辉煌,他曾在 1991 年的海湾战争中担任英国第一装甲师的指挥官,曾经长期驻守北爱尔兰,1995 年他担任萨拉热窝联合国蓝盔部队的指挥官,并在 1999 年科索沃战争期间担任北约部队的副指挥官。史密斯的著作在美国市场上发行之时,已有不少英国高级官员公开评论美国在伊拉克甚至阿富汗问题上犯下的严重错误。史密斯在书中陈述英国军队缺少在伊拉克和阿富汗战场上周旋的必要资源,并提出应该尽早从伊拉克撤军。

美国书评家和著名的国防问题专家埃利奥特·科恩评论说,鲁珀特·史密斯在书中建议对现代军事历史进行一次分析,深入研究国际战争中出现的新模式,他提出了关于现代战争的几个重要观点:第一,战争越来越多地在"人之间"而不是具有前线和后方的传统战场上进行;第二,冲突持续的时间越来越长而且通常没有确切的开始和结束的时间;第三,战斗更多寻求的是保存自己的实力而不是为了达到某个目标全力以赴;第四,旧武器和组织被赋予新的用途,"工业时代"的战争正在失去它的主流地位,我们需要适应新的战争变化和形式;第五,冲突中非国家和非多国组织人员的角色将加重。

英国国际关系问题专家库珀也强调,"人之间的战争"是对当前战争形式变化简单又明确的定义。而"人之间的战争"的关键在于要在"人心"而不仅仅或者主要在"军事力量"上取胜。因此,"改变思维"比压倒和摧毁敌人更重要。战争中要考虑"道德力量",或者说"善"的价值不容小觑。在当今这个民主和人民自治的时代,传统的"军队、国家和人民"三个战争要素中"人民"的角色在加强,而在民主、人权、大众传媒上取得胜利也变得更加困难。

二、新军事变革正在探索变化之中

由于上述相对的国际和平环境,局部战争及形态变化,科学技术的迅猛发展,特别是太空必将成为未来主要的战场,怎样适应总体上和平、局部战争动荡的形势,新军事变革应运而生,正处在一个探索变化的历史进程中。

新军事变革的主要内容及发展趋势:一是新军事技术变革表现为继续深度开发高新技术,特别是信息技术、太空技术,信息化、太空等武器装备将成为主流,从而构成新军事变革的技术支撑。二是新军事装备变革表现在以信息化、太空化武器装备为主的更新模式,甚至出现了新概念武器,使人类社会从冷兵器时代跨向热兵器时代之后,终于走向了信息化和太空化兵器时代。三是新军事理论变革表现在各国在信息战、太空战条件下,无论是战略理论、军队建设、国防建设都出现了一系列的新探索,但是都还没有最终定型。四是新军事组织变革表现在军队由机械化向信息化的全面转型上,各国军队编成模块化、小型化、多功能化和共同化。

就新军事变革对全球化的战略变化而言,主要表现在对全球和平与安全,现代战争的性质和形态、国防与军队建设,多极化趋势都将产生巨大的影响,使其处于深刻的变化之中。首先,信息化、太空化武器的突出,争夺信息、太空优势更加白热化;接触作战、非接触作战灵活易用,战争形态更加多样化;战略性战役的地位作用不断提升,战争呈现战略化;战争演变为体系与体系的对抗,体系化成为新特点。其次军队建设走向数字化、太空化部队、指挥系统由树状结构向网状结构转变,人员素质飞跃提高,结构更加小型、一体和多功能化;特种部队、新兴军种更加突出。最后,这些变革会进一步造成全球战略力量的不平衡,进一步引发一定范围的军事竞赛,进一步促进军事因素在全球事务中的地位提升,对发展中国家、全球和平与安全造成新的威胁。

但是,一切都在变化之中,因为,新军事变革本身带有探索性、过渡性、转型性、不平衡性、艰巨性、复杂性及长期性,有的专家认为,最乐观的估计,这场新军事变革至少要持续50年左右。

目前,围绕着《欧洲常规武器力量条约》废存、美国在欧洲布防性导弹防御系统、俄罗斯提出美俄共用格鲁吉亚雷达站并展示自己新的威慑武器等一系列重大问题,在美俄之间展开了新一轮的以新军事变革为主题的军备竞赛。其结果还有待观察。但其中的原委仍然是围绕着争夺主导世界的霸权而展开的。

三、全球正处在无序混乱的转型过渡期

(一)多极化趋势不可逆转

从全球政治多极化的趋势看,全球正朝着多极化的方向发展,全球相互制衡的因素不断增多,极少数国家或大国集团垄断全球事务,支配其他国家命运的时代一去不复返,多极化将是全球化必然的政治常态。

具体地说,美国虽有超强实力,但已经难以建立单极世界,也难以阻挡全球政治多极化的趋势。多极性的战略力量势力还在上升,地位正在崛起,制衡正在增强,共同反对美国建立单极世界的企图。欧盟共同化进程正在加速,自主意识日渐增强;日本正在加快由经济大国走向政治大国的步伐;俄罗斯正在由转型国家向大国强国的方向前进;中国开始和平崛起已是有目共睹的事实;印度、巴西、

东盟等许多国家和地区在全球和地区事务中的地位和作用日益提高。由于各大战略力量既相互竞争又相互依存,既相互制约又相互借重,多极化的趋势已不可逆转,和平、发展、合作的主题已不容改变。但是,向多极化转变和过渡则是艰巨而漫长的,这是一个无序混乱的转型过渡期,更是一个痛苦的磨合期。全球社会已开始接受这一观念。

(二)究竟是单极稳定还是多极稳定

美国作者戴维·伊洛内修斯发表《新世界的混乱》的文章指出,在伊拉克问题上失败之后,几乎每个人都认为外交政策上的"单边主义"是件坏事。领导再生的多边主义前进的是国务卿赖斯。她一直在同叙利亚、伊朗和几十个其他国家的代表会晤,希望能共同为伊拉克问题提供解决办法。

"邻国"会议在理论上是都看好的合作解决问题的样板。困难的是今天没有人在一个真正的多边体系如何运作方面具有实际经验。你对它考虑得越多,你就会在从单边主义地狱走向多边主义天堂的过程中看到更多的障碍。

核战略专家赫尔曼·卡恩在他 1983 年有关"多极和稳定"的论文中思考了这个问题。他认为冷战时期的两极世界具有内在的稳定性。这两个超级大国了解游戏的规则,并且由于冲突的危险如此巨大,他们懂得约束自己和各自的盟友。

但卡恩曾经指出,一个多极的世界最终也将会是稳定的。他推断说,到2000 年为止,将会出现 7 个经济巨人(美国、日本、苏联、中国、德国、法国和巴西),而且它们将逐步制定出规则。问题在于过渡时期。卡恩警告说,最危险的时候将是从两极世界向多极世界转变的时期。

我们现在就处于过渡的过程中,事实表明这个时期的确像卡恩预言的一样多变。单独一个美国没有能力让世界获得秩序,他们甚至不能在巴格达维持和平。但是现在没有多边的联盟作为一种替代方式而出现。在伊拉克战争的前几个月中,联合国这个名义上的维护共同安全的工具,竟然由于一颗恐怖主义炸弹就匆匆逃离了伊拉克。

(三)两极向多极化的过渡必然是混乱而无序的

首先,正在建立起来的秩序中的"各极"是哪些国家,以及它们将如何结盟还不清楚。伊斯兰世界是一极吗? 如果是的话,谁将领导它呢? 是伊朗、沙特还是巴基斯坦? 中东的伊斯兰国家会放下它们长久以来的敌对关系,并且在解决危机时负责任地行事吗? 这是本周的伊拉克邻国会议正在测试的问题。精疲力竭的美国最终似乎打算为伊拉克采取多边存在的战略,但是这些邻国能让它实现吗？

俄罗斯打算组织自己的新的一极吗？普京总统似乎当然希望重新获得一点莫斯科过去的影响力,但是听听上周末在布鲁塞尔论坛上前苏联阵营国家外交官之间的尖锐争论,显然这一极决不会是稳定的。

其次,混乱在加深。很多大国都处于政治变化的边缘。美国是最明显的例子。布什总统将在不到两年的时间里离开白宫,但是谁将是继任者呢？公众在伊拉克问题上的愤怒情绪正在影响着两名政治人物——约翰·麦凯恩和希拉里·克林顿,他们都是各自党派内总统候选人的领先者。关于下一届总统唯一可以肯定的是,他或她将代表一个愤怒和不可预测的美国。

法国和英国也在出现重大的变化。戴高乐主义的外交政策将在希拉克总统之后继续存在下去,正如大西洋联盟将在布莱尔首相离去之后继续存在一样。但是对这两种方向的坚持将可能变得松懈,从而增加向其他方向漂流的可能性。而后普京时代的俄罗斯会发生什么变化呢？假设普京遵守诺言明年退休。

伊朗总统内贾德说,二战后的世界秩序正在走向终结。从联合国开始的所有它的机构将变得不再重要,一个新的世界将由崛起的各个大国来构成,这些大国将创造国际游戏的新规则。

中国几位学者甚至用"新战国时代"来描绘全球政治多极化的无序混乱的转型过渡型。

保加利亚的亚历山大·利洛夫则认为,未来是一个"世界性过渡与全球大革命"的时代,而且预言,世界性过渡将于21世纪中叶结束。全球化革命的前景是乐观的。

现在我们都是多边主义者,但都处在无序混乱的过渡期,因此使冷战时期看起来像是美好的旧时代。但人类绝不能也决不会开历史的倒车,完成转型,结束混乱,赢得光明,正是本书关于转型过渡期的结论。

(四)多极化的全球化才是正确的选择

美国的迈克尔·哈特和意大利的安东尼奥·奈格里在《帝国》一书中指出,许多人将统治全球化进程和新世界秩序的最高权威安放在美国身上。支持者赞美美国,把它作为世界的领袖和唯一的超级大国;诋毁者宣布它是一个帝国主义的压迫者。两种观点都基于这样的假设:美国已经完全披上了欧洲国家现已脱下的全球权力的外衣。美国正在重复着昔日的欧洲帝国主义者们的所作所为。但美国不能成为帝国主义的中心,因为帝国主义时代已经过去了,全球没有哪个国家可以单独成为世界的领袖。

布热津斯基在他的新书《第二次机会:三位总统与美国超级大国的危机》中指出,在未来 15 年 ~ 20 年内,还没有一个国家能够挑战美国的实力和地位,这是美国独大的第二次机会。但再也不会有第二次机会,因为全球化的最大变化就是"全球政治觉醒"(在这里,不管用什么样的语言表述,布热津斯基用"政治觉醒"来代替了"多极化",实际上是承认了多极化),"全球政治觉醒"造成了各个国家的实力的巨大的历史性变化,因此,美国面临着一个历史性的抉择:是作为全球化的领导者,还是做支配全球化的独立霸权者。不管怎么样,布热津斯基不得不承认,多极化的全球化才是正确的选择。单边主义是没有前途的!

总之,现在绝大多数的人都是多边主义者,但又生活在混乱无序的过渡时期,这就使冷战时期看起来好像是美好的旧时代。不过,好像毕竟是假像,人类历史绝不会开倒车,结束混乱,完成转型,多极体制实现稳定。这就是结论。

第七章　全球化治理

治理从头起就是必须区别于传统的政府统治的概念。

——［法］让－彼埃尔·戈丹

全球治理的善治就是使公共利益最大化的社会管理过程。

——［中国］俞可平

我们呼吁共同信守全体人类都接受的核心价值,包括对生命、自由、正义和公平的尊重、相互的尊重、爱心和正直。进而,我们相信,只有接受一套共同的权利和责任观念,才最符合人类整体的利益。

——全球治理委员会《我们的全球之家》

因此,没有政府的治理是可能的,即我们可以设想这样一种规章、机制:尽管他们未被赋予正式的权力,但在其活动领域内也能够有效地发挥功能。

——［美］詹姆斯.N.罗西瑙

我们将最终建成完善的全球治理,而用不着去寻求世界政府。

——Dower. Nigel. op

第一节　全球统治与全球治理

　　迄今为止的全球化进程中的历史模式,从古到今,这种统治全球的企图与现实始终没有停止过。另一种是正在开始和起步的以各国和各种国际组织合作的对全球问题的治理。它将最终成为人类社会在全球范围内自己解决自己问题的最好模式。

　　从全球统治来看,它的最大特征是以一个或几个主权强国政府为代表,以其强大的经济、政治、军事实力为基础,以战争或战争威胁为手段,以对别国或众多国家的武力干涉、政治控制、经济垄断、掠夺剥削为前提,以别国和众多目的服从或盟从为体系,以冷战或后交战的直接或间接对抗为关系,以一套政府行为、意识形态、制度安排、规则统一、自上而下为核心,以最大限度地达到主强国的最大国家利益为最终目的的解决全球问题的模式。这种全球统治演绎出了三种形态,一是某一些大国你来我去地争夺与对抗全球统治,成为昙花一现的匆匆过客。二是某些大国如国家集团形成冷战对抗,成为历史的过去。三是在全球治理的今天,某些大国借助解决全球问题的某些国际组织和联盟之名,还是企图行全球统治之实,这也成为失败的典型和结局。

　　再来看看全球治理。"治理"一词首次使用是在 1988 年世界银行在对撒哈拉以南非洲的研究报告中,认为非洲急需的不是资金和技术援助,而是治理危机,所以要有良好的治理(原解为善治)之后,治理开始应用于全球化的研究和实践中。大家又都承认和使用这一概念。无怪乎成为全球最为流行的用语。1992 年,在德国前总理威利等的倡议下,成立了"全球治理委员会"。

　　成立于 1992 年的全球治理委员会,于 1995 年发表了一份《我们的全球伙伴关系》的研究报告,提出了"全球治理"的概念和定义。该报告指出,治理是各种公共的或私人的个人和机构共同管理其共同事务的诸多方式的总和。它既包括有迫使人们服从的正式制度和规则,也包括人们同意或以为符合其利益的非正式的制度安排。它有四个特征:第一,治理不是一整套规则,也不是一种活动,而是一个过程;第二,治理过程的基础不是控制,而是协调;第三,治理既涉及公共部门,也包括私人部门;第四,治理不是一种正式制度,而是持续的互动。在其创办的《全球治理》杂志的第一期上，他们把全球治理定义为"全球治理可设想为包括通过控制、追求目标以产生跨国影响的各级人类活动——从家庭和国际组织的规则体系，甚至包括被卷入更加相互依赖、急剧增加的世界网络中的大量规则系统"。

我的简要定义是：全球治理是以各主权国家、正式或非正式的国际组织和全球公民社会推进全球化，管理、控制和解决和平、发展、生态、民主为主的全球问题为根本，以全球伙伴关系为基础，以全球学为指导，以相互尊重、民主协商、合作博弈、实现共赢为手段，以建立健全、完善发展一整套维护人类安全、和平发展、福利、平等和人权的新的国际组织政治新秩序为核心的规则和制度，以最大限度地实现和增进人类共同利益为最终目的的全新全球体系。全球治理一是与全球历史上的统治不同。从意义而言，治理的概念在本质上排斥了任何超级大国和集权组织的霸权主义和强权政治的全球统治。任何企图独霸世界、控制全球、管理人类的思想和行动都是违背全人类共同利益的反动。二是与假设全球无政府状态来研究全球治理的新旧现实主义和自由制度主义不同，全球问题的解决从来就没有"世界政府"，今后也不可能有"世界政府"。全球治理只是为解决全球问题、实现人类共同利益提供了一种比较可行的选择。它既是崇高理想的全球学，又是实际行动的全球问题的解决。这种选择既符合现实，也符合长远。三是与认定完美无缺的世界体系理想主义不同。这是一种理想与追求，但却是客观不具备任何可能性、主观上我们力所不能及的。因为全人类社会客观存在着许多人类本身在相当长的时期内难以跨越的鸿沟，因此，要有理想但更要承认现实，二者必须有机结合，我们必须承认鸿沟的长期存在，我们要学会在鸿沟的基础上达成共识和合作，毕竟我们只有一个地球。我们都是地球村的村民，否则我们除了陷入理想主义的狂想和现实主义的颓废之外，我们什么也得不到。四是与固守两分法的传统绝对主义不同。我们认为，市场与计划、公共部门与私人部门、政治国家与公民社会、民族国家与国际社会、民主与集中、胜利与失败、发展中国家与发达国家、社会主义与资本主义的区别与对立都不是绝对的，其正面作用与负面影响也不是绝对的，其力量大小、强弱、方式也不是绝对的。所以，全球治理超越了传统的绝对主义。它更加强调全球民主、公正、公平、公开、正义与人类共同利益；它更加主张超越和搁置意识形态、社会制度、种族、民族、宗教、文化原差异鸿沟，为全人类共同利益而志向合作；它更加要求抛弃你死我活的输赢观，不是敌人便是朋友的择友观，建立起合作博弈、协商共赢的新体系。五是与从不同角度强调各自体系的各种社会科学和派别主义不同，社会学、政治学、

315

经济学、文化学、宗教学、民族学、国际政治学的研究角度,新旧现实主义、新旧自由主义及各个流派的研究成果,都为全球治理提供了非常宝贵的财富。但这些角度和成果过于庞大和复杂,角度多,主义多,争议多。真正的全球治理是一种全新的、综合的、系统的全球治理,而不是某一学科的全球治理。

第二节　全球治理的起因与本质

全球化发展给全人类带来的最具危险性的挑战就是,全球问题的增多和全人类共同利益与全球现有政治实体及其管理能力不足之间形成的巨大矛盾以及进一步加剧的趋势。因此,如何动员全球范围的力量形成全球治理的机制,来解决全球问题,实现全人类的共同利益,已成为人类社会一个非常重大的现实而紧迫的问题。能不能迎接这个挑战,赢得这个胜利,确实是对全人类社会的严峻考验。

（一）全球治理的本质之一,就是从根本上实现全人类的共同利益,以增进和实现人类共同利益为最终目标

这些利益既包括了和平与发展,也包括了生态与平等。概括地说,我们只有一个地球。任何离开了这一本质规定的,都不是真正意义上的全球治理。但是,在实现人类共同利益的过程中,发达国家的既得利益以及进一步的扩展,发展中国家的受损利益以及进步的要求,是矛盾的,甚至是冲突的,这里面有一个全球利益公平分配和再分配的问题。作为在利益上占尽先机的发达国家,的确有一个让利于发展中国家,解决全球贫富悬殊、两极分化日益严重的问题。因此,利益的公平分配和再分配将是全球治理的最根本本质问题之一。

（二）全球治理的本质之二,就是从根本上排斥霸权主义和强权政治及单边主义,要求全球各种力量民主、平等、透明、公开、公正地参与全球事务的决策,重新建立起一整套处理全球问题,实现人类共同利益的国际政治、经济的新秩序

概括地说,我们都是平等的,全球治理是民主的。全球治理的三股力量——各国政府、国际组织、公民社会都应当是平等、民主、公开、透明、公正的,每一方自己的责任都是极为明确的。但是,在这个民主的过程中,仍然是大国作用着其他国家、国际组织和公民社会,推行霸权主义、强权政治和单边主义,这不仅破坏了全球治理的民主基础,而且破坏了国际政治经济新秩序的建立和发展。这种对全球治

理的本质反动,直接导致了反全球化力量的增长,阻碍全球化的正常进程。

(三)全球治理的本质之三,就是从根本上抛弃了以实力独霸和均势抗衡的旧的全球统治的观念和体制

因为任何国家、任何国际组织、任何公民社会都不能够凭借现存的力量及其扩大来实现全球治理,所以,是一种建立在以实现人类共同利益为目标达成更为广泛的协议为基础的和平之上的全球治理。概括地说,人人都是全球治理的参与者,以身份而不是实力参与全球治理。但是,实力独霸、均势抗衡仍然是当前的主导思维和力量,全球治理在很大程度上仍然受到这种威胁,搞得不好会成为大国的口实,走向反面。

(四)全球治理的本质就是多边主义的力量形成合作共赢、和谐相处的新秩序

首先,这些力量恰好是推动全球治理发展的根本动力。传统的国际政治学在它的面前束手无策。这种全球化、多极化的政治关系产生的全球治理是全新的。因为用世界政府统治的力量及规则和行为,特别是强制力和等级统治来统治全球与全球治理恰恰是背道而驰的。其次,一方面,过去的全球秩序是在旧国际关系的基础上形成的,体现的是旧国际关系下的全球统治,尤其是两极世界后的新变化它还不能完全适应。因此它是陈旧、落后的。另一方面,当今世界多边主义和国际社会民主运动蓬勃发展,代表了一种新型的全球关系的问世。人们普遍认为,通过多国之间、各种行为体之间的协调、沟通与达成共识,进而通过集体行为的方式促成多领域的合作,已成为全球治理的主流,能够构建一个全新的公正合理的国际政治经济的新秩序。最后,我们要通过努力创新全球治理;要通过改革将陈旧落后的国际政治经济秩序改造为全新的公正合理的全球政治经济秩序;要通过创新将冷战对立、单边主义等一系列陈旧落后的思想和理论改造成为多边主义、合作主义。全球治理正是对全人类智慧、力量和合作精神的严峻的历史性考验。

第三节　全球治理的普世价值

全球究竟有没有普世价值,有没有人类共同的理想目标?搞清这一点,对全球治理极为重要。

首先，我们应当承认，全球有着多元的价值观，每一个国家、每一个民族、每一种制度的价值观都是不同的，甚至有的是完全相反、彻底背离的。如此看来，普世价值是不存在的。

但我们的研究表明，由于存在着全球化的人类社会的共同利益，存在着人们必须共同面对和解决的全球问题，存在着不解决人类社会共同利益就不可能解决每一国人民的各自利益的现实，存在着不解决人类共同面对的全球问题就不可能解决每一国人民的各自问题的现实，就产生了普世价值的基础，就使普世价值成为全球化的必需！因此所谓普世价值，应当是全球人民都承认都能达成共识的，起码是绝大多数认同的。

普世价值包括两大方面，一方面是共同遵循的，另一方面是共同追求的。

从共同遵循的方面说，承认我们只有一个地球，承认人类共同利益的存在，承认人人都是平等的原则，每一个国家、每一个国际组织、每一位公民都有权利、责任和义务通过求同存异、和平共处、合作博弈、协商供应，参与全球治理，参加全球问题的解决，建立民主、平等、公开、公平、公正的和平国际政治经济新秩序，服从、服务并实现和增进人类的共同利益。尽管全球治理委员会在《我们的全球之家》中对全世界公民规定的权利和义务还不足以表达我们所描述的共同遵循的方面，但如果把全世界每一个公民的范围扩大到每一个国家、每一个国际组织，那么，基本方面还是可行。这些相应权利包括：安全的生活、公平的待遇、为自己谋生和谋取福利的机会、通过和平手段解决人们之间的争端、参与各级治理、为摆脱不公平而进行自由公平申诉的权利、平等的知情权、平等地分享全球共同利益的权利等等。这些相应的义务是：考虑自己的行为对他人安全和福利的影响、促进平等包括性别平等、追求可持续发展、保护人类共同资源、维护子孙后代的利益、保护人类的文化和知识遗产、积极参与解决全球问题、参与全球治理、努力消除腐败等等。

从共同追求的方面来说，全人类希望建立一个民主、平等、和平发展、公开、公平、公正、幸福富裕、文明的国际政治新秩序，期望建立一个承认不同基础、能够和平共处、促进共同发展、满足共同需要、实现共同利益的全球公民社会，希望建立一个使人与自然、人与人、人与社会、人与国家、人与子孙后代、人与未来和谐共荣、亲和协调的可持续发展的世界新体系。理想主义要不得，但理想却是万万不能没有的，特别是全球人类社会所共同追求的理想更是如此。我们承认，一个完美无缺的社会是不可能创造出来的，一个理想化的社会也是永远不可能建立起来的，一个单纯的理想主义者是什么也干不成的。但是，我们也必须承认，没有理想就没有希望,没有理想就没有目标,没有理想就没有追求,没有理想就没有现实行动。因此,共同追求的理想乃是普世价值的重要组成部分,更是全球治理的灵魂所在。

要做到我们所阐述的普世价值,也不是很复杂的事情。一是放弃西方中心论和人类中心论。二是确立我们只有一个地球和人类共同富裕的理念。请参看本书第八章。

第四节　全球治理的条件与对象

全球治理的对象必须满足于五个条件,一是涉及全人类的共同利益,二是任何一个国家、国际组织、公民社会都无法单独解决。三是国际社会的共同行动和合作治理必须具有民主的合理性、规范的法律性和机制的权威性。四是超越任何意识形态、社会制度、人权、宗教、民族的差异和对立,保持中立。五是必须兼顾各方、兼顾长远、有利于长期发展,不留太大的后遗症。

（一）全球和平与安全问题

追求和保持全球和平是人类社会永远的目标,追求和保持本国安全是各国人民永远的目标。这两个问题应当是一件事情。一个国家不安全必然破坏全球和平,而全球和平则是由所有国家的安全所构成的。从长期看,总体和平、局部战争,总体缓和、局部紧张,总体稳定、局部动荡将是国际局势的基本态势。因此,应当在确保全球总体和平、缓和和稳定的前提下,解决局部的问题,也就是国家、地区的安全问题。因为冷战的结束并没有结束国家与地区之间的冲突,冲突不仅仍然广泛地存在,而且在个别地区和时候还空前地激烈,成为威胁人类安全,破坏全球和平,践踏人权和人道主义的根源。对于这些冲突,国际社会决不能熟视无睹,应当采取积极措施帮助解决,以维护人类和平与全球安全。首先是必须把任何冲突都控制在一定的限度以内,而决不能把冲突扩大化。这是一条最根本的原则。因为全球和平不等于天下太平,天下太平从来也做不到;因为全球和平是追求的目标,而不是天下太平的现实。但为了避免两次世界大战的悲剧重演,在失去均势抗衡的不对称时代,国际社会必须学会控制冲突,而不是消除冲突。尤其是超级大国必须把由自己的霸权引发的冲突控制在一定的限度和霸权主义和强权政治称霸全球的借口。比如国际恐怖主义其组织应当是以共同的统一标准来认定,而不能以一个国家来认定,比如不能由某一大国来指定什么"邪恶轴心"。否则,后果不堪设想。二是对付国际犯罪特别是国际恐怖主义原则上不能采取战争的手段,更不能去用什么核武器打击。因为战争不仅无助于打击国际犯罪,而且会造成更多的平民伤亡和财产损失。整个国际社会应当从维护社会治安和保持社会稳定的角度,建立起预测、防范打击惩治整套体系、法律和制度才能更有效地解决问题。三是国际社会必须从根本上消灭剥削、消灭两极分化、消灭贫困;从根本上发展全球民主、平等,保持和平,反对任何形式的霸权主义和强权政治。从根本上建设起公正合理的国际政治、经济的新秩序;这样,全世界才能真正行动起来,铲除国际犯罪所赖以存在和发展的社会土壤及历史条件,如此才是治本之策。要不然的话,国际犯罪问题就不能获得最终的解决。

(五)基本人权的保障问题

这类问题包括贫困与饥饿、疾病的传播,种族的灭绝、对平民的屠杀等等。基本人权之所以成为全球问题,从根本上讲是由社会的不平等,不公正,各种形式的霸权主义、强权政治、极端民族、种族主义等以及全球两极分化、贫富悬殊这样三个原因造成的。但是,在全球问题中,基本人权又是最为复杂、最为混乱、最为敏感、最难于解决的问题。在极端的情况下,人权问题还会成为霸权主义和强权政治及极端势力达到某种目的的口实和手段。因此,首要的问题是要对基本人权进行科学的定义,制定共同的统一标准。绝不能用某一个国家、某一个主义标准来强行地推广到其他国家。甚至于用这个标准指责、制裁、武力打击其他国家和民族。从本质上讲,人类社会的基本人权是存在的,它主要有生存权、发展权等等。但是由于各个问题,各个民族的情况千差万别,达到同一水平、同一考量的基本人权是不存在的,这种差异性及过程性是客观存在的,谁也否认、抹杀不了的。而我们所说的基本人权问题,恰恰是要通过真正的发展和公正的分配来加速解决差异性和过程性,使基本人权的水平得到提高。试想一个穷国的人民连饭都吃不饱,字也不认几个,就要用西方发达国家的民主标准来要求这个穷国达到其政治权的标准,并以此作出反应,这本身就是不公平的,就是违反基本人权的。其次,在解决基本人权问题上必须使用符合基本人权精神和原则的手段与方法,而绝不能用反人类、反人权的极端手段与方法。比如,在种族分歧和战争而引发的种族灭绝中,我们就绝不能用灭绝一个种族的战争手段来保护另一个种族不被灭绝。这样做,不仅无助于问题的解决,而且本身就是反人类、反人权的另一种种族灭绝。其结果恰恰相反,是侵犯基本人权的,会使问题更加难以解决。最后,我们要特别注意基本人权与国家主权的相对一致性。原则上讲基本人权是一个国家的内政,因为基本人权主要是在一个民族国家的范围内来实现和体现的。只有当基本人权出现的问题威胁到全球安全、稳定与发展时,国际社会才应当出面帮助解决。无论哪一个国家都不能打着解决基本人权问题的幌子,用肢解一个主权国家的手段和方法来保护所谓的基本人权。如果一个国家都无法保证它的主权和安全,它又怎么能够保护它的人民的人权呢? 所以,主要依靠民族主权国家解决基本人权问题恐怕是明智之举。

我们需要认真讨论的,是霸权主义和强权政治以特殊手段从一个国家或地区的外部对其施加某些影响来达到维护基本人权的问题。应当说,基本人权既然成为全球问题,当然也就存在着国际社会解决某国或某地区侵犯和损害基本人权的问题。当前这一解决主要表现为两种形式,一种是国际人权保护,一种是人道主义干涉。前者是适当的,但必须更加规范;后者是反动的,应该坚决反对。国际人权保护是有以联合国宪章及国际人权文书的精神,以尊重国家主权为前提,以不干涉别国内政为原则,作为法律依据和规范程序的,由联合国或联合国授权某些国家或国家集团来进行,并通过国际协商与合作的预防性保护和补救性保护,达到解决侵犯损害人权问题,保护基本人权,促进全球人权事业发展的目的。而人道主义干涉却以西方人权价值标准,打着"人权高于主权"、"人权无国界"、"人权不属于内政"等等口号,以对抗、威胁、施压甚至战争的手段,既不经过主权国家同意,又甩开联合国和国际组织单独行动,成为恶化人权事业的反人类、反人权,造成世界动荡不安的主要根源。因此,在解决国际人权问题上,我们真诚地希望,多一些国际人权保护,少一些人道主义干涉,使国际人权事业在和平、健康、正常的环境中与发展,为全人类造就更多的幸福。

第五节　全球治理的结构主体

全球治理的结构主体包括四类组织形式及相互关系,这就是主权国家、国际组织、区域性组织和全球公民社会。

（一）民族主权国家

只要世界在政治上还是由国家构成的,那么国际政治中实际上最后的语言只能是国家利益。全球治理解决全球问题,实现人类共同利益,但由于全球治理的行为主体最终还是主权国家,因此,全球治理实际上是各主权国家协调立场、寻求共同利益、达成一致行动的过程。不管怎样,主权国家还是全球治理最基本、最重要、最有能量的结构主体之一。它的变化在于,一是利益全球化。主权国家的利益已经从单一国家范围转移到全球范围。如果没有全球范围的参与,国家利益在一定范围内就无法保证实现。二是问题国际化。主权国家存在的问题与全球问题趋于一致,本质联系进一步加强。解决国内问题和全球问题成为一件事情的两个方面。三是主权有限化。国家主权受到上述方面的限制,一个国家的利益实现和问题解决已不是国家主权能够打天下,必须让渡部分主权与国际社会共同行动才能达到目的。四是行动合作化。让渡部分主权是为了实现合作,实现合作才能有共同行动,有了共同行动才能达到国家利益实现的目的。五是结果共赢化。在主权国家的国际行动中,零和博弈让位于合作博弈,你死我活让位于合作共事,你赢我输让位于双赢共赢。不过,我们必须注意到,尽管主权国家发生了以上变化,但从根本上讲,上述情况变为普遍的现实,真正达成广泛的合作和共赢的结果,最终仍然取决于主权国家,特别是大国。一言概之,全球竞争的主体仍然是主权国家,人类共同利益的焦点仍然体现为国家利益。这种主体性的基础在相当长的历史时期内是不会改变的,改变的仅仅是它的作用方式。这就是主权国家仍然是结构主体之一的全部原因所在。

(二)正式国际组织

需要指出的是,我们这里所说的国际组织指的是正式的国际组织,而且是针对全球问题而不是区域问题的正式国际组织。

国际组织为什么会产生,说到底,就是面对国际性的问题,需要一个整体性的解决办法。这个办法就是各个国家依照国际竞争合作,通过建立国际组织来达到共同行动解决问题和实现共赢的目的。国际组织的前身是国际会议。1648年的威斯特伐利亚会议缔造了国际关系,同时开创了以国际会议解决全球问题的先例。二战以后,以联合国建立为主要标志,人类进入了一个国际组织的新时代。目前,全世界有正式的国际组织2 000多个。

正式国际组织的本质主要表现在两个作用和一个不足。一方面是在修正各个国家行为中实现各个国家的各自的和共同的利益目标。另一方面是作为独立的政治角色产生了组织的共同利益,完全可以用相当程度的自主权发挥政治、经济、社会各方面的影响力,协调各国行动解决全球问题。国际组织最大的不足就是不具备主权性、领土性和强制性。国际组织的权力和权威是主权国家的让渡和国际组织对主权国家权利的侵蚀,从而使所有参与国家对其法律认可并在此基础上形成的。因此,主权国家的作用正好是在构成国际组织的这种空间中出现的。不过,少数大国和多数国家在其中的作用存在着巨大的差异。从某种意义上说,虽然国际组织的作用越来越大,正式国际组织却主要是由少数大国操纵的,这正是全球化中的民主缺陷。以后我们会专门讨论这个问题。

国际组织的参与原则和模式主要表现为普遍主义和选择主义并逐渐趋同的趋势。采取普遍性原则的国际组织希望其他国家以各种身份(如准会员国、联系会员、部分会员、观察员等)参与其活动,尽量体现国家参与的意愿和作用;采取选择性原则的国际组织在完全会员的基础上也设立了各种功能性的专门机构,用于处理各种复杂问题。

国际组织的作用主要是在实现人类共同利益的基础上进行全球治理,具体表现在八个方面。一是促进了全球各国在竞争的基础上实现更大范围和更高层次的国际合作。更准确地说,是在寻找和实现共同利益中缓解矛盾、协调冲突、促进合作。二是促进了全球各国在认识和实现共同利益方面的国际交往和相互理解。它不仅为动员舆论、主持正义、维护和发展人类共同利益提供各种正式和非正式场所,而且为各种行为体作用的发挥提供渠道、途径和机会,使人类社会更加相互认识,相互了解,消除偏见和隔阂。三是推动了维护世界和平与促进共同发展的人类社会的伟大事业。不仅从预防冲突、冲突升级及扩大、和平解决争端与冲突、冲突后重建等多方面保持了全球的总体和平的态势,而且从援助无息和低息借贷、项目支持、扶贫济困等多方面推动了发展中国家的发展和共同发展,使人类社会不断地得到进步。四是履行了许多全球事务和领域的国际管理者作用,在诸如贸易、医疗、电信、邮政、民航、气象、环境等一系列的技术性领域,国际组织成为真正的管理者和协调者。五是具备了初步的国际法的法律效力,并以此发挥出某些超国家的职能,对其成员可以具有法定的约束力。尽管力度和范围仍然有限,但毕竟是良好的开端。六是集中国际社会的力量解决全球问题,实现、维护和发展人类的共同利益,尤其是在重大的诸如全球环境恶化、防治艾滋病等问题的解决上,取得了令人瞩目的成就。七是初步起到了解决全球财富分配不均造成两极分化、贫富悬殊的国际利益分配协调员的作用。虽然在少数大国的支配下附加了很多不合理的甚至是歧视性的条件,但至少在探讨全球分配问题的解决上发挥了先导的作用,开辟了新的道路。八是积极倡导、实现、发展人类社会的普世价值,并以普世价值指导着人们自由选择更好的理想社会。以一整套世界公民的权利和义务维护着相互尊重、彼此平等、全球民主、分配公平、坚持正义、培育爱心、保持正直等全球共同价值观,而不再是以宗教的指令、意识形态来强迫人们去接受某一种价值观,按照这种价值观去生活,去选择全球的未来社会。国际组织提供的共同点越多,选择赞同的人越多,全球的和平、发展、繁荣就越有保证,人类的理想社会就更具体、更丰富。这正是少数大国无法在根本上操纵国际组织的原因!

(三)全球公民社会

许多研究表明,在全球治理中,不仅是国家与国际组织在发挥作用,而且应当也必须包括全球公民社会。这正是全球治理的民族性本质之所在,这是解决大国操纵国际组织的主要力量。

所谓全球公民社会,至少包括 10 个方面:非政府组织、非国家行为体、无主权行为体、议题网络、政策协调网、社会运动、全球公民社会、跨国联盟、跨国游说团体和知识共同体。从当前的情况看,仅国际性的非政府、非正式国际组织的全球各种民间组织占了所有国际性组织的 95% 以上,达到 46 000 个。这些组织通过举办论坛、游行抗议等多种手段参与全球治理。更为重要的是,依靠互联网的高科技手段建立起来的全球公民社会网络,不仅在参与全球治理中发挥了作用,而且为我们展示了高科技、民主化手段参与全球治理的前景。我们可以看到,全球公民社会是介于国家、正式国际组织和个人之间的全球的民主治理活动,它主要的基本的组成要素是国际的多形式的非政府、非正式的民间组织。

那么,全球公民社会的作用空间究竟表现在哪些方面呢? 第一,真正意义上的非政府的全球治理。正式国际组织的全球治理,往往被许多专家称之为非政府的全球治理。从没有全球政府也不可能产生全球治理的角度上,这句话是正确的。但是,正式国际组织实施全球治理从本质上看还是一种主权国家政府行为的转移、延伸、扩展和联合,还是一种带来政府性质的治理。无怪乎有的主张设立全球政府进行全球治理的专家,往往就是要把正式国际组织,特别是联合国改造成为世界政府。我们知道,全球治理不能仅仅依靠法律、制度、规则这一套政府行为,它还需要舆论、道德、共识、互动等一整套的民主化的全世界人民参与,这才是真正意义上的非政府治理。第二,真正意义上的全球化世界的民主治理。无论从哪一个角度看,主权国家和正式国际组织的治理本质上讲既是政府性质的治理,又是全球化精英治理。这种治理不仅带有重大的民主缺陷,而且还可能被专家控制,使专家的功量成为全球治理的根本标准和主要通行者。尽管他们都是必须的、不可缺少的,但又是必须通过民主化来受到制约、得到纠正的。这就是全世界人民都应当也必须参与到全球治理中来,把人民的意志表达并落实到各种全球行动中。除了各主权国家和正式国际组织进一步提高民主的透明度、增强民主的责任感之外，一支更重要的民主力量——全球公民社会参与全球治理就显得更为紧迫、更加有意义。第三，真正意义上的全球治理的软约束力。迄今为止，主权国家和正式国际组织在全球治理中基本采取的都是依靠法律、制度、规则，甚至派出维和部队等硬约束力进行治理。由于种种原因，大量的硬约束力要么是火上浇油，使问题愈演愈烈，要么由硬变软，毫无约束力可言。这就证明，在全球治理中，不仅需要硬约束力，而且更需要软约束力。软约束力正好是由全球公民社会来提供的。第四，真正意义上的全球治理通过全球公民道德建设走向善治。我们都知道，无论什么治理都必须具有三个手段，这就是：市场、法律、道德。我们也知道，市场会失效，法律做不到全覆盖，必须有道德作为治理的三大要件之一，治理才会全面而有效。我们还知道，道德的治理绝不是权力所能支配的，绝不是市场自动提供的，绝不是法律所能控制的。因此，在全球治理中，只有全球公民社会才能提供道德治理，这种治理才是真正意义上的善治。首先，在全球化社会，许多领域是政府和正式国际组织所不能干预的，小到公司、社区、俱乐部、职业社团，大到非正式的国际组织。其次，全球治理中的政府和正式国际组织建立的公共权威和秩序不可能只通过制定就能实现，还必须具有公众服从才能实现。最后，全球化和全球治理意味着政治权力从国家返回公民社会，只有在政府和正式国际组织与公民相互合作的基础上，只有在公民社会参与的前提下，才能实现全球治理的民主化性质和方向。

（四）区域共同化，特别以欧盟为主要代表

在对待区域共同化的问题上争论是比较大的，有的人把它列为正式国际组织的行列，有的把它作为全球治理的楷模，有的则把它看作正式国际组织的特例，有的把它看作没有政府的治理。

研究欧盟治理的著名专家贝阿特·科勒·科赫指出，欧洲共同体是一个特殊政体，一种远远超过国际组织，但又不符合联邦国家思想的政治体制。实际上，欧洲共同化已经以两种不同的方式让我们超越了民族国家。第一，通过扩展超越主权民族国家边界的政治范围；第二，通过构建一种现在不是、在可以预见的将来也不会替代民族国家的政治体制。这种"特殊体制"的一个最典型的特征就是没有通过政府进行治理。

欧盟治理的模式有四种，一是国家主义，它以多数规则为基础，依靠对共同目标的忠诚来维护；二是团体主义，它包括不同社会利益，它们在同一结构中寻求共同利益；三是多元主义，它将多数规则和个人对利益的追求结合在一起；四

327

是网络治理,其基础也是利己的行为体,目的在于在谈判过程中增加共同利益。欧盟是介于主权国家和正式国际组织之间的一种共同体(它当然不是非正式的国际组织所构成的全球公民社会);是介于国家治理、地区治理和全球治理之间的一种混合治理(它当然不是完全意义上的全球治理)。因此,它是一种超国家组织,而不是全球治理的正式国际组织;它是全球治理中的一种单元形态,而不是全球治理的完全形态;它是地区共同利益的表达者和实现者,而不是人类共同利益的表达者和实现者;它是全球治理的四类结构主体之一,而不是任何一种结构主体所能包含的亚种。简言之,它是全球治理的不可缺少的结构主体之一。

区域治理是一种全球治理,更是一种走向全球治理的长期过渡,完全有可能在各个民族国家为主体的基础上形成以地区共同化为主体的世界政治、经济格局,甚至是美国与北美、欧盟、东盟 10 + 3 的三足鼎立。有必要区别全球治理、区域治理的概念。区域治理主要是处理区域内各国之间的国际关系,进行区域内共同问题的治理,并以地区共同化的名义参与全球治理。因此,我们不能将它当作正式国际组织来研究。因为正式国际组织不应该也不可能是地区共同化的组织,它必须是全球正式国际组织,进行的是全球治理。

从四位一体的结构主体的关系看,主权国家是核心,正式国际组织是主导,全球公民社会是基础,区域共同化是中介。

第六节　全球治理的制度安排

(一)从全球治理的结构主体出发,全球治理就是要建立起一整套的公正合理的全球经济政治新体制和新秩序

这个新体制和新秩序是一整套的制度安排,这些制度安排通过不断的改革、调整、优化、完善,在实施全球治理中实现人类社会的普世价值和共同利益,推动人类社会不断进步发展。这就是有的专家提出的"全球规制"。

(二)从全球治理的制度安排的本质上看,它既不意味着建立世界政府,也不意味着主权国家的完全行为;既不意味着全球精英治理,也不意味着全球的无政府状态

它是一种全新的治理体系,是由各主权国家、正式国际组织、全球公民社会

和地区共同化组织四位一体共同形成的全球治理的制度,形成全球治理的制度化权威。虽然"没有政府的治理"的表述不够准确,但相对于过去完全由主权国家作主体的观念,还是可以说明问题的。

(三)从全球治理的制度安排的核心看,全球治理制度在全球治理中处于核心地位

如果没有一套能够为各主权国家、各国际组织、全球公民社会、地区共同化组织所共同遵守,对全人类有确切的约束力的普通规范,无论如何是形不成全球治理的。因此,全球治理制度是包括用以调节国际关系、解决全球问题、规范国际秩序的所有涉及全球治理的原则、规范、标准、政策、协议、程序等等在内的一整套的体现共同责任,做到共同遵守、达到共同效果的规则体系。

(四)从全球治理的制度安排的目标任务看,全球治理本身就决定了治理的目标,是维护、实现和发展全人类的共同利益,建设一个和平、民主、平等、自由、开放、文明、富裕、可持续发展的全球人类社会

围绕着这一目标,全球治理的制度的任务是通过改革完善、建立健全合理公正的国际政治经济新秩序,维护世界和平,促进共同发展,遵守共同价值,解决全球问题,应对各种危机,落实持续发展,相互协调关系,达成共同认识,形成共同行动,取得共赢效果,实现共同利益,安排平等竞争。

(五)从全球治理制度安排的内容和作用方式看,主要表现为16个方面

1. 全球公民的权利和义务及实现方式。全球公民是指在全球范围的所有居民,无论他身处何地,在全球化的进程中,他就是世界公民。这些权利包括:安全的生活、公平的待遇、为自己谋生和谋取幸福的机会、通过和平手段解决人们之间的争端、参与各级治理、自由平等公平的知情权、申诉权和分享全球共同利益的分享权。相应的义务包括:维护和平与促进发展、约束自己的行为对他人安全和福利的影响、促进平等、追求可持续发展、保护人类共同资源、维护子孙后代利益、保护人类的文化和知识遗产、积极参与治理、努力消除腐败。全世界公民权利与义务的作用方式:一是全球化进程中通过各主权国家和地区共同化。二是通过全球公民大会等非政府组织。三是通过正式国际组织的一系列安排。四是通过各国公民在异国他乡的活动,而不是只在本国。从本质上讲,任何一国公民无论身处何地都应在涉及全球事务中来行使权利、履行义务;无论是什么等级的公民都应这样做;无论通过什么方式都应这样做。反过来,四位一体的治理结构主体必须提供保证和条件。

2. 论坛。论坛是指以多种方式举行的研究全球事务的各种大会、会议、联

会、地区性会议等等。论坛是全球治理中研究问题、各抒己见、集思广益、形成共识的最重要的制度安排。众所周知,要实现真正意义上的全球治理,最关键最重要的是达成共识。更透彻地说,没有共同认识,就不会有合作行动。所以,要形成共同的认识,交流、研究是最重要最关键的。交流就是大家都要各抒己见,表明自己的立场观点。研究就是大家要研究哪些意见正确,哪些意见不正确,概括正确的意见求同存异,形成共同的认识。不管是以组织形式,还是非正式的组织形式,都可以通过论坛来实现全球治理。没有求同存异就没有合作行动,没有论坛就谈不上全球治理。可以说,论坛太重要了。

3. 程序。程序是指求同存异、合作行动必须经过的阶段、时间和规定。一大堆乱七八糟的问题由一大堆七嘴八舌的人来讨论和研究,谁主持,谁先说,怎样办? 不可能是杂乱无章,混乱不堪的。因此,程序是治理所必须的。正式的国际组织和区域组织一般来说都有比较严格的程序,作出决议、决定都是通过一定的程序产生、办理和执行的。从目前的情况看,这种治理方式正在进一步加强。非正式的国际组织和公民社会也在加强程序的建设,以使全球治理更加有效。

4. 规则。规则是指全球治理中通过一定程序作出的,大家都必须遵守的规定框架。全球治理的主体结构本质上讲,都是在依靠规则运转,从而产生出治理的效果。规则的特点:在一是大家共同制定;二是大家共同遵守;三是对不遵守者,其他成员有权进行监督、指责,甚至通过程序和规则给予惩罚。规则主要是进行全球治理的主体结构维持正常运转的制度安排。没有规矩,不成方圆。规则通常又分为三种情形。第一种情形的国际规则的执行有专门的国际机构来保障,第二种情形的国际规则是对等执行的,无需国际机构来推行,第三种情形的国际规则是遵照自愿原则执行,不带强制性。

5. 惯例。惯例是指全球各成员在全球治理中应当主动遵守的历史与现实相结合的习惯做法和标准。在全球治理中,最缺乏的是法律性的规定、强制性的执行,而最活跃最常用的就是按照国际惯例办事。惯例的形成和遵守,一是继承了历史传统中具有普遍意义的价值标准及做法;二是现时代大家都比较公认的标准价值和做法;三是以舆论、道义谴责作为主要的监督力量支持其落实。当然,惯例通常最大的毛病就是容易产生多种解释,形成双重或多重标准。

6. 决议、决定。这是全球治理中最主要最重要的手段。主要是指由正式或非正式国际组织,甚至是公民社会针对解决某一问题所作出的带有约束力的意见。一般来说,决议和决定都是必须执行的,是有约束力和强制性的,因为它是按程序和规则,通过大家形成共识,共同作出的。从一定程度上说,这种约束力和强制性具有法律效力。但是,由于国家利益仍然是各主体结构中的焦点和最终决定者,因此,决议、决定不能得到执行也是一种普遍现象。但不管怎么说,决议、决定仍然是最有效的全球治理手段。

7. 制裁。对不按程序、规则、决议、决定办事,甚至反其道而行之,全球治理是否就无能为力了呢? 情况也并非如此。制裁就是解决这一问题的另一种治理手段。制裁就是针对不执行决议、决定,甚至与国际社会对抗的国家或某些组织,国际组织通过一定方式组织起国际社会对其进行各方面的制裁,包括禁止进出口贸易、禁止运送某些物质、禁止其参加国际会议等等。制裁总的说是不得已而为之的。但也有被盗版和滥用的情况。

8. 观察员和监督小组。观察员是全球治理中针对某一国家或地区的某一问题,为监督其是否合法、公正地解决,由主体结构派出的执行特别任务的人员。观察员虽然没有更大的处理问题的权力,但观察员的监督职能的作用和效果还是比较明显的。在极端的情况下,观察员的性质就变为核查和监督小组,直接执行检查、核准等一系列明确的监督任务。

9. 维和部队。维和部队是由联合国派到某一国家或地区去解决冲突、制止战争、维护和平的军队或警察。这种部队通常由各个国家自愿或被分配派出军人和警察组成,专门执行特殊的维和任务。派出维和部队是和平解决冲突、战争比较有效的手段和机制。它最大的特点就是能够迅速隔离冲突双方,而且其本身是不允许受到攻击的。

10. 直接管理。国际管理是指在国际的许多专业性、技术性领域,如卫生、邮政、气象等等,国际组织通过直接实施的管理来达到全球治理的目的。直接管理是对专业业务的最重要的全球治理。首先在专业领域需要统一的国际标准,否则全球化就是一句空话,根本不能成立。其次,在统一的国际标准下,必须进行专业管制,以维持正常的国际专业秩序,比如航空的空中管制。最后,只有通过专业管理,才能推动各项专门事业的发展,造福于全人类。在这些专业业务领域,由于排斥了政治,它最能够有效地实现统一标准、统一法制、统一管理、统一发展的全球治理的最佳模式。因为不管哪一个国家或地区,离开了专业的全球直接管理,在国际社会中就会寸步难行。

11. 国际法。国际法是正式的国际组织根据一定的程序、规则制定出的整个国际社会都必须遵守的法律。国际法应当说使全球治理更具有了法制化的味道。从表面上看,这似乎是一种方向。国际法虽然很重要,但它同样也分为专业领域和政治领域。一般而言,在专业领域国际法的成立和效果是比较显而易见的。因为它有统一的国际标准;而在政治领域,由于标准的不一致性,甚至是绝对的对立性,使政治领域的国际法显得苍白无力。当然在统一的标志下也是有利的。比如,海事方面的法律就比较独立,易于得到执行,而关于战争方面的法律就难以得到执行。从这个意义上讲,国际法院(庭)的法律的强制力是要被打掉一些折扣的。

12. 国际法院(庭)。国际法院(庭)是根据国际法的要求进行法律调节的专门机构,如国际海事法庭、海牙国际法院等等。国际法院(庭)依照国际法,按照有关方面提出的诉讼请求,专门进行法律的调解、审判,以达到解决问题、维护法律尊严、维护司法公正的目的。国际法院(庭)一般来说都可以做到司法公正。在国际诉讼中,依照法律是很重要的,但最为重要的却是司法公正。

13. 协议。协议是指国际组织和各主权国家为解决某一涉及各方利益的国际问题,通过谈判达成解决问题的共识的文件。协议是全球治理中极为重要的手段。因为很多问题的解决,涉及各方面的利益,去追求一个仲裁来裁决谁是谁非,往往效果不好。但如果涉及利益的各方能够坐下来,敞开胸怀,进行谈判,在谈判中相互理解,相互支持,相互妥协,相互合作。一般来说,总是能够找到解决问题的办法的,而且这种办法都是各方同意的,得到执行的可能性也要大得多。更为重要的是,这种治理手段带有更大的自主权、自主性、选择性、过程性、渐进性、和平性、排霸性。所以,它应当成为全球治理的最主要的手段。

14. 政策。政策是指正式国际组织针对解决全球问题提出的一整套的有所区别的制度安排。总的看,政策主要体现在经济领域和国际经济组织,特别是在针对发展中国家的问题上,政策具有很重要的作用。如何促进发展中国家发展,应当是全球治理中的一个最大问题;如何防止和克服全球经济危机,避免全球经济的混乱与衰退,也应当是全球治理中的一个最大问题。而这些问题的解决,需要全球经济组织制定一整套行之有效的政策,来调节各种经济关系,支持发展中国家发展,维护全球经济的稳定。客观地说,尽管贫富悬殊、两极分化仍然是全球最大的问题之一,但整个全球财富增加、发展中国家发展都是事实。问题在于,这些政策的力量今后不仅要体现在促进经济发展、增加全球财富上,而更要体现在公平分配财富,缩小贫富差距上来。

15. 游说。游说就是通过参加各种由政府组织的会议来影响政府,从而影响政府带着公民社会的观念和主张参与全球治理。例如:参与国家和区域的准备过程、协调相互之间的游说、通过各种形式传递信息、增加与官方和媒体代表的接触机会等等。游说作为非政府国际组织和公民社会参与全球治理的手段是独特和重要的。

16. 网络化。网络化就是非政府组织和公民社会之间不仅强化联系、举办论坛、掌握舆论工具、组织活动等等,而且还利用计算机网络形成了全球联系,成为独有的阵地。主要作用是通过实施影响来进行全球治理。

第七节　全球治理的类型与矛盾

一、专业技术区域的全球治理

由于专业技术区域的特殊性,专业技术方面的全球事务可以由国际组织进行直接管理。这类管理的主要特征:一是制定有大家必须遵守的统一标准和共同标准。没有这些标准,任何国家、地区与个人都无法进行经济社会的各项专业活动。二是标准化的国际管理。各个专业的国际组织拥有对这些标准的制定、管理、推广、监督的管理权,对违背这些标准造成不良后果的处罚权等等。三是国际管理的直接性。尽管仍然有讨论、研究等多种形式进行管理,但由于标准是统一的、共同的,大家都必须遵守的,所以,国际组织的管理是直接的,而不是间接的。四是这类标准对维护人类社会在专业技术方面的正常秩序具有十分重要的意义。可以说,它从社会的自然属性、社会属性方面保证了人类社会活动的正常进行。全球治理的直接有效性主要在这一类型得到了具体的落实。

二、社会政治领域方面的全球治理

迄今为止,甚至到可以预见的未来,这都是一个争论十分激烈,效果不很明显的领域。其原因主要在于:一是国家中心主义自然占据了基础位置,对于全球治理所作出的决定和所提出的要求,符合自己利益的就执行,或要求相关国执行;不符合自己利益的就不执行,或不要相关国执行。二是西方中心论仍然占据主导地位。西方发达国家,特别是美国,一心一意地要输出自己的经济制度、意识形态和生活方式。整个全球治理目前仍然是以西方中心论为指导的,其本身就是不公正不合理的。三是霸权主义的多重、双重标准使全球治理变得苍白无力,甚至成了霸权主义和强权政治为保证自己的利益而玩弄于股掌之间的一个工具,这就从根本上在改变着全球治理的性质。四是在各种地区霸权主义、极端民族主义、极端种族主义、极端宗教势力以及国际恐怖主义等等的活动及其造成的混乱局面,使情况更为复杂,更为棘手。全球治理受到严重挑战。其矛盾主要有:

1. 国家的利益主体竞争性和西方(美国)垄断中心性。主权国家在全球治理中究竟处于什么地位,发挥什么作用? 一般人认为,全球治理是国家职能缺陷导致国家主权的转移甚至是消灭主权国家。不可否认,无论是全球问题的出现和解决已经超越了国家能力,还是全球化进程强化国际主体限制了国家主权;无论是市场经济作用把一切国家都卷入了全球化,还是民族的发展提高了个人和组织的选择自主性而减少对国家的依赖,都在证明民族主权国家正在发生深刻的变化。不过在全球治理中,国家仍然是基础,起着基础性的作用。在全球体系中,国家的基础作用是不同的,而且是完全不同的。但每一个国家都有理由成为全球治理的主体结构,发挥自己的作用,而没有理由成为全球治理消灭的对象。

在全球体系中,我们可以非常清楚地看到,国家的作用是不同的。在全球治理中,它们可以分为中心、次中心、半边缘、边缘、极端边缘五个层次圈。(1)中心国家领导既在全球化中占据领先位置,也在全球治理中占据统治位置。它完全左右着全球治理,这就是美国。特别是"9.11"事件后,美国一拍桌子,大家都不吭气的图像就是最好的写照。(2)次中心国家(也包括国家集团)。主要包括欧盟,特别是英、德、法、日本、中国、俄罗斯等国。他们在全球化中处于跟进领先和次领先的位置,在全球治理中也处于在响应美国中保持某种独立的位置,他们只在某些时候、某些问题和某种情况下,对美国领导的全球治理作出一点矫正和修补。(3)半边缘国家。主要包括亚非拉的发展有成就的一些国家,如土耳其、南非、印度、巴西等。这些国家在全球化中处于跟进和地区较领先位置,在全球治理中则属于在响应美国的同时在地区问题上保持某种独立的位置,在全球治理中影响不大,但在地区事务中又有某些治理的自主权。(4)边缘国家。主要包括仍然具有希望的发展中国家,如博茨瓦纳、越南等等。这些国家在全球化中处于沾边和有希望的位置,在全球治理中处于响应美国跟着沾光的对国家事务有控制能力的地位,在全球治理中几乎发挥不了什么作用。(5)极端边缘国家。主要包括几乎已经失去任何发展希望,至少在看得见的时间内也看不到任何希望的发展中国家,这些国家主要在非洲,如安哥拉等等。这些国家在全球化中处于圈外的位置,几乎没有进入全球化进程,在全球治理中几乎没有任何发言权。

国家向何处去,这的确是全球治理中一个令人头痛而又必须深入研究的问题。比较典型的理论有理查德·罗斯克兰斯的《虚体国家的兴起》,杰绍普的

"熊彼得式"的功利国家,罗伯特·赖克的"积极的民族主义",尼古拉斯·斯特恩和约瑟夫·斯蒂格利茨的"治理性国家",斯特兰奇和切尼的"竞争性国家",韦斯的"催化剂"国家等等。这些提法和观点都有一定的正确性,但还值得深入研究。根据本书第六章研究的最后主权和共同治理权的理论,我的结论是国家—区域共同化—全球化。每一个国家,不管它是中心的、次中心的,还是半边缘、边缘、极端边缘的,都不可能离开其他国家来生存与发展。谁也不能主宰世界,合作治理成了唯一的选择。既然一时间实现公正合理、规范有序的全球治理有难度,较小范围的合作治理就必然使区域共同化成为全球治理中最现实最可靠最有效的组成部分。美国的北美自由贸易区、欧洲联盟、东盟和"10 + 3"的进展正好说明,区域共同化恰好是解决国家问题的中间环节和过渡状态,形成"区域国家",实现"国家消亡",走向"全球治理"也许是一种可能的选择。这就是说,不管每一个国家如何变化,它要融入全球化,进入全球治理,可能的选择和道路就是先融入区域共同化,参与区域共同化的全球治理,推进"区域国家"的进程,继而使国家消亡,真正走向全球化。

2. 标准的多重性和复杂性。在政治领域的全球治理由于国家的基础性和西方(美国)中心性,导致了标准的多重性和复杂性,既影响到全球治理的公平公正、合理合法,又影响到全球治理的权威性和效果性。

从本质上讲,特别是在政治领域,全球治理就意味着能够建立得到切实遵守的共同标准,哪怕是最低限度的共同标准——使各主体能够在共同的平台上,按照同样的规则,实现协调和合作。但做到这一点是十分困难的,这也正是全球治理之所以进程艰难的本质所在。

在这一领域,一是国家主权利益的差异性,甚至对抗性所导致的。对所谓的共同标准,每一个国家都必须从自己的国家主权利益出发去制定、选择和认同,达成共同标准是非常不容易的。二是各国意识形态和社会制度的差异性,甚至是对抗性所导致的。每个国家都是民族国家,每个国家都有自己的意识形态和社会制度,这方面最能体现一个国家区别与他国的自主性,某一国家要强制推行和逐渐演化其他国家都是不可接受的,在这种标准上很难达成共同标准。三是西方中心主义的主导、领导、强制和管理全球治理也是造成多重和复杂的原因。一方面,西方中心性把西方标准当作世界的唯一共同标准来裁剪世界,治理全球,管制别国,控制国际社会;另一方面,西方中心性对自己又执行另一套标准,在全球治理中不遵守共同标准,我行我素,甚至把国际组织等行为主体甩在一边搞单干,实行单边主义。四是全球发展变化的动态是复杂、曲折的。处理这些变

335

化的全球治理即使有共同标准也只能是阶段的、具体的,不可能是永恒的、长久的,标准也会因之而变化,从而也致使问题复杂多变。五是从绝对的意义上讲,各行为主体不可能对同一问题的解决达成共同标准,有不接受的,有部分接受的,有先接受后不接受的,有先不接受后又接受的。在这里恐怕要引入大多数同意的原则,然而究竟什么范围的大多数又是一个本身就要引起争议的前提问题。

全球治理在社会政治领域要达成共同标准,或达成最低的共同标准,从客观方面来说,主要取决于问题的性质、程度和广度及历史影响的程度。凡是性质严重、程度不深、广度不宽、历史影响不大的问题解决起来,相对容易达成共同标准,反之则难度较大。从主观方面说,主要取决于大国的干预程度和各国支持的程度。凡是大国干预较深,各国相对支持的问题解决起来比较容易达成共同标准,反之则难。从各行为主体来说,凡是能够相互妥协、相互协调、求大同存小异、求合作反对抗的就比较容易达成共同标准,反之则难。从行为主体的数量来说,凡是双边、少数多变、涉及的行为主体比较少的问题解决起来容易达成共同标准,反之则难。而涉及广泛多变、区域、全球等问题解决起来容易达成共同标准,反之则难。总之,通过合作,我们总是能够找到解决问题的办法的。

3. 治理的非法制性和非强制性。全球治理一个最主要的特性就是非法制性和非强制性。在我们前面所列举的 16 种治理的制度安排中都可以看出它的非法制性、非强制性的弱点。当然,在个别时候个别情况下也存在一些强制执行的情况。但这只是极少数,而且效果也不见得就太好。

为什么全球治理是非法制性的呢? 这主要因为全球治理不是一个政府的治理,而是一个全新的治理;不是一个统一法定的治理,而是一个合作博弈的治理;不是有一套严格规章条例的制度化治理,而是一种活动及过程。

为什么全球治理是非强制性的呢? 这主要是因为全球治理不是以权力为中心的治理,而是一个以协商、谈判、讨价还价为中心的治理;不是一个正式的制度,而是一个依赖于持续的相互作用的治理;不是一个以支配为基础的治理,而是一个以调和为基础的治理。

因此,无论从理论上分析,还是在实践中操作,全球治理是无法达到在全球范围治理的法制性和强制性,这也是人们批评全球治理软弱无力的道理。那么,怎样来强化全球治理的法制性和强制性呢? 是否要通过建立一个世界政府来解决这一问题呢? 我们后面将要讨论这个问题。

4. 全球治理的效果有限性和部分后遗症性。正是由于全球治理的上述三个特性,从而决定了全球治理的效果是有限的,而且在某些部分还会留下后遗症。

效果有限,一方面是指解决问题的效果与某些方面所期待的理想效果之间的差距性。某些方面对解决问题期待的效果比较好,但事实效果不仅打了折扣,甚至显得特别不公平。另一方面是指受到各方面条件的限制,解决问题的效果与所作出决议、决定应当达到的效果之间的差距。按照决议、决定,某一方面不接受、不执行,或在接受和执行中打折扣,这就造成了效果的有限性。

部分后遗症,一方面是指在全球治理中,有关方面有意使问题走偏,在承认和执行现实解决方案中埋下伏笔,使这一问题留下后遗症,造成今后更大的问题。另一方面是指在全球治理中,由于历史和眼光的局限,人们急于解决当前的问题,而忽略了问题的历史发展和变化,从而无意识地留下后遗症,造成今后的问题。

由此看来,无论是有意制造,还是无意遗憾,都会使全球治理留下后遗症。这恐怕就是我们通常把全球治理看成一个长期的历史过程的原因吧。

第八节　全球治理的理想社会

全球化推动全球各种联系加深,出现了全球问题,产生了人类社会的共同利益,而单单依靠国家、国际组织、公民社会任何地方都不能加强联系,解决问题,实现利益。必须依靠各方合作的全球治理,以全球统治为旧式的一切框架都无法解决问题。一句话,全球化产生全球治理。

过去的国际关系已经让位于"全球社会",整个世界正在由一组一组的国际关系逐步地演化形成崭新的"全球社会","我们只有一个地球"的"地球村"这种"全球社会"的产生与发展,由主权国家、正式国际组织、区域共同化组织和全球公民社会这四个主体结构,通过多种协议形成的一种规范系统来加深各主体结构之间的联系和理解,寻找共同点。开展全球合作,解决全球问题,实现人类共同利益。一句话,全球通过合作来履行责任,推动全球化健康发展就是全球治理。

一、全球社会是理想社会的模式

第一,它承认世界是多元的。全球权利主体的数量和种类还在增多,而且非国家组织控制资源的能力和个人的影响力明显增强。各种行为主体和力量的存在都是合理的,其利益都是必须承认的,大家都是平等的。第二,它承认"全球社会"的产生。各种行为主体和力量之间是相互依存的,形成了全球性的网络,谁也离不开谁,谁也吃不掉谁。既不能孤立自己,又不能独霸网络。网络是扁平的非金字塔的,网络是平行的而不是垂直的。第三,它承认人类社会的共同利益和共同责任。如果说,过去的共同利益和共同责任在相应的国际关系中的话,那么,今天人类社会的共同利益和共同责任就是全球性的。全球问题涉及每一个人的利益,牵动着每个人的责任。无论是利益,还是责任,共同就是根本。只有履行共同责任,才能实现共同利益,全球人类没有一个人可以置身事外,而只有通过全球治理,才能真正落实"共同"两个字。第四,它承认竞争,更承认合作,承认合作博弈的新境界。各行为主体和力量之间必然存在竞争,因为没有竞争,就没有效率和进步。但必须也有合作,因为没有合作,竞争将会毁灭全球,以至于毁灭每一个主体。同时共同责任是合作的根本,共同利益是合作的目的。因此,全球治理不仅承认各主体合作的现实可能性,而且也正是立足于合作的基础的。第五,它承认共同价值。把管理方式和行动结果结合在一起的新的管理方式和技术,把治理集中到各行为主体可以通过各种各样的共同努力来解决问题,从而避免了因意识形态和社会制度的差异而导致分歧、对立和冲突。治理因为共同价值的存在和认同而本身就是公平的、技术的、合作的。第六,它承认自己是一种处于"世界政府"和"无政府状态"之间的更为客观地提供了各种选择的过程。不会有"世界政府"、"全球政府"来反主权国家,"无政府状态"是指"没有政府的治理",而不是必须过渡到去建立什么"世界政府"、"全球政府"。而"没有政府的治理"就是四个行为结构主体的治理。这就把各个主权国家摆在了治理的范围之内,但又没有政府政权那样固定的机构。第七,它承认全球社会的形成的自我组织和自我管理的可能性和重大作用,从而突破了"西方中心主义"和"国家中心主义",使全球自组织体系以及其他非管理化方式的权威可以不通过制度化达到有效的结果,更容易抵制西方中心主义和国家中心主义的独裁和垄断,更容易走向民主,走向全球公民社会。第八,它承认弹性治理、多种选择、灵活而非标准、多理性和不同的合法性。因此,它不是固定不变的东西和一种现成的模式,而是一种共同管理共同事务的新技术、新过程。第九,它承认"全球社会"乃至个人的民主、平等、自由的发展。在社会层次上要还权于社会,通过提高责任心、合法性、透明度及参与水平,培育和发展公民社会;在个人领域,要创造一个自由的"自我"及行为的"现代"模式。

二、全球民主是理想社会的核心

全球民主问题我们已在第六章作了阐述。这里主要指出全球民主必须解决的三个问题：一是"西方中心主义"和"美帝国主义统治"依然起着根本的主导作用，因而多民族国家在全球治理体系中差距极为悬殊的实力以及所导致的不平等全球地位，使西方发达国家，特别是美国在左右，甚至在主宰着全球治理的进程。其他国家、国际组织和全球公民社会在很大程度上只能是跟进、妥协、服从。尤其是美国"一国独大"，成为加紧推进单边主义的独霸全球的战略，直接破坏着公正合理的全球治理。因此，全球治理基本上是由西方国家，特别是美国所控制和操纵的。二是西方主导的国际旧体制和旧秩序。全球治理的制度安排大多数是由西方发达国家制定和确定的，而执行和落实这些制度安排的各种组织大部分也是由西方发达国家控制和操纵的，主要体现的是西方发达国家的意识形态和社会制度及霸权主义。所以，全球治理的制度安排和所确定的国际经济政治秩序，从本质上讲是陈旧的、不民主、不合理、不公正的。因而它的管理、协调、服从都是会大打折扣的。全球治理的四类结构主体的利益、价值、标准、目的都是极不相同、差异极大，甚至是对立、冲突的，再加上问题的多样广泛性、极端复杂性，各方就很难达成共识，更难形成共同标准。同时，这四类主体结构都没有足够的普遍的权威性。这就从根本上对全球治理效益造成了内在的制约。三是迄今为止的全球治理理论，都是在西方主流思想的基础上建立的，重点强调的是主权终结、主权过时、"人权高于主权"；强调国家主权和政府作用的无足轻重，民族国家疆界模糊不清的"权威空间"；强调治理的跨国性、全球性，特别是把遥遥无期的国家及其作用的消失作为今天的现实来对待，把国家在全球治理中的竞争性主体地位和基础性主导作用作为被消灭的对象，从而不仅使全球治理改变了性质，变成了西方国家及其主宰的国际组织的治理，而且还很有可能把全球治理作为推行霸权主义和强权政治，控制和主宰世界的理论武器和行动工具。正如托尼·麦克格鲁所认为的的，该体系的核心存在一个致命的缺陷，即缺乏民主的信任。因为，从总体上说，这个世界共同体存在着高度的非代表性，以及权利、影响、机会与资源的极不平等，这一体系最好称为扭曲的全球治理。

三、理想社会的西方三流派

全球治理之所以极大地激发了众多学者的想象力，原因既有人们对未来美好社会寄托的无限渴望，也在于目前的全球治理是扭曲了的全球治理，造成的是

极不公正、极不合理的国际经济政治秩序。为了在全球治理中追求一种理想社会的安排,国际上主要有三种设想:

	自由主义的国际主义	激进的共和主义	世界主义民主
谁应该统治	人民通过政府、负责的国际组织以及国际体制	人民通过自治的共同体	人民通过共同体、社团、国家、国际组织,它们都服从世界主义的民主法律
全球治理的形式是什么?	多头政治——多元主义的分裂的体系,共同享有主权	民主政治——没有国家主权的功能性民主政治	异质政治——分割的权威体系,服从世界主义的民主法律
关键能动者/工具、民主化的过程	相互依存不断提供,关键的权力代理人在建立更民主和更合作的全球治理形式时有自我利益	新社会运动、全球生态、安全和经济危机的来临	宪政和制度的重建,全球化和区域化的加强,新社会运动,可能出现全球危机
民主思想的传统	自由主义民主理论——多元主义、保护性民主、社会民主——改良主义	直接民主、参与民主、公民共和主义、社会主义民主	自由主义民主理论、多元主义、发展型民主、参与民主、公民共和主义
全球治理的伦理	"共同的权力和共同的责任"	"人道的治理"	"民主自主"
政治变革方式	全球治理改革	可供选择的全球治理结构	重建全球治理

340

自由主义的国际主义主张个人主义和理性的自利,主张用合作精神、协商、透明及负责的原则和集体的力量,试图通过改革现有的全球治理结构,把一个软弱的国内自由民主转化为一个民主的世界模式。"全球治理委员会"正在努力构建一个超越国界的民主的理想。激进的共和主义是一种"自下而上"实现全球秩序民主化、文明化的理论。它强调治理的基础是多样的命运共同体和社会运动,依照某些共和主义的原则创造替代全球社会、经济和政治组织的机制,让公共的善居于显著位置的共同体自治。而世界主义则以"世界公民"为基础,主张把世界变为拥有多种公民身份的世界,提出民主的双面进程,不仅是国家共同体的民主深化,而且是民主的形态和过程要扩大到领土之外,通过一个递增的、增量的变革过程,地缘政治力量将逐渐被社会化为民主的机构和惯例,从而试图为那些现在超出了民族控制的权力规定可以使之负责的原则和制度安排。

四、合作共赢是理想社会的现实道路

全球治理所追求的理想社会与过去有本质的不同。首先,它不是由现存任何意识形态作为指导和坐标的,它必须是一种超越了任何现存意识形态的新的全球思想作指导。这个全球思想就是合作博弈全球学。其次,它不是以现存任何社会制度作为基础和选择,它必须是一种超越了任何现存社会制度的新的共同体制度。这个共同体制度就是全人类共同遵守并具有约束力的规范。复次,它不是由现存的任何各自利益作为核心和根本的,它必须是一种超越了任何现存的各自利益的新的利益关系,这个利益关系就是我们只有一个地球的人类共同利益。再次,它不是由现存的任何价值观念作为灵魂和标准的,它必须是一种超越了任何现存的价值观念的新的共同价值观。这个共同价值观就是和平、民主、平等、自由、富裕、文明的普世价值观。最后,它不是由现存的任何判断标准作为裁剪全球的是非得失的依据。它是一种超越了任何标准之上的共同标准。这个共同标准就是共同责任。

所以,全球化的理想社会是以实现共同利益为目的的共同合作手段来形成共同标准,解决共同问题,通过共存共赢、共同的核心价值观(和平、民主、平等、自由、富裕、文明)实现人人共享,每一个人自由全面发展的社会。

实际上,全球化理想社会的最大特点是和而不同、合作博弈。为共同的问题和共同利益履行共同的责任,达到共存共赢的目的,和平合作了解恐怕是我们最好的选择。因为全球化并不能消灭多元化,因为全球化的统一是多元化的和而不同,因为全球化的理想社会是共存共赢。

所以,在追求和平、民主、平等、自由、富裕、文明的理想社会的过程中,我们必须承认多元化中不可逾越的鸿沟,不可实现完全一致的统一,不可在较长时期,甚至很长的历史长河中消除差异,以避免理想主义的狂热和现实主义的悲观。而是行动起来,使观点、立场、背景完全不同的人们和平地生活在一起,合作博弈,实现共存共赢,建立一个合作主义的社会。这才是走向理想社会的唯一途径。但任何过细过多地描绘理想社会的具体模式的理论都是不明智的。

341

第九节　全球治理的思想溯源

王文先生在 2007 年第 6 期《读书》杂志上以《世界治理思想起源》一文，介绍了小科尼利厄斯．F. 墨菲先生的《世界治理：一种思想史研究》的著作及世界治理思想的起源，通过更为仔细地研究，我们再作以下的溯源分析。

（一）思想起源的两大派别

荷马时代的两部长诗《伊利亚特》和《奥德赛》中，诸神与人类英雄一样，易变而反复无常，权力和力量参差不齐，对自然的控制也无法尽如其愿。这样，诸神之间也充满着对立和潜在的冲突，揭示出世界概念化秩序与统一的局限性和冲突性。之后，出现了两条截然不同的思想路线，一是以泰勒斯为启蒙者，以阿那克西曼德、赫拉克里特、布罗多德为代表的自然主义路线。他们批判荷马仅仅停留在事物表面，诉诸自然界中"大量各种各样原理"的经验，论证宇宙规律存在的普遍性，并希冀于将宇宙法则运用于人类社会，证明人类社会中惯例、规则和正义的存在，以实现世界治理的目标。二是以埃斯库罗斯、德谟克里特、修昔底德和普洛泰戈拉等人为代表的反自然主义路线。他们主张以理性探究世界，切割宇宙正义与人类正义的联系，摒弃对某种人类惯例或规律的奢望，转过来寻找某种实用的方法，促成可以实现的结果，从而成为古希腊两个重要思想流派之一的"智者运动"。

（二）自然主义与反自然主义通约性的完成

在苏格拉底之前，这两大思想派别存在着不可通约性，而经过苏格拉底、柏拉图、亚里士多德三个思想家的努力，最终完成了两者的结合。

不可通约性表现在两个方面，一是自然主义者无法证明宇宙秩序在人类社会中的存在，二是反自然主义也无法摒弃自然主义的研究方法来实现整体性和长远性的世界正义。

苏格拉底的最大贡献是否定诸神在宇宙中的控制作用，而主张由人类的伦理取而代之。由先前诉诸人类之外的治理思维开始转向人类本身。

柏拉图则进一步认为公共道德和个人道德是一致的，国家间或国家内部正义的盛行取决于社会对人们所期望的美德的实现。这种美德就是"善"。在《理想国》中,他把任何达不到自己标准的国家都视为不完整意义上的国家,结果成了目的论,并没有提出实现治理的途径和手段。

亚里士多德在对柏拉图的继承中坚持了世界治理形式的实在性,坚持世界发展的目的论,坚持正义与自我利益的和谐。他在《政治学》一书中认为,每个国家都是某种类型的共同体,每种共同体的建立都是为了达到某种好的效果,国家或政治共同体是人类最高级别的共同体,是实现人类目的的最好方式。虽然"神"是世界发展的第一推动力,世界治理只能留给神,但他贡献的是对人类社会影响至今,甚至还会影响未来的"国家至上论"。

(三)现代全球治理思想的主要代表

现代全球治理思想呈现出史无前例的四大特点。一是多元化,流派之多、思想之丰富。二是现实性,更加注重治理的形式、手段、方式和实际效果。三是全球性,整个视野已经置于全球化的背景之下,已不仅仅是传统意义上的世界。四是人性化,全球治理思想更加注重人的自由全面发展,更加注重穷人的发展,从而更加注重全球的正义与公平以及公正合理的全球政治经济新秩序的建立。主要的作者和著作有:肯尼迪.W. 汤普森的三部曲:《国际思想大师:二十世纪重要理论家与世界危机》、《国际思想之变:政治理论的遗产》、《国际关系中的思想流派》,星野昭吉的《全球政治学》,保罗·赫斯特和格雷厄姆·汤普森的《质疑全球化》,马克.V.卡皮和保罗.R.凡奥蒂的《大哲人:西方思想中的世界政治》,理查德·福克的《论人类治理》,俞可平主编的《全球化:全球治理》,约瑟夫.S.奈和约翰.D.唐纳胡主编的《全球化世界的治理》,雅克·德里达的《友爱政治学》,乔治·洛奇的《全球化管理》,英瓦尔·卡尔松的《天涯若比邻——全球化治理委员会报告》,乌尔利希·贝克等的《全球政治与全球治理——政治领域的全球化》,罗西瑙的《没有政府的治理》等等。

(四)各种治理实践模式的历史比较

每一位伟大的思想家都非常注重将自己的思想运用于实践,把思想范式转化为实践模式,全球治理思想也是如此。苏格拉底主张以人类的伦理取代诸神的思想,尽管在他不知困倦的宣传思想中为后人留下了宝贵的思想财富,至今无人取代,但他本人却被以"腐蚀青年"的罪名惨遭处死;柏拉图在《理想国》中痛斥严重腐败的时代,以一个现实国家的模式来寻找混乱世界中的秩序,但却只是一种建立在希腊城邦基础上的乌托邦;亚里士多德本来想让自己的学生亚历山大大帝来实践自己的思想,但其东征却没有给予世界治理,亚历山大一死,世界就分崩离析了。尽管实践模式有成功也有失败,或者说又成功又失败,或者说先成功后失败,先失败后成功。不管情形如何,这些实践模式的历史比较,却给后人留下了许多的启迪和财富。

(五)全球治理思想的五大历史演变

一是全球治理思想从学科的角度看经历了从神学—哲学—法学—伦理学—人类学的历史演变;二是全球治理思想从治理主题的角度看,经历了从神——人的历史演变;三是全球治理思想从治理视野的角度看,经历了城邦—国家—区域—世界—全球的历史演变;四是全球治理思想从治理实践的角度上看,经历了城邦—神圣罗马帝国—现代国家—世界政府—公民社会—全球治理的历史演变;五是全球治理的治理目的,经历了个人伟业—国家利益—区域利益—霸权利益—人的自由全面发展的历史演变。

第八章　全球化价值

路漫漫其修远兮,吾将上下而求索。

——[中国]屈原

因为信息不完整和信息不对称,人与人之间需要沟通对话,以取得信息,加强合作。

——[美]约瑟夫·斯蒂格里茨

坚持过渡性改革和制度安排,防止既得利益的固化和腐蚀。

——《开放导报》2001.12.P16

善于在多元化中实现一致,这将是我们文明的美之所在,也是对我们文明的考验。

——[印度]英·甘地

天生的万物中,放出最大光明的是人心;不幸的是,制造最深黑暗的也是人心。

——[法]雨果

人类的未来取决于劳动着的人。

——[德]恩斯特·布洛赫

第一节　世擘纷说新时代

美国《外交政策》编辑部认为:历史已记录下诸如黑暗时代、文艺复兴、启蒙运动、镀金时代、冷战时代等名称。世界上一些最具挑战性的思想家分析现状,展望未来,理解我们业已进入的新时代,预见我们将通往何处,从而对冷战后的全球化所处的时代进行定位。

一、"环境"时代

美国哈佛大学教授爱德华·威尔逊在《知识的一致性》的书中指出,20 世纪是一个科学技术突飞猛进、生气勃勃的现代主义使艺术摆脱束缚以及民主和人权广为传播的时代。这也是一个世界大战、种族灭绝以及极权主义意识形态几乎危险地控制全球的黑暗和野蛮的时代。人类在专心致志于所有这些动乱的同时,还不顾后果地破坏自然环境,消耗地球上不可再生的资源。

现在,随着新世纪的来临,人们已开始从这种狂热中醒来,愿意在我们毁灭地球之前,安下心来进行思考。

问题的实质与著名经济学家和公共哲学家的一般设想不同。他们大多无视具有重要意义的数字。随着全球人口超过 60 亿,并将在 21 世纪中叶达到 80 亿,人均可用淡水和可耕地面积正在降至资源专家们一致认为的危险水平。生态占地面积(ecological footprint)在发展中国家约为 1 公顷,但在美国约为 10 公顷。生态占地面积是指每个人平均占有的能提供食物、水、住房、能源、交通、社交和废物处理的陆地和海洋的面积。整个人类的平均生态占地面积是 2.2 公顷。要使世界上的每一个人都达到美国的水平,我们还需要 4 个地球。

生活在发展中国家的 50 亿人口或许从来不指望达到这种挥霍无度的水平。可是,在努力实现至少是一种像样的生活水平的过程中,他们与发达国家一起利用最后一点自然资源,并使地球上的大部分生物多元化趋于灭亡。在至少 10 万年时间里,我们已使大气中的二氧化碳水平达到最高水平,使氮循环出现不平衡,并导致全球气候变暖。

总之,我们已进入环境时代,在这个时代,最近的将来类似一种瓶颈。科学技术以及缺乏自知之明使我们处于目前的困境。现在,科学技术必将以其远见卓识帮助我们走出这种困境。

二、"信息革命"时代

卡内基国际和平基金会主席杰西卡·马修斯认为,数十年以后,所谓的全球化现象将被视为世界正在经历的巨变的结果而非原因。历史学家将把大致从1990年开始的这个时代称为"信息革命时代"。"信息"不仅仅指数据处理和通信技术,而且指生物技术的与之密切相关并且同样革命性的进步。与其技术先辈工业革命一样,信息革命同样导致统治方式、经济和社会的根本变化,而且速度更快很多。

工业革命改变了规模和力量的参数,并将国际关系、经济和战争置于以物质规模和获取自然资源为重点的轨道。当然,就物质资源而言,信息革命所起的作用恰恰相反,但它的实质在于,它能够改变各种关系,并能消除无论是时间还是空间内部的界限。

这种界限之一是看来不可改变的此处与彼处之间的界限。比如一次应征税的交易之类的事件发生的地点已不再显而易见。在市场、战争和个人身份方面,与之相关但更重要的国内与国外之间的关系正在变得模糊。随着诸如资金、商品、污染、流行文化等等的跨国界流动日益增强,对内政策与对外政策之间的差异正在逐渐消失。这种趋势有一天可能延伸至"我们"的思想与"他们"的思想之间的微妙界限。尽管难以想象,但由于人类对生殖的干预,一方面诸如转基因和克隆,另一方面诸如能自我复制和成长的机器人,甚至自然科学与物理科学之间的界限有一天也会消失。

由于技术进步而改变了的各种关系同样正在改变着国际政治和经济。能直接获得大量信息的人数急剧增多,这意味着大多数政府,尤其是大国政府及其中央银行和情报机构等机构的作用将大大减弱。无论相对地说还是绝对地说,非政府的行动者都获得了权力。

由于信息传播速度的加快,权力从政府向市场的转移得到了增强。市场能在瞬息之间作出反应,政府天生不能。政府必须以单一声音说话,这需要层层决策,而层层决策必定是缓慢的。

通向这个新时代的道路将是不平坦的。这种变革的艰巨性意味着,他们将受种族的、宗教的、民族主义的或者基于利益的强烈反对的干扰,并且与在工业革命中一样,受周期性金融灾难的干扰。技术变革的空前速度将使所有社会遭受巨大压力,并将根据各种文化对迅速变革的不同承受程度,使他们呈现不同的面貌。

在这种大趋势范围内,可能出现无数迥然不同的结果。几乎没有什么东西是预先决定的。这可引起一场革命,它的影响将取决于明智或愚蠢的政策和社会选择。在信息和通信技术本身的法则和结构的范围内,在为了控制他们而将出现的法律中,存在各种选择。这些选择将形成个人隐私的界限,确定这些极其强大的工具基本上是为公共目的服务还是为商业目的服务,平衡都市空间与网络空间,并衡量每个社会内的个人需要与社会需要以及价值观念。

三、"公民权"时代

巴西社会学家、总统费尔南多·卡多佐认为,对一代人来说,很难充分认识他们正在其中扮演角色的历史经历。在一个时代结束之前,了解一个时代的努力是不会有结果的。

在最近数十年里,尤其自冷战结束以来,我们已在世界各地目睹民主理想的增强。然而,民主在各地都是一个不断完善的过程,即使在那些早已确立民主政体的地方也是如此。此外,在国际舞台上,正在出现的各种挑战威胁到民主的、全球的公民权的行使。

我们已得以在诸如人权、环境和社会问题等领域为国际合作创造更活跃的机制,然而,在经济层面,基调看来是巨大的差异。此外,虽然全球经济的重要性日趋增强,但国际管理结构尚有待相应改善。

为建立更稳定的全球金融环境,为纠正国际贸易中的不对称,为确保新兴国家和低收入国家获得更好的机会,我们尚需作出许多努力。国际经济发挥作用或者不能发挥作用的方式正日益直接地影响我们的个人生活。但与此同时,国际政策的合作和协调机制尚不足以对全球化引起的问题作出适当反应。结果,即使全球化扩大了人类可利用的机会,它同时代表对民主的真正挑战。

如果不能最优先考虑道德和政治问题,对我们的时代的任何描述都将是不可靠或者不准确的。已经存在的共识是,经济增长必须伴随国内提高社会正义水平的努力。问题的实质在于协调两种不同的、有时彼此矛盾的需要——强劲的国际经济和民主地行使公民权利。

一方面,坚持陈旧的自给自足模式,拒绝融入国际经济,这么做几乎无利可图。对发展中国家来说,为确保稳定的经济增长及其生产基础设施的现代化,融入全球贸易、金融和技术的流动所产生的经济机会是至关重要的。

另一方面,或许最重要的是:选择"市场原教旨主义"道路同样可能是灾难性的。市场对产生财富、促进效率和更好地分配稀有资源来说是重要的,但它不可能为所有问题提供解决办法。市场受"狂热、恐慌和崩溃"的支配。如果问题涉及基本的道德价值观念、诸如人人生来平等的观念,市场能提供的解决办法就更少了。

　　在这个全球化时代.国际政治的主要挑战是形成国际合作的创新形式。这种合作形式能为所有国家的公民提供机会,使他们能看到,他们的利益在有关金融制度和国际贸易等全球问题的决策中得到了反映。

　　仅仅科学技术的发展本身不足以描绘一个时代的特征,无论这种发展多么具有突破性。为理解人类活动的含义,我们还必须考虑社会相互作用的网络——不仅是各国内部的网络,而且还有一个正在兴起的"跨国社会"内的网络。

　　我们的未来多半将取决于我们现在做什么。在决定信息时代是否也可能是一个弘扬公民权利和平等机会的时代方面,诸如巩固多边贸易体系或者建立更合理的金融流动框架等问题将是至关紧要的。

四、"过渡"时代

　　德国埃本豪森科学和政治基金会国际政治和安全研究所所长克里斯托夫·贝尔特拉姆认为,为一个正在发展的时代找一个名称,这或许是一项不可能完成的任务。归根结底,统治佛罗伦萨的美第奇家族并没有认识到,他们生活在文艺复兴时代。在18世纪末期,无论欧洲社会的一个小阶层是多么文明,属于这个阶层的人们不一定知道,他们生活在启蒙运动中。当然,如果政治趋势特别强烈,人们知道他们所处的是什么时代。如今的时代是过渡时期的时代,是一个不可能持久的时代。

　　过渡时期适合我们的时代,主要原因在于它处于两者之间。国际事务始终在变化。每一个时代都是通向下一个时代的桥梁。可是,如今引人注目的是目前国际权力格局的暂时性。世界各地的人们都觉察到这一点。

　　目前的权力格局的短暂性在西半球之外表现得最明显。让我们从俄罗斯说起。虽然俄罗斯人和西方大国都支持普京总统成为稳定和改革的保护人,俄罗斯显然需要几十年时间,才能成为一个负责任的国际强国。俄罗斯仍有可能重新陷入孤立主义,或者出现四分五裂的局面。

　　在欧洲,有关欧盟形态的不确定性即将消失,但有关欧盟未来的国际作用的不确定性正在取而代之。在贸易和货币方面,欧盟已经是一个全球竞争者。不用太久,欧盟也将是地缘政治方面的全球竞争者。多亏芬兰,欧盟已经有700英里边界与俄罗斯接壤。一旦塞浦路斯加入,欧盟将直接延伸至中东。如果有一天土耳其加入,欧盟将与伊朗和伊拉克为邻。欧盟必须制定一种战略,以便适应这种扩张,而这种战略可能与美国的战略截然不同。

美国是过渡时期的摄政王。目前没有什么东西能挑战、更不用说赶上美国的权力和影响。在这方面,几乎不存在不确定性。此外,这个孤独的超级大国支持稳定,根本不渴望变革。美国的唯一弱点是沾沾自喜,沾沾自喜带有自取灭亡的祸根。

五、"反抗"时代

英国剑桥大学历史学和经济学研究中心主任,美国哈佛大学人口和发展研究中心研究员埃玛·罗思柴尔德认为,20世纪的特点是连续的战争。20世纪结束时的后冷战世界是在冷战之后出现的,冷战之前是战后世界、第二次世界大战、两次大战之间的年代、第一次世界大战和战前时期。19世纪自身并不特别和平,在后拿破仑世界发生的战争和冲突不少于337次。

从历史的观点来看,后冷战世界的公民这一信念应该是不很确定的。冷战政治,或者一切事件都可能成为美国与苏联之间意识形态竞争中的行动前景已经一去不复返。世界革命的前景也是如此。两个全球超级大国之间发生全面核战争的前景同样如此。但核武器完全不像"变得陈旧的玩具"。军事研究和发展,包括对核冲突、放射性冲突和生物冲突的研究,迄今尚未被认为是"徒然的"。

19世纪初的后革命世界与今天的后冷战世界具有一定程度的共同点。商业以及普遍竞争的前景再次成为重大问题。国家和国家主权的传统体系正在衰落。革命的前景已是过去的问题。两个意识形态超级大国之间发生世界范围战争的前景也是如此。未来的问题是在所有社会的亲密关系中发生性质不同的革命。

我们自己处于一个后革命世界。这是一个比18世纪以来的任何时候更不用害怕暴力革命的世界。这也是无限竞争的支持者与国家主权的支持者之间历时两个世纪的联盟、即反对革命的联盟变得日益不稳定的世界。从19世纪初的精神来看,这个新世界可被描述成"反抗的时代"。

19世纪初后革命世界的哲学家们往往重开有关普遍教育的辩论。所有个人是否可能毫无例外地参与新的理论和意见的交流?如果所有个人都参与普遍和民主的讨论过程,世界将变得像什么?这些个人将变得像什么?例如,他们是否可能变得更有道德,或者更爱好和平,或者更具有反抗精神?

六、"别具特色"时代

WPP 集团公司首席执行官马丁·索雷尔认为,几乎每一个行业都面临生产能力过剩。例如,在汽车制造业,全世界的年生产能力超过 7000 万辆,但目前的消费需求水平是 5000 万辆。

生产能力过剩是与竞争加剧形影不离的。多半由于互联网,每个企业如今都面临资金的游离——也就是说,新的从事高技术或者新媒体的竞争对手大量出现。

资金的游离已使人才争夺变得空前激烈。新公司似雨后春笋,它们提供更灵活、更有吸引力和较少官僚习气的就业机会。它们也提供不可估量和未经证实的财富。投资银行和管理咨询公司的资金被它们抢走了。

由于生产能力过剩、竞争加剧、人才短缺,公司及其产品的别具特色、与众不同变得比以往更重要。但是,要使产品和服务明显地别具特色正变得越来越难。技术进步确保竞争对手能迅速地仿造新产品,所有产品优势都是稍纵即逝的。过去需要 5 年时间才能推出一种新车型,现在只需 18 个月。因此,情感的、心理的和生活方式的差异至关重要。一种产品所体现的自身特点,与它所体现的性能同样重要。

可是,在这个新时代,仅仅别具特色尚不足以站住脚。为了生存和兴隆,专营权如今必须是全球性的,但它们必须生根于北美。目前的世界不是全球化的,而是美国化的。在许多行业,美国几乎占到世界市场的一半。更重要的是,任何经营活动的半数以上受到美国的控制或者至少是影响。在广告和营销服务业,2/3 的经营活动集中于美国的东北部走廊。投资银行业现在由美国的大公司控制:美林公司、摩根 – 斯坦利 – 迪安 – 威特公司、高盛公司、萨洛姆 – 史密斯 – 巴尼公司和 J. P. 摩根公司。

美国人具有三大优势:其经济的规模和实力,其资本市场的效率以及在电子商务中的绝对领导地位。可是,我们应该考虑大约 15 年前日本的类似情况。如果历史能给人什么启示,美国的政治和经济霸权最终将衰落。接着将如何? 或许我们应该从东方寻找为时代命名的新理由。

七、美国时代

美国安全问题专家布热津斯基宣称世界进入新的美国世纪。他认为,目前世界上任何一个国家都不是美国的竞争对手。

的年轻人都应分享这种创造力所带来的兴奋。随着令人兴奋的工作日益常见和富国帮助全球的年轻人成为企业家,不同文化可能彼此接受。全世界将逐渐布满网络互联的企业形成的供应链,这些供应链最终将连接各个国家并变得举足轻重。

（十）战胜疾病

我们必须阻止传染性疾病的迅速传播,历史的教训无数次告诫我们,传染性疾病可能夺去数以百万人的生命。现在,我们拥有可以探测空气中存在的危险病毒的探测器,并且掌握了阻止危险病毒传播的医学方法。我们必须做好准备,利用我们所有的技术资源阻止禽流感和今后的突发性传染病的传播。今天,我们尚未做好准备。

（十一）开拓人类潜力

当今人类的一大悲剧是绝大多数人的潜力都远未发挥出来。21世纪的目标之一应该是利用挖掘学习潜力的强大技术来开发每个人的潜力。

（十二）奇点(Singularity)

再过数十年,与人类智慧迥异的计算机智能将自力更生,以不断加快的速度飞速提升。计算机智能的这种连锁反应称为"奇点"。人类必须找到不为这种完全失控且有害的加速变化所征服的方法。必须对计算机的使用加以技术控制——或许以硬件设计的方式——以保证一旦计算机智能发展到人类智慧难以比拟的地步时,计算机将尽量按照符合人类利益的方式行事。

奇点最主要的影响是,绝顶聪明的专家们将利用它取得非凡的成就。届时,应对奇点的能力将在全球,尤其是受过良好教育的年轻人中间传播开来。

（十三）对抗存在危险

21世纪是有史以来第一个某些事件的发生可能终结全人类的世纪,例如转基因病原体释放的可能性等。马丁·里斯在《我们的最后时刻》一书中详细描述了这种危险并预测人类只有50%的希望活过本世纪。

如果我们真的幸存下来,到本世纪末,我们的成就将令人叹为观止。如果人类文明延续许多个世纪,其伟大辉煌将超出任何想象——人类文明辉煌之极,如果人类终结,其可悲简直无法用语言来形容。冒终结人类的危险就是弥天大罪。我们必须采取一切必要措施将人类灭绝的几率降到最低。

（十四）探索超人主义(transhumanism)

21世纪我们将能从根本上改变人类,而单单这个事实就赋予了21世纪非常特殊的意义。技术将使我们延年益寿、懂得更多并植入各种有趣的假体。神经系统科学将取得惊人发展,届时我们能够绘制大脑神经元运作图,记录单个神经元之间的信号传输并用比大脑速度快数百万倍的技术模仿大脑的部分区域。当我们能够将人脑中的各种神经元同体外的设备相连时,一个全新的世界将呈现在我们面前。我们将把大脑与我们颅骨上或颅骨内的纳米技术设备和遥远的超级计算机直接相连。这将以惊人的方式改变人类的能力。

超人主义将备受争议。它将激起大规模的伦理争论。我们可能损害一些让人类了不起的品质。超人主义将带来重大进步,但同时也将造成极大的贫富差距。

我们尚须搞清楚如何能够在没有负面影响的情况下改变人类。超人主义将是推动文明发展到远非今日所能及的境界的首要因素。

(十五)筹划先进文明

21世纪将经历实际财富的大幅增加(将通货膨胀计算在内)。将来终有一日,绝大多数工作将由机器完成。我们在空闲时间做些什么将成为一个大问题。我们现在应该问的一个重要问题是:"本世纪末真正伟大的文明将是什么样的?"由于有了超人主义和奇点,文明的变化将比现在普遍意识到的要大得多。

(十六)建立地球系统模型

我们尚须避免全球变暖发展到如脱缰之马无法控制的境地,因此,地球系统科学必须是一门纯粹的学术科目,其核心任务是全面衡量地球的控制机制并建立地球控制机制模型。模型中将有不确定因素,但我们不应冒丝毫风险去惹恼让我们的家园适于居住的巨大力量。

我们可能遭受的最大灾难恐怕是我们无心地逼迫大地女神盖亚,而明确的反馈信息促使她变得不稳定或转变为另一种状态。21世纪必须用科学来管理人类的行为,使人类与地球和平相处。这对未来的世纪将是至关重要的。

(十七)弥合技术和智慧之间的差距

21世纪,智慧将至关重要。技术和智慧之间的差距是当今面临的一个严峻问题。科学技术正在突飞猛进,而智慧却不然。技术与智慧之间的差距越来越大,这是技术提供了致富之路使然。社会上最具智慧的头脑里充斥着日益复杂的迫在眉睫的问题,而不是深思我们为什么这么做以及这将产生哪些长远影响。

第二节　全球化时代是创新时代

20世纪80年代以来,全球化出现了两种非常明显的趋势,一是多元化状况的出现及加速发展。二是多元化所带来的无序和混乱。这种混乱又表现在两个方面。一方面是自始至终还存在仍然坚持要用某种中心化、单一化的东西来统治全球化,导致霸权主义和强权政治盛行;另一方面是多元化、碎片化无中心的失重状态也成为全球现象。失重时代里的人们已变成单纯的物,物欲已成为人们生活唯一的动力。在此转轨时代,社会以物质的喧嚣和心灵的媚俗消解了情态的清明作为价值尺度的合理性,价值失去了引力,物体失去了向心力,神性和永恒遭到无意义调侃,自由之真被悬置、遮蔽乃至于缺席。因为文化的中心价值已经解体,必须重建时代的精神尺度,走向共生互存共建互解的新时代。这个新时代就是全球化创新时代!

我们时代作为一个全球化的创新时代,最根本最主要的特征就是多元化和人性化。一方面是客观世界和人们的思想的发展变化越来越多元化,另一方面,人人共享的全球化已经成为全球人性化的最高选择。由于同一性的丧失,整体性的消融,传统的分崩离析,以及现代性的叙事危机,爱和智慧在我们时代所经历的各种智力困境的挤压下,已经被平面化,从而陷入深刻的危机中。现阶段哲学、艺术和知识状况是这种危机的表征。在人们使用频率颇高的"后现代主义"名称下面,其实诉说的就是这种在我们时代普遍弥漫开来的爱和智慧的危机。这个时代一切问题的症结为什么说是爱和智慧的危机呢?毫无疑问,我们时代是货真价实的现代,只不过这时代处在一个可以回过头来向"后"看一下的特殊历史阶段上。正是从这种向"后"看的视域中,人们感受到了空前的危机已经到来。

让·弗朗索瓦·利奥塔在《后现代状况》中指出,19世纪和20世纪已给了我们无以复加的恐惧。我们为缅怀整体与统一,为观念和感觉的符合,为明晰可见与可沟通的经验的一致,已经付出了高昂的代价。在争取宽松和普遍的倦慵感的状况下,我们居然听到了一种祈望回到恐惧感的咕哝,渴望让幻想成为真实而去把握现实的幻想。让我们向统一的整体开战,让我们成为不可言说之物的见证者,让我们不妥协地开发各种歧见差异,让我们为秉持不同之名的荣誉而努力。有一点是非常清晰的,即现时代思想文化领域的痛苦是由一种极端的分裂构成的:一方面,我们的社会为歧见的充分展示、为多元化的交织以及为孤立的个人存在提供了空前的机遇;而另一方面,我们的社会结构又始终以一种技术演进的方式和技术框架的结构强求一切、削平一切,从而使得我们的社会进入一种可以称之为功能至上的追迫之中。于是,这时代的爱和智慧进入了一种无着落的状态:由于现代人形而上学地丧失魔力或内在性根基,旧的爱和智慧已成了令人缅怀的遗物,我们"毕竟怜惜上帝"精神的无家可归令人绝望,可是现代人慷慨豪迈的伟大事业却总是一再地走向了"爱"和"智慧"的反面,新的"爱"和"智慧"又立即被证明为"一堆无用的热情"、一种思想到无聊的"胡说"。

在这种爱和智慧无着落的状态中,人的爱智慧堕落为种种功利算计和实际生活的理智筹划。哲学意义上的爱智慧的维度被取消了。现时代的哲学家(如维特根斯坦)突然发现,"哲学终结了","它的所有问题都被取消了"。生活的明智和知识的实用拒绝那种大而无当的哲学崇高。这是一种智力生活的根本危机,是一种使人的生活世界能够亮堂起来的"爱"的危机。我们不能真正拒绝智慧,在拒绝智慧的思想文化中只有"知"的"荒漠"。同样,我们也不能真正拒绝"爱",在拒绝爱的生活世界中我们感受到的只有"在"的"枯萎"。我们时代爱和智慧的危机,实际上是人们现时代在爱和智慧的无着落状态中从根基处又感受到"爱"和"智慧"之间无可拒绝的深度危机。因此,"复兴智慧"是我们这个时代"最需要的文化行动之一"。但这种伟大复兴的宏图大志恰恰是我们时代最没有可能实现出来的梦想。或者,我们正处在这个伟大复兴的前夜,真诚地直面人爱智慧的困难或无智慧的状况,并将它们转化为实践意识下人的类本质的觉醒,才是我们时代面对爱与智慧的危机所能采取的最现实的态度。从全球化创新时代最根本的矛盾看,正是由于快速的多元化,我们传统的一元化还不能适应这种快速多样化的变化。因此,我们这个时代的根本矛盾就是一元化和多元化的矛盾。正是由于这一根本矛盾的存在、扩散、发展和冲突,在我们的时代,还有没有一个将多元化的智慧冲突放入一个统一性框架内进行评判的智力标准?还有没有一个为惊异而动,为怀疑所驱策,为在世之感所激发,为语言所道说,为存在的神秘而梦萦魂牵的主题或者主导原则?如果没有,或者不相信有这种时代主旋律之类的东西存在,我们怎么能够从某种主要的爱智慧的困难境地出发来说明现在的哲学之思呢?种种迹象表明,我们时代正经历一种称之为"智力中心大转移"的深刻变化。这使得我们的文化和思想领域笼罩在一种末世的不安和恐慌之中。这恰恰是前所未有的激发人们深思的东西:在一个新旧智力中心转移的交替状态中,我们永久性地丧失了那个令我们的智慧之爱获得安宁的因素。这样一来,爱智慧在将我们引向哲学方面虽然有力量,但必须走出主观精神的自恋和自欺,走出对各种彼岸幻影或者非彼岸幻影的执迷或崇拜,真实地回到人的现实世界,回到人的历史性实践。

我们必须正面地看待在生活实践中出现的爱智慧的难题。只有自由地进入创造性的交往实践的人,只有把通常情况下使人的爱智慧成为问题的意识转变成为教育人民和劳动的实践意识(而不是着眼于孤立个人的精神分裂),也就是说只有让我们的爱和智慧回到真实的时间、回到活生生的具体生活世界并进入到向这世界开放的本真的联系中来,才不至于在一种焦虑和绝望中反抗自己。因此,在一个爱和智慧危机的时代,真正的问题是:面对各种怀疑主义、虚无主义、相对主义和悲观主义造成的思想文化和智力生活的混乱,如何守护哲学爱智慧所必须具备的思想深度。人们关心的是:在我们的时代,还有没有真正支撑正在遭受瓦解之苦的哲学进行斗争的那种"爱"和"智慧"? 还有没有这种伟大的爱和伟大的智慧能引导我们重新建立起人的信念(这种信念看来已经由当代虚无主义和怀疑主义的讨论所颠覆)?

今天,爱智慧的困难要求人们以前所未有的紧迫性叩响人的历史性的存在。虽然传统的脐带正在被剪除,而任何一种返回传统的主张在今日都将是不合时宜的,也不是我们所主张的。但是,我们的叩响必须植根于传统,植根于我们时代爱和智慧经历的危机,植根于那使我们的自我理解和人的类本质的理解成为可能的人类实践,植根于人在一种实践观点下的良好的哲学意识中爱智慧的不懈努力。

保加利亚的尼古拉什·杰诺夫把全球化时代的思想变化归纳为四个方面,一是工具行为主义理念的流行和安排;二是各类现代个人主义的制度化,其标志是个人发展选择的扩大以及个人自主能力的增强;三是组织理性的升级,即社会结构和功能及时、充分地分化;四是近几十年全球文明经历了加速度的价值体系普世化。无论是爱与智慧的危机,还是四种思想的分析,说到底,就是一个寻求全球化价值的问题!

第三节　多元化及其评价标准

这里所说的多元化,是特指在 20 世纪 80 年代以后全球化进程中行为主体、利益主体的大量增加,日益强化,并左右着全球化性质、进程与方向的规律和趋势。所谓多,就是行为主体的数量不断增多而且还在进一步增多;所谓元,就是作为增多的行为主体,都有一套思想文化,都有一组利益表达,都有一堆奋斗目标,是成系统的;所谓化,就是其不仅成为全球现象,涉及面已超越主权国家,到达国际组织、全球公民社会等等层面,而且已成为全球化的本质,成为不可阻挡的规律、趋势和方向。

多元化与全球化的关系,是一件事情的两个方面,多元化就是全球化,全球化就是多元化,没有全球化就没有多元化,没有多元化就没有全球化。我们不可能去建立一个没有多元化的全球化,也绝不可能去建立一个单极化的全球化,因为单极化的全球化本身就不是全球化。

多元化作为全球化的本质规律和根本趋势,起始于 20 世纪 80 年代,目前还处在初期阶段,还没有能够形成新的国家、民族、宗教关系、新的全球关系、新的全球治理、新的全球经济政治新秩序;全世界正在进行研究、摸索、调整、重组,在分化中加剧竞争,在分化中寻找合作,以图找到一种恰当的新的全球经济政治新体制新秩序来适应多元化的这种根本性、全局性、长期性的变化。这种适应也是长期、复杂、艰巨的。

一、多元化与现实世界的一元化及其形成的尖锐矛盾和斗争

主要表现在三个方面。

第一个尖锐的矛盾是多元化与传统的一元化旧的国际经济政治秩序的遗留物的矛盾。在冷战和冷战前,国际经济政治秩序是统治性的,是国家集团性质的统治性的,是以意识形态和社会制度的对立为根据,是以服从超级大国为前提的。而多元化的出现和发展既是这一秩序爆炸性崩溃的催化剂和结果,又不可能在短期内将旧秩序随崩溃而彻底结束。这个旧秩序的残留物将还会存在并影响相当长时间,才会逐渐地退出历史舞台。所以,一方面,从旧秩序残留物的眼

359

光看，多元化怎么也是大逆不道，犯上作乱，因此，不能承认，不能让其发展起来，甚至不惜采用极端手段。一方面，从未来新秩序的眼光看，多元化这样的纷繁复杂，莫衷一是情况，如何将不适应它的旧秩序调整适应它，并推动它发展，还是一个不断摸索的长期过程。总之，旧秩序没有完全结束，新秩序就还在艰难地建立中，这样，矛盾就显得尖锐而不可调和，唯一的办法，就是创新新秩序，尽快结束旧秩序，使多元化更好更健康地发展。

第二个尖锐矛盾是多元化与传统一元化的霸权主义和强权政治的矛盾。从本质上，多元化要求的是共同的合作，是全球主义，是民族平等公正，是和平发展富裕文明，多元化反对的是单边主义、孤立主义、野蛮主义，反对的是中心—依附论，反对的是霸权主义和强权政治，反对的是以霸权主义和强权政治为基础的旧的国际经济政治新秩序。所以，多元化与霸权主义和强权政治是格格不入、背道而驰、水火不相容的。从这个角度上讲，多元化排斥霸权主义和强权政治，因为霸权主义和强权政治推行的是一元化，是要把美国的意识形态、社会制度和生活方式强加于全世界人民，让全世界成为一个模式；因为它推行的统一性要消除多元化的各自独立性，是要把全世界都统一在它的旗号下，实施全球控制，从而不惜使用一切卑鄙手段甚至不惜把人类拉向战争，甩向痛苦。因为它推行的少数性，要否决多元化的大多数行为主体，是要"精英主义"、"西方中心主义"、"美国中心主义"，只为实现少数国家、少数人的利益服务，而且恬不知耻地把这种利益臆造为全世界人民的利益来强制推行。所以，多元化发展的本质要求和趋势，就是要坚决地反对和取消霸权主义和强权政治。换句话，只有在全球范围内消除了霸权主义和强权政治，多元化才有希望，全球化才有希望。不过，我们也应该清醒地认识到，霸权主义和强权政治是一种复杂的全球现象，它不可能在一夜之间就被消除掉，它的产生、发展和消除也有一个历史过程。首先在经济实力上，资本主义造成全球发展的不平衡，目前它至少控制了全球 GNP 的 70%，财大气粗，实力决定一切。其次，在政治权利上，由于旧的国际经济秩序的残余，它不仅拥有全球最主要的政治资源而且还控制着相当一部分国家和绝大部分的国际组织，美国一拍桌子，大家都不吭气了。复次，在思想文化上，由于资本主义传播力量的作用，文化霸权主义也表现得非常充分，不仅以文化的形式进行传播，而且也在意识形态上进行渗透，从而达到"分化"、"西化"的目的。再次，在军事力量上，由于历史的积累和疯狂的扩张，现在世界上主要的军事力量集中在霸权主义和强权政治的手中，更为严重的是，最先进的军事力量几乎完全被它所掌握，最先进的军事力量的研究与发展的前沿几乎全部被他们垄断。最后，在科技创新上,由于赢家通吃的规律作用,它们不仅拥有几乎全部的科学技术和高新技术,而且由此形成的"数字鸿沟"等等将进一步拉大这种差距。此外,加上霸权主义和强权政治与旧的国际经济政治秩序的残余结合在一起,这种力量更加全球化,更加强化。因此,消除霸权主义和强权政治将是一个艰巨、复杂而长期的过程。

第三个尖锐的矛盾是多元化与传统一元化的原有行为主体和政治框架的矛盾。最为突出的问题是,原有的行为主体和政治框架已经无法容忍和容纳多元化的存在与发展。原因非常简单:不管是主权国家,还是民族、种族、宗教,多元化导致的都是分化和分裂,谁能够容忍?谁又能够容纳呢?所以,局部的冲突、动荡、突变是不可避免的历史现象。但问题的关键并不在这里,而在于这种矛盾造成了一个空子,提供了一个机会,霸权主义和强权政治正好利用这个矛盾,抓住这个机会,钻了这个空子,打着西方价值观等旗号,甚至不惜发动战争,把自己的势力范围扩张到世界各个角落,把自己的控制渗透到世界的各个方面。这样一来,多元化与原有行为主体和政治框架的矛盾,霸权主义和强权政治的乘虚而入,世界不仅变得不安宁,而且变得相当复杂。谁代表了真理?谁代表了正义?谁代表了人权?谁是正确的?谁是错误的?谁支持谁,谁反对谁?似乎一切都只能是顺其自然发展,发展到什么程度就算什么程度了。

实际上,多元化最值得研究的问题也在这里,就是如何对待原有行为主体和政治框架内分化和分裂出来的多元化:究竟该支持哪些多元化,该反对哪些多元化;哪些多元化是符合人类社会发展方向和趋势的,哪些多元化是反人类反社会的;是用暴力、战争解决多元化问题,还是用和平、合作解决多元化问题。这个问题是十分复杂、十分棘手的。一是标准问题。标准本身也是多元化的,在这个问题上恐怕有超过一千个标准,特别是在具体问题上恐怕标准就更多,而对待别人的多元化和对待自己的多元化又会有多重标准。真是公说公有理,婆说婆有理。二是主权问题。多元化是在原行为主体和政治框架内由原主权来解决,还是放在国际行为主体和框架内由国际来解决,更是争论不休。一般来说,原主权来解决大都是压制、制止多元化,而国际解决所诉诸战争的"人权高于主权"的被迫接受是不能让人们接受的。三是解决方式问题。是和平、合作还是暴力、战争,寻找共同点解决问题,还是通过消灭一方、保护一方的暴力战争解决,也形成了错综复杂的局面,恐怕暴力战争方式带来的后遗症更大。四是解决程度的问题。多元化问题解决到什么程度受到各方面力量的制衡,表面上看,可以分为彻底解决和解决不彻底,但其复杂性使我们很难从现在预计将来,在现在解决的程度上今后会怎样发展,几乎是不可预见

361

的。甚至会出现完全相反的态势和局面,增大了不可测性。五是解决的价值观问题。不同的价值观带来了不同的标准,不同的解决方法和不同的后果,而价值观本身也是多元化的,所以根本上就更复杂了。

二、解决矛盾必须坚持三个原则

第一个原则是多元化从本质上来讲是符合全球化和人类社会发展的根本规律和前进方向的。我们必须承认,一个单一的、封闭的、一元化的人类社会肯定是违背规律,肯定是全人类所不欢迎的。只有多元化,才能真正推动人类社会的发展和进步,才能在全世界范围内实现人的全面发展,才能在整个地球实现人与自然、社会、人与人之间的和谐发展。所以说,多元化才是人类社会进步发展的真正动力。在这个意义上讲,多元化是应当受到欢迎和得到支持的。

第二个原则,人类社会应当竭尽全力避免多元化中的极端化。多元化中的极端化主要表现在两个方面:一个是多元化中的某一化背离了人类社会进步发展的规律,违反和抵消了人类社会的共同利益,采取全球社会所不接受的极端思想和行动来达到多元化的目的,形成全球多元化的破坏势力。另一个是不愿看到多元化的某些霸权主义、强权政治及各种行为主体,采取单边主义、孤立主义、暴力主义等人类社会所不能接受的思想和行动来压制打击多元化,甚至是借口打击多元化中的极端化来造成全球极右势力的极端化。所以,要正确地对待多元化,保持多元化正常健康发展,就必须竭力避免极端化。

第三个原则,人类社会必须寻找共同点,加强彼此合作,达成共同性来保持多元化正常健康发展。这是评价和推动多元化的唯一标准,同时又是多元化的本质要求和发展方向。多元化与共同性将成为辩证的统一体,主导着我们今天和未来。如果我们不是这样地提出问题、认识问题和解决问题,我们除了毁灭自己之外,什么也得不到。

诚然,多元化在发展中,共同性也在发展中,在目前的初期阶段,似乎共同性少了一些。但在今后的岁月中,随着人们智慧的增长,共同性将成为多元化灵魂和主流而成为现实,这一过程也将是极端多元化逐步转变为正常多元化的过程,多元化自身也在调整中实现正常、健康发展。任何一个具体的多元化的命运只能是一种历史的选择,选择标准自然是黑格尔的名言:凡是现实的都是合理的,凡是合理的都是现实的!

第四节　多元化与共同化

解决多元化与传统一元化的根本矛盾,就是要改革一元化,在寻找共同性中抛弃传统的一元化,形成新的共同性。

一、多元化分析

所谓多元化,是指自两极格局结束以来,在全球范围内多元主体、多元组织模式、多元社会、多元利益、多元文化、多元选择的客观现实和逐步加速的趋势和规律。

我在这里为什么使用多元化的概念而不使用多样性的概念呢? 首先,因为多样性的概念只描述了一种现象,只是说各不相同,而没有揭示一种本质,没有说明各不相同的利益。其次,多样性的概念只说出了一种存在,只是说丰富多彩,而没有揭示一种规律,没有说出主体利益的追求、斗争以及统一的困难。

在两极格局下,由于世界处于统治之下,许多主体在萌芽状态时就处于高压之下,不可能产生出来,而更多的主体只能生活在一种模式之下,只有一种选择,只有一个利益。因此,总的讲是一个较为单一的世界,或者是一个两极格局下的单一世界。两极格局一打破,多元主体如雨后春笋,应运而生;多元主体的多元利益、多元选择、多元模式更是成为一种历史的潮流,席卷全球而锐不可当! 造成一个真正多元化的全球,造成了一个人类历史上崭新的多元全球社会。为什么如此凶猛、迅速,一句话,战后被压抑近50年的多元主体及多元利益的出现和体现,是任何人任何力量都阻挡不了的。为什么还会有加速的趋势,一句话,多元化本身就具有被强化的特征。在多元化的规律中,多元化最大的激荡和催化作用,就是会有更多的多元主体的效仿,参与到更加深刻而广泛的多元化进程中来。

多元化从本质上来讲对全球化的健康发展和正确方向是有正面的促进作用的。这就是说,多元化调动了全球各方面、各层次主体的最大利益取向和实现,从而调动了空前的积极性、创造性,使人类社会充满生机与活力,更加丰富多彩,更加发展、富裕、文明和进步。不管怎么说,全球化只靠一种或几种力量的推动是不行的,必须依靠多元力量的推动才能成功。所以,多元化是人类社会进步的动力。

为强烈；从形式上看，主体已超越国家限制和正式国际组织的限制，更加多样，更加繁杂。

多元化主体是在分化甚至是分裂、裂变中产生的：一是在原有的国家联盟的各加盟共和国中的分化，使各加盟共和国成为独立自主的新民族主权国家；二是在原有的民族主权国家中的分化，使这些国家的某个省和某个区成为独立自主的新的民族主权国家；三是在原有的民族组织和派别中的分化，产生出新的民族组织、派别，甚至出现了民族分裂的极端组织；四是在原有的宗教组织和派别中的分化，分化出新的宗教组织、派别，甚至出现了宗教分裂的极端势力；五是在原正式国际组织中为了解决某些重大全球共同问题而分化出新的同级组织或下级组织，甚至是组建新的正式国际组织，如：国际刑事法院；六是在原非正式国际组织中因各种原因而分化出新的非正式国际组织，甚至组建了新的非正式国际组织；七是在原政党的基础上分化出新的党组织和党的派别，全球政党也发生了大分化；八是在全球公民社会中分化出各种利益表达和实现群体，既有面对全球社会的，也有面对某些领域的，使全球公民社会开始产生并成为新的行为主体；九是在各种国际结盟、合作组织中的不断分化，既有扩大的，如北约，也有新产生的，如欧盟，更有重组的，如 10＋1。当然也还有我们没有概括到的分化情况。但不管怎样，多元化主体是通过分化来实现的，这一过程现在仍在进行当中。我们估计，未来相当一段时间，这个趋势是阻挡不住的。

多元化主体在分化中产生有时候是异常痛苦、十分动荡的，因为相当部分是通过分裂、裂变来实现的，运用暴力、战争、国际干涉等达到的。20 世纪下半叶全球动荡延续至今。大家都是承认的，有目共睹，具有共识的。

二、多元化的共同基础

首先，多元化主体再多，再发展，都只能在人类生存的这个地球空间，在可以看到的未来，恐怕不会发展到别的星球去，即使到了发展到别的星球的那一天，太阳系的这个共同基础也仍然是存在的。所以，无论如何，多元化主体生存和发展在地球空间这一共同基础是毫无疑问的。因为，我们只有一个地球。而这个地球无论从过去角度上讲，还是从社会角度上讲都是比较脆弱的。如果多元化主体只顾自己而不惜毁坏和毁灭这个地球，那么，整个人类社会都将失去地球，失去生存与发展的空间，到了这种时候，多元化主体还有什么意义呢？

其次，多元化主体再多，再发展，也离不开人类社会这个共同基础。人类社会作为一个整体，虽然由不同的国家、不同的制度以及各种全球化主体构成，但却不是抽象的,而是实实在在的人类社会。整个人类社会的客观存在,使得每一个多元化主体都只能在人类社会中活动和发展,而且还只能在人类社会的某一个具体的区域、国家和制度下活动;就是从事全球化事务,也不能离开人类社会去活动和发展,就是从事专门的自然界工作,也是从人类社会的角度来活动和发展的。因此,"我们只有一个人类社会"也是成立的。至于有没有外星人,有没有外星人的社会,那就与本题无关了。重要的是,对于我们任何一个人来说都离不开的人类社会,也是十分脆弱的,任何一个多元化主体如果只为了自己而不惜毁坏和毁灭人类社会,那么,我们大家将失去人类社会,失去我们人的社会性的存在与发展空间,到了那种时候,多元化主体还有什么意义呢?

最后,多元化主体再多,再发展,都只能在一个共同的时代发挥作用。每一代人都只能生活在一个共同的时代,去面对和解决这个时代的问题,推动这个时代的发展。必须指出的是,我们正处在一个由两极走向多极、多元的时代。多元、多极正是这个时代所特有的本质和特征。如果我们不认识、不承认这一点,仍然要在这一时代去搞什么单极、霸权、野蛮,那除了被时代所抛弃之外,什么也得不到。问题的另一方面则是,多元、多极时代是一个共同时代,各个多元都有维护这个时代,推动这个时代发展的共同责任。因为不仅多极、多元本身有一定程度的不稳定性,而且多元、多极与单极,霸权之间的矛盾还具有对抗性、尖锐性、多重性、不对称性及危险性。因此,维护多元和多极也不意味混乱、混沌,而是要共同解决这一时代的问题,落实时代的责任。不言而喻,这个时代是非常脆弱的,任何一个多元化主体如果只是为了自己而不需毁坏和毁灭共同时代,那么,我们大家都会失去共同时代,失去我们人的时代性的存在与发展,到那个时候,多元化主体还有什么意义呢?

也许有人会说,共同基础是不是过于抽象。我们的看法则与此相反,共同基础非常具体也非常重要。冷战及冷战前,人类共同基础应当说也是存在的。这是因为过去的共同基础被国家、集团和意识形态、社会制度分割为对立的两极,就某一极来说,是有共同基础的,但对人类社会来说是没有共同基础的,而就两极之间来说,不同的共同基础是对立的、水火不相容的。这是因为在这样的基础格局下,许多多元主体是被压抑的,不能成立不能表达的;这是因为人类社会的发育发展程度还不能分化出更多的行为主体。在当代和今后相当一个时期,由于两极格局的崩溃,由于人类社会的发展,由于各行为主体被释放,这些更多的行为主体之间的依存与发展更为紧密,人类共同基础就上升到更为重要的地位,成为解决多极、多元与单极、霸权之间矛盾以及多元之间的矛盾的共同点。一句话,仅有多元、多极,仅有单极、霸权,没有共同基础,必将是时代、人类、地球的毁灭,人类为什么要做这样的傻事呢?

第六节　多元化选择与实现共同利益

多元化主体通过分化而出现,而分化则是以利益为基础。在全球化的进程中,人们的利益呈现了两个方向的发展趋势。一方面是各种具体的利益导致的旧主体的分化、分裂、裂变(有时是痛苦的,甚至是以战争为手段的),出现了更多的主体来代表的要求实现更加具体的利益。这种多元化主体趋势证明:人们的利益更加具体化。当然也就说明了国家碎片化的缘由。另一方面是全球共同利益的增多(包括区域利益)。由于人类社会相互依存愈来愈紧密,共同发展越来越迫切,谁也离不开谁,谁也战胜不了谁,谁也不能不面对共同问题,谁也不能不考虑到共同利益。

多元化主体因利益而分化,而增多,特别是新主体的出现,也就出现了更多的具体利益的选择。从本质上讲是方向,是好事。这是因为:第一,多元化主体代表了体现了更为具体的利益,这就使得人类社会各个层次、各个方面的利益都有了一个选择,而永远结束了冷战时代及其之前被超级大国的世界统治而强制和消灭各自具体利益的单一时代。第二,多元化主体还代表和体现了更为具体利益的发展过程的规律。不同时代的不同主体有不同的利益,各种具体利益都在运动、变化和发展之中,使得世界丰富多样、丰富多彩、模式多样、充满生机和活力。第三,多元化主体由于要实现各自具体的利益,就必须进行多元化的选择,必然成为人类社会进步的动力,在人类社会的发展中创造了更加多样、更加丰富的文明,推动着人类社会不断走向光明的未来。第四,多元化主体越发展,其各自利益之间的关系就更为重要。特别是由此产生的共同利益也随之增多,从而为和平合作、共同发展提供了基础和条件。

当然,我们也应该看到:多元化主体及其发展,在一定的历史阶段内也是有破坏力的,有时甚至有相当的破坏力,尤其是当一个旧时代刚刚结束,一个新时代刚刚开始的时候,这种情况最为突出。这就是"代交混乱"。具体地说,第一,多元化主体的各自具体利益选择导致的是以对立为基础;第二,这种对立的选择与过去的稳定态势是不相容的,它要制造出一个动态,一段时间后才能达到稳态;第三,这种对立的选择是残酷的,因为旧利益的顽强抵抗和新利益的拼命体现形成尖锐的矛盾,达到不可调和的状态就会更加残酷,直至战争。当然,这也是战争减少、缩小但不会结束的原因。第四,这种对立的选择由于集中于各自的具体利益,非常容易忽略和放弃共同利益,甚至直接影响到共同利益的实现。第五,这种对立的选择导致的极端形式,往往对旧的人类社会秩序、思想、观念、文明等等产生巨大的破坏作用,而一时又难以产生新的秩序、思想、文明,造成整个时代的迷惘和困惑。

实际上,希望与未来已经在全球出现,这就是人类社会共同利益已经成为客观现实和共同选择。

一方面,多元化的利益及选择的发展,本身就在相互之间产生出人类社会的共同利益。在人类社会中,任何一个具体的利益都不可能孤立地存在,独自地发展,更不可能不与其他利益发生关系。同处于一个利益体中,尽管各自具体利益之间有对立,有冲突,但它们始终不能脱离和超出人类社会的利益共同体,不管这个具体利益有多么强大,多么广泛。更为重要的是,全球化之所以产生并成为世界历史的新趋势,根本的就是因为各自具体利益之间的联系更加紧密,更加深刻;相互联系,相互依存,谁也离不开谁;其范围之广、程度之深是以往任何时代都不可比拟的。从这个意义上讲,不仅各自具体利益必然构成共同利益,而且共同利益也要引导各自具体利益。

另一方面,全球化的新发展产生了一系列的全球问题,这些全球问题十分深刻地影响着人类社会的进程,威胁着每一个具体利益。如果不能解决这些问题,人类社会的各自具体利益都必将毁于一旦;这些全球问题十分严重,以至于每一个具体利益主体无法都单独面对,都无法孤立解决,都无法各自在解决问题中来保护和发展自己的利益;这些全球问题十分棘手,每一个具体的利益主体都不能在短时间内解决问题,毕其功于一役。全球问题催生了活生生的现实的人类社会的共同利益,使人类社会无国界区别、无意识形态差异、无社会制度不同、无各自具体利益对立的共同利益得以产生,成为多元化中的共同选择。"我们只有一个地球"如果说过去仅仅是一种口号的话,那么,它今天已经是非常现实的共同利益选择。

综上所述,由于多元化的各自具体利益的更加紧密地相互依存和全球问题产生的协同关系,构成了人类社会的共同利益,这是多元化选择的基础。只有实现了人类社会的共同利益,各个多元主体的利益才能实现,这是多元化的共同选择。

第七节　多元化道路与全球共同责任

　　在多元化的过程中,不同的行为主体有不同的选择,而不同的选择恰好表现出不同的道路,使整个世界呈现出许多不同的责任。原则上讲,这些责任都是为着不同的主体和利益来实现的。"为谁负责"表现在以下几方面:一是原各民族主权国家选择的不同发展道路,主要表现为为国家利益负责;二是分化出来的新国家选择了建立新国家的道路,主要体现为新国家利益负责;三是各种分化出来的民族、宗教组织选择了建立各种新组织运动的模式,主要体现为为这些组织及成员负责;四是各个阶层全球公民社会的产生选择了各自不同的存在和活动的道路,主要体现为为这一阶层的公民社会成员负责;五是各种共同体及国家集团、联盟等等选择了地区、区域共同发展的道路,主要体现为为地区、区域负责;六是正式国家组织选择了促进全球发展的道路,但在强国的支配下,主要体现为在为强国负责的前提下为国际组织负责;等等。这些多元化道路上的责任从全球化的角度看,都是局部的、部分的,虽然成为推动人类社会进步发展的动力,但只为自己负责还是其本质,从这一点上看,还必须为多元化的道路找到一条新的出路。

　　这个出路就是在共同利益的基础上产生的全球共同责任。主要表现为:第一,要多元化和共同性新思维,不要单一化、孤立化的霸权主义和强权政治的共同责任。积极推动世界走向多极化,尊重各国和各国人民的意愿与利益。这是促进世界和平与发展的重要基础。致力于建立多极世界,符合世界发展的客观规律,有利于体现各国和各国人民的共同意愿与利益,有利于推动建立公正合理的国际政治经济新秩序,有利于促进世界政治经济文化的协调平衡发展。多元化并非针对特定国家,而是世界各种力量在平等互利的基础上,加强协调和对话,不搞对抗,共同维护世界的和平、稳定与发展。尊重世界的多元化,保证各国和睦相处、相互尊重。各国人民在自身的发展进程中创造了丰富多彩的文明。各种文明相互交流和借鉴,是人类进步的动力。各种文明和社会制度应该而且可以长期共存,在竞争比较中取长补短,在求同存异中共同发展。世界是丰富多彩的,不可能也不应该只有一种模式。一个和平相处、共同发展的世界,只能是

370

一个各种文明相互交汇、相互借鉴,所有国家平等相待、彼此尊重,充满活力而又绚丽多彩的世界。第二,要维护和平与安全的新境界,不要恐怖与战争的共同责任。人类社会无论怎样多元化,无论怎样丰富多彩,各行为主体彼此之间都应当和平共处。树立以互信、互利、平等、协作为核心的新安全观,努力营造长期稳定的国际和平环境。各国在安全上的相互依存不断加深,共同点在增多,任何国家都难以单独实现其安全目标。只有加强国际合作,才能有效应对全球安全挑战,实现普遍和持久的安全。各国应以互信求安全,以互利求合作,从根本上减少不安全因素,维护全球战略平衡和稳定。第三,要共同发展和共同富裕的新发展,不要"贫者愈贫、富者愈富"的两极极端分化的共同责任。正确引导经济全球化,促进各国实现共同发展。经济全球化是一种客观趋势,有利于促进资金、技术等生产要素在国际社会的流动和优化配置,有利于推动世界生产力的发展。不容忽视的是,在目前的经济全球化进程中,发达国家是主要受益者,而发展中国家获益甚少,有的甚至有被边缘化的危险。国际社会应共同努力,趋利避害,实现共赢共存,使经济全球化朝着有利于世界经济平衡、稳定和可持续发展的方向前进,以缩小南北差距,防止"贫者益贫,富者益富"现象继续发展。这不仅是实现各国共同发展的需要,也是维护世界和平与稳定的要求。第四,要民主平等、合作博弈的新秩序,不要由霸权主义和强权政治主宰的旧秩序的共同责任。推进国际关系民主化,凝聚各国人民的力量解决面临的突出问题。历史反复证明,全球性的问题需要各国共同解决,全球性的挑战需要各国合作应对。任何国家和一种力量,都不可能也没有能力来独自完成这个任务。国家不分大小、贫富和强弱,都是国际社会的平等一员。各国的事情要由各国人民做主,国际上的事情要由各国平等协商。在事关世界和地区和平的重大问题上,应该按照联合国宪章的宗旨和原则以及公认的国际关系基本准则,坚持通过协商谈判和平解决争端。

在各自责任与共同责任之间,我们还发现有一些重要关系及特点应当加以注意和解决。一是共同责任的涉及范围的大、小关系。有些共同责任涉及所有的行为主体,而同一共同责任只涉及部分行为主体,因此,参与履行共同责任的范围大小是不一样的。二是共同责任涉及程度深、浅的关系。有些共同责任涉及的某些行为主体非常直接,而同一共同责任涉及的行为主体则比较间接,因此参与履行共同责任就有了直接性和非直接性的区别。三是共同责任的涉及力度有强弱关系。有些共同责任涉及的行为主体介入力度很强,几乎达到倾其全力之地步,而同一共同责任所涉及行为主体介入的力度较弱,因此履行共同责任就有了强弱的划分。四是共同责任所持续的时间有长短的关系。有些共同责任的履行需要较长的时间,而有些共同责任的履行时间较短,因此这就有了视情况而定的履行共同责任的时间长短的不同。这些关系及特点说明,每一个行为主体因情况不同履行共同责任的大小、深浅、强弱、长短不同,它们都可以从各自的责任中来进行选择,但不管怎样选择,履行共同责任是必须的,也是必然的。正如美国学者约瑟夫·奈和罗伯特·基莫在《全球化世界的治理》一书所强调的,实现全球治理的合理性需要做到三点,民族的透明度更高,对责任的理解更丰富,积极进行实践。

第八节　多元化理想与共同价值观

多元化之为多元化,如此之坚定、执著而不可动摇,不可侵犯,根本的原因就是在多元的各自具体的利益基础上产生的多元化理想(价值观)。理想(价值观)的作用和力量是众所周知的,也可以消灭一种多元化的实体,但你永远无法消灭其多元化的影响(价值观)。在多元化的今天和未来,这种多元化的理想(价值观)的分化主要表现为,一是西方中心论仍然占据着统治地位,控制着全球化的主流甚至正在蚕食着世界的每一个角落。什么"中心、依附、边缘化"的一套说法正是反映出了这种情况。而在这种价值观的分化、西化作用下,形成了某些方面一边倒的趋势,呈现出全盘西化的态势。屈从于西方社会,死于西方社会是有一定市场的。这个"西方中心"虽然内部也有分歧,但主要还是以美国为首。二是西方内部的某些独立性的保持,虽然美国成为唯一的超级大国,但西方强国都不愿意完全地俯首称臣,他们总是企图保持某种独立性,甚至形成欧盟这样新的共同体,虽不是对抗也是抗衡,这充分说明西方中心论内部的价值观也不是完全一致的。三是西方各国正在进行改革,调整自己的内外政策,以适应全球化的需要,企图继续保持生机与活力、霸权与强权,如盛行于西方的宗族势力的"第三条道路"等等。四是西方各国内部面对一系列全球问题的冲击,尤其是移民、难民等问题,产生了极端的极右势力,企图以保持西方种族与社会的纯种性来适应全球化,这种价值观在西方有着相当的市场。今年法国大选,极右势力的代表勒庞的第一轮胜出已经把这个问题说得再明白不过了。而荷兰的极右势力的代表人物富图恩在大选中被谋杀,更说明这场斗争不仅刚刚开始,而且后果难以预料。五是走资本主义道路不要西方中心论的发展中国家,一方面追求西化的优越,另一方面却深感西化的痛苦,正处在企图寻找超越二者的痛苦的价值观。六是各种民族、宗教、人权的国家、国际组织、公民社会从自己各自具体的利益或者是全球利益出发,提出了各种复杂多样的价值观,追求着自己的理想,呈现出丰富多样的局面。不过从全球角度上讲,除了像环保、妇女儿童等少数价值观之外,能够成为全球化主流的并不多,但对每一个具体的行为主体来说则是十分重要的。七是走社会主义道路的发展中国家也正在价值观上产生了需要解决的重大矛盾,一方面要融入国际社会,参与全球化,另一方面又要保持社会主义的本质和特色,应该说,这个课题是十分重大,十分严峻的。八是各种带来极端倾向的理想和价值观。这种价值观的存在发展有相当的根基,甚至也有许多全球化负面影响的根本原因。所以,它的特点不仅表现为极端疯狂,而且表现为长期而复杂;不仅表现为不分国界而打破传统的新力量,而且表现为不加区别地坚持传统的旧力量;不仅表现为传统与现代的结合,而且表现为现代指导下的传统发展。各种民族、宗教的极端势力,比如激进主义,各种国际恐怖主义,如拉登基地组织等等。总之,这些价值观本身是有区别、有分歧、有对立、有冲突的,但这并不是亨廷顿所说的文明的冲突。我们认为,亨廷顿所研究的文明的冲突是不存在的,因为各种文明是可以相互尊重、包容渗透、共生共荣的,但各种文明之间的对立和冲突则是由其核心部位的价值观的不同而引起的。亨廷顿认为现在的冲突不是意识形态的冲突(社会主义与资本主义的两极意识形态),但他却没有看到各种文明之间的价值观的冲突才是根本的冲突。亨廷顿应当懂得,价值观的冲突和意识形态的冲突绝对不是一回事。亨廷顿更应该懂得,价值观冲突是各种文明冲突的核心冲突,但都不是文明之间的冲突。不过,限于本书的主旨,我们指出这一点就足够了,对亨廷顿的理论进行全面的评价不是本书的任务。

那么,各种价值观之间是不是只有对立与冲突呢?回答当然是否定的。这些不同的多元化价值观怎样才能发挥综合作用,推动全球化健康发展呢?这就需要我们找到全球化共同价值的客观存在(请阅读本章第十一节、第十二节)。

373

第九节　多元化对象与和而不同

　　多元化有一个显著的本质与特征,就是每一个行为主体的对象也多元化了。对象的多就使得全球情况变得复杂起来,也使得竞争中的对手的情况变得复杂起来,更使得如何对付对手的情况变得复杂起来。我们很清楚,随着冷战的结束,敌人的概念开始淡化,甚至在逐渐退出历史舞台,而对手的概念却同步开始热化,逐渐占领历史舞台;但同样令人迷惑的是,谁是对手的问题也同步开始模糊起来,变得不确定起来,相反的,伙伴的概念比它们更热化起来,大有代替对手的概念,占领历史舞台的现实和趋势,成了当代的一大发明。

　　原因何在? 一是没有了敌人的概念。因为敌人是绝对对立的、绝对对抗的,必须消灭之。所以,敌人是只能被消灭的对象,在某些情况下与敌人和平共处,是因为条件限制消灭不了敌人。二是对手的概念虽然比起敌人来减弱了绝对对立性、绝对对抗性,承认了不以消灭对方为前提,但仍然是对立的、对抗的,不承认有共同之处,或者仅仅把共同之处当作权宜之计。三是伙伴概念的出现刷新了以前的全部内容,承认了多元化对象有合作的共同基础,否认了对立性和对抗性,增强了和谐性、共处性、共赢性,在不同中找到共同,在共同中保留了不同,这就是和而不同的客观基础和历史的趋势。所以,和而不同思想的产生不是空穴来风,而是活生生的历史现实和未来趋势。

　　"和"的思想根源于中国的传统文化,根源于中国的处世哲学和人生理念。但是我们今天所说的"和"与中国传统哲学是有本质区别的,或者说是中国哲学在多元化中的升华,在全球化中的创新。首先,和而不同是以承认不同为前提、为基础的,没有不同就没有和。其次,和与不同虽然也是客观存在的前提和基础,也是不同的必然内在含义,但不同主要强调和体现的是不和,而和却是经常被掩盖和否认的。所以,和是必须去寻找的。复次,在不同之中找到共同就是和,和也是事物变化发展的动力,不能把和仅仅看作是一种手段、一种中庸。再次,在共同之中也保留不同,不能用共同去消灭不同,和而不同才是事物变化发展的动力,用和消灭不同,是另一种极端、另一种无知。最后,和而不同自身也处在运动、变化、发展之中。此时的和不是彼时的和,此事的和不是彼事的和。所以,掌握和而不同,要因时因事而宜。从这个意义上讲,和以生,和为贵,天下之大道,也都是有道理的。

令人欣慰的是,和而不同把对手改变为伙伴,使多元化对象有了共同的基础。伙伴当然不是无差别无分歧的一种声音、一支力量、一个世界,而是在差别、分歧,甚至是对立、对抗中寻找共同的多种声音、多支力量、多样世界。因此,和也不是盲目附和,不是不分是非,不是不讲原则的苟合,而是寻找到了共同点的和,在共同点基础上合作的和,在共同奋斗中实现共赢的和。和的最根本的现实基础就是伙伴关系、共同利益,和的最根本的长远基石就是人类社会的共同利益。

第十节　多元化竞争与合作共赢

多元化及其竞争才是全球化的真正动力,垄断和霸权只会窒息全球化的发展,造成人类的灾难。反垄断、反霸权,保护和支持多元化竞争,才能真正推动全球化发展。这是一方面。另一方面,多元化的竞争也存在着负面影响。由于恶意、过度、极端自由化的竞争的存在,所以竞争有着不可回避的破坏力。这种破坏力从全球化的角度上讲,已经达到了不用战争手段就可以毁灭一个国家、一个区域的地步。国家破产的理论与实际的产生非常能说明了这个问题。要害在于,一旦这种竞争破坏力的结果与垄断和霸权力量的控制(甚至包括国际组织也同时参与控制的话)搅和在一起的时候,情况就异常复杂,往往是以牺牲穷、弱、小国,保全垄断与竞争而告结束。更可悲的是,这种悲剧常常又被冠以新自由主义、完全自由竞争、支持与援助渡过危机、自身治理有误等等形形色色的新名词来掩盖了真相和真实意图。原因何在? 就在于零和博弈,就在于你死我活的单一化的结局的竞争。竞争是需要的,自由竞争也是需要,出问题也是需要有人来帮助解决的。但是,历史留给我们的恶劣卑鄙的遗产就是在竞争中形成绝对的单方输赢的理念和实际。要么你赢我输,要么我赢你输,绝对单一的输赢结果就是零和博弈,就是"成者为王、败者为寇"的悲剧。就是必须将一方淘汰出局的零和博弈。

实际上,在多元化的竞争中,双方(多方)之间有着许多合作的基础和条件,即使是在垄断和霸权干预和控制危机行为主体时,这种合作的基础和条件也是存在的。既可以在竞争中合作，也可以在合作中竞争，合作与竞争是一件事情的两个方面。更可以将你赢我输、我赢你输的绝对单一输赢的结局改变为共存共赢的结局，将零和博弈改变为合作共赢。一句话，大家都是赢家，没有永远的输家，也没有永远的赢家，只有共赢多家。这样，肯定竞争仍然是动力，避免否认竞争的垄断，合作也是动力，调动更多的积极性；竞争的破坏力被减弱到最低程度，把垄断和霸权的控制限制在一定的范围内，使多元化各行为主体都能在利益上各得其所，产生推动全球化健康发展的多个积极性和共同动力。这是因为，在全球化中相互依存更加紧密，谁也离不开谁；资源的全球优化配置，竞争对手全球化，谁也垄断不了谁；利益更趋于合理性、合作性，走出单一化、对抗性，你中有我，我中有你，以绝对单一的输赢已不可能取胜，谁也赢不了谁；搞掉对方也意味着伤害自己，甚至是搞掉自己，谁都制裁不了谁。所以，只有合作共赢，才是人类的共同明智选择。

在合作共赢中要特别注意解决好零和博弈及各种极端势力的问题。当今全球竞争仍然是以零和博弈为主：一是全球竞争的主体依然以国家为主，其他形式的竞争还不能作为主体来起作用。因此，在今后相当长的历史时期内，全球化的主导力量依然是国家而不是别人。无论国家主权如何碎片化也决不会改变这个事实。二是各国在全球竞争中主要是以综合国力进行竞争，而且已趋白热化。最明显的情况是，大国的兴衰将更决定并贯穿于综合国力竞争的全过程，再也不会像过去那样由一场大战决定胜负。所以，综合国力的竞争将成为今后相当长的历史时期的竞争主旋律。综合国力的竞争进一步加剧，激烈程度已经白热化，零和博弈的现象越来越严重，"一超诸强，多极竞争"，新兴市场国家，甚至有些国家已经"边缘化"，竞争导致的绝对悬殊的激烈程度也不是短时期内可以改变的。四是同样的、竞争的主体越来越呈现多元化的趋势，这不仅使竞争更加普遍化、多极化，而且多极化的发展与单极的霸权的竞争和碰撞会更加激烈，更为复杂。五是在综合国力的竞争中，各国抓住科技、人才、军事三个重点作为进行较量的根本更为明显、突出。特别是各大国都在力争本国和本集团在新科技时代要打赢这场事关现实与未来的科技、人才大战。而用美国挑起的新一轮包括太空的军备竞赛，有可能再度打破本来已经很脆弱的国际战略平衡，造成进一步的失衡与危险。六是零和博弈依然是竞争的主要取舍。尽管也有一些合作，甚至形成了国家集团、某些区域组织，甚至共同体，但竞争的主要取舍，仍然集中在本国和本集团的输赢上，仍然集中在本国和本集团取得胜利上，而不是寻找共同基础去解决共同的问题上。由于多元化的复杂局面，零和博弈也更为尖锐，更为复杂。

这些分析证明,零和博弈的竞争现在还是主要的方面,这些竞争本身就是有破坏力的,再加上极端势力的出现和壮大,形势变得相当严峻。我们所说的极端势力,是为了单独实现自己利益而超出一般正常状态的某些势力。主要包括,一是单极化的霸权主义和强权政治,它们推行单边主义、孤立主义、绝对霸权主义,成为全球最大的极端势力。二是极端的民族、宗教分裂势力,它们推行的是极端的分化和分裂,把打破平衡变成了极端的灾难,是多极中比较广泛的极端势力。三是国际恐怖主义的极端势力,它们推行的恐怖的暴力行动,造成了广大平民的无辜牺牲和损失,是全球化中突出的极端势力。四是全球,特别是欧洲的极右势力(也称为"后现代右翼"),它们反对全球化、多元化,以反对外来移民为重点,坚决保护其人种、血统、传统的纯洁性,以仇外排外为重点等等。而反对极右势力的力量也采取了极端的行为——荷兰的富图恩遭到了暗杀。尽管原因是复杂的,但极端势力的增长和强大却是简单的。

因此,我们应当注意到,恶意的、过度的、极端自由的竞争是零和博弈,极端势力的发展更是零和博弈的怪胎,它们不仅是对竞争的结果造成严重的破坏,而且是对竞争的整个平等前提造成破坏,也就从根本上破坏了竞争。唯一的出路,就是走向合作共赢。

第十一节　以包容和合作为核心的最低价值观和最低政治纲领

逻辑演化到此,已经可以顺理成章地提出全球学的最低价值观和最低政治纲领了。我们所说的最低价值观和最低政治纲领,就是全人类社会,包括多元化中的各种行为主体、每一个公民都必须共同遵循的最起码的全球化的基本价值观和行为标准。

全球学的最低价值观和最低政治纲领是在相互竞争的多元化基础上,以包容和合作为核心,以和而不同为根本,以逐步实现人类社会共同利益为目标,在人与自然、人与社会、人与人之间做到相互依存、相互尊重、相互包容、相互协商、相互理解、相互信任、相异相合、相反相成、求同存异、取长补短、合作博弈、共存共赢、和平共处、共同发展,逐步改革旧的国际经济政治秩序,逐步创造和建立起不同于过去的、寻找共同化放弃一元化的全球经济政治新秩序。我们应当懂得这个历史的真理：不要以实力解决任何问题，无论谁强大到什么地步，它永远也无法主宰世界。谁要违背了这个真理，谁就先选择灭亡！

需要特别指出的是，我们之所以提出最低价值观和最低政治纲领，主要是针对在历史条件还不具备，时代发展还很不充分，全球化还充满着许多变数的时候出现的所谓正义、自由、民主、公正等不可能实现的价值观去建立什么不可能建立的公民社会的全球梦想。这个理论带有极大的空想、梦幻色彩，既不符合事实，就容易引起更大的混乱。因此，我们应当做现实主义者，而不要做空想主义者。回到全球化的现实中，从最起码的寻找共同点这一基础做起，才能够一步一步地推动全球化沿着正确的方向前进。切不可超越历史，不顾事实，去犯那些人类社会曾经犯过的低级错误！

一、最低价值观

多元化是以利益为根本的，利益的竞争是残酷的，在多元化中要一元化、单一化、同一化又是不可接受的。人类究竟是在多元化中毁灭自己，还是升华自己，完全取决于在多元化之间能不能走向共同化。和而不同、求同存异建立起找到共同化的全球经济政治新秩序。因此，无论在思想上和行动上，我们必须特别做到以下几点。

第一，必须相互承认和尊重，特别是相互承认各自不同利益的客观性、差异性和主体性，并在此基础上找到利益的共同点，共同去实现它。尤其是在利益冲突的时候，我们更要有能够寻找共同点的意识、耐心、勇气和能力。我们认为，利益冲突中的利益共同点是存在的，有时候甚至是很明显的，只是我们昏了头，不愿意看到它而已。否认别的多元化的存在，否认别的多元化的利益，甚至以对自己的利益构成威胁和冲突而去消灭别的利益，最后不仅会连自己的利益都得不到，而且恐怕连地球都要毁在你的手中。这里既包括了单边主义的霸权与强权，也包括了极端主义的狂热与反常。

第二，必须相互包容和接受，特别是相互包容各自不同的文明和价值观。在以不同利益为根本的多元化本质上就是文明与价值观的多元化。如果说各自不同的利益是多元化的物质根的话，那么，各自不同的文明和价值观则是多元化的思想根。这个根具有内在核心力和长久的生命力。你可以粉碎任何一个多元化，你却永远粉碎不了任何一个多元化的文明和价值观。如果你要把自己的价值观看成是唯一正确的普世价值观，如果你要把自己的文明看作唯一的优秀的文明,并且要将它强行推广到世界的任何一个角落,逼迫多元化的文明和价值观走向趋同,实现你的一元化,那么,你除了得到文明的冲突和最后的毁灭之外,你什么也得不到。我们应当懂得,最终的绝对真理是不存在的,一元化永远只能是一种幻想,单边主义、傲慢自大和偏执狭隘都是不可取的。因此,我们必须以相互容忍来接受彼此的多元化,只有开展文明之间的对话和具有谋求共生的宽容,才是我们唯一正确的选择。任何以我为中心的选择是注定要失败的!

第三,必须合作博弈,共存共赢。没有竞争就没有动力,没有动力就没有发展,这是众所周知的道理。但合作同样也是动力,没有合作也就没有发展的道理,恐怕知道的人就不多了。而真正理解了它的人恐怕就少得可怜了。合作作为动力,首先在于它能够将相互分散、相互对立的力量形成和而不同、求同存异的合力,无论在力量的性质、数量、力度上都是一种新的力量。这种合力更大更高更强。其次,在于它能够减弱和抵消、相互分散对立力量竞争的破坏力,将这种破坏力减少到最低限度,引导到健康方向,避免出现更大更深更坏的局面。最后在于它能够教会人们怎样在竞争中合作,在合作中竞争,把合作这种动力调动好、保护好、发挥好,做到合作博弈,共存共赢。

第四,必须以寻求共同点为新的思维方式、政治纲领和行动准则,才能改革旧的国际经济政治秩序,创新地建立起全球经济政治新秩序。建立新秩序的呼声不绝于耳,但却没有什么实质的行动。最根本的原因,一是没有科学理性,二是没有科学理性指导下的实际行动。因此,我们必须指出,在全球化就是多元化的历史条件下,新秩序的建立必须从寻找共同点入手,和而不同,求同存异,在各个领域、各种力量之间乃至在全球,实现多元化的合作博弈、共存共赢,才能得到大家的支持和拥护,才能真正建立起来,运行起来,促进人类社会共同利益的实现。从这个意义上讲,科学的理性就是和而不同,求同存异,新秩序的内涵就是合作博弈、共存共赢,其核心就是包容和合作。否则,我们除了令人讨厌的夸夸其谈,除了令人发指的自相残杀之外,什么也得不到。

二、最低政治纲领

第一,要和而不同和求同存异,不要霸权主义与极端势力,以包容和合作为核心,寻找多元化的共同性,这是最低政治纲领的灵魂。多元化的趋势是我们所阻挡不了的,面对多元化中的种种威胁和危险,我们绝不能采取以我为中心的企图回到单一化、一元化的霸权主义和强权政治的独霸全球的政治纲领,我们也绝不能采取不择手段达到一派一族之目的的各种极端势力(包括恐怖主义、分裂主义和极端主义),搞乱全球的政治纲领。地球上的每个人都有生存与发展的权利,每一个主权国家都有生存和发展的权利,每一个民族、种族都有生存和发展的权利,我们为什么不可以通过包容和合作,找到这一根本的共同性,找到正确的政治纲领呢?

第二,要共存共赢的合作博弈,不要你死我活的零和博弈。我们为什么要在多元化中找共同点?就是既要保持多元化的竞争动力,又要产生寻找共同性的合作动力,把两个动力有机地结合起来,这是我们政治纲领的基础。多元化产生了更多的行为主体和力量,它们都在竞争中推动着世界的发展,多个积极性总比一个积极性能够更好更快地推动全球发展。我们为什么一定要把别人看作异己,当成障碍,化为敌人,必欲除之而后快呢?我们为什么不可以在包容的基础上,既保留竞争又保持合作,实现共存共赢?有了多个积极性,再通过合作把它们的力量集合起来,世界不是就能够在机会上做到根本的平等吗?不就能够逐步消除全球化的弊端吗?

第三,要机会平等的真正的民主自由,不要强加于别人的虚伪的民主自由。众所周知,民主自由平等公正这一组概念的含义非常的混乱,可谓公说公有理,婆说婆有理。但有两点却是大多数人都公认了的,一是民主自由平等公正的社会,最根本的是平等;二是所谓平等,最终起决定作用的是机会平等,而不是别的平等。只有机会平等,才是真正意义上的平等。因此,我们的政治纲领就是要寻找和创造机会平等。这是一切民主自由社会的最起码的条件和基础。但是任何事物的发展都是历史的,有过程的。在目前已有的整个国际经济政治的旧秩序中,是没有这种机会平等的,或者说,机会平等在旧秩序中是不多的。本书已在经济全球化一章中详细说明了这方面的问题,这里只需要突出强调一点:从分配的角度上说,在富国的蛋糕上切一块给穷国,当然是有意义的好事。但是,这并不是根本意义上的平等,而且也靠不住。因此,在我的全球分配理论中,应当主要是为通过寻找、创造甚至分配机会,尽量在机会上做到平等,发展才有希望,民主的社会才有希望。

第四,要改革旧秩序创造新秩序,不要顽固不化和改头换面的旧秩序。在已有的旧的国际经济政治秩序中要和而不同、求同存异、机会平等、合作博弈、共存共赢,说到底就是要改革旧秩序。因为旧秩序不是以在多元化中寻找共同性为核心而建立起来,不能适应已经发生了的全球化新的走向。它仍然是以霸权主导和均势稳定为核心为基础的。所以,它本身不管曾经在历史上发挥了什么伟大的作用,都不可能完全适应多元化和全球化的要求,必须改革。我们认为改革的内容和方向就是要把以霸权主导和均势稳定为核心改为以和而不同、求同存异、机会平等、合作博弈、共存共赢为核心,进行全面创新,以此逐步改造为新的全球经济政治秩序,全球化才是有希望的。

第五,要和平不要战争。此乃千古之训,却从来没有实现过。但我们在最低政治纲领中还是要把它作为最后一项列出来。美国学者乔舒亚·戈尔茨坦的说法是正确的,就全世界而言,把战争和死于战乱的人数减少到几十年来的最低点。尤其是"9.11"事件之后,美国强权之下的和平没有给地球上的每个角落都带来福音和和谐,保障不了实现持久公正的和平。是的,战争的原因太多了,战争的变化太大了,恐怕只有把霸权主导和均势稳定改为合作博弈、共存共赢,和平才真正有希望。但问题在于,能够实现完全没有战争的和平吗? 到那个时候,和平也就不存在了。试想,失去了对立面的一方还可能存在吗?

第十二节　以共融和"全球人"为核心的
最高价值观和最高政治纲领

有了最低价值观,就有了全球治理的最低政治纲领,但这还不够。所以,在最低价值观和最低政治纲领的基础上,我们符合逻辑地推出全球学的最高价值观和最高政治纲领。我们所说的最高价值观和最高政治纲领就是全人类社会,包括多元化中的每一个行为主体,每一个公民都应当遵从共同基础的全球化最高境界的核心价值观和行为准则。

全球学的最高价值观和最高政治纲领是在共存共赢的多元化的基础上,以共融和"全球人"为核心,以进入全球化的新境界为根本,最终实现人类社会的共同利益的目标,最终建立和平、发展、民主、自由、平等、正义、公正、博爱、富裕、文明的人类的社会共同体和新型的公民社会,最终实现每个人的全面发展、人与自然的和谐发展、人与社会的协调发展、人与人自己的心灵的健康发展、人与人的共同发展,建立起人类历史上从来没有过的共同性基础上的全球自然、经济、政治、社会和人类自身及人类之间和谐发展的全新的共同体。总之,这就是人类的全球化,这就是全球公民的全球时代。

从上一章我们可以看到,全球学的最低政治价值观和最低纲领就是一种寻找共同点并建立相应新秩序的全球化人类活动。从历史的眼光和未来的发展看,它必然走向人的自身变化和人类社会组织形态的变化,并在这种变化了的新的组织形态的基础上共同追求建立起全球人的新秩序。这就是最高价值观和最高政治纲领存在发展的全部理由。

未来的全球化或者说全球化的未来,必须着眼于实现全球每一个人的全面发展,而着眼于人的全面发展,最核心的是全球人的新人类的诞生与发展,最重要的价值观就是共融之心,最根本的要求就是要处理好人与自然、人与人、人与社会之间的关系,最基础的组织形态就是各种多元化的共同体和全球公民民主社会,最大化的追求就是实现全球公民的权利和义务以及人类社会的共同利益。

一、全球人与新人类

人类的历史和未来是由这样的事实构成的:对于人类种族来讲,改变来自于同外来人的混合。在无数的大迁徙和大混合的基础上,最佳的混合将有扩展的趋势,特别是在现代科技条件下,人类在生命圈的不同时期总是要扮演一系列的角色,但是特色的种类将增加。所以,我们不会看到单一的人类。

现在,这个人类开始出现了,这就是以全球人为基础的新人类,它的最本质的特征就是多元化。让我们简单地区别以下全球化:物的全球化、人的全球化(精神社会的全球化,因为精神和社会离开了人类是不存在的,所以,我把人和精神、社会的全球化统称为人的全球化),物的全球化在大流动中变成了多元化,而人的全球化则在大混合中变成了多元化。因此,必须由人的多元化去治理物的多元化,这恐怕是全球化的全部真谛。

什么是全球人? 首先,最直截了当地说,就是混血儿、杂交人,就是世界主义者、国界生存着、全球公民。值得提醒注意的是,把混血儿从一个带侮辱性的字眼改造为一个后多元文化概念的美国学者 G. 帕斯卡尔·扎卡里指出,Mongrel(混血儿)是一个富有挑战性的、毫无掩饰的标签,它是类别界限的突破者,是革新、勇气与宽容的源泉。这种混血儿拓展了自由的空间,它不是种族的灭绝,提供了现有类别所包含不了的、丰富现有民族类别的可能性,表现得比那些所谓纯种血统的人更富有创造力。现有的 5 000 多个民族群体,600 多种语言不正是这样发展起来的吗? 我们今天为什么不承认这一点呢? 最根本的就是我们枉费心机毫无意义地追求着同族同宗同种的单一性和纯洁性,这是多么可怕,它将阻碍和葬送全球化和人类社会。

人类历史发展的客观规律告诉我们,在正常条件下,杂交社会优于单一文化的社会,杂交带来革新,同宗同种同族带来停滞,国家的实力和全球化在很大的程度上依赖于多元化。全球人不是仅仅在分享文化混合的环境,而且在制造一种全新的交叉文化混合体。混交也不会产生单调的同一性,而是反映出更多的多元化,这种强大的多元化将捍卫自身并持续繁衍。在当代,国家的成功是建立在它能够包容全新的民族混合的基础上的。混血意味着把民族自豪感提升并全方位地展示在新的水平。也许赫耳曼·梅尔维尔在1849年的断言"没有洒出全世界的血,你就不能洒出美国人的血"的美国理念将会适用于所有国家,适用于全世界。

当然,我们更要看到全球人是多元文化的融合者,集多元文化于一身,这才是他的根本意义和定义。混血仅仅是一个层面上的描述。多元化就是全球人,是不同于同种同质的"地球人"的"新人类"。

杂交、混血有动力,有创新,只有在社会凝聚力的条件下才得以繁荣。虽然每一个地球人都是有根有翼合而为一的世界主义者,但它同样掩盖不了全球人和多元化所带来的冲突、混乱和破坏力的巨大风险。这正是本书所指出的全球问题中移民和难民问题。任何人都挡不住混血和杂交的多元化,我们既不可把他们拒之门外,也不能强迫他们归为我们的一员。但通过共融和新人类社会,我们仍然可以看到美好的前景和未来。

其次,全球人就是全球化移民。在整个多元化中,移民是最为突出的全球人。在全球化的活动中,最基础和最根本的优势就是推动资源在全球范围内的优化配置。而这些资源中真正能够优化配置的就是人。所以,我们既可以说全球化的多元化就是人的大迁徙、大流动,我们也可以说整个全球化、多元化的历史和未来都是在大迁徙、大流动中来实现的。移民的最大特点:一是能够使各种劳动力和人才在全球实现优化配置;二是异国异族的生存与发展,拥有一国国籍却在另一国长期融入当地社会,有的甚至入了当地国国籍;三是其趋势和潮流是越来越多,越来越快,越来越融入当地社会。所以,移民就是全球人。

反过来,移民作为一个全球问题也存在一些令人担忧的方面。尽管多接纳移民,移民的国民待遇、长期移民参与政治活动、移民独立社区都显现出一些全球化民族主义的情况,但是,如果是用抵抗、排斥、打击,甚至消灭的手段来对待移民,结果恐怕只能是适得其反。因为在移民的多元化中,整个经济基础、社会结构已经发生了本质性的变化,从某种意义上讲,离开了移民,会导致整个经济社会变形,甚至解构,其代价无疑是沉重的。不过,移民在当地要上升为主流社会,也不是那么容易的,恐怕需要一个漫长的历史阶段,但绝不是不可能的。秘

383

鲁籍日本人藤森担任秘鲁总统长达 10 年的事件就完全证明了这一点。更可以证明的,就是美国,它已经证明一个主要由移民构成的国家,完全可以在多元化的全球人的基础上成为世界上最强大的国家。

最后,全球人是赛伯人。赛伯空间文化。是指思维和信息的虚拟世界,它利用信息高速公路作为最基本的平台,通过计算机实现人与人之间的感情交流和文化交流,而无需面对面地接触。这是一种知识经济时代特有的文化,它生动地反映了电脑(电子的)与人脑(生物的)以及电脑网络文化(精神的)之间的联系,反映出电脑时代的文化底蕴、文化特征和文化发展趋势。它意味着我们进入了知识经济时代的文化。具体地说,我们每个人都生活在两个"宇宙"之中。一个是由原子分子构成的现实物质世界,另一个是数字化数据构成的也同样现实的虚拟世界,也具有同样可以共享的极其丰富的资源和财富。如前所述,信息革命的社会化将从根本上彻底改变一切,形成数字地球,从而实现全球化。而赛伯空间文化则从大文化的角度揭示了这一本质与规律。正如麦克尔·沙利文指出的那样:"我们目前用来交流的工具是个人电脑和网络,采用这两种工具,信息高速公路将推进并大大拓宽我们向赛伯空间文化的转变,这种新文化的标志无处不在。它的特征不是电子通讯——那只是一种附属物。相反,是交互的性质标志着赛伯文化的特征。"一是赛伯文化正在迅猛扩展,随着第二代因特网的建设,它将沿着信息高速公路普及到世界的每一个角落。到 1998 年 2 月,全球已有 186 个国家全部进入因特网络,世界各国的因特网用户已达 1.13 亿户,平均增幅超过 160%,到 2000 年,上网人数将增加 10 亿。二是它正在造就有史以来最奇特的全球性的人文景观,时空已被极大地压缩,"地球村"的实际形成使互联网络与未来社会共同化的概念植根于人们的意识中。全球性的直接沟通,形成全球范围内的知识共享,昭示着在未来形成一种世界性的普通文化的极大可能性。当然,各民族文化在赛伯空间文化中的地位也会是共存共荣的。三是它已经不再以语言作为交往的唯一媒体,形成了符号、图像、视频等多种形式的崭新的人类信息交流系统。电脑网络已不仅仅是工具,而成了与广播、电视和报纸等同样地位的信息交流的"第四媒体",甚至将形成真正的"个人化媒体"。四是它将以思想意识为先导影响人们的生活方式与活动方式,后者又反过来影响人们的精神生活,是精神和意识的作用空前增大。因为它比任何时代都拥有更多的人投入创造性的智能活动,进入一个以群体创造替代个人创造的新阶段,以人类集体的智慧来塑造全新的生活方式、交往方式,形成全新的文化理念、世界观和道德规范。同样,它又带来个性得以全面发挥的发展和契机,整个社会和个人都可以获得大量自由的可支配的时间,更充分地满足个人多样化的需求。五是它同样具有两重性。赛伯空间文化不是人文精神的伊甸园,也不是科学精神的圣殿。它正在解构传统的知识分子,科学文化能不能共通,新的文化犯罪,"边际人"行为的失范、失控和发展、"黑客"的出现,"黄、赌、毒"的人类的文化垃圾在因特网上的再现、泛起、成灾,这一系列的问题都说明,科学技术从来都是双刃剑,发展永远都包含着双重性,既会带来人类社会的巨大进步,也会出现负面效应,甚至是灾难性的。不过,历史和未来也在证明并昭示着我们,智慧产生发明和创造,智慧也能制止可能产生的破坏和灾难。这就是说,面对知识经济时代,走近赛伯空间文化,最核心的是人的变革,只有完成这个最根本的转型,数字化时代的新文化才会出现。当然,这也是一个充满矛盾和竞争的过程。

总之,全球人就是全球公民。

二、全球公民社会的形成和发展

全球人成为新人类,新人类则构筑起新的全球公民社会,这是历史规律决定的趋势和未来,绝不是什么幻想和抽象。

全球人的新人类与过去人类的最大不同包括以下方面。一是无纯粹的传统血统。因为他们是杂交的、混血的。二是无国籍,因为他们既可以拥有多国国籍,也可以在不同的国家生活。三是无民族、种族,因为他们已经分不清自己的族别。四是无文明和宗教的根本对立与冲突,因为他们不需要去仇恨别的文明和宗教。五是无传统的历史羁绊,因为他们在全球流动。六是无文字、语言、文化之隔离,因为他们所拥有的是计算机和网络的文字、语言与文化。七是无传统的国家、民族利益,因为他们追求全球利益。

他是谁? 我是谁? 你是谁? 不言自明,这就是全球公民。全球公民的出现和大量、快速的发展,使得全球公民社会的出现成为可能,这就使得历史的社会结构和组织形态开始发生根本的本质性的变化。这个变化,就是开始产生以合作性质为基础,以共融和地球人为核心的新型的社会共同体。它们正在改变着传统的国家、民族、宗教、文明的概念,这就是我们宁愿把欧盟看作是新型的社会共同体,而不把它看成国家集团、国家联盟的根本原因。

我们研究发现,全球化和多元化既增加竞争的行为主体和活动内容,使得全球竞争更为激烈,也产生了人类社会的共同利益,增加了合作发展的新机遇。更重要的是,它催生了全球人,全球人又构成了全球公民社会。这些全球公民拥有共同的价值观,履行新的权利和义务,使每个人的发展、使实现人类社会的共同利益成为可能。因此,全球治理委员会为全球公民规定了相应权利和义务,这些权利包括:安全的生活、公平的待遇、为自己谋生和谋取幸福的机会、通过和平手段解决人们之间的争端、参与各级治理、为摆脱不公平而进行自由公平申诉的权利、平等的知情权、平等地分享全球共同利益的权利,等等。相应的义务包括:考虑自己的行为对他人安全和福利的影响、促进平等包括性别平等、追求可持续发展、保护人类共同资源、追求子孙后代的利益、保护人类文化和知识遗产、积极参与治理、努力消除腐败,等等。尽管这些规定还有可商榷之处,但应当说,全球公民社会已经形成,已经成为全球化和多元化发展的趋势和未来,已经成为全球治理的重要社会基础和主体力量,已经成为全球学的信仰者和实践者,已经成为建立全新的全球社会共同体和秩序的主要创建者,已经成为人的全面发展和人与自然、与社会、与人、与人的心灵之间和谐发展的基本保证。

第十三节　全球文明(全球化的新文明)

文明是人类文化发展的成果,是人类社会发展的阶段、集成和总和,更是人类社会进步的标志。

全球化的新文明就是人类文化全球化发展的成果,就是人类社会全球化发展的阶段、部分和多元的总和,更是人类社会全球化进步的标志。全球化的新文明就是全球文明,就是最高文明。

全球文明(全球化的新文明)由以下系列和板块组成。

第一,在成果上,全球文明是生态文明。全球化新文明是人类社会在全球化进程中必须解决的人与自然之间的关系问题,促进人与自然的高度和谐统一,把其他文明升华到人与自然浑然一体、和谐相处、共同发展的最高境界,从而克服和解决其他文明的弊端,实现全人类与全地球的可持续发展。

第二,在时间上,文明具有阶段性。全球文明是最高文明,他推动各阶段文明由低级升华到高级,形成融合体的全球化的新文明:原始文明〈→〉农业文明〈→〉工业文明〈→〉知识文明〈→〉生态文明。

第三,在要素上,人是文明的主体,体现为改造自然和改造自身的诸多方面的成果与进步。全球文明是最高文明,他推动各要素文明由部分走向综合,由综合升华部分,形成有机体的全球化的新文明:物质文明→精神文明→政治文明→社会文明→生态文明→更高状态的文明。

第四,在空间上,多元化的文明板块是客观存在和发展的。在各种不同的文明中,全球文明是最高文明,他推动着各板块的文明由多元走向融合,由融合升华多元,形成和谐体的全球化新文明:多元化的不同板块的文明→文明的竞争→文明的共存→文明的和谐。

第五,在结果上,人是文明的创造者和享受者,一切为了人是文明的全部目的。全球文明是最高文明,它推动着人类社会文明进步,同时又推动自然社会文明进步,还推动着人的自由全面发展和人与自然、人与社会、人与人、人与自己的心灵之间的文明和谐,形成了全面科学进步的全球化新文明。

在本节中,只有生态文明是大家比较生疏的。所以本书从分析生态文明入手,再分析以上三个系列的新文明。

一、生态文明是全球化的新文明

自有人类社会以来,我们一直在征服自然,掠夺自然,以满足人类社会生存和发展的需求。换句话说,自然界和生态一直都是我们征服掠夺的对象,而从来没有成为我们生存和发展的基础以及必须善待和呵护的家园和朋友。

正因为如此,今天的世界,资源破坏,环境失衡,生态恶化,已经成为人类社会生存与发展的最大威胁。可以毫不夸张地说,生态灾难将毁灭地球! 毁灭人类! 这已经不是骇人听闻的预言,而是日益逼近的现实! 人类社会需要在可持续发展的基础上创造出新的文明,全球化需要在全球力量的奋斗中创造出新的文明。这种文明就是生态文明。

生态,指生物之间以及生物与环境之间的相互关系与存在状态,亦即自然生态。自然生态有着自在自为的发展规律。人类社会改变了这种规律的作用条件,把自然生态纳入到人类可以改造的范围之内,这就形成了文明。

生态文明,是指人类遵循人、自然、社会和谐发展这一客观规律而取得的物质与精神成果的总和;是指以人与自然、人与人、人与社会和谐共生、良性循环、全面发展、持续繁荣为基本宗旨的文化伦理形态。它将使人类社会形态发生根本转变。

生态文明是在人类历史发展过程中形成的人与自然、人与社会环境和谐统一、可持续发展的文化成果的总和,是人与自然交流融通的状态。它不仅说明人类应该用更为文明而非野蛮的方式来对待大自然,而且在文化价值观、生产方

387

式、生活方式、社会结构上都体现出一种人与自然关系的崭新视角。

生态文明的核心是从"人统治自然"过渡到"人与自然协调发展"。在政治制度方面，环境问题进入政治结构、法律体系，成为社会的中心议题之一，在物质形态方面，创造了新的物质形式，改造传统的物质生产领域，形成新的产业体系，如循环经济、绿色产业；在精神领域，创造生态文化形式，包括环境教育、环境科技、环境伦理，提高环保意识。在社会领域，创造公民的生态意识，提高人与自然和谐相处的思想认识，摆脱征服自然的"人定胜天"的独夫意识，形成可持续的生活方式、消费方式和代际关系。

生态文明必须实现三大转变：一是必须从传统的"向自然宣战"、"征服自然"等理念，向树立"人与自然和谐相处"的理念转变；二是必须从粗放型的以过度消耗资源破坏环境为代价的发展方式，向增强可持续发展能力、实现经济社会又好又快发展的方式转变；三是必须从把增长简单地等同于发展的观念、重物轻人的发展观念，向以人的全面发展为核心的发展理念转变。

马克思主义始终认为生态问题实际上是社会问题和政治问题，只有废除资本主义制度，才能从根本上解决生态危机；它致力于生态原则和社会主义的结合，力图超越资本主义与传统社会主义模式，构建一种新型的人与自然和谐的社会主义模式。第一，自然是客观自然与历史自然的统一。马克思、恩格斯充分肯定自然界对人的优先存在地位，认为自然界制约和规定着人的生存和发展，随着实践水平的提高，人必将走向与自然的和谐。第二，人是自然存在属性与社会存在属性的统一。马克思认为人的解放只能是在对自然规律认识的基础上，通过调整人的社会存在属性与积极顺应自然才能实现。第三，人与自然关系的和谐是人与人、人与社会关系协调的重要基础，是社会主义制度的结果。因此，只有社会主义才能创造全球化的新文明。这也是为什么在全球化中只有中国共产党人和中国人民首先提出了建设生态文明的历史抉择的原因。

建设全球生态文明必须坚持可持续发展原则。强调发展的可持续性是生态文明的一个突出特征。可持续发展离不开可持续的生态环境和可持续的社会环境。为了能够将一个可持续的生态环境留给子孙后代，我们应把经济系统的运行控制在生态系统的承载范围之内，实现经济系统与生态系统的良性互动与协调发展。我们还应选择一条可持续的资源发展战略，通过技术创新提高资源的使用效率，保护生物的多样性，增加自然资本的储备及其在国民财富中的构成比例。为了能够将一个可持续的社会环境留给子孙后代，我们应营造一个更加公正而平等的社会环境，包括建设一个能够使人们的基本权利在更大的范围内得到实现的制度文明;应适度控制人口规模,提高人口质量和人们受教育的水平;应倡导绿色生活方式和绿色消费。

建设全球生态文明必须坚持公平原则。生态文明所理解的公平是一种广义的公平,包括人与自然之间的公平、当代人之间的公平、当代人与后代人之间的公平。人与自然的公平主要表现为依据人与自然协调发展的原则考量生态系统和社会系统的需要,既维护生态系统的平衡和稳定,又使人类的生存和发展需要得到满足。代际公平是生态文明关注的一个焦点。在制订当代人的发展计划时,应依据代际公平的原则,综合考虑当代人的需要和后代人的需要,将一个可持续的生态环境和社会环境留给子孙后代。从总体上看,当代人之间的公平处于公平问题的核心。当代人之间的不公平既阻碍人与自然之间的公平的实现,使当代人之间难以就全球环保合作达成共识,也是影响代际公平的因素。我们留给后人的不公平的社会环境,将增加他们实现彼此间的公平以及与自然的公平的难度。因此,实现当代人之间的公平是确保公平原则得以实现的关键。此外,公平的实现也离不开和平的社会环境。

建设全球生态文明必须坚持整体原则。地球上的所有生命都是自然大家庭的成员。各种生命之间不仅相互影响,而且还与地球构成了一个密不可分的有机整体。作为这个大家庭中一个晚到的成员,人类虽然依据自己的聪明才智获得了巨大的生存空间,但我们的生存仍然离不开生态系统和其他生命的支撑。今天,随着人类活动越来越深地渗透到地球家园的每一个角落,人类的命运与这个大家庭中其他成员的命运紧密地联系在一起。为其他物种敲响的警钟,也越来越成为人类敲响的警钟。整体原则不仅强调人类与自然的有机联系,还展示了人类作为一个整体共同面对环境危机的必要性和可能性。随着经济全球化进程的加速,全人类的命运越来越紧密地联系在一起。环境污染没有国界。任何一个国家都不可能单独解决人类所面临的环境问题。如果其他国家不同时采取相应的行动,任何一个或几个国家的环保努力都将劳而无功。因此,在建设生态文明时,我们应在更深的层次和更广的范围内采取协调行动,共同应对全球环境问题的挑战。

二、各阶段文明的融合体的全球文明

人类文明已经经历了四个阶段。第一阶段是原始文明。约在石器时代,人们必须依赖集体的力量才能生存,物质生产活动主要靠简单的采集渔猎,为时上百万年。第二阶段是农业文明。铁器的出现使人改变自然的能力产生了质的飞跃,为时一万年。第三阶段是工业文明。18 世纪英国工业革命开启了人类现代化生活,为时不到三百年。第四阶段是知识文明,从 20 世纪 70 年代开始,以电脑为代表的信息化革命及其产生的知识社会,虽然时间不长,但却显示出强大的生命力。这就是托夫勒先生所说的新文明。

而人类文明的第五个阶段则是生态文明,这是由中国共产党人和中国人民于 2007 年 10 月提出的更新的全球文明。

三百年的工业文明以人类征服自然为主要特征。世界工业化的发展使征服自然的文化达到极致;一系列全球性生态危机说明地球再没能力支持工业文明的继续发展。需要开创一个新的文明形态来延续人类的生存,这就是生态文明。如果说农业文明是"黄色文明",工业文明是"黑色文明",知识文明是"白色文明",那生态文明就是"绿色文明"。

关键在于,各阶段的文明不仅在时间上继起,更重要的是在空间上并存。正如托夫勒所说世界已经由一分为二转变为一分为三,全球进入了文明转型,各阶段文明之间的紧张对峙将持续升温,高级文明将以强横的手段来建立全球霸权,形成文明冲突。历史证明,各阶段的文明绝不会消失,也绝不会被后一阶段的文明所征服和消灭,因为这些文明都是人类社会生存与发展所必须的。因此,如何解决时间上的继起和空间上的并存的问题就成了创造出各阶段文明集合体的全球化新文明。

从生态文明升华原始文明看,一方面能够继承发扬原始文明生态良好的优势,为人类创造更好的生态环境,另一方面能够把原始人、野蛮人从最为落后的生产力中解放出来,实现人类社会的文明进步。我经常讲,不为了发展而牺牲环境是对的,但也绝不能反过来说为了环境就不能发展。如果真是这样,我们就永远停留在原始文明的历史阶段,就永远不会有今天的人类社会。

从生态文明升华农业文明看,最重要的体现在以下诸多方面:一是实现农业的现代化,建设现代农业,形成新的有效率的产业支撑。二是统筹城乡经济社会发展,实现"工业反哺农业,城市支持农村"的战略构想,建设新农村。三是加强农业的科技进步,用现代科学技术改造传统农业。四是加强农村基础设施建设,实现城乡基础设施的综合化、立体化、系统化。五是加快发展农村社会事业,使城乡社会公共服务实现均等化。六是加强农村综合体制改革,彻底解决小生产和自然经济的问题,建立和完善农村的市场经济。七是加强资源的环境保护,坚决控制农村的面源污染,大力发展无公害、绿色和有机农业。八是坚决防治污染由城市流向农村,由工业流向农业,在全面治理中实现全面保护。总之提高效率防治污染、绿色工业是生态文明升华农业文明的三大法宝。

从生态文明升华工业文明看,人与自然的关系是文明的基础,文明的转型首先是人对自然的认识、理解和态度发生重要变革的结果。从工业文明向生态文明的转变,正是基于自然观的转变而发生的。要自觉地推动生态文明社会的建设,就必须扬弃工业文明的自然观。

工业文明的自然观是机械论的,它把自然理解为一部钟表似的机器,认为这部机器的各组成部分之间的联系是机械的;而对这部机器的总体认识是可以通过对它的各个部分的认识来实现的。关于自然的这样一种机械模型为人们认识和控制自然提供了一个世界观基础,但这种以机械力学为基础的自然观的缺陷是非常明显的。对自然的内在复杂性的低估和对人类认识和控制能力的高估,使得工业文明对自然的控制和征服过程,变成了对文明的根基——自然的破坏和掠夺过程,变成了对人类的生存环境和家园的毁灭过程。在机械论的自然观看来,自然不是人类的家园,它与人类没有任何精神意义上的联系;人也不是自然的一部分,它只有通过征服和控制自然才能确认自己的存在。这种二元论割裂了人与自然之间的价值联系,导致了人文科学与自然科学之间的隔离。机械论的自然观和价值论为工业文明时代广为流行的狭隘的人类中心主义奠定了哲学基础。人类中心主义虽然看到了人与自然之间的区别,高扬了人类的主体地位,却忽视了作为自然界一部分的人与自然之间的内在联系,否认自然的内在价值,并错误地认为,人的主体性的表现方式就是征服和控制自然。

与工业文明的自然观不同,生态文明的自然观是有机论的。它把包括人类在内的整个自然界理解为一个整体,认为自然各部分之间的联系是有机的、内在的,动态发展的,人对自然的认识过程只能是一个逐步接近真理的过程。所以,在生态文明时代,人类在自然面前将保持一种理智的谦卑态度。人们不再寻求对自然的控制,而是力图与自然和谐相处。科学技术不再是征服自然的工具,而是维护人与自然和谐的助手。人与自然界的其他存在物都是同一个巨大的存在之链上的环节。因此,人类应珍惜并努力维护生物的多样性和价值的多样性。在生态文明时代,人们将超越工业文明时代那种认为保护环境只是一种权宜之计的肤浅的观点,自觉地从"民胞物予"的理念出发,把维护地球的生态平衡视为实现人的价值和主体性的重要方式。生态文明将从文明重建的高度,重新确立人在大自然中的地位,重新树立人的"物种"形象,把关心其他物种的命运视为人的一项道德使命,把人与自然的协调发展视为人的一种内在的精神需要和文明的一种新的存在方式。

从生态文明升华知识文明看,最重要的就是要解决知识泯灭人性、道德、平等和民主的问题,从根本上促进知识与人类、人性、社会、自然等各方面的和谐进步,防止和克服知识的负面力量和作用。这方面请参看本书第三章。

三、各要素文明有机体的全球文明

(一)不断提高人人共享水平是全球化的物质文明

人的自由全面的发展,首先取决于人们生活的物质生活条件,即物质财富的极大丰富。而这样的物质条件则取决于全球化的发展。第一,必须把发展作为全球化的主题,只有加快发展,才能创造更加丰富的物质财富。第二,发展不仅仅等于经济增长,还必须注意到清洁发展、安全发展、均衡发展、共同发展和可持续发展。第三,发展不仅要做到全面、协调、可持续发展,更为重要的是发展的成果人民要共享,发展和财富的分配必须照顾到穷国和穷人,尽快改变南北差距,解决贫富对立,防止把一部分穷国和穷人排斥在全球之外,则是物质文明的根本之所在。

(二)人人当家做主是全球化的政治文明

民主就是全球化的前提条件和全部基础,没有全球民主,就不会有每个人自由而全面发展的全球化。道理非常简单,人民不能决定自己的前途命运,而处于受人控制和摆布的境地,何以成为社会文明?本书一再指出,全球民主必须保证做到:一是无论国家大小、强弱,一律平等,在全球事务中都是平等的主体,平等地行使权利,平等地履行义务。但对于穷国,在履行义务方面应当有所差别,而行使权利却不能有任何差别,这是全球化民主的根本。二是全球民主必须实现全球合作,每一国、每一方都是平等的合作主体,这些合作主体必须实现"我赢我也让你赢"的合作博弈,必须要抛弃"成者为王,败者为寇"的零和博弈。三是必须通力合作改革旧的国际政治经济体制和秩序,所有的合作主体都要从制定规则起就取得平等的地位这样才能建立起民主进步、公正合理的全球政治经济的新体制和新秩序。全球民主的社会文明这是当今全球化的最大弊端,必须认真解决。

(三)每一个人的素质的提高是全球化的精神文明

要着眼于人民素质的提高,也就是要努力促进人的全面发展。这就从根本上揭示了人的全面发展内涵。什么是人的自由全面发展,从根本上说就是提高人民的素质,从主体上说是人民的全面发展,从内容上说也是提高人民的素质。主体素质问题的提出和阐述在马克思主义发展史上还是第一次。因此,人的全面发展,主要是人的思想道德素质、科学文化素质等的全面提高和进步。简言之,一个主体素质不高的人,一国主体素质不高的人民,是绝对实现不了人的全面发展的。所以,只有努力提高全人类的思想道德素质和科学文化素质,实现人们物质和精神生活的全面发展,加强科学知识、科学方法、科学精神、科学思想的宣传教育,培养人们求真务实、勇于创新的精神,发展教育科技事业,繁荣全球多元化文化,使人人都有受教育的机会和享受文化成果的充分权利,使人们的精神世界更加充实,文化生活更加丰富多彩,形成一代又一代人与自己,心灵和谐的新型的全球化公民。

（四）以改善民生为重点的社会文明

着眼于改善民生,就是要建设和谐社会。社会文明主要体现在建设民主法治、公平正义、诚信友爱、充满活力、安定有序、人与自然和谐相处的和谐社会的各个方面。社会文明与物质文明、精神文明、政治文明是有机统一的。物质文明、精神文明、政治文明是社会文明的坚实基础,而社会文明又是物质文明、精神文明、政治文明的重要条件。一是要通过发展社会生产力来不断增强社会文明的基础,二是要通过发展民主政治来不断加强社会文明的政治保障,三是要通过先进文化来不断巩固社会文明的精神支撑,四是要通过社会文明的建设来为物质文明、精神文明、政治文明的发展创造有利的社会条件。

（五）人与自然的和谐发展是全球化的生态文明

要促进人和自然的协调与和谐,使人们在优美的生态环境中工作和生活,让世世代代能够可持续发展,这正是全球化的生态文明。人类社会产生以来,一直奉行着"人类中心主义",一直在征服和战胜自然,一直从自然界索取物质财富和发展条件。正是这样的思想和行为,导致了对大自然的严重破坏,造成了严重的生态失衡。反过来,失衡的大自然正在无情地惩罚着人类社会,导致了人类生存条件的危机,断送了人类发展前途。因此,人的全面发展绝不是人自身的发展,绝不是人们在破坏大自然中的发展,必须坚持实施可持续发展战略,正确处理经济发展同人口、资源、环境的关系,改善生态环境和美化生活环境,改善公共设施和社会福利设施,努力开创生产发展、生活富裕和生态良好的文明发展道路,实现人与自然的亲和,实现人与自然的共同全面发展。这才是长久的人的全面发展。

（六）全球文明是不断走向进步的历史文明

推进人的全面发展,同推进经济、文化的发展和改善人民物质文化生活,是互为前提和基础的。人越全面发展,社会的物质文化财富就会创造得越多,人民

393

的生活就越能得到改善,而物质文化条件越充分,又能推进人的全面发展。这是一个互动的过程,也是一个互相促进的过程。因为在全球化和未来的发展中,社会生产力和经济文化的发展水平是逐步提高、永无止境的历史过程,人的全面发展程度也是逐步提高、永无止境的历史过程。所以,这两个历史过程应相互结合、相互促进地向前发展,从而使人类文明一步一步不断地实现和谐进步,不断地走向更加高级的状态。

四、多元化文明融合体的全球文明

多元化文明融合体的全球文明表现为六个字:多、争、同、和、合、新。

所谓多,就是本书所阐述的全球行为主体不断增多,从而导致思想观念、价值取向、利益表达、文化多样等一系列的多元化的规律和趋势。多元化最大优势在于,能够在全球体现多种多样的利益,展开不同利益的价值取向,使整个世界更加丰富多彩,更加符合更大多数人发展的要求,更大范围地实现人的全面发展。多元化最大的挑战在于,各自具体利益有对立的一面,而且极容易将其推向极端,从而产生冲突,特别是容易威胁人类社会共同利益的实现。所以,不管从优势方面看,还是从劣势方面看,多元化带来的必然结局就是竞争,多元化最反对一元化、单一化!

所谓争,本书阐述的多元化的行为主体为实现各自不同的价值观和具体利益,必然展开全球竞争,这是任何人、任何力量都阻挡不了的历史动力。全球竞争最大的优势在于,只有竞争才能使各自具体的价值观和利益能够得以表达和实现;只有竞争才能成为人类社会进步的最终推动力和主要标志;只有竞争才能真正使多元化成为现实,使世界更加丰富多彩,充满生机和活力;只有竞争才能真正从根本上产生出人类社会的共同利益。竞争也有最大的挑战,这就是恶意的、过度的、极端自由化的竞争。它能够把各自的价值观和具体利益变成极端和单一,能够破坏人类社会共同利益的形成,能够破坏任何一种旧秩序,但却无法产生新的秩序。

所谓同,就是本书阐述的多元化及其竞争的各方,毕竟有着某些共同性。这种共同性也是客观存在的,也是不以人们的意志为转移的。在多元化的条件下,当然有竞争。但全球竞争究竟会成为全人类社会进步的推动力还是竞争力,最终取决于我们能不能找到共同性,走向共同性。共同性的最大优势是,它的客观存在能够给多元化的各竞争主体提供一个共同的基础共同的利益、共同责任、共同社会性,使竞争既不过度、极端自由地产生破坏力,又不使竞争的对立面被垄断、霸权操纵和控制,始终被限制和包容在共同性中,竞而不过,真而不假,就可以把竞争本身存在和外来垄断强加的破坏力减小到最低限度。共同性最大的挑战就是求同存异难。我们承认,在可以预料的全球化的今后一个长时间内,大国、强国、富国尤其唯一的超级大国将是主导全球化的主要力量。而大国之间能否形成求同存异的关系格局,将成为全球化能否健康发展的决定力量。但我们同时也承认,不管是大国、强国、富国、超级大国,还是小国、弱国、穷国都是共同性的组成部分,它们的地位和作用必须是平等的、民主的。因此,共同性最大的对立面就是单边主义。解决这一问题的办法当然是有的,那就是大国、强国、富国、超级大国要主动讲究和。只有通过和,才能找到共同性。

所谓和,就是本书阐述的多元化的各行为主体在求同存异的基础上,要在人与自然、人与社会、人与各行为主体之间做到"和而不同"。通过和,在不同中去找到共同点,共同遵守制度共同点。不管怎么不同,也不管怎么相互竞争,更不管分歧和冲突有多么严重,相互依存、相互影响、相异相合、相反相成重视共同的,总是在统一的整体之中的。承认不同性而不承认共同性是不客观的;而要承认共同性就必须有和的理念,必须有相互的理念。和的最大优势是,表现在人与自然的关系上,强调"天人调谐";表现在人与人的关系上,要求"和睦相处";表现在人与社会的关系上,崇尚"合群济众";表现在各个国家的关系上,倡导"协和万邦";表现在各种文明的关系上,主张"善解能容"。和的最大的挑战就是,说起来容易做起来难。在东方哲学中,特别是在中国哲学中,和的思想历史比较悠久,研究也比较深,甚至以和为贵、以中庸之道而闻名于世。在西方哲学中,以自由主义和完全竞争为主把和排斥在外面,主导完全自由的竞争,公开地反对和。在实践中,可以说在人类历史上,特别在20世纪,真正的和恐怕还没有出现过。这就是和的对立面。实际上,和也是客观的,否认不了的。要做到和,就必须以包容和合作为核心的,相互包容,相互信任,相互竞争,相互合作,把整个立足点放在寻找共同性上来,并形成新秩序。

所谓合,就是本书阐述多元化中的个行为主体在竞争中的合作,在合作中的竞争,核心是从零和博弈转为合作博弈。而合作博弈的关键又是求同存异。我们讲和,是合作博弈。它的最大优势是,从根本上保留了竞争这个动力,把竞争推动全球发展放在根本的位置上,同时,又合作来反对各异的、过度的、极端自由的竞争及其破坏力。把竞争纳入合作的框架内,把零和博弈的你死我活变成合作博弈的共存共赢,只有把合作放在动力的根本位置上,最终使竞争与合作都成为全球发展的动力,使合作博弈做到了周全。没有永远的敌人,也没有永远的朋友,只有永远的利益。这样,一切都只有靠新价值观、新秩序。

所谓新,就是本书所阐述的创新哲学的新价值观可以给新合作主义创立全球治理的新的全球经济政治新秩序。新价值观就是合作主义,它包括最低价值观和最高价值观,用于指导建立新的全球经济政治新秩序。新的全球经济政治新秩序也同样包括了两个层次,一个层次是以合作作为基础,一个层次都是以新人类为基础。它的最大优势就是,我们要以人类共同的文化遗产作基础,形成创新的精神和追求,在创新中扬弃一切旧的对立的思维,创立全球化时代的新的合作思维;在创新中扬弃追求各自利益的零和博弈,创立起追求人类社会共同利益的合作博弈;在创新中改革旧的国际经济政治秩序,创立起新的全球经济政治新秩序;在创新中把多元化主体的各自价值观博弈与实现人类社会的共同价值观和共同利益结合起来,开创全球化的新局面,开创人类社会美好的未来。它的最大挑战在于,这是一个历史过程,需要很长时间;这是一个充满了许多变数、复杂多变的历史过程,需要经历很长时间的反复与较量;这是一个充满了希望和具有美好前景的历史过程,需要人类的智慧和能力在新的挑战和考验中战胜自我,赢得未来。

综合起来就是:多元化建立了全球更加丰富多彩、更加充满生机与活力的基础,使更多的人们能够充分表达自己的意愿和利益,享受权利,履行义务。全球竞争是人类社会发展的动力,只有竞争才能从根本上推动人类社会的进步与发展。但竞争也同样具有可怕的破坏力,因此,我们必须在竞争中寻找共同基础,为实现共同利益而承担共同责任,在求同存异中实现和而不同,在和而不同中展开合作博弈,既保留竞争的动力机制,又实现共存共赢,在这一历史过程中逐步建立起全球经济政治新秩序,逐步把全球化推进到全球公民社会的新境界,逐步实现人类社会的共同利益与文明繁荣进步,逐步实现人类自身、人与自然、人与社会、人与人、人与自身心灵的和谐相融的全面发展!

五、人的自由全面发展和人与自然、人与社会、人与人之间、人与自己的心灵之间和谐发展的全球文明

(一)每个人的自由全面发展是全球化的最高文明

未来全球化和共产主义理想社会一样,将是物质财富极大丰富,人民精神境界极大提高,人与自然高度和谐统一,每个人自由而全面发展的最高文明。全球化的未来前景所展示的这一人类社会的最高文明,我们的态度是两条,一条是必须坚信马克思主义关于人类社会必然走向共产主义的基本原理,认识不能动摇

396

犹豫,切不可放弃我们的理想和信念,切不可陷入右倾的泥潭。一条是必须看到实现共产主义是一个非常漫长的历史过程,认识不能肤浅、简单,切不可对遥远的将来做具体设想和描绘,切不可陷入不切实际的空想的左的深渊。换句话说,忘记了人的全面发展的远大理想而只顾眼前,就会失去前进的方向;而离开每一步实际的人的全面发展的工作而空谈远大理想,就会脱离实际。我们必须懂得,共产主义只有在社会主义充分发展和高度发达的基础上才能实现。因此,在全球化的历史进程中,牢固树立每一个自由全面发展的目标,脚踏实地去一步一步努力,这个人类社会的最高文明是一定能够实现的。

(二)以人为本是全球化最高文明的本质文明

全球化及未来的发展既然是以每个人的自由而全面发展作为最高文明的,那么,整个全球化就有了一个本质的文明——以人为本。以人为本就是要求全球化及其未来的发展的出发点和落脚点都是为了人;为了人们物质生活水平的极大提高;为了人类社会不再有贫富悬殊、两极对立;为了人类自身素质的不断提高;为了各种文明之间共存共融;为了和平发展、合作、共享进步;为了不再有战乱、恐怖、流离失所;为了人与自然和谐相处、有机统一与永续发展。总之,是不是以人为本,确实是追求和实现什么样的全球化的分水岭和试金石。因此,真正的以人为本的全球化,必须是人人共享的全球化,每个人自由而全面发展的全球化。

397

第九章　全球化榜样

中国的全球化道路包括两条：一条是中国和平发展道路，一条是和谐世界发展道路。

——[中国]孙国强

北京共识：一条具有国际借鉴意义的创新发展道路和模式。

——[美]乔舒亚·库珀·雷默

中国的成功试验应该是人类历史上最令人钦佩的。其他国家应该尊重她并向她学习。中国有时似乎还相信西方的宣传，并将其成功归功于西方的模式。但实际上，中国有自己的道路。值得研究。

——[印度]拉姆戈帕尔·阿加亚拉

大道之行也，天下为公。

——[中国]孔子

以天下观天下。

——[中国]老子

第一节　中国全球化的两条道路

在全球化中,中国人民提出的和平发展道路与和谐世界发展道路已经成为实现人人共享、每一个人的自由全面发展的全球化的榜样。最近,中共中央总书记胡锦涛先生在中国共产党第十七次全国代表大会上的报告中对这两条道路进行了全面科学的阐述:

当今世界正处在大变革大调整之中。和平与发展仍然是时代主题,求和平、谋发展、促合作已经成为不可阻挡的时代潮流。世界多极化不可逆转,经济全球化深入发展,科技革命加速推进,全球和区域合作方兴未艾,国与国相互依存日益紧密,国际力量对比朝着有利于维护世界和平方向发展,国际形势总体稳定。

同时,世界仍然很不安宁。霸权主义和强权政治依然存在,局部冲突和热点问题此起彼伏,全球经济失衡加剧,南北差距拉大,传统安全威胁和非传统安全威胁相互交织,世界和平与发展面临诸多难题和挑战。

共同分享发展机遇,共同应对各种挑战,推进人类和平与发展的崇高事业,事关各国人民的根本利益,也是各国人民的共同心愿。我们主张,各国人民携手努力,推动建设持久和平、共同繁荣的和谐世界。为此,应该遵循联合国宪章宗旨和原则,恪守国际法和公认的国际关系准则,在国际关系中弘扬民主、和睦、协作、共赢精神。政治上相互尊重、平等协商,共同推进国际关系民主化;经济上相互合作、优势互补,共同推动经济全球化朝着均衡、普惠、共赢方向发展;文化上相互借鉴、求同存异,尊重世界多样性,共同促进人类文明繁荣进步;安全上相互信任、加强合作,坚持用和平方式而不是战争手段解决国际争端,共同维护世界和平稳定;环保上相互帮助、协力推进,共同呵护人类赖以生存的地球家园。

当代中国同世界的关系发生了历史性变化,中国的前途命运日益紧密地同世界的前途命运联系在一起,不管国际风云如何变幻,中国政府和人民都将高举和平、发展、合作旗帜,奉行独立自主的和平外交政策,维护国家主权、安全、发展利益,恪守维护世界和平、促进共同发展的外交政策宗旨。

中国将始终不渝走和平发展道路。这是中国政府和人民根据时代发展潮流和自身根本利益作出的战略抉择。中华民族是热爱和平的民族,中国始终是维护世界和平的坚定力量。我们坚持把中国人民的利益同各国人民的共同利益结合起来,秉持公道,伸张正义。我们坚持国家不分大小、强弱、贫富一律平等,尊重各国人民自主选择发展道路的权利,不干涉别国内部事务,不把自己的意志强加于人。中国致力于和平解决国际争端和热点问题,推动国际和地区安全合作,反对一切形式的恐怖主义。中国奉行防御性的国防政策,不搞军备竞赛,不对任何国家构成军事威胁。中国反对各种形式的霸权主义和强权政治,永远不称霸,永远不搞扩张。

中国将始终不渝奉行互利共赢的开放战略。我们将继续以自己的发展促进地区和世界共同发展,扩大同各方利益的汇合点,在实现本国发展的同时兼顾对方特别是发展中国家的正当关切。我们将继续按照通行的国际经贸规则,扩大市场准入,依法保护合作者权益。我们支持国际社会帮助发展中国家增强自主发展能力、改善民生,缩小南北差距。我们支持完善国际贸易和金融体制,推进贸易和投资自由化便利化,通过磋商协作妥善处理经贸摩擦。中国决不做损人利己、以邻为壑的事情。

中国坚持在和平共处五项原则的基础上同所有国家发展友好合作。我们将继续同发达国家加强战略对话,增进互信,深化合作,妥善处理分歧,推动相互关系长期稳定健康发展。我们将继续贯彻与邻为善、以邻为伴的周边外交方针,加强同周边国家的睦邻友好和务实合作,积极开展区域合作,共同营造和平稳定、平等互信、合作共赢的地区环境。我们将继续加强同广大发展中国家的团结合作,深化传统友谊,扩大务实合作,提供力所能及的援助,维护发展中国家的正当要求和共同利益。我们将继续积极参与多边事务,承担相应国际义务,发挥建设性作用,推动国际秩序朝着更加公正合理的方向发展。我们将继续开展同各国政党和政治组织的交流合作,加强人大、政协、军队、地方、民间团体对外交往,增进中国人民和各国人民的相互了解和友谊。

中国发展离不开世界,世界繁荣稳定也离不开中国。中国人民将继续同各国人民一道,为实现人类的美好理想而不懈努力。

第二节　中国和平发展道路的原创性

中华人民共和国主席胡锦涛先生于2006年4月20日在华盛顿出席了美国12个友好团体举行的晚宴并发表了重要讲话，全面阐述了中国和平发展道路的深刻内涵、重要内容和伟大意义。

我们所处的时代，是一个充满机遇和挑战的时代。世界在发生深刻变化，人类的生产生活方式在发生深刻变化，人与人、人与自然乃至国与国关系也在发生深刻变化。中国主张，面对深刻变化的世界，面对层出不穷的挑战，世界各国应该通力合作，共同推动国际社会发展进步；应该尊重各国人民的意愿，推进国际关系民主化、法制化，逐步改革和完善现行国际体系和秩序，使之朝着更加公正合理的方向发展；应该树立互信、互利、平等、协作的新安全观，通过对话和谈判解决争端，共同维护世界和平与安全；应该更加重视发展问题，支持广大发展中国家加快发展，改革和完善国际贸易、金融体制，推动经济全球化朝着有利于实现共同繁荣的方向发展；应该尊重不同国家的历史文化传统和发展阶段性特点，加强不同文明的对话，共同维护世界多元化，促进人类文明发展。

虽然国际形势正在发生复杂而深刻的变化，和平发展仍然是当今时代的主题。中国社会主义现代化建设道路是一条和平发展道路。这条道路，就是利用世界和平的有利时机实现自身发展，又以自身发展更好地维护和促进世界和平；就是在积极参与经济全球化和区域合作的同时，主要依靠自己的力量和改革创新来实现发展；就是坚持对外开放，在平等互利的基础上，积极发展同世界各国的合作；就是聚精会神搞建设，一心一意谋发展，长期维护和平的国际环境和良好的周边环境；就是永远不称霸，永远做维护世界和平和促进共同发展的坚定力量。

要了解中国的发展方向，最重要的是要了解中国选择的是什么样的发展道路。

当代中国正在发生深刻的变化。拥有世界1/5人口的中国的发展，既关系中国自身，也关系亚太地区和世界的和平与发展。我相信，大家都关注中国今后的发展方向。在这里，我明确地告诉大家，中国坚定不移地走和平发展的道路，对内聚精会神搞建设，一心一意谋发展，对外致力于维护世界和平，促进共同发展。具体地说,中国选择和坚持的是和平发展道路,中国的发展是和平的发展、开放的发展、合作的发展。中国人民深刻认识到,只有通过和平方式实现的发展才是持久的牢靠的发展,也才是既有利于中国人民也有利于世界各国人民的发展。坚持走和平发展道路,就是既通过争取和平的国际环境来发展自己,又通过自己的发展来促进世界和平,永远做维护世界和平、促进共同发展的坚定力量。中国将主要依靠自身力量和改革创新来实现发展,同时坚持对外开放的基本国策,在平等互利的基础上同世界各国开展交流合作,努力实现互利共赢。

中国坚持走和平发展道路,既有着中国发展的现实需要,又有着中国发展的历史根源。

——中国坚持走和平发展道路,是基于中国国情的必然选择,是中国实现现代化目标的必然要求。中国虽然取得了巨大的发展成就,但中国仍然是世界上最大的发展中国家。现在,从总量上说,中国国内生产总值已排在世界前列,但人均国内生产总值还排在世界 100 位之后。中国人民生活还不富裕,中国在发展进程中还面临着不少突出的矛盾和问题。到过北京、上海、广州等一些大中城市的外国朋友,都会强烈地感受到中国这些年来发生的巨大变化。同时,到过中国西部和广大农村的外国朋友,也会强烈地感受到中国的发展还很不平衡。比如,中国农村还有 2 600 万左右的贫困人口,城镇居民中享受最低生活保障的有 2 100 万人,每年需要解决就业的人口将近 2 400 万,全社会还有 6 000 多万残疾人需要关爱和援助。总之,中国要达到中等发达国家的经济发展水平,还需要经过很长时期的艰苦奋斗。这一基本国情决定了,推动经济社会发展、不断改善人民生活始终是中国的中心任务。中国人民最需要、最珍爱和平的国际环境。走和平发展道路,是中国实现国家富强、人民幸福的必由之路。

中国最紧迫、最现实的任务,就是集中精力发展经济,不断改善人民生活。中国最需要和平的国际环境。我们希望,既通过维护世界和平来发展自己,又通过自身的发展来促进世界和平。

——中国坚持走和平发展道路,是基于中国历史文化传统的必然选择,在中国具有深厚的历史文化根基。中华民族历来讲信修睦、崇尚和平,中华文化历来强调以和为贵的价值观念。回顾中华民族 5 000 多年的漫长历史,中国人民在对外交往中始终强调亲仁善邻、和而不同。600 年前,中国明代著名航海家郑和曾率领当时世界上最强大的船队七下西洋,远涉亚非 30 多个国家和地区,但他们没有去征服邻国、掠夺财富,而是去结交友邦、宣示和平。在近代历史上,中国屡遭外来势力入侵和奴役,中国人民深知和平弥足珍贵。新中国成立以来,中国坚持独立自主的和平外交政策,坚持在和平共处五项原则的基础上发展同世界各国的友好合作,始终同世界各国和睦相处,从来都是维护世界和平、促进共同发展的坚定力量。中国人民最能体会和平之可贵。走和平发展道路,符合中华文化几千年发展形成的民族精神,也符合当代中国人民热爱和平、珍惜和平的崇高追求。

——中国坚持走和平发展道路,是基于当今世界发展潮流的必然选择,符合人类社会前进的方向。求和平、促发展、谋合作,是世界各国人民的共同心愿,也是不可阻挡的历史潮流。任何国家要实现自己的发展目标,都必须顺应世界发展大势。当今世界,各国相互依存日益加深,各国人民的命运更加紧密地联系在一起。只有创造和平环境,各国才能具备发展的前提条件。只有加强交流,扩大合作,各国才能实现共同发展。维护世界和平,同世界各国发展友好关系,既有利于中国的现代化建设,也有利于亚太地区和世界的稳定和繁荣。中国外交政策的宗旨是维护世界和平、促进共同发展。中国主张国际关系民主化和发展模式多样化,积极推动经济全球化朝着有利于实现共同繁荣的方向发展,推动建立公正合理的国际政治经济新秩序。中国的发展将给各国带来更多的机会和更广阔的市场。加入世界贸易组织以来,从 2001 年 12 月至 2005 年 9 月,中国进口了 17 689 亿美元的商品。今后,中国每年的进口额还将不断增长,到 2010 年年进口额将超过 10 000 亿美元。随着中国的发展,中国对能源资源的需求有所上升,但这不会对世界能源市场造成冲击,因为中国既是能源消费大国,更是能源生产大国。长期以来,中国的能源自给率一直保持在 90% 以上。中国将始终不渝地高举和平、发展、合作的旗帜,坚定不移地走和平发展道路,同世界各国人民一道,共同推进人类和平与发展的崇高事业。

现在,中国人民正在为实现全面建设小康社会的目标而奋斗,争取到 2020 年使中国国内生产总值比 2000 年翻两番,达到 40 000 亿美元左右,人均达到 3 000 美元左右,使经济更加发展、民主更加健全、科教更加进步、文化更加繁荣、社会更加和谐、人民生活更加殷实。中国将坚持以以人为本、全面协调可持续的科学发展观统领经济社会发展全局,坚持以经济建设为中心,继续推进改革开放,统筹城乡发展,统筹区域发展,统筹经济社会发展,统筹人与自然和谐发展,统筹国内发展和对外开放,推动经济建设、政治建设、文化建设、社会建设全面发展。

中国主张开展积极的国际合作,推进贸易和投资自由化、便利化,消除各种贸易壁垒,进一步开放市场,放开技术出口限制,建设一个公开、公正、合理、透明、开放、非歧视的国际多边贸易体制。中国将根据自身改革发展的需要,认真考虑中国汇率改革对周边国家、地区及世界经济金融的影响,继续推进汇率机制改革,实行以市场供求为基础、参考一揽子货币进行调节、有管理的浮动汇率制度,使人民币汇率在合理、均衡的水平上保持基本稳定。中国将继续加强知识产权保护,健全知识产权保护法律体系,加大执法力度,严厉打击各种违法行为,为开展国际经济合作创造更加良好的条件。

国际形势正处在深刻变化之中,和平与发展仍然是当今时代的主题。世界多极化和经济全球化的趋势继续在曲折中发展,科技进步日新月异,为各国发展带来了新的机遇。但是,影响和平与发展的不稳定、不确定因素也在增加,地区冲突、恐怖主义、南北差距、环境恶化、贸易壁垒等问题,维护世界和平、促进共同发展,是各国人民的共同心愿。中国走和平发展道路,坚持把中国人民的根本利益与各国人民的共同利益结合起来,为促进世界的和平与发展发挥负责任、建设性的作用。中国积极参与缓解地区热点问题,努力促进区域互利合作。中国坚决维护联合国及其安理会的权威和作用,积极参与国际维和行动和国际救灾行动。中国同各国进行能源对话和合作,共同维护世界能源市场稳定。中国人民愿同各国人民一道,推动建立公正合理的国际政治经济新秩序,提倡国际关系民主化,尊重世界多元化,促进树立新安全观,努力实现全球经济均衡可持续发展。中国人民对世界上仍陷于战火、冲突、饥饿、贫困等苦难的人民怀着深切同情,衷心祝愿他们早日走上和平发展之路,并愿为他们提供力所能及的帮助。只要各国人民和有远见的政治家,从人类的前途命运和共同利益出发,以合作谋和平,以合作促发展,携手克服前进道路上的困难,我们就一定能够共同创造人类的美好未来。

第三节　中国在世界上发挥的责任作用

中国国务院总理温家宝先生指出,中国正在坚定不移地走和平发展的道路,正在以实际行动在世界上发挥着负责任的作用。

概括地说,主要表现在以下十个方面。

1. 中国高度重视发展社会生产力和提高人民的物质文化生活水平,致力于促进人类进步事业。中国成功解决了 13 亿人口的吃饭问题,消除了两亿多人口的贫困,在全国基本普及了 9 年义务教育,向 6 000 多万残疾人提供了帮助,为各民族提供了平等的发展机会。目前中国社会稳定,人民安居乐业。中国的发展和稳定是对世界和平与繁荣的最大贡献。

2. 中国通过总结实践经验,正在走一条科学发展之路。中国坚持把节约资源、保护环境作为基本国策,着力建设资源节约型、环境友好型社会,促进经济社会全面协调可持续发展。中国的发展不会给世界造成威胁。

3. 中国奉行独立自主的和平外交政策,根据事情本身的是非曲直确定自己的立场。中国在国际事务中坚持以合作谋和平、促发展,严格遵循《联合国宪章》的宗旨和公认的国际关系准则,不以意识形态的异同来决定国家关系的亲疏,不同任何国家结盟,在和平共处五项原则基础上与各国友好相处。

4. 中国坚定地维护世界和平,是国际体系的参与者、维护者和建设者。中国参加了 100 多个政府间国际组织,签署了近 300 个国际条约。中国积极推动建立公正合理的国际新秩序,促进国际关系民主化,维护世界文明多元化。

5. 中国坚持与邻为善、以邻为伴,做周边国家的好邻居、好朋友、好伙伴。中国通过亚太经合组织、上海合作组织、中国—东盟合作、大湄公河次区域合作,推进双边和区域合作,促进共同繁荣。我们主张区域合作应遵循开放原则,应同其他国家和国际组织加强联系。

405

6. 中国主张和平解决争端,在处理热点问题上发挥建设性作用。中国在朝核、伊核、中东等重大国际问题上一贯持劝和促谈的立场,就非传统安全问题,包括对重大自然灾害积极开展国际合作。2005 年我们对印度洋海啸受灾国实施了中国有史以来最大规模的国际救援行动。

7. 中国积极参与反恐和防扩散合作,努力维护全球安全与战略稳定。中国反对恐怖主义,在国际反恐合作中始终发挥建设性的作用;中国签署了《不扩散核武器条约》和《全面禁止核试验条约》,支持《禁止生物武器公约》和《禁止化学武器公约》的实施,制定了全面的防扩散出口管制法律体系,并不断加强执法。

8. 中国切实履行入世承诺,致力于建设公平、自由的国际贸易体制。加入世贸组织后,中国积极开放国内市场,平均关税降至 9.9%。在世贸组织划分的服务贸易 160 个部门和分部门中,中国已承诺开放 100 个。中国对主要的知识产权法律作了进一步修改,使之与世贸组织的有关协议相一致。中国还对侵犯知识产权降低了刑事处罚门槛,加大了保护知识产权的执法力度。

9. 中国认真落实联合国千年发展目标,向发展中国家提供真诚无私的援助。迄今为止,中国向 110 多个国家和区域组织提供了 2 000 多个援助项目,对

44 个不发达国家减免了 200 多亿元人民币的债务。另外,中国将在今后 3 年向不发达国家提供 100 亿美元的优惠贷款和优惠出口买方信贷,帮助他们加强基础设施建设。

10. 中国奉行防御性的国防政策,推进国际裁军和军控事业。中国在过去 20 多年中,裁军 170 多万。中国军费占国内生产总值和财政支出比重,在世界上是比较低的。中国有限的军费增长,主要是为改善军人生活、提高防御能力和维护国家统一,不会威胁任何人,国防政策是透明的。

从对外来讲,就是要高举和平、发展、合作的旗帜,奉行独立自主的和平外交政策。独立自主的和平外交政策主要是:维护国家的独立、主权、统一和领土完整;根据事情本身的是非曲直自主地、独立地判断国际问题,决定自己的立场和政策;不以意识形态和社会制度画线,不将自己的价值观强加于人,不同任何国家和国家集团结盟;不干涉别国内部事务,也不允许任何国家干涉我国内政;反对搞霸权主义和强权政治,自己也永远不称霸。在今后的对外交往中,要更好地贯彻独立自主的和平外交政策,就要在和平共处五项原则的基础上同世界各国友好相处。无论国家大小贫富强弱,一视同仁,一律以平等的态度对待;就要致力于推动国际政治经济秩序朝着公正合理的方向发展。这个新秩序的核心是平等、尊重、互利,最终目标是构建和谐世界;就要在对外经贸往来和对外文化交流中体现互利共赢、彼此尊重的原则;就要坚持防御性的国防政策,不搞军备竞赛和军事扩张。中国在鸦片战争后的 100 多年里饱受列强的侵略和欺侮,深知侵略和压迫给一个民族带来的苦难。我们坚持走和平发展道路,是真诚的、坚定的。

走和平发展道路,是我国必须长期坚持的战略选择,也是必须长期坚持的外交方针,绝不是权宜之计。坚持这个方针,就要抓住机遇,排除干扰,专心致志,发展自己;在国际上坚持不扛旗、不当头。正是由于坚持了这个方针,我们才得以不断扩大在国际事务中的回旋余地。随着我国综合国力的增强和国际地位的提高,国际社会对我国的期待会日益增多,在这种情况下还要不要继续坚持这个方针?答案是肯定的,没有任何理由改变这个方针。当然,我们应当保持良好的精神状态,增强对外工作的主动性和进取性。我国是联合国安理会常任理事国,是许多重要国际组织的成员,要利用这些有利条件,积极发挥作用,有效维护我国的根本利益。要积极参与国际规则的制定,推动国际政治经济秩序朝着公正合理的方向发展。要积极参与经济全球化,并且本着互利共赢的原则推进国际和区域经济合作。

第四节　世界和平、发展、合作的主题

中华人民共和国主席胡锦涛先生于 2003 年 5 月 28 日访问俄罗斯时,阐述了"世界和平、发展、合作"包括五项主要内容。

1. 中国主张应该促进国际关系民主化。国家不论大小、强弱、贫富,都是国际社会的平等一员,不仅有权自主地决定本国事务,而且有权平等地参与决定国际事务。在国际事务中,只有遵循平等协商、友好合作的民主精神,通过协商解决共同关注的国际问题,才能有效地扩大各国的共识,深化共同利益,应对共同挑战,实现世界的和平、稳定和繁荣。

2. 中国主张树立互信、互利、平等和协作的新安全观。历史和现实反复证明,武力不能缔造和平,强权不能确保安全。军事手段可以赢得一时的胜利,但不会带来持久的和平。以互信求安全,以对话促合作。只有增进互信,平等协商,广泛合作,才能实现普遍而持久的安全。

3. 中国主张尊重公认的国际法和国际关系基本准则,尊重和发挥联合国及其安理会的重要作用。联合国在维护世界和平与稳定方面的重要作用,没有任何其他国际组织可以替代。《联合国宪章》的宗旨和原则,依然具有强大的生命力,是处理当今国际事务应该遵循的基本准则。坚决维护《联合国宪章》的宗旨和原则,维护联合国的权威和处理重大国际问题的主导地位,发挥联合国在解决重大国际问题上的重要作用。

4. 中国主张维护和尊重人类文明的多元化。世界各国人民在漫长的历史进程中创造了各自独特的文化、传统、信仰和价值观。多元化是世界文明的基本特征。多元化意味着差异,差异需要交流,交流促进发展。世界上的各种文明、不同社会制度和发展道路应该彼此尊重,在竞争比较中取长补短,在求同存异中共同发展。各种文明在交流中相互学习和借鉴,不断丰富和发展,将使世界更加绚丽多彩,更加充满生机和活力。

5. 中国主张通过各国开展互利合作,缩小南北差距,妥善解决贫富悬殊问题,努力促进全球的共同发展。在过去几十年里,人类社会在促进生产力快速发展、创造出巨大财富的同时,也产生了贫富愈加悬殊、南北差距拉大、生态环境恶化等突出问题。国际社会应该共同努力,趋利避害,推动世界经济朝着均衡、稳定和可持续的方向发展。这是各国共同发展的需要,也是维护世界和平与稳定的要求。

总之,中国主张建立公正合理的国际政治经济新秩序。这种国际秩序应该以相互安全为前提,以均衡发展为基础,以公认法理为保障,以对话合作为手段,以共同繁荣为目标。世界和平、发展、合作的创新内容开辟了我国外交工作的新局面,使我们的国际地位进一步提高,使我们在国际事务中纵横捭阖,游刃有余,为我们参与全球化,逐鹿多极化,实现中华民族的伟大复兴创造了极为有利的国际条件和全球基础。

一、和平发展合作是不可阻挡的时代潮流

进入 21 世纪,世界形势继续发生深刻变化,多极化与经济全球化在曲折中深入发展,科技进步突飞猛进,人类社会前进的步伐加快,新情况、新矛盾层出不穷。维护世界和平、促进共同发展是各国人民的共同使命。

国际社会在探索与实践中,更加深刻地认识到,应该站在时代发展和人类进步的高度,以合作谋和平,以合作促发展,努力扩大各国利益的汇合点,寻求互利共赢。

——维护共同安全需要合作。非传统安全威胁增加并与传统安全威胁相互交织。各类安全问题的跨国性、相关性、突发性日益增强。一国的安全与地区和全球安全紧密相联。只有通过国际合作,才能有效地解决各国共同的安全问题。冷战思维、单边主义、武力至上行不通。

——实现共同发展需要合作。经济全球化趋势使各国经济相互依存不断加深,也加剧了发展的不平衡,一部分国家面临被边缘化的危险。全球化的经济需要全球性的合作。通过合作,才能逐步解决全球发展失衡问题,有效防范经济和金融风险;才能帮助各国抓住全球化带来的机遇,实现共同发展。

——推进不同文明和谐共存需要合作。信息化改变了人们的生活和生产方式,也使国与国和不同文明之间的关系变得更加复杂。各种文明只有相互尊重、相互包容、相互取长补短,加强沟通、对话与合作,才能在发展自身的同时,为人类的共同进步作出贡献。

近年来,国际社会多领域、多层次、多渠道的合作,已成为越来越多国家的现实选择。各国人民对和平、发展、合作的追求,已汇成时代潮流。

二、坚持和平发展合作是中国社会主义的国家性质和全面建设小康社会的根本任务所决定的

中国长期坚持在《联合国宪章》精神及和平共处五项原则的基础上,同各国发展外交关系和经济文化交流;坚持反对侵略战争、霸权主义和强权政治。中国人民最需要和最珍爱的就是和平与发展。中国是维护世界和平、促进共同发展的力量。我们的重要战略机遇期就是世界和平得到维护、共同发展得到推进的国际环境和历史进程。我们全面建设小康社会的宏伟目标,必须在这一大的战略前提下才有可能实现。

爱好和平、讲信修睦、协和万邦是中国文化传统的重要组成部分。中华民族在对外交往中,崇尚亲仁善邻,主张和而不同,追求普遍和谐。具有五千年悠久历史的中华文化是中国外交取之不尽的智慧源泉。孔子在两千多年前提出的"己所不欲,勿施于人",被誉为处理国家间关系的"黄金法则",镌刻于纽约联合国总部大厅。中国的发展将为人类的进步作出新的贡献。

中国的和平发展道路是一条在维护世界和平中发展自己、又以自身发展促进世界和平的道路;一条统筹国内发展和对外开放的道路;一条勇于参与和平国际竞争又坚持广泛合作的道路。中国选择这条道路,就是要顺应时代潮流,在平等互利的基础上发展同世界各国的友好合作,实现互利共赢;就是要超越传统模式,坚持主要依靠中国自身的力量和改革创新,以科学发展观为指导,实现全面、协调和可持续发展,努力构建社会主义和谐社会。

三、和平发展合作的思想,是对中国独立自主的和平外交政策的丰富和发展

中国政府坚定奉行独立自主的和平外交政策,主张国家无论大小、贫富和强弱,都应一律平等,友好相处。各国应在互利的基础上加强和扩大经济、科技和文化交流与合作,促进共同发展与繁荣。中国的这一主张,维护了中国人民和世界人民的根本利益,赢得了广泛赞誉。

进入 21 世纪,中国坚持维护世界和平、促进共同发展的外交宗旨,在外交实践中相继提出一系列新的思路和主张,丰富和发展了中国独立自主的和平外交政策。

积极倡导公正、合理的新秩序观。中国主张,应推进多边主义,促进国际关系民主化和法制化,推动建立公正合理的国际秩序。作为国际多边机制的核心和实践多边主义的重要舞台,联合国应进行必要、合理的改革,尤其要最大限度

409

地照顾发展中国家的合理要求和关切。

认真实践以平等互利为核心的新发展观。中国主张各国在追求发展的进程中应努力实现互利共赢,鼓励彼此开放而不是相互封闭,公平竞争而不是损人利己,优势互补而不是以邻为壑。国际社会应加强协调,推动经济全球化朝着有利于共同繁荣的方向发展。保证发展中国家在国际经济事务中的平等参与。建立开放、公平的贸易体制,改革和完善国际金融体制。通过对话妥善解决经贸摩擦,反对动辄采取单方面制裁和报复措施。

推动树立以互信、互利、平等和协作为主要内容的新安全观。中国主张各国在安全上应相互信任,通过互利合作维护地区和国际安全。坚持以协商化解矛盾,以合作谋求稳定。中国支持开展安全对话和建立区域安全合作机制,加强和深化多边安全合作,解决共同面临的安全威胁和挑战。中国反对任何形式的恐怖主义,主张通过加强国际合作,打击恐怖主义并消除产生恐怖主义的根源。

主张形成以尊重多元化为特点的新文明观。中国认为,世界文明的多元化是人类社会的共同遗产和走向昌盛的宝贵源泉,应努力加以维护。各国人民根据本国国情自主选择发展道路是不可剥夺的权利,必须予以尊重。各国要在平等的基础上,在"文明对话"中相互借鉴、取长补短,共同构建和谐的世界。

总之,正如《中国和平发展道路》白皮书指出的,中国认为,和谐世界应该是民主的世界,和睦的世界,公正的世界,包容的世界。必须坚持以下核心原则:坚持民主平等,实现协调合作;坚持和睦互信,实现共同安全;坚持公正互利,实现共同发展;坚持包容开放,实现文明对话。

中国政府的上述主张有浓厚的中国特色,又有鲜明的时代特征,反映了世界发展和人类进步的普遍要求,将对当代国际关系的健康发展产生积极影响。

第五节 持久和平、共同繁荣的
和谐世界发展道路

2005 年 9 月 15 日,在联合国成立 60 周年首脑会议上,中华人民共和国主席胡锦涛先生发表了题为《努力建设持久和平、共同繁荣的和谐世界》的重要讲话,全面阐述了中国对当前国际形势及重大国际问题的看法和立场,对加强联合国作用、推动联合国改革、促进国际发展合作等问题提出了具体主张。胡锦涛指出，新的世纪为人类社会发展展现了光明前景。在机遇和挑战并存的重要历史时期，只有世界所有国家紧密团结起来，才能真正建设一个持久和平、共同繁荣的和谐世界。

联合国的成立，是人类为和平与发展长期努力的结果。联合国体现了世界各国人民"欲免后世再遭今代人类两度身历惨不堪言之战祸"、"彼此以善邻之道，和睦相处"的崇高精神，承载了国际社会共同促进经济社会发展的美好理想。60 年的实践表明，联合国的成立是人类历史上一件具有划时代意义的大事，是人类和平进步事业发展的一座重要里程碑。

新的世纪为人类社会发展展现了光明前景。在维护世界和平、促进共同发展的道路上，我们既面临着难得机遇，也面临着严峻挑战。

要和平、促发展、谋合作是时代的主旋律。世界多极化和经济全球化的趋势深入发展，科技进步日新月异，世界生产力显著提高，全球经济保持总体增长，各类全球性和区域性合作生机勃勃，国际关系民主化不断推进。人类正以前所未有的速度发展进步。

同时，世界和平与发展这两大问题还没有得到根本解决。因种种原因导致的局部战争和冲突时起时伏，地区热点问题错综复杂，南北差距进一步拉大，许多国家人民的基本生存甚至生命安全得不到保障，国际恐怖势力、民族分裂势力、极端宗教势力在一些地区还相当活跃，环境污染、毒品走私、跨国犯罪、严重传染性疾病等跨国性问题日益突出。人类实现普遍和平、共同发展的理想还任重道远。

历史昭示我们，在机遇和挑战并存的重要历史时期，只有世界所有国家紧密团结起来，共同把握机遇、应对挑战，才能为人类社会发展创造光明的未来，才能真正建设一个持久和平、共同繁荣的和谐世界。我愿就此发表以下几点意见。

第一，坚持多边主义，实现共同安全。和平是人类社会实现发展目标的根本前提。没有和平，不仅新的建设无以推进，而且以往的发展成果也会因战乱而毁灭。无论对于小国弱国还是大国强国，战争和冲突都是灾难。因此，各国应该携起手来，共同应对全球安全威胁。我们要摒弃冷战思维，树立互信、互利、平等、协作的新安全观，建立公平、有效的集体安全机制，共同防止冲突和战争，维护世界和平与安全。

联合国作为集体安全机制的核心，在保障全球安全的国际合作中发挥着不可替代的作用。其作用只能加强，不能削弱。《联合国宪章》确定的宗旨和原则,对维护世界和平与安全发挥着举足轻重的作用,已经成为公认的国际关系基本准则,必须得到切实遵循。安理会作为联合国维护世界和平与安全的专门机构,其维护世界和平与安全的权威必须得到切实维护。

我们应该鼓励和支持以和平方式,通过协商、谈判解决国际争端或冲突,共同反对侵犯别国主权的行径,反对强行干涉一国内政,反对任意使用武力或以武力相威胁;应该加强反恐合作,坚持标本兼治,重在消除根源,坚决打击恐怖主义;应该按照公正、合理、全面、均衡的原则,实现有效裁军和军备控制,防止核扩散,积极推进国际核裁军进程,维护全球战略稳定。

第二,坚持互利合作,实现共同繁荣。发展事关各国人民的切身利益,也事关消除全球安全威胁的根源。没有普遍发展和共同繁荣,世界难享太平。经济全球化趋势的深入发展,使各国利益相互交织,各国发展与全球发展日益密不可分。经济全球化应该使各国特别是广大发展中国家普遍受益,而不应造成贫者愈贫、富者愈富的两极分化。联合国应该采取切实措施,落实千年发展目标,特别是要大力推动发展中国家加快发展,使 21 世纪真正成为"人人享有发展的世纪"。

我们应该积极推动建立健全开放、公平、非歧视的多边贸易体制,进一步完善国际金融体制,为世界经济增长营造健康有序的贸易环境和稳定高效的金融环境;应该加强全球能源对话和合作,共同维护能源安全和能源市场稳定,为世界经济增长营造充足、安全、经济、清洁的能源环境;应该积极促进和保障人权,努力普及全民教育,实现男女平等,加强公共卫生能力建设,使人人享有平等追求全面发展的机会和权利。

发达国家应该为实现全球普遍、协调、均衡发展承担更多责任,进一步对发展中国家特别是重债穷国和最不发达国家开放市场,转让技术,增加援助,减免债务。发展中国家要充分利用自身优势推动发展,广泛开展南南合作,推动社会全面进步。中国将尽自己所能,为推动各国共同发展作出积极贡献。

第三,坚持包容精神,共建和谐世界。文明多元化是人类社会的基本特征,也是人类文明进步的重要动力。在人类历史上,各种文明都以自己的方式为人类文明进步作出了积极贡献。存在差异,各种文明才能相互借鉴、共同提高;强求一律,只会导致人类文明失去动力、僵化衰落。各种文明有历史长短之分,无高低优劣之别。历史文化、社会制度和发展模式的差异不应成为各国交流的障碍,更不应成为相互对抗的理由。

我们应该尊重各国自主选择社会制度和发展道路的权利,相互借鉴而不是刻意排斥，取长补短而不是定于一尊，推动各国根据本国国情实现振兴和发展；应该加强不同文明的对话和交流，在竞争比较中取长补短，在求同存异中共同发展，努力消除相互的疑虑和隔阂，使人类更加和睦，让世界更加丰富多彩；应该以平等开放的精神，维护文明的多元化，促进国际关系民主化，协力构建各种文明兼容并蓄的和谐世界。

第四，坚持积极稳妥方针，推进联合国改革。《联合国宪章》确立的各项宗旨和原则，符合和平、发展、合作的历史潮流，符合国际关系健康发展的本质要求，符合世界各国人民的根本利益。我们应该通过合理、必要的改革，维护联合国权威，提高联合国效率，更好地发挥联合国作用，增强联合国应对新威胁新挑战的能力。

联合国改革是全方位、多领域的，可以先易后难、循序渐进，推动改革尽可能多出成果。改革应该重点推动联合国加大在发展领域的投入，致力于维护《联合国宪章》的宗旨和原则，增进广大会员国团结。

安理会改革是联合国改革的一项重要内容。要通过改革安理会，优先增加发展中国家特别是非洲国家的代表性，让更多国家特别是中小国家有更多机会参与安理会决策。改革涉及各国利益，应该充分协商，在达成广泛共识的基础上作出决定。

在这里，我愿重申：中国将坚定不移地高举和平、发展、合作的旗帜，坚定不移地走和平发展道路，坚定不移地奉行独立自主的和平外交政策，在和平共处五项原则的基础上同世界各国发展友好合作关系。中国将始终不渝地把自身的发展与人类共同进步联系在一起，既充分利用世界和平发展带来的机遇发展自己，又以自身的发展更好地维护世界和平、促进共同发展。中国将一如既往地遵守《联合国宪章》的宗旨和原则，积极参与国际事务，履行国际义务，同各国一道推动建立公正合理的国际政治经济新秩序。中华民族是热爱和平的民族。中国的发展不会妨碍任何人，也不会威胁任何人，只会有利于世界的和平稳定、共同繁荣。

在人类漫长的发展史上，各国人民的命运从未像今天这样紧密相连、休戚与共。共同的目标把我们联结在一起，共同的挑战需要我们团结在一起。让我们携手合作，共同为建设一个持久和平、共同繁荣的和谐世界而努力！

第六节　促进普遍发展，实现共同繁荣

2005年9月14日，中华人民共和国主席胡锦涛在联合国成立60周年首脑会议发展筹资高级别会议上发表讲话，就落实千年发展目标和中国支持发展中国家的重大举措表明了立场。

在联合国成立60周年之际，举行发展筹资高级别会议，共商国际发展大计，规划未来合作前景，促进全球发展事业，具有十分重要的意义。

随着经济全球化不断深入，各国利益相互交织、命运彼此依存。促进普遍发展、实现共同繁荣，符合各国人民的根本利益。现在，摆在我们面前最紧迫的任务是：加强国际发展合作，缩小南北差距，确保实现千年发展目标。

20世纪90年代以来，国际社会就国际发展合作达成了许多重要共识。2000年联合国千年首脑会议通过了《千年宣言》，制订了千年发展目标，为国际发展合作确立了路线图和时间表。几年来，经过联合国和各国共同奋斗，实现千年发展目标的努力取得了一些积极进展。

但是，我们必须认识到，发展问题远未解决，国际发展合作仍然任重道远。目前，全球约有10亿人处于绝对贫困状态；日益严重的贸易壁垒、沉重的债务负担、艾滋病等重大传染性疾病的蔓延，严重阻碍了广大发展中国家的发展。恐怖主义、地区冲突、能源安全等传统和非传统安全问题对实现全球共同发展构成严重挑战。

为落实千年发展目标，加强国际发展合作，促进普遍发展，实现共同繁荣，本出愿提出以下建议。

——进一步深化改革，使国际经济体制和规则更加公平合理，特别是要充分反映广大发展中国家的关切，促进经济全球化朝着均衡、普惠、共赢的方向发展。为此，要完善国际金融体制，为发展中国家发展创造良好的金融环境，并增加发展中国家在国际金融机构中的发言权。要维护和完善多边贸易体制，为发展中国家发展创造良好的贸易环境。

——尊重发展模式的多元化，推动发展经验的交流。自主选择符合本国实际的发展道路和发展模式，是各国实现发展的关键。近年来，一些发展中国家发挥自身优势,有效利用经济全球化和科技进步带来的机遇,实现了快速发展,积累了有益经验。我们应该加强发展经验的交流和借鉴,提高各国自我发展的能力。

——建立公平、合理、有效的千年发展目标进展评估框架,及时评估各国取得的进展,监督和促进国际合作和发展援助承诺的落实。发展中国家应该通过自身努力和相互合作增强竞争力。发达国家更应该积极促进全球经济增长,在消除贫困、资金援助、减免债务等重点问题上采取切实措施,帮助发展中国家特别是非洲和最不发达国家加快发展。国际社会应该把消除贫困作为加强国际发展合作的首要任务,大幅增加发展资金,实现发达国家把国民总收入的0.7%用于官方发展援助的目标,并积极探讨新的筹资方式。发展中国家总体债务高达2.2万亿美元,沉重的债务负担长期困扰着发展中国家尤其是最不发达国家。国际社会特别是发达国家应该采取实质性措施,大幅减债,简化程序,减少条件,使发展中国家摆脱债务的恶性循环,轻装上阵,推动经济发展。

——加强联合国在推动国际发展合作中的作用。联合国应该将发展作为一项主要工作来抓,完善机制,改进职能,在引导达成共识、制定规则、推动参与等方面发挥优势。要加强同世界贸易组织、世界银行和国际货币基金组织等国际和区域机构的协调和合作,整合资源,形成合力,为各国特别是发展中国家的发展创造良好的国际环境,提供有力的帮助和支持。

中国是中低收入的发展中国家,在发展道路上仍然面临着许多困难和挑战,但我们将尽最大努力支持和帮助其他发展中国家加快发展。中国已经向30多个最不发达国家提供了优惠关税待遇,减免了有关国家的债务。中国倡导成立了中非合作论坛、中阿合作论坛等合作机制,在亚洲开发银行设立中国减贫和区域合作基金并提供了捐款。2004年5月,中国国际扶贫中心在北京正式成立,旨在为世界消除贫困事业作出贡献。为进一步加强对其他发展中国家的帮助,我们将采取以下新措施。

第一,中国决定给予所有同中国建交的39个最不发达国家部分商品零关税待遇,优惠范围将包括这些国家的多数对华出口商品。

第二,中国将进一步扩大对重债穷国和最不发达国家的援助规模,并通过双边渠道,在今后两年内免除或以其他处理方式消除所有同中国有外交关系的重债穷国2004年底前对华到期未还的全部无息和低息政府贷款。

第三,中国将在今后3年内向发展中国家提供100亿美元优惠贷款及优惠出口买方信贷,用以帮助发展中国家加强基础设施建设,推动双方企业开展合资合作。

第四,中国将在今后 3 年内增加对发展中国家特别是非洲国家的相关援助,为其提供包括防疟特效药在内的药物,帮助他们建立和改善医疗设施、培训医疗人员。具体通过中非合作论坛等机制及双边渠道落实。

第五,中国将在今后 3 年内为发展中国家培训培养 3 万名各类人才,帮助有关国家加快人才培养。

中国的发展同世界的发展紧密相关。中国愿同世界各国一道努力,使 21 世纪真正成为"人人享有发展的世纪"。

第七节　加强全球合作,促进共同发展

2005 年 10 月 15 日,中华人民共和国主席胡锦涛先生在 20 国集团财长和央行行长会议开幕式上指出,当前,各国政府和人民对世界经济发展的状况高度关注。这是因为当今世界正在发生深刻而复杂的变化,我们正面临着一个机遇和挑战并存的局面。一方面,和平与发展仍然是当今时代的主题,经济全球化趋势深入发展,以信息科技、生物科技为主要标志的现代科技进步日新月异,国际产业转移和生产要素流动加快,各国正面临着难得的发展机遇。另一方面,世界发展不平衡问题日益突出,南北差距进一步拉大,金融风波时有发生,贸易壁垒和保护主义有新的表现。面对这一情况,我们必须加强国际合作,共同把握机遇,携手应对挑战,推动世界经济平衡有序发展。这是世界各国人民的共同意愿,也是时代的必然要求。

为此,中国提出以下四点主张。

第一,要尊重发展模式的多元化。世界经济的发展,说到底,源于各国经济的发展。各国要实现经济持续发展,关键是要形成符合自己国情、适应时代要求的发展模式以及与之相适应的经济体制和机制。保持各国发展模式的多元化,推动各种发展模式之间的优势互补,对世界经济充满活力地向前发展十分重要。我们要支持各国根据本国国情选择适合自身条件的发展道路,从自身实际出发完善发展模式,同时充分利用经济全球化带来的有利条件和机遇,促进世界不同发展模式在竞争比较中取长补短,在求同存异中共同发展,不断为世界经济发展注入新的活力。

第二,要加强各国宏观经济政策的对话和协调。现在,各国经济的相互联系、相互依存日益紧密,各国特别是主要经济体的经济状况对世界经济发展会产生深刻影响,世界经济状况也会对各国经济发展产生重要作用。世界各国特别是主要经济体,不仅要采取负责任的经济政策,进行必要的经济结构调整,维护主要储备货币汇率的相对稳定,防止贸易保护主义,而且要加强宏观经济政策的对话,特别是要加强在一些涉及世界经济发展全局和各国共同利益的重大问题上的协调,以共同促进世界经济平衡有序发展。

第三,要完善国际经济贸易体制和规则。建立公正合理的国际经济新秩序,形成良好的国际经济贸易体制和规则,是促进世界经济平衡有序发展的重要保障。我们要积极支持完善国际金融体系,增加发展中国家在国际金融机构中的发言权,提高国际社会预防和应对危机、维护金融稳定和促进发展的能力,为世界经济增长营造公平、稳定、高效的金融环境。我们要共同稳定国际能源市场,为世界经济增长营造充足、安全、经济、清洁的能源环境。我们要积极支持建设公开、公正、合理、非歧视的多边贸易体制,为世界经济增长构建良好的贸易环境,使世界各国特别是发展中国家能从中受益。

第四,要帮助发展中国家加快发展。发展经济、提高人民生活水平是广大发展中国家最紧迫的任务。支持发展中国家加快发展,也是保持世界经济平衡有序发展的重要条件。我们要加强南北对话,着眼于逐步建立长期、全面的新型南北合作伙伴关系,在互利互惠、取长补短中实现共赢。我们要完善发展援助机制,鼓励更多发展资源向发展中国家转移。发达国家应该切实履行在消除贫困、资金援助、减免债务等方面的承诺,并积极探讨和实施新的发展融资机制,帮助发展中国家特别是最不发达国家加快发展。发展中国家应该积极改善国内经济环境,提高发展援助的有效性,通过自身努力和相互合作增强竞争力。国际社会应该建立有效的监督机制,落实联合国成立 60 周年首脑会议在发展问题上取得的共识和成果,确保实现联合国千年发展目标。中国最近宣布将在关税、减免债务、优惠贷款、公共卫生、人力资源开发等五个方面采取新的援助举措,为发展中国家加快发展提供支持。中国将积极落实这些措施。

第八节　关于 21 世纪国际新
秩序的联合声明

中国的和平发展与和谐世界发展的两条道路一方面要运用现存的国际秩序,另一方面又要建立公正合理的国际政治新秩序,也就是说,是在崛起中参与,在参与中改革。关于 21 世纪的国际新秩序,是由中华人民共和国主席胡锦涛和俄罗斯联邦总统弗拉米基尔·普京于 2005 年 7 月 1 日在莫斯科签署的声明中公布的。

一、当今世界正经历历史性的变革。建立国际新秩序的过程将是复杂而漫长的。和平与发展仍是时代主题。世界多极化和经济全球化作为当前人类发展阶段的重要趋势,其发展进程存在不平衡和矛盾的现象。国家间的相互依存关系大大加强。

21 世纪人类面临的中心任务是维护全人类和平、稳定和安全,在平等、维护主权、互相尊重、互利和确保子孙后代发展前景条件下实现全面协调发展。

人类拥有共同实现上述目标的机遇,也面临国际恐怖主义、大规模杀伤性武器扩散、贫富差距、环境恶化、传染病、有组织跨国犯罪、贩毒等诸多全球性挑战。

二、只有以公认的国际法原则和准则为基础,在公正、合理的世界秩序下,才能解决人类面临的问题。世界各国应严格遵守互相尊重主权和领土完整、互不侵犯、互不干涉内政、平等互利、和平共处的原则。应充分保障各国根据本国国情选择发展道路的权利、平等参与国际事务的权利和平等发展的权利。必须和平解决分歧与争端,不采取单边行动,不采取强迫政策,不以武力威胁或使用武力。

各国的事情应由各国人民自主决定,世界上的事情应以多边集体为基础通过对话和协商决定。国际社会应彻底摒弃对抗和结盟的思维,不寻求对国际事务的垄断和主导权,不将国家划分为领导型和从属型。

三、联合国是世界上最具普遍性、代表性和权威性的国际组织,其地位和作用不可替代。联合国应在国际事务中发挥主导作用,成为制定和执行国际法基本准则的核心。联合国维和行动应符合《联合国宪章》的宗旨和原则。必须严格遵守安理会相关决议,开展联合国与区域、次区域组织的合作。联合国在研究全球经济和发展问题上应发挥更大作用。

联合国改革的目的,应是加强其在国际事务中的主导作用,提高效率,增强应对新挑战与威胁的潜力。推进改革应以协商一致原则为基础,充分体现广大成员国的共同利益。

四、全球化进程的积极意义是,借助空前活跃的经贸关系和极为广泛的信息开放,促进世界经济的发展。另一方面,全球化的发展很不平衡,发达国家和地区与世界其他国家和地区的差距拉大。为使全球化进程健康发展,应加强国家间和地区间的协调与互利合作,消除经济关系中的一切歧视,缩小贫富差距,通过扩大和深化经贸、科技交流促进共同繁荣。国际社会应制定全面和广为接受的经贸体制,其途径是平等谈判、摒弃以施压和制裁迫使单方面经济让步的做法、发挥全球和地区多边组织机制的作用等。

五、占世界人口大多数的发展中国家是维护世界和平与发展的重要力量。国际社会应高度关注消除发展中国家与发达国家发展水平差距的问题。解决该问题的途径首先是保障国际社会所有成员均能平等利用全球化带来的社会经济、科学技术、信息、文化及其他机遇,加强南北、南南互利合作,实现共同发展,有关国家应履行其在联合国及其他多边框架内所承担的相应义务。

六、人权具有普遍性。各国应尊重《世界人权宣言》中规定的人权和基本自由,根据本国国情和传统促进保障和维护人权,在平等和相互尊重的基础上通过对话与合作解决分歧。国际人权保护应建立在坚定维护各国主权平等和不干涉内政的原则基础之上。

七、必须尊重多民族国家的历史传统及其促进各民族和睦相处、共同发展和维护国家统一的努力。任何旨在分裂主权国家和煽动民族仇恨的行为都是不能接受的。不能无视主权国家社会发展的客观进程,不能从外部强加社会政治制度模式。

八、世界文化和文明的多元化应成为相互充实而不是相互冲突的基础。当今世界的主流要求不是搞"文明冲突",而是必须开展全球合作。应尊重和维护世界文明的多元化和发展模式的多样化。各国历史背景、文化传统、社会政治制度、价值观念和发展道路的差异不应成为干涉别国内政的借口。应在相互尊重和包容中开展文明对话与经验交流,相互借鉴,取长补短,以求共同进步。应加强人文交流以建立国家间友好信任的关系。

九、双方呼吁国际社会共同努力,建立互信、互利、平等、协作的新型安全架构。此架构应以公认的国际关系准则为政治基础,以互利合作和共同繁荣为经济基础,并应建立在尊重各国平等安全权利的基础上。平等对话、协商和谈判应成为解决矛盾和维护和平的手段。双方支持维护和巩固全球战略稳定以及军控、裁军与防扩散法律体系和多边进程。双方主张尽快促成《全面禁止核试验条约》生效,努力推动加强《不扩散核武器条约》、《禁止生物武器公约》、《禁止化学武器公约》等军控、防扩散条约的普遍性和有效性。双方呼吁和平利用外空,防止外空武器化和军备竞赛,为此应制定相关的国际法律文件。

双方认为,面对新威胁和新挑战,必须进一步采取有效措施,防止大规模杀伤性武器及其运载工具以及相关材料的扩散。双方决心为此在相关国际组织和论坛框架内紧密合作,同时与其他国家扩大协作。应在国际法框架内,通过政治、外交和国际合作解决扩散问题。

双方将促进落实以《联合国宪章》和其他相关国际法准则为基础,在联合国主导下,建立应对新威胁和挑战的全球系统的倡议。应在新的安全架构内,加强国际合作、共同探索切断恐怖主义资金来源和社会根基的途径,根除恐怖主义和极端主义思想,即暴力、种族、民族和宗教仇恨等思潮。在此问题上不应采用双重标准。国际社会所有成员应坚决谴责恐怖分子和恐怖组织对人权的粗暴侵犯。必须防止恐怖主义组织获取、使用大规模杀伤性武器及其运载工具。

十、区域共同化是当前国际形势发展的重要特征。双方指出,建立在地区开放、平等合作和不针对其他国家基础上的多边区域组织在国际新秩序形成过程中发挥着积极作用。在经济领域,地区倡议应促进贸易共同体更加开放和富有成效。在地区安全领域,建立兼顾各参与方利益的、开放的、不针对其他国家的安全合作机制具有根本性意义。双方支持各地区共同化组织建立横向联系,营造互信、合作氛围。

十一、中俄新型国家关系正为建立国际新秩序作出重大贡献。中俄关系的实践印证了本声明所述原则的生命力,同时表明,在此基础上可以有效发展睦邻友好合作关系,解决各种问题。两国决心与其他有关国家共同不懈努力,建设发展与和谐的世界,成为安全的世界体系中重要的建设性力量。

十二、建立合理和公正的 21 世纪国际秩序是一个不断寻求各方都可接受的立场和决定的过程。只有在国际社会所有成员都赞同其宗旨和准则的情况下,国际新秩序才真正具有普遍性。双方呼吁世界各国就建立 21 世纪国际秩序问题开展广泛对话。世界的未来、人类进步及应对挑战与威胁的能力在很大程度上取决于这一对话的结果。

第九节　中华文明与世界文明的
对话与交融

　　中华文明是世界古代文明中始终没有中断、连续五千多年发展至今的文明。中华民族在漫长历史发展中形成的独具特色的文化传统,深深影响了古代中国,也深深影响着当代中国。现时代中国强调的以人为本、与时俱进、社会和谐、和平发展,既有着中华文明的深厚根基,又体现了时代发展的进步精神。

　　——中华文明历来注重以民为本,尊重人的尊严和价值。早在千百年前,中国人就提出"民惟邦本,本固邦宁"、"天地之间,莫贵于人",强调要利民、裕民、养民、惠民。今天,我们坚持以人为本,就是要坚持发展为了人民、发展依靠人民、发展成果由人民共享,关注人的价值、权益和自由,关注人的生活质量、发展潜能和幸福指数,最终是为了实现人的全面发展。保障人民的生存权和发展权仍是中国的首要任务。我们将大力推动经济社会发展,依法保障人民享有自由、民主和人权,实现社会公平和正义,使13亿中国人民过上幸福生活。

　　——中华文明历来注重自强不息,不断革故鼎新。"天行健,君子以自强不息。"这是中国的一句千年传世格言。中华民族所以能在五千多年的历史进程中生生不息、发展壮大,历经挫折而不屈,屡遭坎坷而不馁,靠的就是这样一种发愤图强、坚韧不拔、与时俱进的精神。中国人民在改革开放中表现出来的进取精神,在建设国家中焕发出来的创造热情,在克服前进道路上的各种困难中表现出来的顽强毅力,正是这种自强不息精神的生动写照。

　　——中华文明历来注重社会和谐,强调团结互助。中国人早就提出了"和为贵"的思想,追求天人和谐、人际和谐、身心和谐,向往"人人相亲,人人平等,天下为公"的理想社会。今天,中国提出构建和谐社会,就是要建设一个民主法治、公平正义、诚信友爱、充满活力、安定有序、人与自然和谐相处的社会,实现物质和精神、民主和法治、公平和效率、活力和秩序的有机统一。中国人民把维护民族团结作为自己义不容辞的职责,把维护国家主权和领土完整作为自己至高无上的使命。一切有利于民族团结和国家统一的行为,都会得到中国人民真诚的欢迎和拥护。一切有损于民族团结和国家统一的举动,都会遭到中国人民强烈的反对和抗争。

——中华文明历来注重亲仁善邻，讲求和睦相处。中华民族历来爱好和平。中国人在对外关系中始终秉承"强不执弱"、"富不侮贫"的精神，主张"协和万邦"。中国人提倡"海纳百川，有容乃大"，主张吸纳百家优长、兼集八方精义。今天，中国高举和平、发展、合作的旗帜，奉行独立自主的和平外交政策，坚定不移地走和平发展道路，既通过维护世界和平来发展自己，又通过自身的发展来促进世界和平。中国坚持实施互利共赢的对外开放战略，真诚愿意同各国广泛开展合作，真诚愿意兼收并蓄、博采各种文明之长，以合作谋和平、以合作促发展，推动建设一个持久和平、共同繁荣的和谐世界。

中国人民在建设国家的进程中，将始终高举和平、发展、合作的旗帜，坚持奉行独立自主的和平外交政策，坚持走和平发展道路，坚持实行互利共赢的对外开放战略，同世界各国人民一道，共同建设一个持久和平、共同繁荣的和谐世界。

——中国将一如既往地维护世界和平。中国将永远是维护世界和平的坚定力量。中国将坚持把自身发展与人类进步紧密联系在一起，既通过维护世界和平来发展自己，又通过自己的发展来促进世界和平，同各国人民一道更好地促进世界的安全和稳定。

——中国将一如既往地促进共同发展。中国将坚定不移地实行对外开放，同世界各国开展互利合作，既利用世界经济、科技发展的成果发展自己，又以自身的发展回馈世界。中国将继续推动经济全球化朝着均衡、普惠、共赢的方向迈进，努力使国际经济、贸易、金融体制为各国特别是发展中国家发展创造有利的条件，使 21 世纪真正成为人人享有发展的世纪。

——中国将一如既往地推动文明交流。中国将坚定地维护世界多元化和发展模式多元化，倡导各国相互尊重、相互学习，推动不同文明和睦共处、交流互鉴，在竞争比较中取长补短，在求同存异中共同发展。

一个音符无法表达出优美的旋律，一种颜色难以描绘出多彩的画卷。世界是一座丰富多彩的艺术殿堂，各国人民创造的独特文化都是这座殿堂里的瑰宝。一个民族的文化，往往凝聚着这个民族对世界和生命的历史认知和现实感受，也往往积淀着这个民族最深层的精神追求和行为准则。人类历史发展的过程，就是各种文明不断交流、融合、创新的过程。人类历史上各种文明都以各自的独特方式为人类进步作出了贡献。

文明多元化是人类社会的客观现实，是当今世界的基本特征，也是人类进步的重要动力。历史经验表明，在人类文明交流的过程中，不仅需要克服自然的屏障和隔阂,而且需要超越思想的障碍和束缚,更需要克服形形色色的偏见和误解。意识形态、社会制度、发展模式的差异不应成为人类文明交流的障碍,更不能成为相互对抗的理由。我们应该积极维护世界多元化,推动不同文明的对话和交融,相互借鉴而不是相互排斥,使人类更加和睦幸福,让世界更加丰富多彩。

总之,事实已经证明并将继续证明,中国的发展是和平的发展、开放的发展、合作的发展。中国的发展不会给任何人带来威胁,只会给世界带来更多的发展机遇和空间。

旅居美国的印度学者谭中先生在新加坡《联合早报》5月19日的文章《中国和谐世界与美国秩序世界》的观点可以作为本章的结束语。谭中指出,总体上美国是把中国看成是美国秩序世界的组成部分,因为秩序世界就是美国独霸天下的资本主义的全球化,所以,中国是利益相关者。但是,中国提出了"聚焦多边、远交近疏、拿来送去、文明用武"的和谐世界。要实现和谐世界必须以地缘文化范式取代地缘政治与地缘经济范式,以文明挂帅取代政治挂帅与经济挂帅,使文明在塑造世界秩序中有用武之地。"岸似双屏合,天如匹练开",中国大船今天正在驶入这样的世界景观,为大船掌舵的决策者和统治精英一定要胸怀坦荡,以宇宙为视野的终极,以大同为奋斗目标。这样就可以使美国的秩序世界与中国的和谐世界既平行、分流又会合、重叠,中国要实现和谐世界的理想就必须从秩序世界的现实入手。

主要参考文献

一、图书类

1. 《全球化时代的资本主义》，张世鹏、殷叙彝编译，北京：中央编译出版社，1998 年版；

2. 《全球化综合征》，[美]詹姆斯 . H. 米特尔曼著，北京：新华出版社，2002 年版；

3. 《中国模式与"北京共识"——超越"华盛顿共识"》，俞可平、黄平、谢曙光、高健主编，北京：社会科学文献出版社，2006 年版；

4. 《中国与全球化：华盛顿共识还是北京共识》，黄平、崔之元主编，北京：社会科学文献出版社，2005 年版；

5. 《全球变化状况：今天和明天》，[俄]K. Y. 柯达区也夫、L. 伽里道著，北京：中国科学技术出版社，2002 年版；

6. 《全球政治学——全球化进程中的变动、冲突、治理与和平》，[日]星野昭吉著，北京：新华出版社，2000 年版；

7. 《当代全球问题》，蔡拓等著，天津：天津人民出版社，1994 年版；

8. 《濒临失衡的地球——生态与人类精神》，[美]阿尔·戈尔著，陈嘉映等译，北京：中央编译出版社，1997 年版；

9. 《全球化：中国道路》，李惠斌主编，北京：社会科学文献出版社，2003 年版；

10. 《全球盟约——华盛顿共识与社会民主》，[英]戴维·赫尔德著，周军华译，北京：社会科学文献出版社，2005 年版；

11. 《全球化与价值冲突》，韩璞庚等著，北京：人民出版社，2002 年版；

12. 《文明的共存——对塞缪尔·亨廷顿"文明冲突论"的批判》，[德]哈拉尔德·米勒著，北京：新华出版社，2002 年版；

13. 《质疑全球化——国际经济与治理的可能性》，[英]保罗·赫斯特，[英]格雷厄姆·汤普森等编，北京：社会科学文献出版社，2002 年版；

14. 《解析全球化》，[英]简·阿特·斯图尔特著，长春：吉林人民出版社，2003 年版；

15. 《论全球化的区域效应》，[英]芭芭拉，[英]思多斯编，重庆：重庆出版

社,2002 年版;

16.《全球化:时代的标识——国外著名学者、政要论全球化》,中国现代国际关系研究所全球化研究中心编译,北京:时事出版社,2003 年版;

17.《全球化阴影下的中国之路》,房宁、王小东、宋强等著,北京:中国社会科学出版社,1999 年版;

18.《金融全球化——批判性反思》,刘克著,北京:经济科学出版社,2003 年版;

19.《全球化与中国、日本》,林振江、梁云祥主编,北京:新华出版社,2000 年版;

20.《全球化的终结》,[英]阿兰·鲁格曼著,北京:生活·读书·新知三联书店,2001 年版;

21.《全球化:社会理论和全球文化》,[美]罗兰·罗伯森著,上海:上海人民出版社,2000 年版;

22.《竞争的极限:经济全球化与人类的未来》,里斯本小组著,北京:中央编译出版社,2000 年版;

23.《全球化理论谱系》,程光泉主编,长沙:湖南人民出版社,2002 年版;

24.《全球化论坛 2001》,孙放主编,北京:北京邮电大学出版社,2001 年版;

25.《全球化与未来中国》,吴兴南、林善炜著,北京:中国社会科学出版社,2002 年版;

26.《另一条道路》,[秘]赫尔南多·德·索托著,北京:华夏出版社,2007 年版;

27.《全球化时代的"社会正义"》,俞可平主编,北京:中央编译出版社,1998 年版;

28.《全球化与世界》,王列、杨雪冬编译,北京:中央编译出版社,1998 年版;

29.《全球化与中国》,胡元梓、薛晓元主编,北京:中央编译出版社,1998 年版;

30.《全球化时代的"马克思主义"》,俞可平主编,北京:中央编译出版社,1998 年版;

31.《全球化与后殖民批评》,王宁、薛晓源主编,北京:中央编译出版社,1998 年版;

32.《全球大变革:全球化时代的政治、经济与文化》,[英]戴维·赫尔德等著,北京:社会科学文献出版社,2001 年版;

33.《全球村落——一体化进程中的世界经济》,伍贻康、张幼文等著,上海:上海社会科学出版社、北京:高等教育出版社,1999 年版;

34.《全球化陷阱——对民主和福利的进攻》,[德]汉斯－彼得·马丁、[德]哈拉尔特·舒曼著,中央编译出版社,2001 年版;

35.《全球化的悖论》,俞可平、黄卫平主编,北京:中央编译出版社,1998 年版;

36.《大潮流——经济全球化与中国面临的挑战》,丁一凡著,北京:中国发展出版社,1998 年版;

37.《全球化:全球治理》,俞可平主编,北京:社会科学文献出版社,2003 年版;

38.《资本全球化》,[法]弗朗索瓦·沙奈著,北京:中央编译出版社,2001 年版;

39.《世纪洪流:千年回合与经济全球化走向》,伍贻康、张幼文等著,上海:上海社会科学出版社、北京:高等教育出版社,2001 年版;

40.《全球化:西方化还是中国化》,俞可平主编,北京:社会科学文献出版社,2002 年版;

41.《全球化:西方理论前沿》,杨雪冬著,北京:社会科学文献出版社,2002 年版;

42.《全球化:中国道路》,李惠斌主编,北京:社会科学文献出版社,2003 年版;

43.《全球社会学》,[英]罗宾·科恩、[英]保罗·肯尼迪著,北京:社会科学文献出版社,2001 年版;

44.《世界一体化的挑战》,[埃及]萨米尔·阿明著,北京:社会科学文献出版社,2003 年版;

45.《全球化与世界体系》(上、下),弗朗西斯科·洛佩斯·塞格雷拉主编,北京:社会科学文献出版社,2003 年版;

46.《全球化与道德重建》,[德]赫尔穆特·施密特著,北京:社会科学文献出版社,2001 年版;

47.《21 世纪 100 个交叉科学难题》,李喜先主编,北京:科学出版社,2005 年版;

48.《经济全球化:对中国的挑战》,李黑虎、潘新平著,北京:社会科学文献出版社,2002 年版;

49.《全球公民社会》,[美]莱斯特·萨拉蒙等著,北京:社会科学文献出版社,2002 年版;

50.《全球化:治理与发展》,俞可平主编,北京:社会科学文献出版社,2002 年版;

51.《全球化:国家主权》,俞可平主编,北京:社会科学文献出版社,2002 年版;

52.《全球化与反全球化》,[英]戴维·赫尔德,北京:社会科学文献出版社,2004 年版;

53.《治理全球化》,[英]戴维.赫尔德、[英]安东尼.麦克格鲁等编,北京:社会科学文献出版社,2004 年版;

54.《远景:21 世纪的科技演变》,[美]米奇欧·卡库著,海口:海南出版社,2000 年版;

55.《第五项修炼——学习型组织的艺术与实务》,[美]彼得·圣吉著,上海:上海三联出版社,2003 年版;

56.《网络社会的崛起》《认同的力量》《千年终结》,[美]曼纽尔·卡斯特著,北京:社会科学文献出版社,2003 年版;

57.《知识经济》,[美]达尔·尼夫主编,珠海:珠海出版社,1998 年版;

58.《知识的进化》,[美]维娜·艾莉著,珠海:珠海出版社,1998 年版;

59.《第五代管理》,[美]查尔斯. M. 萨维奇著,珠海:珠海出版社,1998 年版;

60.《下一个 1000 年——世界著名经济学家展望 21 世纪的经济学》,王秋石、李胜益、徐明模译,苏晨订校,南昌:江西人民出版社;

61.《金融全球化》,[法]弗朗索瓦·沙奈等著,北京:中央编译出版社,2001 年版;

62.《金融全球化的研究》,李杨、黄金老著,上海:上海远东出版社,1999 年版;

63.《经济全球化》,[法]雅克·阿达著,北京:中央编译出版社,2000 年版;

64.《地缘政治学:过去、现在和未来》,[英]杰弗里·帕克著,北京:新华出版社,2003 年版;

65.《世界高层外交档案》1~4 卷,杨学义主编,北京:当代世界出版社,2000 年版;

66.《大外交》,[美]亨利·基辛格著,海口:海南出版社,2001 年版;

67.《洞悉先机:全球化的六个方面》,[英]帕特里克·迪克松著,北京:中国人民大学出版社,2005 年版;

68.《以自由看待发展》,[美]阿玛蒂亚·森著,北京:中国人民大学出版社,2002 年版;

69.《全球经济中的创新与增长》,[美]G. M. 格罗斯曼、[美]E. 赫尔普曼著,北京:中国人民大学出版社,2002 年版;

70.《第三次浪潮》,[美]阿尔文·托夫勒著,北京:新华出版社,1996 年版;

71.《力量的转移》,[美]阿尔文·托夫勒著,北京:新华出版社,1996 年版;

72.《未来的冲击》,[美]阿尔文·托夫勒著,北京:新华出版社,1996 年版;

73.《未来的战争》,[美]阿尔文·托夫勒、[美]海迪·托夫勒著,北京:新华出版社,1996 年版;

74.《财富的革命》,[美]阿尔文·托夫勒、[美]海迪·托夫勒著,北京:中信

427

出版社,2006 年版;

75.《再造新文明》,[美]阿文·托夫勒,[美]海迪·托夫勒著,北京:中信出版社,2006 年版;

76.《战争与反战争》,[美]阿文·托夫勒,[美]海迪·托夫勒著,北京:中信出版;

77.《21 世纪议事纲领:走向一个新时代的政治和经济》,《法兰克福汇报》书籍出版部编,北京:世界知识出版社,1997 年版;

78.《创新的价值:实现增长和盈利的最大化》,[美]巴特·维克托、[美]安德鲁.C. 博因顿著,北京:新华出版社,2000 年版;

79.《知识与创新》,[美]多萝西·伦纳德·巴顿著,北京:新华出版社,2000 年版;

80.《知识工作者的兴起》,[美]詹姆斯·科塔达主编,,北京:新华出版社,1999 年版;

81.《知识对经济的影响力》,[美]戴尔·尼夫等主编,北京:新华出版社,1999 年版;

82.《社会主义向何处去:经济体制转型的理论与依据》,[美]约瑟夫.E. 斯蒂格利茨著,长春:吉林人民出版社,1998 年版;

83.《资本主义文明化》,[德]玛利昂·格莱芬·登霍夫著,新华出版社,2000 年版;

84.《未来的领导:新时代的新视野、新策略与新措施》,[美]F. 赫塞尔本等主编,四川人民出版社,1998 年版;

85.《隐私的终结:数字时代的密码大战》,[美]史蒂文·列维著,北京:中信出版社,2002 年版;

86.《第三只眼睛看恐怖主义》,胡联合著,北京:世界知识出版社,2002 年版;

87."大变局:30 位国际顶级学者研判"后 9.11"时代的世界格局》,[美]伊曼纽尔·沃勒斯坦、[美]布热津斯基著,南昌:江西人民出版社,2002 年版;

88.《浮现中的数字经济》,美国商务部报告,北京:中国人民大学出版社,1998 年版;

89.《虚拟经济论丛》,成思危著,北京:民主与建设出版社,1999 年版;

90.《经济发展与第三世界》,[美]迈克尔.P. 托达罗著,北京:中国经济出版社,1992 年版;

91.《全球化世界的治理》,〔美〕约瑟夫.S.奈、〔美〕约翰.D.唐纳胡主编,北京:世界知识出版社,2003年版;

92.《美国外交政策及其如何影响了世界》,〔美〕沃尔特·拉塞尔·米德著,北京:中信出版社,2004年版;

93.《未来经济状态》,〔美〕理查德.W.奥利弗著,北京:机械工业出版社,1999年版;

94.《索罗斯论全球化》,〔美〕乔治·索罗斯著,北京:商务印书馆,2003年版;

95.《文明内部的冲突与世界秩序》,〔德〕迪特·森格哈斯著,北京:新华出版社,2004年版;

96.《文明的冲突与世界秩序的重建》,〔美〕塞缪尔·亨廷顿,北京:新华出版社,1998年版;

97.《变化社会中的政治秩序》,〔美〕塞缪尔·亨廷顿,北京:三联书店,1992年版;

98.《历史研究》,〔英〕阿诺德·汤因比著,上海:上海人民出版社,2005年版;

99.《第三波——20世纪后期民主化浪潮》,〔美〕塞缪尔·亨廷顿著,上海三联出版社,1998年版;

100.《民主及其批评者》,〔美〕罗伯特.A.达尔著,长春:吉林人民出版社,2006年版;

101.《解构与思想的未来》,〔法〕雅克·德里达著,长春:吉林人民出版社,2006年版;

102.《多元主义民主的困境——自治与控制》,〔美〕罗伯特.A.达尔著,长春:吉林人民出版社,2006年版;

103.《〈友爱的政治学〉及其他》,〔法〕雅克·德里达著,长春:吉林人民出版社,2006年版;

104.《强势民主》,〔美〕本杰明·巴伯著,长春:吉林人民出版社,2006年版;

105.《福利国家的矛盾》,〔德〕克劳斯·奥菲著,长春:吉林人民出版社,2006年版;

106.《哲学激进主义的兴起——从苏格兰启蒙运动到功利主义》,〔法〕埃利·哈列维,长春:吉林人民出版社,2006年版;

107.《后现代与历史学:中西比较》,王晴佳、古伟瀛著,济南:山东大学出版社,2006年版;

108.《二十世纪的历史学——从科学的客观性到后现代的挑战》,〔美〕格奥

429

尔格·伊格尔斯著,济南:山东大学出版社,2006年版;

109.《知识的不确定性》,[美]伊曼纽尔·沃勒斯坦著,济南:山东大学出版社,2006年版;

110.《泡沫:从股市到楼市的繁荣幻想》,[美]约翰·卡尔弗利著,北京:北京师范大学出版社,2006年版;

111.《资本的秘密》,[秘鲁]赫尔南多·德·索托著,北京:华夏出版社,2002年版;

112.《冷战之战》,[日]中曾根康弘著,上海三联出版社;

113.《国家竞争优势》,[美]迈克尔·波特著,北京:华夏出版社,2002年版;

114.《全球新舞台》,[日]大前研一著,北京:中国人民大学出版社,2007年版;

115.《国富国穷》,[美]戴维.S. 兰维斯著,北京:新华出版社,2001年版;

116.《全球公民社会的非营利部门视界》,莱斯特.H. 萨拉蒙著,北京:社会科学文献出版社,2007年版;

117.《失窃的收成:跨国公司的全球农业掠夺》,[印]范达娜·席瓦著,上海:上海人民出版社,2006年版;

118.《全球化的管理——相互依存时代的全球化趋势》,[美]乔治·洛奇著,上海:上海译文出版社,1998年版;

119.《全球性问题哲学》,[俄]阿·恩·丘马科夫著,北京:中国人民大学出版社,1996年版;

120.《谁的新千年:他们的还是我们的》,[美]丹尼尔·辛格著,北京:中国人民大学出版社,2002年版;

121.《变化中全球体系的国际关系》,[美]赛约姆·布朗著,朗门出版社,1996年版;

122.《权利与相互依存》,[美]罗伯特·基欧汉·约瑟夫·奈,北京:中国人民公安大学出版社,1991年版;

123.《后现代主义与社会科学》,[美]波林·罗斯诺著,上海:上海译文出版社,1998年版;

124.《社会正义要素》,[美]伦纳德·霍布豪斯著,长春:吉林人民出版社,2006年版;

125.《二十一世纪的角逐》,[美]莱斯特·瑟罗著,北京:社会科学文献出版社,1992年版

126.《走向进化的知识论:引言》,波普尔著,杭州:中国美术学院出版社,

2001 年版;

127.《重建历史唯物主义》,[德]尤尔根·哈贝马斯,北京:社会科学文献出版社,2000 年版;

128.《风险社会中的政策》,[德]丹尼尔·贝克著,上海三联书店;

129.《自反性现代化》,[德]贝克,[英]吉登斯,[英]拉什 著,北京:商务印书馆,2001 年版;

130.《后现代主义》,[法]利奥塔著,北京:社会科学文献出版社,1999 年版;

131.《超越左与右》,[英]吉登斯著,北京:社会科学文献出版社,2000 年版;

132.《第三条道路》,[英]吉登斯著,北京:北京大学出版社,2000 年版;

133.《文化帝国主义》,[英]约翰·汤普森著,上海:上海人民出版社,1999 年版;

134.《后工业社会的来临》,[美]丹尼尔·贝尔,北京:商务印书馆,1986 年版;

135.《论人的使命》,[俄]别尔嘉耶夫,上海:学林出版社,2000 年版;

136.《全球化中的知识左派》,[美]布鲁斯·罗宾斯,北京:中国社会科学出版社,2000 年版;

137.《马克思的幽灵》,[法]雅克·德里达著,北京:中国人民大学出版社,1999 年版;

138.《全球化——人类的后果》,[英]齐格蒙特·鲍曼,北京:商务印书馆,2001 年版;

139.《快感:文化与政治》,[美]弗雷德里克·詹姆逊,北京:中国社会科学出版社,1998 年版;

140.《神话——大众文化诠释》,[法]罗兰·巴特,上海:上海人民出版社,1999 年版;

141.《消费社会》,[法]鲍德里亚,南京:南京大学出版社,2001 年版;

142.《全球化的十大谎言》,[德]格拉德·博克斯贝格,[德]哈拉德·克里门塔著,北京:新华出版社,2000 年版;

143.《全球化及其不满》,[美]约瑟夫·斯蒂格利茨,北京:机械工业出版社,2004 年版;

144.《大转型》,[英]卡尔·波兰尼,杭州:浙江出版社,2007 年版;

145.《跨文化管理》,[瑞士]苏珊.C.施奈德著,经济管理出版社,2000 年版;

146.《全球市场中的企业与政府》,[美]默里.L.韦登鲍姆,上海三联书店,2002 年版;

431

147.《双赢之道》，[美]史蒂文．J. 布拉姆斯、[美]艾伦．D. 泰勒著，北京：中国人民大学出版社，2002 年版；

148.《资源战争——全球冲突的新场景》，[美]巴克尔．T. 克莱尔著，北京：新华出版社，2003 年版；

149.《赌场资本主义》，[英]苏珊·斯特兰著，北京：社会科学文献出版社，2000 年版；

150.《贫困与饥荒：论权利与剥夺》，[印]阿玛蒂亚·森著，北京：商务印书馆，2006 年版；

151.《资本主义、社会主义与民主》，[美]约瑟夫·熊彼特著，北京：商务印书馆，1999 年版；

152.《全球经济自由化的危机》，[美]理查德·隆沃著，上海：三联书店，2002 年版；

153.《驾驭变革的浪潮》，[加]加里斯·摩根著，北京：中国人民大学出版社，2002 年版；

154.《现代社会冲突》，[英]拉尔夫·达仁道夫著，北京：中国社会科学出版社，2000 年版；

155.《全球时代》，[英]马丁·阿尔布劳著，北京：商务印书馆，2001 年版；

156.《文化的重要作用：价值观如何影响人类进步》，[美]塞缪尔·亨廷顿、[美]劳伦斯·哈里森主编，北京：新华出版社，2002 年版；

157.《超越极限——正视全球性崩溃，展望可持续的未来》，[美]唐奈勒．H. 梅多斯等著，上海：上海译文出版社，2001 年版；

158.《经济全球化及人类社会未来》，[英]菲利普·布朗、[英]休·劳德著，北京：中国社会科学出版社，2006 年版；

159.《大分裂：人类本性与社会秩序重建》，[美]弗朗西斯·福山著，北京：中国社会科学出版社，2002 年版；

160.《伪黎明：全球资本主义的幻象》，[英]约翰·格雷著，北京：中国社会科学出版社，2002 年版；

161.《美国资本主义的未来：决定美国经济制度的长期因素及其变化》，[美]弗雷德里克·普赖尔，北京：中国社会科学出版社，2004 年版；

162.《文化国际主义与世界秩序》，[日]入江昭著，北京：新华出版社，2005 年版；

163.《我们是谁?》，[美]塞缪尔·亨廷顿著，北京：新华出版社，2005 年版；

432

164.《后现代人的未来:生物技术革命的后果》,〔美〕弗朗西斯·福山著,北京:中国社会科学出版社,2005年版;

165.《美国的外交政策及其如何影响了世界》,〔美〕沃特尔·拉塞尔·米德著,北京:中信出版社,2003年版;

166.《在边缘、全球资本主义生活》,〔英〕威尔·赫顿、〔英〕安东尼·吉登斯著,北京:生活·读书·新知三联书店,2003年版;

167.《资本主义全球化的疯狂逻辑》,〔美〕威廉·格雷维著,北京:社会科学文献出版社,2003年版;

168.《全球化与人类命运》,〔俄〕根纳季·久加诺夫著,北京:新华出版社,2004年版;

169.《天涯成比邻——全球化治理委员会的报告》,〔瑞典〕英瓦尔·卡尔松等著,北京:中国对外翻译出版公司,1995年版;

170.《全球通史》,〔美〕斯塔夫里阿诺斯,北京:北京大学出版社,1999年版;

171.《现代世界体系》1、2、3卷,〔美〕伊曼纽尔·沃勒斯坦,北京:高等教育出版社,1998年版;

172.《开启21世纪的钥匙》,热罗姆·班德著,北京:社会科学文献出版社,2005年版;

173.《反美主义与全球秩序》,〔英〕克罗卡特著,北京:新华出版社,2004年版;

174.《失控:21世纪的全球安全》,〔英〕罗杰斯著,北京:新华出版社,2004年版;

175.《谁是无赖国家》,〔美〕威廉·布鲁姆著,北京:新华出版社,2002年版;

176.《后外交时代:不受约束的美国》,〔美〕伊沃.H.达尔德尔、〔美〕詹姆斯.M.林赛,北京:新华出版社,2004年版;

177.《天堂和实力——世界新秩序下的美国与欧洲》,〔美〕卡根著,北京:新华出版社,2004年版;

178.《历史的终结及最后之人》,〔美〕弗朗西斯·福山著,北京:中国社会科学出版社,2003年版;

179.《即将到来的美中冲突》,〔美〕伯恩斯坦、〔美〕芒罗著,北京:中国社会科学出版社,1997年版;

180.《国家构建:21世纪的国家治理与世界秩序》,〔美〕福山著,北京:中国社会科学出版社,2007年版;

181.《马克思的复仇——资本主义的复苏和苏联集权社会正义的灭亡》,

［英］德赛著,北京:中国人民大学出版社,2006 年版;

182.《没有宽恕就没有未来》,[南非]德斯蒙德·图图著,上海文艺出版社,
2002 年版;

183.《霸权之后:世界政治经济中的合作与竞争》,[美]罗伯特·基欧汉,上
海:上海人民出版社,2001 年版;

184.《世界治理:一种观念史的研究》,[美]墨菲著,世界知识出版社,2007
年版;

185.《多样化的资本主义:社会制度的构建与商业体制的变迁》,[英]理查
德·惠特利著,北京:新华出版社,2004 年版;

186.《世界文明史:观察世界的新视角》,[美]威廉·麦克高希著,北京:新
华出版社,2003 年版;

187.《世界政治:趋势与变革》,[美]凯格利著,北京:北京大学出版社,2004
年版;

188.《霸权与反霸权:全球化的局限与地区化进程》,特奥托尼奥·多斯桑
托斯、谢曙光、高放主编,北京:社会科学文献出版社,2005 年版;

189.《反恐陷阱》,[美]帕伦蒂著,北京:新华出版社,2003 年版;

190.《世界体系:500 年还是 5000 年》,[荷兰]安德烈·冈德·弗兰克、
[美]巴里.K. 吉尔斯主编,北京:社会科学文献出版社,2004 年版;

191.《全球化进程中的社会主义与资本主义的关系》,蒲国良、熊光清著,北
京:中国人民大学出版社,2006 年版;

192.《资本市场与机构:全球视角》,[美]艾伦著,北京:中国人民大学出版
社,2003 年版;

193.《全球政治与全球治理——政治领域的全球化》,[德]乌尔利希·贝克
等著,中国国际广播出版社,2004 年版;

194.《2020——20 年解决 20 个全球问题》,里斯查德著,北京:中信出版社,
2003 年版;

195.《自觉全球主义矛盾冲突与对策》,[美]大卫.A. 施沃伦著,北京:社会
科学文献出版社,2005 年版;

196.《反新恐怖主义》,[美]伊恩·莱塞等著,北京:新华出版社,2002 年版;

197.《NGO 与第三世界政治发展》,[美]朱莉·费希尔著,北京:社会科学文
献出版社,2002 年版;

198.《全球化动荡》,[加]科恩、[加]麦克布莱德编著,北京:华夏出版社,

2004 年版;

199.《世界政治中的战争与变革》,[美]罗伯特·吉尔平著,北京:北京大学出版社,1994 年版;

200.《增长的极限——罗马俱乐部关于人类困境的报告》,[美]丹尼斯·米都斯等著,长春:吉林人民出版社,2004 年版;

201.《私有化的局限——罗马俱乐部的报告》,[德]魏伯乐、[瑞士]马塞厄斯.芬格、[美]奥兰·扬著,上海:上海人民出版社,2006 年版;

202.《不平等的发展——论外围资本主义的社会形态》,[埃及]萨米尔·阿明著,北京:商务印书馆,1990 年版;

203.《科学与文化》,[美]阿伽西著,北京:中国人民大学出版社,2006 年版;

204.《文化人类学》,[美]威廉.A. 哈维兰著,上海:上海社会科学出版社,2006 年版;

205.《当中国改变世界》,[法]埃里克·伊兹拉莱维奇著,北京:中信出版社,2005 年版;

206.《沙漠黄昏:即将来临的沙特石油危机与世界经济》,[美]马修.R. 西蒙斯著,上海:华东师范大学出版社,2006 年版,

207.《石油的终结:濒临危险的新世界》,[美]保罗·罗伯茨著,北京:中信出版社,2005 年版;

208.《萧条经济学的回归》,[美]保罗·克鲁格曼著,北京:中国人民大学出版社,1999 年版;

209.《大国的兴衰》,[美]保罗·肯尼迪著,北京:求实出版社,1992 年版;

210.《美国霸权的困惑》,[美]约瑟夫·奈,北京:世界知识出版社,2003 年版;

211.《流氓国家——谁在与世界作对》,[美]克莱德·普雷斯托维茨著,北京:新华出版社,2004 年版;

212. 联合国教科文组织法律顾问卡雷尔·瓦萨克关于第三代人权的文章,转自《人权研究》第二卷,徐显明主编,山东人民出版社;

213.《兰登书屋词典》,[美]道格希编,北京:外语教学与研究出版社,1998 年版;

214.《理解媒介:论人的延伸》,[加]马歇尔·麦克卢汉著,北京:商务印书馆,2000 年版;

215.《外围资本主义——危机与改造》,[阿根廷]劳尔·普雷维什著,北京:商务印书馆,1990 年版;

216.《帝国主义与依附》,[巴西]特奥托尼奥·多斯桑托斯著,北京:社会科学文献出版社,1999 年版;

217.《白银资本:重视经济全球化中的东方》,[德]安德烈·贡德·弗兰克著,北京:中央编译出版社,2000 年版;

218.《未来列强——明日世界的赢家和输家》,[德]赫尔穆特·施密特著,北京:世界知识出版社,2005 年版;

219.《自然权利与历史》,[美]列奥·斯特劳斯著,北京三联出版社,2006 年版;

220.《文明史纲》,[法]布罗代尔著,桂林:广西师范大学出版社,2003 年版;

221.《在事实与规范之间》,[德]哈贝马斯著,北京:三联出版社,2003 年版;

222.《文化与帝国主义》,[美]萨义德著,北京:三联出版社,2003 年版;

223.《资本主义与社会进步:经济全球化及人类社会未来》,[英]菲利普·布朗、[英]休·劳德著,北京:中国社会科学出版社,2006 年版;

224.《中国形象:外国学者眼里的中国》,[美]乔舒亚·库珀·雷默等著,北京:社会科学文献出版社,2006 年版;

225.《中国崛起:日本该做些什么?》,[日]津上俊哉著,北京:社会科学文献出版社,2006 年版;

226.《世界是平的:"凌志汽车"和"橄榄树"的视角》,[美]托马斯·弗里德曼著,北京:东方出版社,2006 年版;

227.《世界是平的吗?》,[美]罗纳尔多·阿罗尼卡、[美]姆特瓦·罗杜,北京:群言出版社,2006 年版;

228.《恐怖时代的哲学:与哈马斯和德里达对话》,[美]博拉朵莉著,北京:华夏出版社,2005 年版;

229.《没有政治的治理》,[美]詹姆斯.N.罗西瑙主编,南昌:江西人民出版社,2001 年版;

230.《民主与全球秩序——从现代国家到世界主义治理》,[英]戴维·赫尔德著,南昌:江西人民出版社,2003 年版;

231.《新现实主义和新自由主义》,[美]大卫.A.鲍德,杭州:浙江人民出版社,2001 年版;

232.《治理全球化:权力、权威与全球治理——全球化论丛》,[英]戴维·赫尔德、[英]安东尼·麦克格鲁主编,北京:社会科学文献出版社,2004 年版;

233.《长尾理论》,[美]克里斯·安德森,北京:中信出版社,2006 年版;

234.《帝国》,[美]迈克尔·哈特,安东尼奥·奈格里,南京:江苏人民出版社,2005 年版;

235.《一个经济杀手的自白》,[美]约翰·珀金斯,广州:广东出版集团广东经济出版社,2006 年版;

236.《暴动之后的正义与和解》,[英]安德鲁·瑞格比,北京:译林出版社,2003 年版;

237.《布什的秘密世界》,[法]埃里克·洛郎著,北京:新华出版社,2005 年版;

238.《科学革命的结构》,[美]托马斯·库恩著,北京:北京大学出版社,2003 年版;

239.《国际投资》、《国际贸易》、《国际金融》,商务部编写组编,北京:中国商务出版社,2007 年版;

240.《20 世纪思想史》,[英]彼得·沃森著,上海:上海译文出版社,2006 年版;

241.《西方现代思想史》,[美]罗兰·斯特龙伯格著,北京:中央编译出版社,2005 年版;

242.《新战国时代》,乔良等著,北京:新华出版社,2004 年版;

243.《被治理者的政治》,[印度]帕萨·查林杰著,桂林:广西师范大学出版社,2007 年版;

244.《定见》,[美]约翰·奈斯比著,北京:中信出版社,2007 年版;

245.《大趋势——2020 年的世界》,美国国家情报委员会,上海:华东师范大学出版社,2007 年版;

246.《文明的对话:世界地缘政治大趋势》,[保]亚历山大·利洛夫著,北京:社会科学文献出版社,2007 年版;

247.《货币战争》,宋鸿兵编著,北京:中信出版社,2007 年版;

248.《世界事务中的治理》,[美]奥兰·杨著,上海:上海人民出版社,2007 年版;

249.《变化中的对外政策政治》,[英]克里斯托弗·希尔著,上海:上海人民出版社,2007 年版;

250.《战争的原因》,[美]斯蒂芬·范·埃弗拉著,上海:上海人民出版社,2007 年版;

251.《国际关系精要》,[美]卡伦·明斯特著,上海:上海人民出版社,2007 年版;

252.《美国与诸大国》，[英]巴里·布赞著，上海：上海人民出版社，2007 年版；

253.《下一轮伟大的全球化：金融体系与落后国家的发展》，[美]弗雷德里克·米什金著，北京：中信出版社，2007 年版；

254.《对冲基金风云录》，[美]巴顿·比格斯著，北京：中信出版社，2007 年版；

255.《中国共产党第十七次全国代表大会资料汇编》，北京：人民出版社，2007 年版；

256.《第三次世界大战》，沈伟光著，北京：新华出版社，2000 年版；

二、互联网资料类

1.《锻造法治下的自由世界——美国 21 世纪的国家安全》，美国普林斯顿大学网站；

2.《论联合国的改革与未来》，钱文荣的博客；

3.《冷战后国际恐怖主义新特征和成因》，佚名，大博网；

4.《论生态文明》，中国网；

5.《生态社会主义》，中国网。

三、报告类

1. 联合国及各类组织的各类报告；

2. 世界银行的各种报告；

四、报刊类

1.《人民日报》；

2.《参考消息》；

3.《新华文摘》；

4.《哲学还是爱智慧》，田海平著，《新华文摘》2000 年第 6 期；

5.《美国全球战略向联合国挑战》，刘建飞，《学习时报》2006 年 11 月 13 日。

后　记

　　写写停停，停停写写，历经近20年，《全球学》一书终于脱稿。我怀着忐忑不安的心情，把它奉献给广大读者，期待着来自各方面的批评和指教。为什么呢？因为全球化是一个极为敏感、极有争议、极不统一、极易受批评的理论，只要有一种理论问世，必然招来各方面的批评和争论。是啊！仁者见仁，智者见智。不过，我始终相信，全球化理论只有在批评和争论中才会成熟和统一起来，使人人共享的全球化成为现实！这是我的研究成果，也是我的期待和希望，更是我为之奋斗的历史。也许，这更是全球有良心的人们为之奋斗和追求的目标！

　　我只是长期利用业余时间来进行学习、研究和写作的一名业余理论工作者。从20世纪90年代起开始研究全球化问题，进行《全球学》一书的写作。实事求是地说，本书的研究和写作是我的能力和水平所不能胜任的。但为了人的自由全面发展，为了人人共享的全球化，我还是坚持下来，尽力而为了。由于公务繁忙并交叉研究循环经济和中国特色社会主义理论体系，本书研究和写作的过程是非常艰苦的，但我也乐在其中。

　　全球化的研究成果、理论著作和文献资料可谓是汗牛充栋、浩如烟海，游弋其中，方知全球化研究的价值和意义。本书参阅了大量的全球化研究成果、理论著作和文献资料，但如果在本书中将它们全部列出，将会大大地增加本书的篇幅。所以，本书只列出了主要参考文献，特别是报刊部分更不能一一列出，敬请各方面的作者、记者给予谅解。我深深地懂得，没有大家的支持，本书的出版发行是不可能的。借此机会，我向各方面的作者、记者、本书的编辑出版者表示衷心的感谢和诚挚的敬意，当然也包括我身边的工作人员，他们进行了大量艰苦的文字打印和校对工作。

　　在这里我要对龙永图先生表示感谢，他的序言高度概括了本书的主题和精神。我还特别地对我的爱人和女儿倍加感谢，长期以来，正是有了她们的爱、支持和帮助，我才能坚持下来，清理自己的思路脉络，进行艰苦的研究写作。特别是作为我的同班同学的爱人，常常是第一读者和第一批判者，这才使得我的学习研究写作不断有了新的提高。所以，这本书就作为送给她们的新年礼物吧！

2008年元旦于贵州贵阳

439